mandelbaum *verlag*

Georg Spitaler

HILDE KRONES
und die Generation
der Vollendung

Eine Spurensuche

mandelbaum *verlag*

Gedruckt mit Unterstützung von

 Nationalfonds der Republik Österreich
für Opfer des Nationalsozialismus

 HSF INSTITUT FÜR HISTORISCHE SOZIALFORSCHUNG

mandelbaum.at • mandelbaum.de

ISBN 978-3-99136-065-0
© mandelbaum verlag 2024
alle Rechte vorbehalten

Projektkoordination: KATHRIN WOHLMUTH-KONRAD
Lektorat: MONIKA HALBINGER
Satz: KEVIN MITREGA, Schriftloesung
Umschlag: MICHAEL BAICULESCU
Fotocredit: VGA – Verein für Geschichte der ArbeiterInnenbewegung
Druck: PRIMERATE, Budapest

Inhalt

1. Einleitung 9

Linke Melancholie, Hauntologie 12
Politische Gefühle 16
Ein verschüttetes Archiv 23
Forschende Séance 27
Eine Biografie in politischen Begriffen und Gefühlen 37

2. Ad Lucem: Politischer Aktivismus bis 1945 43

Ein Kind des Roten Wien 43
Im Widerstand 49

3. Beziehungsweisen: Liebes- und Arbeitskonzepte
   1928–1945 65

Gleichberechtigung der Geschlechter 65
Beziehungen im Krieg 83

   Fallgeschichte 1: Karli – der kleine Mann tanzt Csárdás .. 85
   Fallgeschichte 2: Flurls Abtreibung 87
   Fallgeschichte 3: Strobeline, die unbefriedigte Ehefrau .. 91
   Fallgeschichte 4: K., eine Frau von Gestern 95
   *Fallgeschichte 5: Stefferl, die Tragödie der einst
   umschwärmten Frau* 99
   Fallgeschichte 6: Working Girls & Salesmen 101

Männergesellschaft 105

   Égalité – »Ein Stück meines Rechts verlangen« 107
   Kameradschaftsabend 113

4. Die Generation der Vollendung: Pädagogik der Gefühle 1934–1945 ... 119

Die Ära großer Hoffnung ... 120
Trauer um die vergangene Zukunft ... 127
Gedanken über den Tod ... 131
Hoffnung und Verzweiflung ... 135
Aktivistisches Leben ... 140
»Warum nicht alle« ... 143
Pädagogik des Schmerzes ... 147

5. Romanze in Moll: Kunstlektüren als Resonanzraum der Gefühle 1942–1945 ... 157

Kunst und Gefühl ... 161
Hoffnungsformeln ... 164
»Die Liebe ist der Liebe Preis« ... 166
Im Pausenraum des »Dritten Reichs« ... 172
Illusion und Tagtraum ... 173
Leiden und Vollendung ... 177

6. Schwelle von Hoffnung und Tod 1945–1948 ... 185

Walzer auf der Bastille ... 185
Schwierige Beziehungsweisen ... 195

Neu beginnen zwischen Menschen und Trümmern ... 199
Lebensschwindel? ... 205
Tertschis Wut ... 211
Unerfüllte Bedürfnisse ... 216

Schwelle der Hoffnung und des Todes ... 222
Phantombilder eines anderen Wiederaufbaus ... 226

Aufmarsch der Trümmerfrauen ... 233
Spukender Ausdruck der Hoffnung ... 237

Die »Befreiung von Angst« 241
Etappen der Enttäuschung 245

Zwischen zwei Mühlsteinen 254
Eine Parteitagsrede 259

7. Böse Geister 267

Leerstelle Shoah 267

Andere Hoffnungsbegriffe: Ilse Aichinger, Ruth Klüger 284

Stalinismus 289

»Lieber 5 Russen« 299
Böses Echo 306

8. Am Grab 311

9. Conclusio: Eine Séance mit den Geistern 323

Rotes Requiem? 324
Hoffnung 326
Revolution 334
Kollektive Beziehungsweisen 335
Möglichkeitsräume für die Gegenwart 339
Mit den Geistern leben 340

Anmerkungen 342

Literatur und Quellen 383

Danksagung 406

1. Einleitung

Im August 1944 schreibt Hilde Krones, Angestellte in der lokalen Zweigstelle der Bayer-I. G. Farben in der Wiener Biberstraße, an ihren Vorgesetzen Direktor Paulmann nach Leverkusen:

»Sehr geehrter Herr Doktor Paulmann, ich weiss, dass die ›Männergesellschaft‹ in der ich lebe in mancher Beziehung eigene Normen hat und dass die 1789 proklamierte égalité, obwohl inzwischen mehr als 150 Jahre vergangen sind, noch immer nicht in die Wirklichkeit umgesetzt ist. Als alte Realpolitikerin finde ich mich damit auch ab. Dennoch müsste es eine Möglichkeit geben, hier einen Mittelweg zu finden. Es würde z. B. weitgehend den Tatsachen entsprechen, wenn man meine Arbeitsbuchbezeichnung in ›zeichnungsberechtigte Geschäftsführerin‹ oder dergleichen ändern lassen würde.«[1]

Hilde Krones, seit 1930 in der Firma tätig, war durch ihre Kompetenz und die kriegsbedingte Abwesenheit männlicher Kollegen de facto zur Führungsperson in ihrer Abteilung geworden – die Bestätigung dieser Stellung forderte sie nun auch formell ein. Sie hatte aber auch eine weitere Identität: Aufgewachsen und früh politisch aktiv im Roten Wien (1919–1934),[2] war sie seit dem niedergeschlagenen Arbeiteraufstand 1934 in Österreich Aktivistin der illegalisierten Revolutionären Sozialisten (RS). Dass sich eine sozialistische Nazigegnerin gegenüber ihrem Vorgesetzten, Manager in einem NS-Schlüsselbetrieb, in ihrem Kampf um berufliche Anerkennung – gleich einer Feministin der heutigen Zeit – auf die uneingelösten Versprechen der Französischen Revolution berief, versetzte mich in Erstaunen. Der Brief aus dem Nachlass von Hilde Krones schien mir zur Gegenwart zu sprechen, er enthielt jene »Jetztzeit«, von der Walter Benjamin (2010: 102) in seiner berühmten Formulierung über Zeitlichkeit und linke Geschichte schreibt – jene Zeit, die Vergangenheit und Zukunft als vergangene und bestehende Möglichkeiten in sich trägt. Krones Bezugnahme auf die Aufklärung, mitten im Wahnsinn des Nationalsozialismus, erscheint gleichzeitig wie der von Benjamin beschriebene »Tigersprung ins Vergangene« (ebd.), als mutiges Argument, das sie riskierte, um ihre Interessen durchzusetzen.

Zur tatsächlichen *(Berufs-)Politikerin*, als die sich Krones in dem Brief selbst bezeichnet, sollte sie erst nach der Befreiung 1945 werden. Als Mitglied des Parteivorstandes der Sozialistischen Partei Österreichs (SPÖ), der SPÖ-Frauenorganisation und als Nationalratsabgeordnete war sie eine der wichtigsten sozialistischen Funktionärinnen in Österreich. Zur pragmatischen *Real*politikerin entwickelte sie sich jedoch nie. Stattdessen wurde Hilde Krones im Kontext von Kaltem Krieg und Besatzungszeit als kompromisslose Vertreterin der Parteilinken von ihren machtbewussten parteiinternen Gegnern an den Rand gedrängt. Ihr Leben endete 1948 mit Suizid.

Das folgende Buch erzählt die Geschichte dieser weitgehend vergessenen Frau. Als Politologe nehme ich den Nachlass von Hilde Krones, der den quellenmäßigen Kern meiner Studie bildet, zum Ausgangspunkt, um danach zu fragen, welche Relevanz die Materialien aus einem solchen Nachlass für gegenwärtige politiktheoretische Debatten haben. Anknüpfend an theoretische und methodische Positionen der *Hauntology* (Fisher 2013, 2015) und verwandter Zugänge zu ›spukenden‹ Hinterlassenschaften aus dem Archiv (z. B. Gordon 2008, Gordon 2018, Hartman 2022, Hartman 2022a, Hemmings 2018) trete ich in einen Dialog mit den im Nachlass gespeicherten politischen Gefühlen, Begriffen und Konzepten. Ich nenne dies eine *forschende Séance*, in der ich Fragen an die Medien des Nachlasses richte, auf der Suche nach den verschütteten Hoffnungen und *lost futures* emanzipativer Politik, die in den Trümmern der Geschichte des 20. Jahrhunderts begraben sind.

Trotz ihrer Tätigkeit beim Bayer-Konzern, die bis 1945 ihren Alltag ausfüllte, gehörte Hilde Krones als Revolutionäre Sozialistin zu einer Generation von Aktivist:innen, die ihr Leben der Arbeit an der Revolution, der »Revolution als Arbeit« – wie es Brigitte Studer (2020: 26–33) am Beispiel der Kommunistischen Internationale nennt – gewidmet hatten. Hilde Krones verfasste keine politiktheoretischen Werke, sie war eine politische Praktikerin, die jedoch stark von den theoretischen Debatten des *Austromarxismus*[3] geprägt war. Im Speziellen war sie Teil jener Generation, die Otto Bauer (1924: 872), der theoretische Kopf der österreichischen Sozialdemokratie, am Höhepunkt des Roten Wien als »Generation der Vollendung« bezeichnet hatte, als jene Gruppe junger Parteiangehöriger, die zu ihren Lebzeiten das Ende des Kapitalismus erleben würde. Dieses in die Zukunft gerichtete Versprechen trug Hilde Krones gemeinsam mit einem Kreis von Gefährt:innen, mit dem sie sich kontinuierlich darüber austauschte, durch die Zeiten des Terrors und der Verfolgung, durch Austrofaschismus, Nationalsozialismus und Krieg. Ihr Verständnis von »Vollendung« umfasste jedoch nicht nur die große Politik, es beinhaltete auch den Anspruch auf neue »Beziehungsweisen« (Adamczak 2017),[4] auf glückliche Partner:innenschaft und gleichberechtigte Liebe.

Drei Jahre nach der Befreiung vom NS-Regime, im Alter von 38 Jahren, setzte Hilde Krones ihrem Leben ein Ende. Ihr Nachlass offenbart – so möchte ich in diesem Buch zeigen –, wie sehr das Versprechen der »Vollendung« mit politischen Gefühlen wie Hoffnung, Angst, Schmerz und Enttäuschung verbunden war. Dies sind Gefühle, die in unsere Gegenwart führen, als teils vertraute Zustände, die aber auch – im Fall des zentralen Begriffs der Hoffnung – eine Differenz offenbaren, als politischer Zugang zur Welt, der sich heute nur schwer einstellen will. Der frühe Tod von Hilde Krones lässt mich nach den Gründen dieser Tat fragen, als ungelöster, gespenstischer ›Fall‹, der mich in die Akten ihres Nachlasses zieht.

Die folgende Arbeit verfolgt also zwei Ziele: Als Beitrag zu einer zeitgenössischen politikwissenschaftlichen Gefühlstheorie frage ich einerseits danach, wie die in der Auseinandersetzung mit einem historischen Archiv aufgefundenen politischen Gefühle Impulse für die Entwicklung emanzipativer Zukunftsperspektiven jenseits des »kapitalistischen Realismus« (Fisher 2013) liefern können. Im Zuge meiner Beschäftigung mit dem konkreten Nachlass von Hilde Krones, der heute im Verein für Geschichte der ArbeiterInnenbewegung (VGA) liegt und den ich in aufwendiger Transkriptions- und Interpretationsarbeit lesbar gemacht habe, zeichnete sich andererseits ab, dass Fragen nach dem Zusammenhang von Emotionen und politischem Aktivismus bereits für die »Generation der Vollendung« eine wichtige, explizit zum Thema gemachte Rolle spielte. Die Rekonstruktion dieser vergessenen historischen Gefühlspädagogik der 1930er und 1940er Jahre – betrachtet vor dem Hintergrund gegenwärtiger emotionaler Pädagogiken und theoretischer Standpunkte – bildet nun den zweiten umfangreichen Schwerpunkt meines Buchs.

Linke Melancholie, Hauntologie

In politischer Theorie und Kulturwissenschaft haben unterschiedliche (Denk-)Figuren des Gespenstischen, von Phantomen und Untoten, eine lange Tradition. Bezogen auf die Geschichte von Kapitalismus und Sozialismus sei an den berühmten ersten Satz des »Kommunistischen Manifests« von Karl Marx und Friedrich Engels (1848) erinnert, wonach in Europa »das Gespenst des Kommunismus« umgehe (Steinfeld 2017).

Meine politologische Beschäftigung mit dem Leben und Tod von Hilde Krones lässt sich konkret mit einer langen Folge von Totenbeschwörungen in Verbindung bringen:[5] In seiner Darstellung theoretischer und künstlerischer Erinnerungsarbeit zur linken Geschichte des 20. Jahrhunderts hebt Enzo Traverso (2019) die Bedeutung von Beerdigungsbildern hervor, die diese in der Ikonografie gespielt haben – als »symbiotische Beziehung zwischen Revolution und dem Tod« (ebd.: 124). Er weist darauf hin, dass sich die Erinnerung an eine vergangene Zukunft[6] spätestens nach 1989 in Trauerarbeit verwandelt habe. Die verlorenen Utopien der Linken seien zu einer *U-Topie* (Paul Celan) geworden, einem »Ort, der nicht mehr existiert, eine zerstörte Utopie, die Gegenstand für melancholische Kunst geworden ist« (ebd.: 139). Auch Archive des Sozialismus, wie der Verein für Geschichte der ArbeiterInnenbewegung, sind in diesem Sinn heute Orte, an denen »man sich an die in ›Unorte‹ transformierten Hoffnungen erinnern kann, an etwas, das es nicht mehr gibt« (ebd.).

Dennoch lässt sich in den letzten Jahren eine Konjunktur der

Beschäftigung mit den spukenden Hinterlassenschaften des Sozialismus beobachten, verbunden mit der Frage, wie der Blick auf die Vergangenheit unsere gegenwärtige Sicht auf die Zukunft beeinflussen kann: Vor dem Hintergrund der Schwierigkeit, sich heute eine nichtkapitalistische Zukunft vorzustellen – und angesichts der Klimakrise eine Zukunft der Menschheit generell – richtet sich der Blick zurück, um die Zukunft »aus den Momenten der Vergangenheit« zu lösen, »in denen sie stecken geblieben ist« (Adamczak 2011: 107). Der Epochenbruch von 1989 ermöglicht es, diese Vergangenheit jenseits der historischen Konflikte, konkurrierenden Narrative und Erinnerungskulturen von Sozialdemokratie, Staatssozialismus, revolutionärer Linker, Anarchismus und ihrer jeweiligen Deutungen der Geschichte zu lesen. So werden – im Sinne Benjamins – historische Möglichkeitsräume wie die Pariser Kommune von 1871 (Ross 2021) oder das Rote Wien der Jahre 1919 bis 1934 (Schwarz/Spitaler/Wikidal 2019, McFarland/Spitaler/Zechner 2020, Duma 2023) für die Jetztzeit der Gegenwart neu entdeckt. Das 100-jährige Jubiläum der Russischen Revolution von 1917, die Erinnerung an politische Gefühle wie Hoffnung und Enttäuschung, ging einher mit Rekonzeptualisierungen von »Revolution und Postrevolution, von Übergang und Utopie« (Adamczak 2017: 42), mit Sozialtheorien radikalen Wandels (Redecker 2018, Redecker 2020), der Beschäftigung mit dem Verhältnis von Affekt und Revolution (Mohrmann 2015). Ganz allgemein rückt heute die Frage in den Mittelpunkt, welche Rolle »alternative Konfigurationen der Vergangenheit« in Zeiten des TINA-Prinzips (»there is no alternative«) für die Rückgewinnung eines politischen Imaginären jenseits des Neoliberalismus spielen können (Prefiguring Democratic Futures 2022, Seitz 2022), wie sie einen »Funken der Hoffnung« – so Walter Benjamins (2010: 96) berühmte Formulierung – in der Gegenwart entfachen können (Lorey 2020: 87).

Es ist kein Zufall, dass Traverso (2019) für sein Buch über linke Erinnerungskultur das Gefühl der *Melancholie* in den Mittelpunkt stellte. Er knüpft dabei an eine Debatte an, die sich spätestens seit den 1990er Jahren mit den Hinterlassenschaften linker Theorie und Praxis und den damit verbundenen politischen Gefühlen auseinandersetzt.

So diagnostizierte Wendy Brown (1999: 20) in einem einflussreichen Aufsatz eine in ihrer Sicht rückwärtsgewandte und unproduktive linke Melancholie als einen Zustand, in dem »die Bindung an das Objekt des eigenen schmerzlichen Verlustes den Wunsch verdrängt, diesen Verlust zu überwinden, um frei in der Gegenwart zu leben«.[7] Mit Bezug auf Walter Benjamin beschrieb sie diese Melancholie als Tendenz der Linken, sich in den eigenen theoretischen Gewissheiten und der historischen Niederlage eingerichtet zu haben – und dabei auch die Fähigkeit zu einer in die Zukunft gerichteten kritischen Analyse der Gegenwart, zu einem dialektischen Zugriff auf die »Jetztzeit« verloren zu haben (ebd.).

Diese Sicht blieb nicht unwidersprochen – Jodi Dean (2016: 111f.) etwa beschrieb die Ursachen und Ausformungen linker Melancholie fast gegenteilig. Benjamin habe die Linke nicht wegen ihrer marxistischen Gesellschaftsanalyse kritisiert, sondern für »die Sublimierung linker Ideale im marktorientierten Schreiben und Publizieren«. Brown sehe »eine Linke, die infolge historischer Veränderungen geschlagen und verlassen ist.« Benjamin zwinge uns, »eine Linke in Erwägung zu ziehen, die aufgegeben, die sich verkauft« und die die »Unvermeidlichkeit des Kapitalismus bereits eingeräumt« habe, so Dean (2016: 117). Sie veröffentlichte ihren Text rund 15 Jahre nach Wendy Brown, im Kontext globaler Protestbewegungen der 2000er Jahre, vom Arabischen Frühling bis zu Occupy Wall Street. In diesem zeitlichen Zusammenhang schienen emanzipative Hoffnungen zu wachsen. Die Linke habe »ihre Melancholie durchgearbeitet«, eine Renaissance marxistischer Theorie und aktivistischer Praxis in den USA bezeuge »das Ende der Melancholie als Struktur linken Begehrens« (ebd.: 121f.). Heute, im Angesicht globaler Erfolge autoritär-populistischer Parteien und Führungsfiguren, deren politische Strategien in vielem jenen des frühen Faschismus ähneln, der Restauration des globalen Kapitalismus nach der Krise des Jahres 2008, vor dem Hintergrund der Klimakrise, Pandemie, den Kriegen in der Ukraine und im Nahen Osten, erscheinen mir diese Hoffnungen gedämpft.

Eine solche – wie ich sie nennen würde – ›gedämpfte‹ Theorie, die aus einer depressiven Stimmung dennoch Spuren der Hoffnung zu finden versuchte, formulierte der britische Kulturtheoretiker Mark Fisher.[8] In *Gespenster meines Lebens. Depression, Hauntology und die Verlorene Zukunft* (2015) beschrieb er die Schwierigkeit, angesichts der traumatischen Gegenwart eines »kapitalistischen Realismus« (Fisher 2013) eine emanzipative Vorstellung der Zukunft zu entwickeln. Es herrsche »das weitverbreitete Gefühl, dass der Kapitalismus nicht nur das einzig gültige politische und ökonomische System darstellt, sondern dass es mittlerweile fast unmöglich geworden ist, sich eine kohärente Alternative dazu überhaupt vorzustellen« (Fisher 2013: 8f.). Fisher identifizierte gleichzeitig Phänomene des *Spuks*, die durch unsere Gegenwart geistern und bezog sich dabei auf Jacques Derridas (2004) Begriff der *Hauntology* (Hantologie), den dieser in seinem Buch *Marx' Gespenster* geprägt hat: Der kapitalistische Realismus habe den Sozialismus ausgetrieben und gebannt, als ob es ihn nie gegeben hätte, er verunmögliche die Trauer um das verlorene Objekt und werde daher von ihm heimgesucht (ebd.: 139).

Damit in Verbindung stehend beschrieb Fisher, der sich im Speziellen für das Feld der Popkultur interessierte, in der Gegenwart eine spezifische melancholische Bindung an den »popular modernism« populärer Kultur der 1950er bis 1970er Jahre – modernistische Ästhetik, technische Innovation und das »immer weiter« damaliger Musik- und Jugendkultur (Diederichsen 1985: 17ff.) – und an die damit verbundenen uneingelösten emanzipativen Zukunftsversprechen.[9] Fisher betonte aber, dass Hauntology keine rückwärtsgewandte Nostalgie für den Fordismus oder die Sozialdemokratie der 1970er Jahre beinhalten solle. »Verfolgen sollte uns […] nicht das Nicht-Mehr jenes einst real existierenden Sozialstaats, sondern vielmehr das Noch-Nicht einer materiell nie eingetretenen Zukunft« (Fisher 2015: 41). *Hauntolog:innen* im Sinne Fishers begeben sich auf die Suche nach Traditionen, die von der Sieger:innengeschichte verdeckt wurden. Als Verschwörung von »Halbvergessene[m], schlecht Erinnerte[m] und Konfabulierte[m]« (ebd.: 174), als Beschwörung einer Vergangenheit, »die es nie gab« (ebd.: 178). Hauntology ist somit beides: Ausdruck spukender verdrängter Vergangenheit wie nicht eingetretener Zukunft, aber auch der Weigerung, das Verlangen nach dieser möglichen Zukunft aufzugeben.

Politische Gefühle

Fishers an der Schnittstelle von politischer Theorie, Cultural Studies und Popkultur entwickeltes Konzept der Hauntology hat mich schon seit Langem angezogen. Mein eigenes Interesse für politische Gefühle begann, als ich, ausgehend von der Beschäftigung mit dem autoritären Populismus der 1990er und 2000er Jahre am Beispiel des Sports, die Bedeutung popularkultureller Repräsentationsansprüche und Leidenschaften für Fragen des Politischen in den Blick nahm (Spitaler 2005). In den angelsächsischen Cultural Studies rückte dabei – mit Bezugspunkten zur Hegemonietheorie Antonio Gramscis und der poststrukturalistischen Diskurstheorie von Laclau und Mouffe (1991) – schon früh die Frage ins Zentrum, wie politische Hegemonien im Feld der Popularkultur gerade auf der Ebene von Affekt und Identifikation artikuliert werden (Hall 1981, Grossberg 1992, Marchart 2008: 234–253, Street 1997: 3–23, Mouffe 2007, 2014). Hoffnungen auf subversive Potenziale der Jugendkultur, wie sie seit den 1960er Jahren in den Cultural Studies formuliert worden waren, trafen auf die ernüchternden neuen Zeiten von Neoliberalismus und populärer rechter Politik (Hall 1986, Hall 1988, Hall 2000). Deren Erfolge konnten gerade mit dem Wissen um die Bedeutung von Alltagsverstand und dem »popular and emotional appeal« (Grossberg 1992: 243) von autoritärem Populismus und neuem Konservatismus analysiert werden (Grossberg 2019: 82–104, Horak 2002, Mouffe 2007, 2018, Laclau 2022).

Mit diesem Forschungshintergrund tauschte ich 2015 meinen Arbeitsplatz als Politologe an der Universität Wien mit jenem in einem politischen Archiv, dem Verein für Geschichte der ArbeiterInnenbewegung.[10] Ich kam damit in ein *haunted house*, das Vorwärts-Haus in Wien, von 1910 bis 1934 Sitz der Sozialdemokratischen Arbeiterpartei (Deutsch-)Österreichs (SDAP) und bis in die 1980er Jahre Sitz des sozialistischen Vorwärts-Verlags. Es ist ein Gebäude, das wie kein anderes die Geschichte der österreichischen Sozialdemokratie speichert, von der Habsburgermonarchie über den demokratischen Aufbruch von 1918, das Rote Wien 1919 bis 1934, die traumatischen politischen Brüche von Austrofaschismus und Nationalsozialismus, den Wiederaufbau nach 1945 und die Höhen und Tiefen der Partei bis zum Teilabriss des Gebäudekomplexes und dem Auszug der *Arbeiter-Zeitung*, deren Erscheinen 1991 eingestellt wurde. Das einst hochmoderne Bauwerk vermittelt heute den Eindruck eines aus der Zeit gefallenen Ortes. Es verfügt auch über einen spezifischen Geruch – nach wenig gelüfteten Räumen, alten Büchern, Staub und Dokumenten –, verwandt mit jenen sinnlichen Eindrücken der Archivarbeit, die die Historikerin Arlette Farge (2011) in einem Essay als »Geschmack des Archivs« so plastisch beschreibt. Der Geruch des Gebäudes verursacht eine sinnliche Irritation, die sich in meiner Imagination mit der Geschichte des Hauses, der Geschichte der österreichischen Sozialdemokratie verband. Es ist keine positive Empfindung, sondern ein organischer Geruch, potenziell toxisch, der sich durch die realsozialistisch anmutende Bibliothekseinrichtung aus den 1960er Jahren zieht und mich – als bürgerliches Kind ohne klassische Sozialisation in der Sozialdemokratie – an schlecht sitzende Anzüge von Politikern der 1970er Jahre denken ließ, an Machtpolitik und an das Wissen, dass Parteistrukturen auf dem praktischen Sinn gegenseitiger Abhängigkeiten beruhen, die faule Kompromisse, vielleicht sogar Leichen im Keller produzieren.

Im Zuge meiner Tätigkeit, in der ich das Gebäude nach und nach vom Keller bis zum Dachboden entdeckte, verlorene Findbehelfe rekonstruierte, Materialien von ihrem Staub befreite, beschlich mich oft der Gedanke des Spuks, beflügelt von popkulturerer und politiktheoretischer Imagination. Dieser Gedanke speiste sich vor allem aus dem, was verloren ist durch die Gewaltgeschichte des 20. Jahrhunderts, aus den Spuren der Toten, der Geflüchteten, der Vergessenen (Adamczak 2011), und aus dem dystopischen Gefühl der Gegenwart – aus politischer Melancholie und dem Impuls der Hauntology. In den Archivboxen liegen die Zeugnisse und Nachlässe der Verlorenen wie in Särgen neben jenen ihrer parteiinternen Gegenspieler:innen, zweitere oft machtbewusste Sieger, die die Politikgeschichte (als Sieger:innengeschichte) und Regierungspolitik Österreichs in der Zweiten Republik mitgeprägt haben, deren Erinnerung in der Gegenwart aber ebenfalls schon verblasst, weil der Sozialismus und mit ihm seine Geschichte verschwindet.

Vor dem theoretischen Hintergrund von Hauntology und Cultural Studies war es ein konkreter Nachlass – jener von Hilde Krones –, der bald eine spezifische Anziehungskraft auf mich ausübte. Es waren Dokumente wie eine polizeiliche Meldung, wonach Hilde Krones im Mai 1946 mit Freunden im Wienerwald angezeigt worden war, weil sie »die Wiese betreten und sich dort hingelegt« habe,[11] die mir ins Auge sprangen. Mit dem Wissen, dass sich antiautoritäre Proteste im stickigen, post-nationalsozialistischen Wien (Markovits 2021: 61–130) nach 1968 auch an der symbolisch aufgeladenen Nutzung von Park- und Rasenflächen entzünden sollten, erschien mir Hilde Krones wie eine Vorgängerin solcher Praktiken. Ich fand heraus, dass sie Vertreterin einer politisierten sozialistischen Jugendkultur der 1920er und frühen 1930er Jahre gewesen war, eine Tradition, an die sie nach der Befreiung 1945 anknüpfen wollte, etwa mit der Wiedergründung der Organisation *Jungfront*,[12] der sie einst selbst angehört hatte, und als Mentorin junger Genoss:innen. Dass Jugendlichkeit ein Motor politischer Veränderung sei, stand für Hilde Krones und ihre Gefährt:innen fest. »Man ist jung, so lange man elastisch ist und ein Ziel im Auge hat und ihm mit heißen Herzen zustrebt«, schrieb sie 1944 an ihrem 34. Geburtstag an ihren Ehemann Franz Krones.[13]

Die Auseinandersetzung mit dem Archiv von Hilde Krones führte rasch auch zu einer Beschäftigung mit der Geschichte des sozialistischen Feminismus. Gleichzeitig sind auch gegenwärtige feministische Affekt- und Gefühlstheorien für dieses Buch zentral. Denn ähnlich wie der hauntologische Ansatz Mark Fishers und historische Konzepte linker Geschichtsphilosophie wie jene Walter Benjamins widmen sich heute zahlreiche queer-feministische theoretische Arbeiten dem Zusammenhang von Gefühl, Geschichte, Zeitlichkeit und politischer Transformation. Politik »emotionsbezogen« zu denken, das moderne politische Gefühlsdispositiv von rationalen, öffentlichen Interessen versus privaten, feminisierten Gefühlen infrage zu stellen – und dabei »emotionale Bindung und Betroffenheit« als wichtigen Antrieb von Politisierung zu betrachten, gehört zu den Prämissen feministisch-politologischer Gefühlstheorie (Bargetz/Sauer 2010: 142), die ich teile. Im Zuge des *affective turn* in den

Sozialwissenschaften hat sich auch in der Politikwissenschaft in den letzten Jahren das Interesse an Emotionen erhöht. Feministische Zugänge bieten dabei wichtige Einsichten für Debatten der »Entgrenzung von Politik und Gefühl« (Bargetz/Sauer 2010: 151) – etwa zur *Politik mit der Angst* (Wodak 2016) des autoritären Populismus oder zur Rolle von affektiver Arbeit in der Gouvernementalität des Neoliberalismus (Penz/Sauer 2016). Queer-feministische Ansätze haben ein feines Sensorium für unterschiedliche Emotionen, Affekte und Gefühle entwickelt, sie verstehen sie als »transindividuell und historisch« (Bargetz 2014: 120), etwa wenn *Depression* in den Arbeiten von Ann Cvetkovich (2012) – ähnlich wie bei Mark Fisher – als *public feeling* gelesen wird, das in der US-amerikanischen Erfahrung »Rassismus und Kolonialismus als alltagspraktische emotionale Erinnerungsspur thematisierbar macht« (Bargetz 2014: 120, Cvetkovich 2012: 115).

»Affektive Register« von Gefühlen, so Brigitte Bargetz (2014: 129), zeigen als »Wahrnehmungs- und Erkenntnismodus« das (Nach-) Wirken historischer und gegenwärtiger Lebens- und Machtverhältnisse an. Ein solches Register der Emotionen lässt sich auch aus dem Nachlass von Hilde Krones einfangen, in dem Schmerz, Depression, Melancholie, Angst und Apathie auftauchen, vor allem aber der Begriff der *Hoffnung*. Sowohl für die Geschichte des Sozialismus als auch für emanzipative Emotionstheorien ist dieses Gefühl der Hoffnung zentral – etwa in der berühmten Theoretisierung durch Ernst Bloch, der diese in seinen Überlegungen zur *konkreten Utopie* zum menschlichen Prinzip erhob, bezogen auf das »Noch-Nicht« des real möglichen »Novums« einer besseren Welt (Bloch 1959, Bloch 1985, Vidal 2012).

In den Emotions- und Affektstudien existieren zahlreiche unterschiedliche Definitionen des Begriffsfelds von Affekt, Emotion, Leidenschaft und Gefühl. Einflussreich wurde jener von Gilles Deleuze inspirierte Zugang, der *Affekte* als nicht-symbolische Eindrücke, Zustände und Intensitäten beschreibt (Grossberg 1992: 80ff., Massumi 1995), während der Emotionsbegriff – ausgehend von Psychoanalyse, Psychologie und Diskurstheorie – mit der Konstituierung des Subjekts und der Herstellung von Bedeutungen verbunden ist (vgl. dazu z. B. Ngai 2005: 25f.). Der Begriff der *Leidenschaften* steht historisch einerseits für die »starken Gefühle« der *vehement passions* (Fisher 2002), in der politischen Philosophie in der Nachfolge Kants aber auch für zu Haltungen verfestigte »emotionale Dispositionen«, die im Vergleich zu Affekten als andauernd und weniger intensiv beschrieben werden und auch besonnene Reflexion und Vernunft beinhalten (Lembcke/Weber 2010: 179f.). Eine solche Vorstellung, die sich auch im Politikmodell Max Webers findet, ist jedoch stark vergeschlechtlicht, sie wies Frauen in der bürgerlichen Moderne die private Sphäre des Gefühls und Männern die Ebene der rationalen und dennoch leidenschaftlichen Politik zu (Sauer 1999: 202ff.).

Nun verbindet jedoch viele queer-feministische Zugänge zu politischen Gefühlen und *agency* die Skepsis gegenüber dem autonomen, handlungsfähigen Subjekt, das mit den Prämissen einer heteronormativen politischen Moderne verbunden ist (Meißner 2010, Halberstam 2011: 123–145).[14] Dies nicht zuletzt deshalb, weil »queere Gefühle« historisch aus einer Position von politischer und sozialer Marginalisierung und *fehlender* Handlungsfähigkeit entstanden sind, das heißt vor dem Hintergrund asymmetrischer Kräfteverhältnisse, in denen Passivität, Verweigerung oder Mimikry politische Strategien darstellen können. In der Queer Theory wird die subversive Kraft bzw. »kritische Produktivität« von den mit blockierter Handlungsfähigkeit verbundenen negativen »kleinen Gefühlen« wie Irritation, Ekel, Paranoia oder Scham hervorgehoben (Ngai 2005). Auch *(Geschlechter-)Melancholie* zählt spätestens seit Judith Butlers (1991: 93–104) klassischer Theoretisierung zu den queeren Gefühlen, als kulturell nicht betrauerbare Verleugnung gleichgeschlechtlichen Begehrens. Im Verständnis von Angela McRobbie (2010: 131) ist sie Ausdruck des zum Verschwinden gebrachten Feminismus, der in der neoliberalen Gegenwart der 2000er Jahre in Versprechen individualisierter Selbstverwirklichung »abgewickelt« und als kollektive Praxis angeblich obsolet wurde. Im Blick der queerfeministischen Affektstudien können dagegen positive Gefühle wie *Optimismus* auch als unproduktive, selbstverletzende Praxis verstanden werden, als *grausamer Optimismus*, der das gute Leben erhofft, aber an ein problematisches Objekt gebunden bleibt (Berlant 2024).

In einer solchen Sicht, in der *ugly feelings* (Ngai 2005) auf den Zustand einer dysfunktionalen Welt verweisen, als Indizien dafür, dass die symbolische Ordnung Leerstellen und Spuren des Verdrängten aufweist, dass etwas mit der Welt nicht stimmt, wird auch die klare Unterscheidung von Affekt und Emotion infrage gestellt – wird *feeling* zu einem Begriff, der beide Aspekte umfasst (Gould 2009: 22). Für Sianne Ngai (2005: 27) besteht die Unterscheidung von Affekt und Emotion daher in einer »modalen Differenz der Intensität oder des Grades statt einer formellen Differenz von Qualität oder Gattung«. Affekte seien »*weniger* geformt und strukturiert als Emotionen, aber nicht gänzlich form- und strukturlos; *weniger* ›soziolinguistisch fixiert‹, aber keineswegs codefrei oder ohne Bedeutung; *weniger* ›organisiert als Antwort auf unsere Interpretationen von Situationen‹, aber keineswegs gänzlich frei von Organisiertheit oder diagnostischer Kraft« (ebd., Herv. i. Orig., *Ü: G. S.*).

Im Kontext des Politischen werden ambivalente sinnliche Wahrnehmungen und Zustände von Affekt und *feelings* jedoch geordnet. Soziale Bewegungen, politische Ideologien und politische Rhetorik stellen eine »emotionale Pädagogik« bereit, mit der affektive Eindrücke zielgerichtet interpretiert und auf ein Kollektiv hin ausgerichtet werden, das durch die *pleasures* gemeinsamer Aktion gestärkt wird. Wie Deborah B. Gould (2009) am Beispiel queerer sozialer Bewegungen ausführt, stellen diese »eine Sprache für die affektiven Zustände der Menschen bereit sowie eine Art von Pädagogik im Hinblick darauf, was und wie sie fühlen und was angesichts dieser *feelings* zu tun ist« (ebd.: 28, *Ü: G. S.*). Ähnlich hat Sabine Hake (2017) die deutschsprachige Arbeiter:innenbewegung bis 1933 als »emotionale Gemeinschaft« gelesen, die sich durch das politische Imaginäre des revolutionären *proletarischen Traums* definierte und dominante emotionale Regimes mit alternativen emotionalen Narrativen herausforderte – eine Einsicht, die gerade für den Kontext meiner Untersuchung zu Hilde Krones zentral ist. Der Begriff der *Gefühlspädagogik*, der an unterschiedlichen Stellen dieser Arbeit immer wieder auftauchen wird, meint also ein »Training von *feelings* und Sinneseindrücken«: Bewegungen »geben affektiven Zuständen ›Sinn‹, sie legitimieren bestimmte *feelings* und Handlungen, während sie andere herunterspielen oder sogar entwerten« (Gould 2009: 28, *Ü: G. S.*, vgl. auch Chmilewski 2022: 234f.). Solche Interpretationen der Welt, basierend auf einer vermittelten Geschichte vergangener Deutungen (Ahmed 2004: 171), bezeichne ich im Folgenden als *politische Gefühle*, prototypisch beschrieben von Sara Ahmed – auch wenn sie im Englischen dafür den Emotionsbegriff verwendet – anhand ihres eigenen biografischen Lernprozesses als Feministin. Sie könne ihr Werden als »feministisches Subjekt« mit Bezug auf verschiedene Emotionen wie Wut, Schmerz, Freude oder Hoffnung »neu fassen, oder in Bezug darauf, wie meine Emotionen mit bestimmten Lesarten der Welten, die ich erlebt habe, verbunden waren« (ebd., *Ü: G. S.*).

Ahmeds Erwähnung des Gefühls der Hoffnung zeigt, dass auch in queerfeministischen Theoretisierungen trotz aller Verletzungen ein »reparativer« Hoffnungsbegriff formuliert werden kann, der notwendig sei, um »zu realisieren, dass die Zukunft anders als die Gegenwart sein kann, […] dass die Vergangenheit ihrerseits anders hätte sein können, als sie es tatsächlich war« (Kosofsky Sedgwick 2014: 389).

Ähnlich wie in Walter Benjamins Formel, wonach, um in der Vergangenheit den »Funken der Hoffnung anzufachen« (Benjamin 2010: 96), ein Aufbrechen des linearen Fortschrittsbegriffs und der Vorstellung einer »homogene[n] und leere[n] Zeit« notwendig sei, um mit einem »Tigersprung in die Vergangenheit« Momente der Jetztzeit zu erfassen (ebd.: 102, 105), bricht auch die queerfeministische Affekttheorie mit einem kontinuierlichen Zeitverständnis. Bezieht sich *Queer Time* (Halberstam 2005) einerseits auf nichtnormative Lebensstile subkultureller Queerness in der Gegenwart, die sich den Zeitlichkeiten der Institutionen von Familie, Heterosexualität und Reproduktion verweigern (ebd.: 1), so lässt sich der Begriff auch auf queere Aneignung von Geschichte beziehen, deren Existenz erst erkämpft werden muss, die jedoch immer auch aus Absenzen besteht, die bis in die Gegenwart wirksam sind. *Feeling Backward* nennt Heather Love (2007) ihr Modell queerer Geschichtsschreibung, das gleichzeitig für eine Gefühlsstruktur steht, die auf der Erfahrung sozialen Ausschlusses und der »historischen ›Unmöglichkeit‹ gleichgeschlechtlichen Begehrens« beruht (ebd.: 4, 146, *Ü: G. S.*). »Backwardness« bezeichnet dabei »*feelings* wie Nostalgie, Bedauern, Scham, Verzweiflung, Ressentiment, Passivität, Eskapismus, Selbsthass, Sich-Zurückziehen, Bitterkeit, Defätismus und Einsamkeit« (ebd.: 4, *Ü: G. S.*). Statt einer »positiven Genealogie schwuler und lesbischer Identität«, die versucht, historische Identifikationsfiguren der Vergessenheit zu entreißen, dabei aber beizeiten die Wunden queerer Erfahrung ausblendet, plädiert Love für einen Geschichtsbegriff, der die »Unvermeidlichkeit eines ›Spiels des Wiedererkennens‹« sieht, »diese Wiedererkennungen aber nicht nur als tröstlich, sondern auch als verstörend empfindet« (ebd.: 45, *Ü: G. S.*).

Auch die Auseinandersetzung mit dem spukenden Geist von Hilde Krones, der Impuls, eine Heldinnen- und Opfergeschichte zu erzählen, sie zur Projektionsfläche gegenwärtiger politischer Wünsche zu machen, muss daher damit rechnen, auf schmerzhafte und verstörende Entdeckungen zu stoßen.

Ein verschüttetes Archiv

Hilde Krones wurde 1910 als Hilde Handl[15] in Wien geboren, ihre Mutter stammte aus Südböhmen, ihr Vater aus Mähren. Beide waren in die Hauptstadt der Donaumonarchie zugewandert, wo sie 1899 geheiratet hatten.[16] Hilde besuchte Volks- und Bürgerschule für Mädchen in ihrem Heimatbezirk Ottakring.[17] Nach dem frühen Tod ihres Vaters, eines Bäckergehilfen, 1924 ermöglichte ihr die Mutter, die Hilde als jüngstes von drei Kindern noch zu versorgen und eine Anstellung als Fürsorgerin angenommen hatte, den Abschluss der Handelsakademie,[18] was eine Voraussetzung für den späteren beruflichen Aufstieg war. Ihre entscheidende Bildung erhielt sie jedoch in anderen Institutionen: Hilde Krones durchlief als Jugendliche zahlreiche Organisationen des Roten Wien, sie wurde zur sozialdemokratischen Aktivistin, die die politische Arbeit auch nach der Zerschlagung des kommunalen Sozialismus in Wien im Februar 1934 fortsetzte. Als Revolutionäre Sozialistin beteiligte sie sich am Widerstand gegen den Austrofaschismus, nach dem »Anschluss« Österreichs an NS-Deutschland 1938 auch gegen den Nationalsozialismus. In ihrem Berufsleben war sie durch die Arbeit bei Bayer-I. G. Farben gleichzeitig aber in einem regimenahen Betrieb tätig, was zu den vordergründigen Widersprüchen ihrer Biografie gehört. Im April 1945 war Hilde Krones schließlich Mitgründerin der neu erstandenen SPÖ, wurde als Parteivorstandsmitglied und Abgeordnete für eine kurze Phase bis zu ihrem Suizid 1948 zu einer zentralen Akteurin der politischen Geschichte Österreichs.

Die Rezeptionsgeschichte des Lebens von Hilde Krones, die nach ihrem Tod einsetzte, beinhaltet Phasen von leerer Zeit und »Jetztzeit« – von tiefem Vergraben der Toten und vorsichtiger Exhumierung. Ihre akademische Entdeckung fand im Kontext der Neuen Linken der 1970er Jahre statt. In Fritz Webers (2011 [1977]) Auseinandersetzung mit der politischen Ausrichtung der österreichischen Sozialdemokratie im Kalten Krieg nahm ihre Person – neben dem im Zentrum stehenden sozialistischen Parteisekretär Erwin Scharf – eine wichtige Nebenrolle ein, Weber bezeichnete sie als »eigentliche[n] Kopf des ›orthodoxen‹ Linkssozialismus nach 1945« (ebd.: 205). Zur gleichen Zeit versuchte in Hilde Krones' ehemaliger Bezirkspartei die junge Bezirksrätin Renate Obadalek mehr über deren Biografie zu erfahren. Ihre feministische Neugier stieß jedoch an eine Mauer, ein »Nachbohren« sei nicht opportun und zahle sich nicht aus, ließen sie ihre älteren Gesprächspartner:innen in der Partei wissen.[19] Denn innerhalb der SPÖ war man nach Krones' Tod im Jahr 1948 bestrebt gewesen, die Erinnerung an die Dissidentin, die sich in einem schweren Konflikt mit der Parteiführung befunden hatte, zugleich aber als »die gescheiteste Frau, die wir unter der jüngeren Generation derzeit in der Partei haben«[20], galt, zu ersticken. Auch bei ehemaligen Genossinnen verspürte Renate Obadalek Distanz gegenüber Hilde Krones, nicht nur aus politischen Gründen, auch deren modebewusste Erscheinung war offenbar einst auf Ablehnung gestoßen.[21]

So stammt die bisher einzige veröffentlichte feministische Auseinandersetzung mit Hilde Krones von Doris Ingrisch, die 1989 – im Kontext des hundertjährigen Parteijubiläums der österreichischen Sozialdemokratie – einen umfassenden biografischen Aufsatz zu ihr veröffentlichte (Ingrisch 1989). Die Historikerin war vom Leiter des Instituts für Wissenschaft und Kunst in Wien, Karl Mark, mit einer Forschungsarbeit über Hilde Krones beauftragt worden, aus der schließlich ein Sammelband über österreichische Sozialdemokratinnen hervorging (Prost 1989). Mark war einst ein politischer Weggefährte von Krones gewesen, das Buch schien ihm ein persönliches Anliegen zu sein, eine »Hommage« an die verlorene Freundin.[22] Doris Ingrisch konnte bereits auf den Nachlass von Hilde Krones zurückgreifen, der damals noch im Besitz der Witwe des 1987 verstorbenen früheren Ehemanns Franz Krones war und danach in den Verein für Geschichte der ArbeiterInnenbewegung gelangte. Die Recherche von Doris Ingrisch führte wiederum zu Reaktionen ehemaliger Freund:innen und Genoss:innen von Hilde Krones – so zu einer erbosten Stellungnahme des nunmehrigen Politikers der Kommunistischen Partei (KPÖ) Erwin Scharf, Hildes Partner von 1945 bis 1948, der in der Publikation sozialdemokratische Geschichtsklitterung witterte und sich sowohl am Buchtitel (»*Die Partei hat mich nie enttäuscht …*«) als auch an einigen Interpretationen der Autorin – nicht zuletzt ihrer Darstellung seiner Liebesbeziehung mit Hilde Krones – stieß.[23] Rosa Jochmann, prominente sozialdemokratische Zeitzeugin des antifaschistischen Widerstands, wurde von Karl Mark kontaktiert mit der Bitte, als Gesprächspartnerin für Doris Ingrisch zur Verfügung zu stehen, lehnte jedoch ab und sprach sich auch dagegen aus, ein Kapitel zu Hilde Krones in den geplanten Sammelband aufzunehmen,[24] da sie diese nicht als modellhafte Vertreterin der Arbeiter:innenschaft betrachtete.[25]

Danach wurden die Türen des Archivs selten geöffnet. In den folgenden Jahren finden sich in der zeitgeschichtlichen Literatur vereinzelte Hinweise auf Hilde Krones als politische Akteurin, etwa in Darstellungen zur Frauen- und Geschlechterpolitik nach 1945 (Mesner 1997: 189, Niederkofler 2009: 98, 120, 124). Erst 2017/18, als sich der Tod von Hilde Krones zum 70. Mal jährte – und damit die archivalische Sperrfrist des Nachlasses fiel –, wurde der Nachlass im VGA neu geordnet und ein umfangreiches Bestandsverzeichnis erstellt.[26]

Ganz allgemein ist in den letzten Jahren ein zunehmendes Interesse an – oft vergessenen – historischen Protagonistinnen der österreichischen Arbeiter:innenbewegung zu bemerken. Das betrifft sowohl die Frühzeit bis zum demokratischen Umbruch 1918/19 (Hauch 2009), etwa anhand der sozialdemokratischen Ikone Adelheid Popp (Trausmuth 2019, Popp 2019 [1909]) oder der weiblichen Beteiligung an der Rätebewegung (Helfert 2021), aber auch die traumatischen Brüche von 1934 und 1938 sowie den demokratischen Neubeginn 1945, etwa anhand von Politikerinnen und Aktivistinnen wie Rosa Jochmann (Duma 2019, Mayerhofer 2020), Marie Emhart (Köhler 2020) oder Tilly Spiegel (Markova 2019). Die von Gabriella Hauch (2014, 2015, 2018, 2020) rekonstruierte Gruppenbiografie zu Angehörigen der sozialistischen bzw. kommunistischen Familie Strasser teilt meiner Ansicht nach – als verschüttete linke Gegengeschichte – implizit das hauntologische Interesse meiner Spurensuche zu Hilde Krones.

Aus politikwissenschaftlicher und affekttheoretischer Sicht widmete sich Brigitte Bargetz (2019) der im Roten Wien erschienenen sozialdemokratischen Frauenzeitschrift *Die Unzufriedene* und den in ihr artikulierten Gefühlspädagogiken. Explizit auf Mark Fisher oder Walter Benjamin bezogen sich einige Arbeiten rund um das Jubiläum zu *100 Jahre Rotes Wien*, in denen Konzepte und Debatten aus den Aufbruchsjahren des kommunalen Sozialismus in Wien als Möglichkeitsraum für die Jetztzeit der Gegenwart gelesen wurden (Spitaler 2018, Schwarz/Spitaler/Wikidal 2019: 14, McFarland/Spitaler/Zechner 2020a: 12, 15, Heindl 2020: 60–86).

In einigen Arbeiten zur sozialistischen Frauen- und Geschlechtergeschichte rückten auch familiäre Konstellationen und Partner:innenschaften in den Mittelpunkt, etwa in der geschlechterpolitischen Analyse des Briefverkehrs des sozialdemokratischen Paares Hilda Hammer und Adolf Schärf im Ersten Weltkrieg (Sturm 2003) oder des Brieftagebuches des Revolutionären Sozialisten Otto Leichter an seine Ehefrau, die Sozialwissenschafterin Käthe Leichter, verfasst in der Pariser Emigration 1938/39 (Berger 2003, Saurer 2003). Helmut Konrad (2021) beschreibt in seiner Doppelbiografie der Journalist:innen Marianne und Oscar Pollak das auf dem Konzept der »Kameradschaftsehe« aufbauende Lebens- und Liebeskonzept dieses sozialistischen Paares, vom Roten Wien über die Jahre von Flucht und Emigration bis zur Rückkehr ins Nachkriegsösterreich.

In der Ehe der beiden, so Konrad, saß immer »ein Dritter mit am Tisch […], nämlich die politische Bewegung« (ebd.: 10).

Diese Aussage trifft auch auf das Leben der politischen Aktivistin und Politikerin Hilde Krones zu. Die Biografie der Pollaks macht auch deutlich, wie präsent der Selbstmord als Option für Frauen ihrer politischen Generation war – so nahm sich Marianne Pollak 1963 nach dem Tod ihres Ehemanns ebenfalls das Leben. Hilde Krones führte ihre längerfristigen Liebesbeziehungen ausschließlich mit Genossen, wobei jeweils eine auffällige Parallele zwischen politischen und privaten Brüchen, von Endpunkten und Neubeginn, besteht, und Liebe und revolutionäres Engagement in »geheimer Resonanz« schwangen (Badiou 2011: 62): Wenige Monate nach dem Arbeiteraufstand 1934 kam Hilde mit dem acht Jahre älteren Ingenieur und städtischen Beamten Franz Krones zusammen – beide mussten sich dafür erst aus bestehenden Beziehungen lösen. Im Fall von Hilde Krones war dies Paul Schärf, ein Neffe des späteren SPÖ-Parteivorsitzenden Adolf Schärf. Im Sommer 1945, kurz nach der Befreiung, begann sie eine Liebesbeziehung zu Erwin Scharf, der, vier Jahre jünger als sie, eben von den jugoslawischen Partisan:innen zurückgekehrt und zum Parteisekretär der Sozialistischen Partei bestellt worden war. Die Beziehungskonzepte von Hilde Krones, ihrem Ehemann Franz und ihrem Partner Erwin Scharf fügen sich dabei in ein Kaleidoskop von »Liebe in Zeiten des Hasses« (Illies 2021) der Jahre nach 1930 ein, als progressive Geschlechtermodelle von Avantgarde und Frauenbewegung auf konservativen Antifeminismus und patriarchale Normen – auch innerhalb der Sozialdemokratie – trafen, als Depression, Verzweiflung und Zukunftsangst Liebesbeziehungen gefährdeten, Liebe für politisch Widerständige aber auch zum lebenswichtigen Halt und Ansporn in bedrohter Lage wurde.

Forschende Séance

Wie lässt sich der geschilderte hauntologische Zugang zur Vergangenheit, der versucht, im Nachlass von Hilde Krones Spukphänomene einzufangen, und ausgehend von politischen Gefühlen der Gegenwart Phantome einer vergangenen Zukunft heraufzurufen, in eine Methodik übersetzen? Und welche konkreten methodischen

Instrumente und vermittelnden Schreibweisen kann ich dafür nutzbar machen?

Wer den Nachlass mit politischem und gefühlstheoretischem Interesse öffnet, gerät rasch in den Bann seiner intellektuellen und sinnlichen Anziehung. Neben politischen Reden und Protokollen sind es gerade die persönlichen Briefe, Briefentwürfe und Brieftagebücher, die den Eindruck eines privilegierten und unvermittelten Zugangs zur Vergangenheit erwecken. In mehrjähriger Arbeit transkribierte ich unter anderem rund 700 Briefe, die meisten von Hilde Krones handschriftlich in Kurrent verfasst. Sie lösten bei mir jenes »seltene Gefühl« aus, das eine »plötzliche Begegnung mit unbekannten, verunglückten und erfüllten Existenzen, welche das Nahe (so Nahe!) und das Ferne, Verflossene vermischen« hervorruft (Farge 2011: 12). Die Begegnung mit Hilde Krones ist jedoch nicht unvermittelt, sie erfolgt über die Medien ihres Nachlasses, die – etwa im Fall von Tagebüchern – solche der »Selbstkonstitution und Welterzeugung« sind (Steuwer/Graf 2015: 10). Solche Tagebücher lassen sich vor dem Hintergrund der Popularisierung des privaten Schreibens, von damit verbundener weiblicher Selbstermächtigung in der ersten Hälfte des 20. Jahrhunderts lesen (Hämmerle/Gerhalter 2015: 23–27, Bauer/Hämmerle 2017: 15). Sie waren – wie private Briefe – gerade in Zeiten politischer Brüche und Krisen »wie alle Selbstzeugnisse, im mitunter nur aufwendig zu entschlüsselnden Spannungsverhältnis von Gesellschaft und Individuum angesiedelt und folglich nicht einfach ›privat‹ oder ›intim‹« (Hämmerle/Gerhalter 2015: 18f.). Briefe und Brieftagebücher folgen als »Paarkorrespondenzen« (Bauer/Hämmerle 2017) einem »dialogischen Imperativ« (Sederberg 2015: 146), sind geprägt von dem Versuch, in der Kommunikation mit dem:der Anderen Anerkennung zu finden (ebd.).

Das gilt auch für die Schriften von Hilde Krones: Am 23. August 1942 verlässt Hildes Ehemann Franz Krones nach seiner Einziehung Wien in Richtung Frankreich, um dort als Ingenieur und Fachmann für Beleuchtungstechnik bei der NS-Organisation Todt[27] einzurücken. Noch am selben Tag beginnt Hilde Krones mit dem Verfassen von Feldpostbriefen, die sie in den folgenden Jahren fast bis Kriegsende jeden Tag an Franz senden wird – und auch er wird diesen Rhythmus beibehalten. Die Briefe, eine zentrale Quelle meiner Studie,[28] werden für Hilde Krones zum lebenswichtigen Medium, in dem sie ihre Gedanken und Gefühle weiterhin mit Franz Krones teilt, zurückgeblieben in Wien ohne ihren Vertrauten, in einem politischen und privaten Umfeld, in dem es ihr zunehmend an Resonanzraum fehlt. Ohne die Möglichkeit des schriftlichen Austauschs »müßte [ich] [...] ersticken«[29] wie sie in ihrem zweiten Brief festhält. Die Briefe dienen ihr als »Kraftquell«[30], als »Brücke auf der unsere Herzen zueinander eilen über den großen Abgrund der örtlichen Trennung hinweg – und nicht nur die Herzen – auch die Geister treffen sich dort – sie sind das Band das uns trotzdem die grausame Zeit mit direkt sadistischer Freude daran zerrt – eng verbunden hält.«[31]

Vergleichende Untersuchungen haben gezeigt, dass Feldpost im Zweiten Weltkrieg einerseits als »Beziehungskitt« diente, gleichzeitig aber auch (regime-)stabilisierend die Aufrechterhaltung des Krieges, als Medium des »Durchhaltens«, mit ermöglichte (Hämmerle 2011, Hämmerle 2017). Beides trifft auf den ersten Blick ebenso auf Hilde und Franz Krones zu, die ihre Tätigkeiten bei der I.G. Farben und der Operation Todt bis Kriegsende ausübten. Tatsächlich wurde ihnen die Feldpost aber auch zu einem Kommunikationsmittel intimer Widerstandsarbeit,[32] das sie gegen die Intentionen des NS-Regimes nutzten, um sich in der Paarkorrespondenz ihrer antifaschistischen Haltungen zu versichern. Ihr Durchhalten bezog sich auf die Zeit der Befreiung. Der Gefahr, sich durch verfängliche Inhalte, die von der Briefzensur aufgedeckt werden könnten, politischer Verfolgung auszusetzen, begegnete Hilde Krones mit sprachlichen Verschleierungsstrategien, die es ihr ermöglichten, auch Nachrichten über die illegalisierte politische Arbeit und das Schicksal von Genoss:innen zu teilen.

Mögen Hilde Krones' Tagebücher – abseits der unmittelbaren Gefahr ihrer Auffindung im Nationalsozialismus – »schon dafür verfasst« worden sein, in späteren Jahren »eventuell entdeckt zu werden«, so bedeutet das Aufschlagen der Archivmappen dennoch eine *Entblößung* (Farge 2011: 12), ein Eindringen in ein Grab – und sie führen zurück zu ihrem Selbstmord im Jahr 1948. Die Vielzahl von privaten und beruflichen Briefen, Dokumenten, Reden und Fotografien, die im Nachlass von Hilde Krones erhalten sind, können die Umstände ihres Todes teilweise erhellen, doch es bleiben Leerstellen. Solche Leerstellen und verschütteten Erinnerungen an eine Politikerin bieten in theoretischer wie methodischer Hinsicht Anschlusspunkte an feministische Zugänge zum Archiv, da diese solche Lücken explizit zum Thema machen. Deren Erkenntnisse mitzudenken, erscheint mir sogar zwingend notwendig, wenn ich mich als männlicher Forscher mit einer weiblichen Biografie wie jener von Hilde Krones beschäftige.

In ihren Überlegungen zu Archiven der Gefühle verweist Brigitte Bargetz (2024) in dieser Hinsicht einerseits auf die Schwierigkeit, dass Gefühle und Affekte »schwer greifbar und flüchtig« sind und sich der Archivierung daher immer wieder entziehen (ebd.: 123). Sie bringt andererseits Beispiele für solche Archive – die als Gegenarchive zu den im Foucaultschen Sinn (1981 [1973]: 187–190, 2001 [1977]) normierenden Archiven der Macht, von behördlichen Archiven und »Archiven der Herrschenden«, geschaffen wurden (Bargetz 2024: 124). Darunter fasst Bargetz einerseits »Wissensarchive«, das heißt politiktheoretische Zugänge der feministischen Affektstudien, die diesen Raum erst erschließbar machen, andererseits Projekte, die in akademischen und künstlerischen Formaten an der Erstellung solcher Archive im materiellen und musealen Sinn arbeiten. So erschreibt Ann Cvetkovich (2003) in ihren Texten die »unorthodox archives« (ebd.: 8) queerer Gegenkulturen, die vor dem Hintergrund von Marginalisierung, Trauma und Verletzung gerade in Gefühlen wie Depression die Spuren vergangener und gegenwärtiger Erfahrung bergen – als eine »Erforschung kultureller Texte als Speicher für *feelings* und Emotionen, die nicht nur in den Texten selbst, sondern auch in den Praktiken, die ihre Produktion und Rezeption einschließen, kodiert sind« (ebd.: 7, *Ü: G. S.*).

Aus postkolonialer Perspektive arbeitet Avery F. Gordon (2018) in ihren forschungsbasierten Kunstpraxen an einer »imaginären und realen Infrastruktur« für ein Archiv eines »anderen Utopismus« und der ihm eigenen »onto-epistemologischen Affekte« – auf der Spur von dessen »historischen Wurzeln in der Flucht und

Selbstbefreiung von Sklaven, in Piraterie, Häresie, Hexerei, Landstreicherei, Vagabundage, Rebellion, desertierenden Soldaten und anderen oft unlesbaren, illegitimen oder trivialisierten Formen von Flucht, Widerstand, Opposition und alternativen Lebensformen« (ebd.: viii, *Ü: G. S.*). Klassisch geworden sind inzwischen die Arbeiten der Historikerin Saidiya Hartman (2022, 2022a [2008]), die sich in Archiven der US-amerikanischen Geschichte auf die Suche nach sinnlichen Spuren des schwarzen Lebens macht und – im Kontext von Sklaverei und Rassismus – nach einem Weg sucht, ihre Protagonist:innen nicht erneut als anonyme und objektivierte Opfer zu repräsentieren, sondern ihre *aufsässigen Leben* in Form einer »spekulative[n] Collage des Möglichen« (Bargetz 2024: 133) zu montieren. Hartman nennt ihre Methode »kritische Fabulation« (Hartman 2022a: 108) bzw. »verschränktes Erzählen« (2022: 11), als Schreibform, in der »Sichtweise, Sprache und Rhythmus derjenigen, die als aufsässig beschrieben werden, den Text formen und aufbauen«, »Erzählerin und Sprecherin durcheinander[gebracht]« (Hartman 2022a: 109), Akten gegen den Strich gelesen werden, »spekulieren[d], aufmerksam zuhören[d], zwischen den Zeilen lesen[d]« (2022: 57). Sie stellt sich vor, »was geschehen sein oder gesagt oder getan worden sein könnte« (Hartmann 2022a: 109), hebt »die Momente der Verweigerung, der Flucht und der Möglichkeit« hervor, »in denen die Visionen und die Träume der Aufsässigen möglich schienen« (Hartman 2022: 57). Vor dem Hintergrund eigener politischer Gefühle sucht sie in den historischen Materialien nach Spuren »utopische[r] Sehnsüchte« und nach der »Verheißung einer zukünftigen Welt, die auf Aufsässigkeit und der Verweigerung, beherrscht zu werden, gebaut ist« (ebd.: 13).

In ähnlicher Weise entwarf die feministische Theoretikerin Clare Hemmings (2018) in ihrer Auseinandersetzung mit der Figur der anarchistischen Ikone Emma Goldman eine theoretisch avancierte Methodik des *imaginativen Archivs* – als Ort, an dem sie ausgehend von ihren politischen Leidenschaften und Fragen der Gegenwart eine Beziehung zur historischen Figur Goldman und deren politischen Gefühlen herstellt. Gestützt auf Erfahrungen der Queer Theory und kulturwissenschaftlicher Zugänge postkolonialer Literaturwissenschaft rekonstruiert sie dabei auch Quellen, die aus historischen Gründen nicht erhalten sind – sie schreibt diese teils sogar in einem imaginären Dialog mit Goldman selbst und schafft so ein neues Archiv, »das erst geschrieben und gelesen werden muss« (ebd.: 8, *Ü: G. S.*). Dieses imaginative Archiv beleuchtet »die Lücken und Risse bestehender Archive«, entstanden aus dem Drang, jene Stimmen zu hören, »die nie gehört wurden, den Bindungen, denen keine Bedeutung zugeschrieben werden kann, und dem utopischen Begehren nach einer anderen Zukunft, die auf einer anderen Vergangenheit beruht.« Es ist ein Archiv, das »sich mit der Beziehung zwischen den Toten und den Lebenden auseinandersetzt, um jene Zukunft aufzuführen, die in der Gegenwart herbeigeführt werden soll« (ebd., *Ü: G. S.*).

Nun ist das Archiv von Hilde Krones von seinen Beständen her[33] und auch inhaltlich – durch die Existenz zahlreicher unveröffentlichter Aufzeichnungen und Briefe, die Medien für ein Archiv politischer Gefühle liefern – ziemlich umfangreich. Es ist der seltene Fall eines umfassenden Nachlasses einer Politikerin in Österreich.[34] Daher unterscheidet sich mein methodischer Zugang in mancher Hinsicht von jenem von Hemmings (2018) oder Hartman (2022, 2022a) – bin ich doch weit weniger darauf angewiesen, ein imaginatives Archiv in »kritischer Fabulation« erst selbst zu erschaffen. Dennoch weist auch Hilde Krones' Archiv wie erwähnt Leerstellen auf, etwa im Hinblick auf die Gründe ihres Todes. Ihr Fall fordert dazu auf, das Spannungsverhältnis zwischen historischen Quellen, eigenen Projektionen und affektiven Reaktionen zu reflektieren, gerade im Bezug zum *Unheimlichen* – »das, von dem der oder die Historiker:in weiß, es aber verleugnen muss« (Scott 2012, zit. n. Hemmings 2018: 28, *Ü: G. S.*) – die Widersprüche, blinden Flecken und Traumata von geschichtlicher Erinnerung, aber ebenso von aktueller politischer Theorie (Hemmings 2018: 26–29).

Der Versuch, »die Toten zum Sprechen« zu bringen, beinhaltet, wie Bini Adamczak (2011: 111) warnt, jedoch die Gefahr, »den Trick der Jahrmarktbudenbesitzerinnen, der Geisterbeschwörer« anzuwenden und den Toten »unsere eigenen Worte in den Mund zu legen« (zit. n. Bargetz 2024: 130). Ein solcher Geisterbeschwörer will ich nicht sein. Ich kann auch nicht beanspruchen, eine spezifische Lese- oder Vermittlungsposition, wie sie sich aus queeren oder postkolonialen Erfahrungen speist, einzunehmen. Dennoch habe ich mich in einen hauntologischen Dialog mit den ›spukenden‹ Materialien aus dem Nachlass von Hilde Krones begeben.

Wo Hauntolog:innen im Sinne Mark Fishers mit der historischen Ästhetik von popularkulturellen Modernismen arbeiten, beschäftigte ich mich mit historischen politischen Gefühlen, Begriffen und Konzepten, die auf mich eine ähnliche Anziehungskraft ausüben. Ich nenne dies, wie eingangs erwähnt, eine *forschende »Séance«*: Damit ist ein wissenschaftlicher Zugang gemeint, der – was durch die Nähe des Begriffs zu Konzepten künstlerischer Forschung[35] angesprochen werden soll – Fragen von Ästhetik und Subjektivität ernst nimmt, den emotionalen Ton der Quellen und die Resonanz des imaginativen Archivs wahrnimmt, diese jedoch mit Mitteln der Forschung bearbeitet.[36] In der spiritistischen Séance ist es das *Medium*, das einen privilegierten Zugang zu den Geistern besitzt und durch das jene sprechen. In der forschenden Séance sind es das Archiv – als »Medium der Geschichte« (Ebeling/Günzel 2009: 14)[37] – und die darin überlieferten Texte und Materialien – als wiederum vermittelnde Medien (Baßler/Gruber/Wagner-Egelhaaf 2005: 11) –, sind es Spuren und Leerstellen, die die vermittelnde Rolle zur ›Geisterwelt‹ einnehmen. In meinem Dialog richte ich Fragen an diese Medien, mache sie so zur lesbaren »Geschichtsschreibung« (Farge 2011: 15).

Anschlusspunkte existieren zum Konzept historischer *Gefühlsstrukturen* im Sinne von Raymond Williams (1977: 50ff.), jenem vielzitierten Muster von »Denk- und Fühlweisen«, die Mark Fisher als popularkulturelle *Stimmung* beschreibt, dem »Ton« eines Textes, der als »die Dialektik von objektivem und subjektivem Empfinden, die unsere ästhetischen Erlebnisse unweigerlich hervorbringen« verstanden werden kann (Ngai 2005: 30, Ü: G. S., vgl. auch Love 2007: 12). Dabei gebe ich der Stimme von Hilde Krones, wie sie sich durch das Medium des Archivs zu Wort meldet, in längeren Passagen bewusst breiten Raum und versuche ihren Geist in diesem Sinn zu beschwören.

Methodisch richte ich meine Aufmerksamkeit auf die in den Materialien artikulierten Gefühle und Stimmungen – als »affective markers« (Gould 2009: 29f.) – im Hinblick auf Vergangenheit und Zukunft von Sozialismus und Emanzipation. Ich suche in den Medien nach »Tigersprüngen« zu historischen Bezugspunkten linker Geschichte – wie der Französischen Revolution und dem Roten Wien – und nach Begriffen und Kategorien, die rund um die politischen Gefühle zu finden sind, nach Bildern, Metaphern und Beschreibungen, die Jetztzeit vermitteln und zur Gegenwart sprechen. Übersetzt in konkrete diskursanalytische Arbeit bedeutet dies, die Texte des Nachlasses nach den Kategorien »Affekt/Emotion/politische Gefühle« bzw. »Liebeskonzepte« sowie »politische Geschichte« – zum Beispiel Hinweise auf Widerstandsgeschichte im Nationalsozialismus, auf die Französische Revolution, das Rote Wien, die Sowjetunion, etc. – und einige daraus abgeleitete Unterkategorien zu durchsuchen.

Gleichzeitig beobachte ich meine eigenen affektiven Reaktionen und politischen Gefühle, die dabei zum Vorschein kommen. Ein solcher Zugang orientiert sich auch an Roland Barthes' (1989) bildwissenschaftlicher Interpretation des *punctum*, jenes überraschenden Details eines Fotos, das Barthes als Betrachter affektiv »*besticht* [...] aber auch verwundet, trifft« (ebd.: 36, Herv. i. Orig.). In den einzelnen Kapiteln meiner Arbeit hebe ich jeweils einzelne Medien aus dem Nachlass hervor, die für mich – mit einer hauntologischen Leser:innenposition – ein solches *punctum* besitzen. Mein Standpunkt als Dialogpartner mit diesen Begriffen, Bildern oder Objekten ist dabei einerseits persönlich, ähnlich wie Barthes' (1989: 17) dezidiert vom Einzelfall ausgehende Betrachtung, er beruht aber auf erlernten kollektiven Gefühlspädagogiken gegenwärtiger kritischer Gesellschaftstheorien, auf meiner Situierung in den geschilderten Debatten und geteilten Positionen von Hauntology und Feminismus. So wurde ich bei meinen forschenden Séancen von manchen Medien angezogen, während andere Unbehagen auslösten. Ähnliches widerfuhr Clare Hemmings (2018: 12ff.), die ebenfalls auf die Schwierigkeit stieß, die Texte und Handlungen ihrer Protagonistin Emma Goldman in den Rahmen heutiger intersektionaler feministischer Theoriekonzepte zu bringen.[38] Hemmings (2018: 28) schlägt vor, dieses Unbehagen ernst zu nehmen – und zwar nicht im Sinn einer moralischen Kritik an den ›überholten‹ Positionen der historischen Dialogpartnerinnen, sondern als Zeichen dafür, dass wir bis in die Gegenwart in unseren theoretischen und politischen Sicherheiten von solchen wunden Punkten herausgefordert werden. Dies betrifft im Fall des Nachlasses von Hilde Krones etwa das Verhältnis von Feminismus und Sozialismus, die Leerstelle der stalinistischen Verbrechen, aber auch die von Krones und ihren Genoss:innen vertretenen marxistischen Faschismustheorien, in denen die Shoah keine zentrale Rolle einnahm. Hier zwingen uns die historischen Medien dazu, die Sicherheiten unseres eingeübten Blicks auf die Vergangenheit infrage zu stellen, sie in gewissem Sinn zu *verlernen* (Landry/MacLean [Spivak] 1996: 4f., Azoulay 2019, Haug 2020: 329), zum Ausgangspunkt von Debatten zurückzugehen, Fäden wieder aufzunehmen, es »mit den Wirren der Ideengeschichte(n)« aufzunehmen und nicht »vor den multiplexen Traumata, die sich vor uns auftürmen«, zurückzuweichen (Castro Varela 2021: 122).[39]

Mein Zugang der forschenden Séance lässt sich im Hinblick auf Fragen des *Spuks* methodisch neben Fishers *Hauntology* auch mit dem Konzept Avery F. Gordons in Beziehung setzen, die diesen Begriff des Spuks für eine »Methode der Wissensproduktion« nutzbar macht (Gordon 2008: xvii, *Ü: G. S.*). Sie versteht *haunting* als Erfahrung einer Welt, in der Dinge nicht stimmen, die zugleich aber den Drang beinhaltet, diesen Zustand zu verändern. Spuk erzeugt den Impuls, dass »etwas zu tun ist« (ebd.: xvi, *Ü: G. S.*). »Der Spuk zieht uns affektiv, manchmal gegen unseren Willen und immer ein wenig magisch, in die Gefühlsstruktur einer Realität hinein, die wir nicht als kaltes Wissen, sondern als transformierende Erkenntnis erfahren« (ebd.: 8, *Ü: G. S.*). Spuk ist »eine Art und Weise, auf die sich verletzende Machtsysteme zu erkennen geben und ihre Auswirkungen im Alltag spürbar machen, vor allem dann, wenn sie vermeintlich überwunden sind (z. B. die Sklaverei) oder wenn ihr unterdrückender Charakter geleugnet wird« (ebd.: xvi, *Ü: G. S.*). Er steht in diesem Sinn für jene Momente,

»wenn das, was im blinden Feld lag, ins Blickfeld gerät. Der Spuk erweckt Gespenster, und er verändert die Zeiterfahrung, die Art und Weise, wie wir Vergangenheit, Gegenwart und Zukunft voneinander trennen. Die Phantome oder Geister erscheinen, wenn das Problem, für das sie stehen und dessen Symptom sie sind, nicht mehr länger eingedämmt, gebändigt oder aus dem Blickfeld gebannt werden kann« (ebd., *Ü: G. S.*).

Das Gespenst wird so zum Zeichen, »in gewissem Sinn zur empirischen Evidenz, die anzeigt, dass ein Spuk stattfindet. Das Gespenst ist nicht einfach ein Toter oder eine Person aus der Vergangenheit, sondern eine soziale Figur« (ebd.: 8, *Ü: G. S.*).

Eine Séance ist in diesem Sinn der bewusste Versuch, sich mit den *troubles* der Gegenwart, die ihren Ursprung in der Vergangenheit haben, auseinanderzusetzen, mit Unrecht und ungelösten Fragen, aber auch mit un*ein*gelösten, verdrängten Hoffnungen und Alternativen, die in den historischen Medien herumspuken.

Doch wer oder was spukt in diesem Sinn im *haunted house* des Wiener Vorwärts-Gebäudes, im Nachlass von Hilde Krones? Es ist einerseits der *Sozialismus* in seiner austromarxistischen Spielart, der – zumindest in den Jahren des Roten Wien – das Versprechen gesellschaftlicher Transformation enthielt und in unserer Gegenwart des kapitalistischen Realismus tief begraben ist. Es spuken seine Protagonist:innen, manche ikonisiert, viele vergessen – unter ihnen Hilde Krones, die als Kind des Roten Wien die Hoffnung auf die ihr einst versprochene »Zeit der Vollendung«, die in die Zukunft gerichtete Überwindung des Kapitalismus, weiterverfolgte. In den Medien ihres Archivs spuken jene politischen Gefühle, die mit ihrem politischen Kampf um Sozialismus und Emanzipation im privaten, beruflichen und politischen Bereich verbunden waren. Sie selbst wird jedoch ebenfalls zum ruhelosen Geist, dem Unrecht widerfahren ist, was mich in der Séance fragen lässt, wer für ihren Tod verantwortlich ist – und wie wir in der Gegenwart »reparativ« (Kosofsky Sedgwick 2014: 389) auf dieses Unrecht reagieren können.

Eine Séance mit dem Nachlass einer historischen Person wie

Hilde Krones tut dem Geist allerdings auch Gewalt an, sie zerrt ihn ans Licht, stellt intime Bekenntnisse aus, nimmt bisweilen eine voyeuristische Position ein. In den Feldpostbriefen, die sie ab 1942 an ihren Ehemann Franz Krones schrieb, spricht Hilde Krones – nachdem Briefe durch die Militärzensur geöffnet wurden – das unangenehme Gefühl an, »daß ein dritter da in unser Ehe- und Seelenleben mit hineinschauen kann«, als »genau so unmoralisch als jene gewissen Lokale, in denen einem gegen Entgelt ›zuschauen‹ angeboten wird.«[40] Anders als bei den zu Lebzeiten veröffentlichten Texten spricht Hilde Krones in ihrem Nachlass nicht aus freien Stücken zu mir. Ich hoffe, dass ich im Dialog mit ihren Gedanken und Gefühlen deutlich machen kann, dass mein Motiv, ihren Geist zu stören, nicht in *Ghostbusting*, der Bloßstellung oder gar Verfolgung und Austreibung liegt, sondern eher in *Ghostarbeit*, der vermittelnden Arbeit an und mit den Geistern (Rickels 2005: 9), in einer Haltung des Betrauerns und der Empathie für ihren Versuch, Persönliches und Politisches zusammenzudenken, Eigensinn und Kollektiv zu verbinden und sich die Hoffnung auf eine »Vollendung« in Zeiten des Terrors zu erhalten. Im Zuge meiner forschenden Séance hatte ich des Öfteren die Befürchtung, dass die Antworten, die ich auf meine Fragen erhalten würde – etwa zu ihrem Handeln im Nationalsozialismus und ihrer Haltung zum Stalinismus –, mein Bild von Hilde Krones beschädigen würden – und tatsächlich holten die Sitzungen auch böse Geister hervor, die im Schutt der Geschichte und des Terrors lauern. Mein Gefühl der Sympathie mit Hilde Krones habe ich in den Jahren der Beschäftigung mit ihr jedoch nicht verloren, genauso wenig wie jenes Gefühl der Überraschung, das mich befiel, als in den Medien des Nachlasses an unerwarteten Orten Momente des Politischen und der Jetztzeit aufblitzten, wie in jenem eingangs zitierten Brief, verfasst an einen NS-Manager der I. G. Farben, 1944 in Wien.

Eine Biografie in politischen Begriffen und Gefühlen

Ähnlich wie Dietmar Dath und Barbara Kirchner ihr Theorieessay *Der Implex* »eine Art Roman in Begriffen« (2012: 15) nannten, verstehe ich das folgende Buch auch als eine *Biografie in Begriffen* *und politischen Gefühlen.*⁴¹ Da die Lebensgeschichte der Protagonistin Hilde Krones nur mehr wenigen Leser:innen bekannt ist, bin ich aber gezwungen, diese Struktur insofern zu erweitern, als ich für das Verständnis notwendige biografische Details sowie zeithistorisch bedeutsamen Kontext ihres Lebens und Denkens miterzähle. Gleichzeitig setze ich das Denken von Hilde Krones mit dem ihres gefühlspädagogischen Umfelds in Beziehung und versuche die Spuren intellektueller Bezugspunkte und politischer Debatten ihrer Zeit, die sich in den Quellen ihres Nachlasses finden, sichtbar zu machen.

Im Folgenden rekonstruiere ich zunächst die frühe politische Biografie von Hilde Krones, ihre Jugend im Roten Wien und ihren Widerstand gegen Austrofaschismus und Nationalsozialismus (Kapitel 2). Dabei wird auch das aktivistische Milieu der »Generation der Vollendung« und dessen theoretische Prägung beschrieben. Im hauntologischen Blick zurück, meiner forschenden Séance mit dem Nachlass von Hilde Krones, erscheint die Zuversicht auf eine bessere Zukunft, die aus den Medien der frühen Jahre spricht, heute melancholisch gebrochen. Im Umgang mit diesen Medien lässt sich nachvollziehen, wie das Rote Wien nach 1934 von einer »gegenwärtigen Zukunft« (Löffler 2011: 196) zu einer vergangenen Zukunft wurde, deren Erinnerung jedoch auch in den Jahren des Austrofaschismus und Nationalsozialismus von Hilde Krones und ihrem Umfeld bewahrt wurde. Nebenbei liefert das Kapitel ebenfalls neue, bisher nicht geborgene Fragmente einer österreichischen Widerstandsgeschichte.

Daran anschließend befrage ich das Material – nicht nur politische Schriften, sondern auch private Tagebücher und Briefe – nach Geschlechter-, Liebes- und Arbeitskonzepten, wie sie sich aus frühen Texten und den erhaltenen Feldpostbriefen der Jahre 1942 bis 1944 an Hildes Ehemann Franz Krones erschließen (Kapitel 3). Ausgehend von den im Einleitungskapitel beschriebenen gegenwärtigen gefühlstheoretischen Zugängen, die auch ›private‹ Gefühle als potenziell politisch lesen, wollte ich diese persönliche Ebene von Liebes- und Beziehungsmodellen in einem ersten Schritt in den Blick nehmen, stellte aber zu meiner Überraschung fest, dass Hilde Krones und ihr

Umfeld selbst über eine Gefühlspädagogik verfügten, die explizite Verbindungen zwischen Geschlechter- und Beziehungsmodellen und politischen Kämpfen zogen, als »Beziehungsweisen« (Adamczak 2017) *avant la lettre*. Die Geschlechterkonzepte der sozialistischen Frauenbewegung ihrer Zeit, die Hilde Krones vertrat, unterschieden sich in mancherlei Hinsicht von jenen der zweiten und dritten Frauenbewegung nach 1968, was sich etwa an ihrer (Nicht-)Verwendung des Feminismus-Begriffs, nach dem ich in meiner forschenden Séance fragte, zeigt. Auch der Bezug von Hilde Krones auf die uneingelösten geschlechterpolitischen Versprechen der Französischen Revolution, der in dem Kapitel näher betrachtet wird, offenbart sowohl Momente der »Jetztzeit« als auch eine Differenz zur Gegenwart. In einem weiteren Abschnitt füge ich Hilde Krones' Beschreibungen ihrer Umwelt, ihres Arbeitsumfelds im Bayer-Konzern sowie ihres Freund:innen- und Bekanntenkreises, die sie im Rahmen einer sozialistischen Pädagogik der Gefühle interpretiert, in einer Collage zusammen, verwandt mit Hartmans (2022: 11) »verschränktem Erzählen«, zu Fallstudien der Beziehungsweisen im Krieg, um auf diese Weise die angesprochene Gefühls- und Beziehungspädagogik zu rekonstruieren und ihren theoretisierten Charakter sichtbar zu machen. Diese Schilderungen bieten darüber hinaus vielschichtige Einblicke in Geschlechterbeziehungen im Krieg, in veränderte Paar- und Ehekonzepte, die auch für die historische Geschlechterforschung von Interesse sein werden.

Kapitel 4 vertieft die Suche nach politischen Gefühlen im Nachlass von Hilde Krones und hebt in dieser Hinsicht die zentrale Rolle hervor, die Otto Bauers (1924: 872) Versprechen an die »Generation der Vollendung«, das Ende des Kapitalismus zu erleben, für Hilde Krones und den Kreis ihrer Genoss:innen spielte. Ich widme mich der Frage, wie Hilde Krones die Hoffnung auf »Vollendung« in Zeiten von Austrofaschismus und Nationalsozialismus aufrechterhielt, und untersuche mithilfe meines methodischen Augenmerks auf schriftliche Marker von Affekt und Gefühl, welche »affektiven Register« (Bargetz 2014: 129) sich in den Medien des Nachlasses aus diesen Jahren finden lassen. Wichtigste Quelle sind dabei wieder die Feldpostbriefe von Hilde an Franz Krones aus den Jahren 1942 bis

1944, die eine explizite »Arbeit am Gefühl« (Hämmerle 2011: 248) beinhalteten. Dabei wird erneut eine sozialistische Gefühlstheorie und -pädagogik sichtbar, mit der Hilde Krones auch Schmerzerfahrungen und Leid in das »Vielleicht« der Hoffnung auf eine bessere Zukunft zu verwandeln versuchte.

Kapitel 5 widmet sich Hilde Krones' Lektüren von Kunst und (Populär-)Kultur während des Krieges, die sie oft als Erkenntnismittel nützte, um ihre Vorstellungen von Gefühl und Politik zu schärfen. Sie verstand Kunsterlebnisse als Mittel, um Affekte und Gefühle an die Oberfläche des Bewusstseins zu holen und sich bewusst mit ihnen auseinanderzusetzen. Ich untersuchte daher gezielt, welche *feelings* und gefühlspädagogischen Interpretationen ihre diesbezüglichen Beschreibungen in den Feldpostbriefen an Franz Krones enthielten. Sichtbar wird in diesen Lesarten von Kunst und Kultur eine »Sammlung von (Handlungs-)Möglichkeiten«, von »Zukunft im Lichte der Vergangenheit« sowie von Erfahrungsräumen und Erwartungshorizonten (Viehöver 2012: 106, Viehöver 2014: 73f.), die sich, in Abgrenzung von ihrer nationalsozialistischen Umwelt, zu einem »oppositionellen Gefühlsregime« (Hake 2017: 255) verdichteten. Das Kunstverständnis, das Hilde Krones mit ihrem Ehemann Franz teilte, baute auf den im Roten Wien erlernten Bildungskonzepten auf. Es beinhaltete eine dezidierte Theoretisierung von Kunst und politischen Gefühlen, die sich überdies mit anderen linken Kunsttheorien ihrer Zeit sowie aktuellen Konzepten aktivistischer Kunst und künstlerischer Forschung in Beziehung setzen lässt.

Kapitel 6 beleuchtet die Jahre nach der Befreiung 1945, als die Hoffnung auf einen revolutionären Neubeginn bald enttäuscht wird und die erlernte Gefühlspädagogik der Hoffnung und des Schmerzes an ihre Grenzen gerät. Einen Neubeginn suchte Hilde Krones auch in der Liebe, wobei das entstehende Beziehungsverhältnis zwischen ihr, dem neuen Partner Erwin Scharf und den beiden bisherigen Ehepartner:innen Franz Krones und Therese Scharf diese Pädagogik der Gefühle ebenfalls auf die Probe stellte. Ihre Liebesbeziehung zu Erwin Scharf, die Beziehungsweisen zu ihren engen Freund:innen und Genoss:innen litten dabei auch unter den prekären (geschlechter-)politischen Rahmenbedingungen der Nachkriegszeit. Neben

Tagebüchern, Texten und Reden von Hilde Krones treten hier zudem Briefe ihres Umfelds als mehrstimmige Medien in die Séance ein. Aufgerufen wird außerdem der gefühlspolitische Kontext dieser Jahre, als »Schwelle von Hoffnung und Tod«, wobei gerade Hilde Krones' diesbezügliche Diskussion des Gefühls der *Angst* Anschlusspunkte für aktuelle Gefühlsdebatten liefern kann. Selbst auf der desillusionierenden Zeitebene des entstehenden Kalten Kriegs, die in diesem Kapitel mit Hilde Krones' »Etappen der Enttäuschung« verbunden wird, schimmern im Nachlass Begriffe, Konzepte und Bilder auf, die Momente von Jetztzeit beinhalten. Dies betrifft einerseits von ihr formulierte geschlechterpolitische Forderungen, andererseits Fotos eines Wiederaufbaus, den es, im Sinne von vergangener Zukunft, *nie gab*, und die mit dem hauntologischen Blick der Gegenwart zu Bildern eines spukenden Hoffnungsbegriffs werden.

Kapitel 7 widmet sich hingegen den Leerstellen des Nachlasses, dem weitgehenden Schweigen zu Shoah und Stalinismus, und setzt dieses mit den »säkularen politischen Glaubenshaltungen« (Kroll 2007: 9) und den Faschismustheorien der Revolutionären Sozialisten sowie dem (vergangenheits-)politischen Diskursraum der Nachkriegsjahre in Beziehung. Im Hinblick auf die Erinnerung an den Nationalsozialismus erweitere ich die Séance jedoch durch alternative Stimmen aus der Literatur (Ilse Aichinger, Ruth Klüger), die andere Hoffnungsbegriffe als jene der Revolutionären Sozialist:innen sichtbar machen. Andererseits erscheint der strikte Antifaschismus, den Hilde Krones und ihre Genoss:innen in der unmittelbaren Nachkriegszeit an den Tag legten, im Blick zurück erneut als spukhaftes Phantom, als Entnazifizierung, die es nie gab.

Kapitel 8 behandelt den Tod von Hilde Krones und diskutiert, wie ihre Stimme in den öffentlichen Interpretationen des Selbstmordes bald unvernehmbar und zum Schweigen gebracht wurde. Doch Hilde Krones kehrt zurück – in den Medien ihres spukenden Nachlasses.

Das abschließende Kapitel 9 führt daher breiter aus, wie sich dieser Nachlass und die darin auftauchenden Begriffe und Gefühle mit gegenwärtigen politiktheoretischen Debatten in Verbindung setzen lassen – wie sie uns helfen können, unser politisches Imaginäres zu erweitern – im Hinblick auf Hoffnungsbegriffe und kollektive Beziehungsweisen, als Zugang zu historischen Möglichkeitsräumen und auch in Bezug auf die Frage, wie wir mit den unruhigen Geistern der Vergangenheit heute umgehen wollen.

2. Ad Lucem:
Politischer Aktivismus bis 1945

Um die Biografie von Hilde Krones *in Begriffen und politischen Gefühlen* zu rekonstruieren und diese Gefühle in einer forschenden Séance mit gegenwärtigen politiktheoretischen Fragestellungen in Beziehung zu setzen, ist es zunächst notwendig, den zeithistorischen Hintergrund ihres Lebens, den Erfahrungsraum ihres Denkens und den ihres politischen Umfelds zu vergegenwärtigen. Dies geschieht im Folgenden anhand der Darstellung ihrer frühen politischen Verankerung im Roten Wien (1919–1934) sowie ihrer Widerstandstätigkeit in den Jahren des Austrofaschismus (1933/34–1938) und Nationalsozialismus (1938–1945).

Ein Kind des Roten Wien

Die biografischen Materialien ihres Nachlasses machen deutlich, dass Hilde Krones politisch und kulturell von der Ära des Roten Wien der Jahre 1919 bis 1934 geprägt war. 1910 geboren, wird sie in den sozialdemokratischen Vorfeldorganisationen ihres Bezirks Ottakring groß – Kinderfreunde, Wiener Arbeiterturnverein, Verband Sozialistischer Mittelschüler (VSM) und Sozialistische Arbeiterjugend. Sie singt im sozialistischen Massenchor des Dirigenten Erwin Leuchter.[1] 1924, mit vierzehn Jahren, tritt sie aus der katholischen Kirche aus.[2]

Im selben Jahr hatte sie gemeinsam mit anderen Wiener Mädchen einen ausgedehnten Krankenkassen-Erholungsaufenthalt in einem Kloster in San Remo verbracht, »Mandolinen am Abend – und die ersten Fascisten«, notiert sie dazu später in ein Reisetagebuch.[3] Zu dieser Episode existiert die Erinnerung einer Mitreisenden.[4] Die spätere trotzkistische Aktivistin und Gewerkschafterin Emily Rosdolsky, geb. Meder, erzählte, von Hilde Krones in diesem Sommerlager als junges Mädchen politisiert worden zu sein. Artikel zum italienischen Faschismus aus der *Arbeiter-Zeitung*, die Hilde ihr zu lesen gegeben habe, hätten sie »tief erschüttert« und sie trat nach ihrer Rückkehr in Wien ebenfalls dem VSM bei (Rosdolsky-Kreis 2017: 217). Tatsächlich findet sich im Nachlass von Hilde Krones eine Bildpostkarte, auf der die Gruppe Wiener Mädchen gemeinsam mit einem Pater und einer Betreuerin im Sommer 1924 im Kurpark von San Remo abgebildet sind. »Emmi« Meder und Hilde Krones stehen nebeneinander, blicken ernst und mit wachem Ausdruck in die Kamera, die Sonne im Gesicht (Abb. 1 + 2). Es ist schwer, dieses Bild mit hauntologischer Aufmerksamkeit heute ohne Melancholie zu betrachten, wissend um die Lebenswege, die die jungen Frauen vor sich haben würden. »Ad Lucem!« – zum Licht – schrieb Emmi Meder ihrer Freundin Hilde als Erinnerung auf die Rückseite der Ansichtskarte, als Wahlspruch für eine hellere, aufgeklärte Zukunft.[5] »Viel Glück für die Zukunft«, schrieb auch eine:r der erwachsenen Betreuer:innen – doch es ist eine Zukunft, die längst vergangen ist.

In der sozialdemokratischen Bezirkspartei wird Hilde Krones 1932 Mitglied der Jungfront,[6] einer aktivistischen Kaderorganisation für junge Erwachsene, die in Ottakring in diesem Jahr gegründet wird (Sozialdemokratische Bezirksorganisation Ottakring 1933: 22), sowie einer »politischen Sektion«,[7] der sie unter anderen gemeinsam mit ihrem Jugendfreund Paul Schärf und dem Sektionsleiter Fritz Löwy angehört.[8] Bis zum Arbeiteraufstand 1934 entwickelt die Jungfront ein umfangreiches Schulungsprogramm für Funktionär:innen, mit Themen wie »Kapitalismus und Klassenkampf in der Nachkriegszeit, Hat die Revolution 1918 versagt? Krisenursachen und -folgen, Der Faschismus – Liegt die Entscheidung vor uns?, Klassenkampf und Massenschulung«[9] und Prüfungsfragen wie »Einehe. Vielehe./ Kameradschaftsehe./ Probeehe./ Dauerehe« sowie zum Anti-Abtreibungsparagrafen »§ 144«.[10] Zu den Vortragenden gehören prominente Wiener Intellektuelle wie Max Adler, Helene Bauer, Fritz Brügel, Ernst Fischer, Marie Jahoda, Käthe Leichter, Otto Neurath, Oscar und Marianne Pollak oder Elisabeth Schilder.[11] Schon ab dem Frühjahr 1933 können viele der Veranstaltungen unter den erschwerten Bedingungen der autoritären Zensur nur mehr ein-

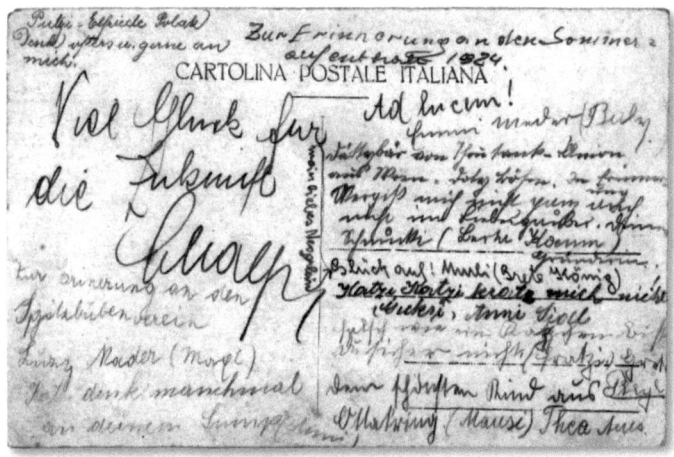

Abb. 1, 2: Bildpostkarte, Hilde Krones (stehend 1. v. r.) 1924 in San Remo, neben ihr Emmi Meder (VGA)

geschränkt – zum Beispiel im Freien – stattfinden, nach dem Februar 1934 muss die politische Arbeit vollständig in die Illegalität verlegt werden. Der Freund:innenkreis aus der Sektion, dem nun auch Hildes zukünftiger Ehemann Franz Krones angehört, schließt sich der neu gegründeten Kaderorganisation Revolutionäre Sozialisten an, Fritz Löwy übernimmt das Amt des Bildungsreferenten im Wiener Kreis V.,[12] gemeinsam arbeitet man unter anderem an der Herausgabe der Flugschrift *Der Rote Stachel* (N. N. 1949: 2), die neben programmatischen Artikeln zur politischen Lage, Berichten über illegale Aktionen und Aufrufen zur Unterstützung der politischen Gefangenen regelmäßige Notizen über lokale Auseinandersetzungen in Ottakring und den Boykott von Überläufer:innen und Profiteur:innen des Austrofaschismus enthält.[13] Hilde Krones betätigte sich dabei, wie sie später schrieb, als »Kolporteurin und Kassierin – technische Mitarbeiterin bei der Herstellung von Flugschriften – sehr bald im Kreisredaktionskomitee« der Zeitung,[14] darüber hinaus vermutlich auch mit Botendiensten für den Transport von illegalem Material aus der Tschechoslowakei nach Wien.[15]

Zu diesem Zeitpunkt ist sie bereits mehrere Jahre bei der Firma Vedepha beschäftigt, der Österreich-Vertretung für pharmazeutische Produkte des deutschen Bayer-Konzerns.[16] Nach dem »Anschluss« 1938 wird sie direkte Angestellte der Bayer I. G. Farben in deren lokaler Wiener Zweigstelle, die aus der Vedepha hervorgegangen ist.[17]

Auch in den folgenden Jahren bleibt das Rote Wien ein zentraler politischer und kultureller Bezugspunkt für Hilde Krones, ein Halt, den sie im Blick zurück beschwört. In den Briefen der Jahre 1938 bis 1945 tauchen immer wieder wehmütige Erinnerungen auf, an die Volkshochschule Ottakring, an die gemeinschaftlichen Aktivitäten der Arbeiter:innenbewegung – etwa in der Musik –, wenn Hilde sich ihre Teilnahme an Chorkonzerten und die Begeisterung als Zuhörerin in Arbeitersymphoniekonzerten ins Gedächtnis ruft,[18] oder davon berichtet, bei einem Badeausflug im Sommer 1942 »eine ganze Reihe uns altbekannter, liebgewordener Lieder« von einem Ziehharmonikaspieler vernommen zu haben »– und ich wunderte mich, daß der die kann.«[19] Noch in den Kriegsjahren wird sie Freizeitaktivitäten der Arbeiter:innenkultur wie Dampfbaden, Faltbootfahren, Nudismus, Gymnastik betreiben. Im Einklang mit den Zielen der Arbeiterabstinenzbewegung trinkt sie keinen Alkohol. Ihr Verständnis von Bewegungskultur definiert sie, getreu der sozialistischen Jugendbewegung, pädagogisch und »aktivistisch«, »für den Sport des reinen Zuschauens« habe sie etwa »nichts übrig«, schreibt sie noch 1943 an Franz Krones.[20]

Neben der Hoffnung auf eine andere Zukunft wird der verlorene Möglichkeitsraum des Roten Wien gerade in den Kriegsjahren zu einem emotionalen Sehnsuchtsort. Sie komme sich »in manchem Augenblick uralt vor«, weil sie »so in der Erinnerung lebt«:

»Das kommt wohl sicher[,] weil die Gegenwart in vieler Beziehung mehr ein Fristen ist und man sich über die Zukunft keine ganz konkreten – wenigstens keine schönen Vorstellungen machen kann. Und dabei gehören wir doch zu den Menschen[,] die der Zukunft noch mit einem größtmöglichsten Optimismus ins Auge schauen«,[21]

notiert Hilde Krones im selben Jahr an Franz Krones. Als Wien im Juni 1944 in den Einzugsbereich der alliierten Bombenangriffe gerät, inspiziert sie nach dem ersten Angriff die großen kommunalen Wohnbauten des Roten Wien im 20. und 21. Bezirk und berichtet ihrem Ehemann voller Zorn von den Bombenschäden, etwa am »ehemaligen [Friedrich-]Engelsplatz«[22].

In ihren Briefen und Tagebucheinträgen der Jahre 1934 bis 1945 verortetet sich Hilde Krones immer wieder in der lokalen Ottakringer Bezirkskultur, gekennzeichnet durch den proletarischen Zusammenhalt von Nachbar:innen, Genoss:innen und Freund:innen, eine lokale Kultur, die sie einmal, mit dem Zitat eines Wienerlieds, auch zu einem Sinnbild ihrer Liebe mit Franz Krones erklärt.

»Sag, glaubst du daran, daß man, wenn man so eng verbunden ist wie wir zwei (zwei aus Ottakring, die ghören zam, weils do zwa Zwetschken san vom selben Bam) es spürt[,] ob es dem anderen gut oder schlecht geht? Ich bilde mir ein, daß es so etwas gibt.«[23]

47

In ihren Briefen der Kriegsjahre nimmt Hilde Krones allgemein auf unterschiedliche Bilder Wiens und seiner Bewohner:innen Bezug, sowohl vergangene als auch solche der gegenwärtigen nationalsozialistischen Unterhaltungskultur, und setzt sich mit diesen in Beziehung. »Wiener Blut«,[24] so schreibt sie, »hab ich – wenn man so sagen kann in mir – aber nicht das wie es sich in den guten alten Zeiten das ganze Ausland von uns erwartet hat – sondern wenns darauf ankommt fließt es statt im Tanzrhythmus in einem ganz harten Tritt.«[25] Ihr Lieblingslied »Ich kenn ein kleines Wegerl im Helenental« stammt aus dem populären Singspiel »Brillanten aus Wien« (1940).[26]

Als politische Aktivistin sah sich Hilde Krones als Vertreterin der Arbeiter:innen, deren Klassenbewusstsein und Erfahrungshorizont sie teilte, auch wenn sie selbst den beruflichen Aufstieg zur leitenden Angestellten vollzogen hatte – was ihr selbst klar war.[27] So sehr Hilde Krones in ihren kulturellen Vorlieben, ihrem Modebewusstsein oder Urlaubszielen zur Angestellten geworden war, so sehr traf es sie, wenn sie als erwachsene Frau auf die Benachteiligungen ihrer Kindheit und Jugend zurückgeworfen wurde. Verärgert schilderte sie Franz Krones 1943 die herablassende Behandlung durch einen Röntgenarzt, den sie als Krankenkassenpatientin wegen Spätfolgen ihrer in den Mangeljahren nach dem Ersten Weltkrieg ausgebrochenen Gelenkstuberkulose-Erkrankung aufsucht.[28] Ihr ausgeprägter Gerechtigkeitssinn beschränkte sich aber nicht auf eigene Benachteiligungen, sie ergriff Partei für andere, wie ein »Michael Kohlhaas«, wie sie selber ironisch schrieb, der »von dem Grundsatz aus[gehe], je mehr man sich gefallen läßt und ruhig hinnimmt, desto mehr macht dann jeder mit einem was er will«.[29] »Hilde heißt Kampf meinst Du – so seis denn«, schrieb sie an Franz Krones.[30] Sie sah sich als kompromisslose Kämpferin, die sich – auch vor ihrer politischen Karriere ab 1945 – mit Attributen wie »Realpolitikerin«, »totalitär«, als Vertreterin des »alles oder nichts« beschrieb. Nicht zu Unrecht betitelte Doris Ingrisch (1989) ihren biografischen Aufsatz über Hilde Krones: *Ohne Kompromiß*.

So gewinnend, sprühend und humorvoll Hilde Krones gleichzeitig auf Zeitgenoss:innen gewirkt haben muss, so sehr beschrieb sie sich als »herbe Natur«, die »meiner Umwelt meist nicht zeigen [kann,] ob ich sie gerne habe [–] ich kann es nur beweisen dadurch, daß ich für sie sorge«.[31] Als junge Frau im Roten Wien hatte sie sich gewünscht, »einen lebendigen Betreuungsberuf wie Kindergärtnerin, Fürsorgerin, Lehrerin« ausüben zu können.

»Ich konnt es nicht weil zur Zeit als ich mit der Mittelschule begann, die Verdienstaussichten zwar gut, aber die Aussichten eine Stellung zu kriegen gering waren. Wenn man aber sich zu so was gezogen fühlt, dann kann man es auch noch im Nebenberuf sein – Menschen zu betreuen gäbe es ja auch gerade genug«,

notierte sie 1944 an Franz Krones.[32]

Im Widerstand
Hilde Krones und ihr Freund:innenkreis setzten ihre illegalisierte politische Arbeit auch nach dem »Anschluss« an das nationalsozialistische Deutschland 1938 fort. Zu dieser gefährlichen Tätigkeit gibt es Hinweise in rückblickenden Aussagen und Aufzeichnungen nach 1945 sowie – über Genoss:innen aus ihrem Widerstandskreis, die im Unterschied zum Ehepaar Krones in die Fänge der NS-Verfolgung gerieten – auch in Dokumenten der NS-Behörden.

Legt man diese Quellen gleich einer Schablone über die erhaltenen Feldpostbriefe von Hilde an Franz Krones aus den Jahren 1942 bis 1944, so lassen sich aus diesen nach und nach zahlreiche versteckte Hinweise zu diesen Widerstandshandlungen finden und einige Personen identifizieren, sodass sich schließlich eine Beschreibung mit bisher unbekannten Details zur österreichischen Widerstandsgeschichte ergibt. In der Menge der Hunderten Briefe sind solche Passagen dennoch die Ausnahme, sie finden sich versteckt zwischen Absätzen, die den Tagesablauf Hildes schildern, ihre Gespräche und Aktivitäten in Beruf und Freizeit mit Verwandtschaft, Freund:innen und Kolleg:innen, den Kampf um Lebensmittel und die Auswirkungen des Krieges auf Wien. Ein Beispiel: In einem Brief aus dem Oktober 1943 heißt es plötzlich im Hinblick auf einen an die Ostfront eingerückten Bekannten und einen weiteren befreundeten Soldaten:

> »[Heini] ist bei Mellitopol. Seine Befundsache hat ihm also überhaupt nichts genützt und er hat noch den großen Nachteil mit seinem Knie behindert zu sein. Ja, du, der Sven hat sich den Meniskus operieren lassen. Im Geschäft beim Luftschutzdienst ist er im Dunkeln gestrauchelt und umgefallen – sein Knie war heraußen und er hat sich gleich operieren lassen. Hältst du das für gut?«[33]

Damit war ganz offensichtlich die verbreitete Praxis der Selbstverstümmelung angesprochen, mit der kriegsmüde Wehrmachtsangehörige und NS-Gegner versuchten, sich dem Frontdienst zu entziehen – und die von NS-Kriegsgerichten drakonisch bestraft wurde.

Hilde Krones verwendete im Hinblick auf gefährliche Inhalte kaum Klarnamen und hatte mit Franz Krones offensichtlich ein spezifisches Vokabular für solche Themen entwickelt. So firmiert einer jener konspirativen Zirkel, die sie regelmäßig aufsuchte, unter der Chiffre »Die Brüder« – genannt »Ludwig« und »der Blade« (auch »Gfüllte« oder »Onkel Borod«) – mit denen sie sich zum »Sprachstudium« und »Familienabend« trifft. Ein weiterer Genosse – im realen Leben ehemaliger Schriftsetzer – firmiert unter den Namen »der V. B. Mann«[34] und »Ceska«, ein möglicher Hinweis auf dessen tschechischen Familiennamen.

Aus Nachrufen nach ihrem Tod geht hervor, dass Hilde mit Franz Krones während des Krieges Texte von Marx und Engels, Rudolf Hilferdings *Das Finanzkapital*, Werke von Otto Bauer, Karl Renner und Max Adler diskutierte.[35] Gemeinsam hörten sie heimlich die alliierten Radiosender der Stationen Straßburg, London und Moskau[36] – dies erklärt wohl auch die Verzweiflung, die Hilde Krones befällt, als ihr Radiogerät 1943 defekt wird und die Reparatur in Kriegszeiten lange auf sich warten lässt. Als Franz Krones 1942 als Ingenieur zur militärischen (Bau-)Organisation Todt eingezogen wird und nur noch an seltenen Heimaturlauben in der Stadt ist, setzt Hilde die regelmäßigen Treffen mit den »Brüdern« fort, teil-

Abb. 3: »Urlaub«: Hilde und Franz Krones bei gemeinsamer Lektüre, 1941 (Felix Krones)

weise auch in Hildes Wohnung. Texte werden vorbereitet, Bücher ausgeborgt, über die Inhalte der Debatten und mögliche politische Konflikte schreibt Hilde Krones aber nur in Andeutungen, etwa im März 1943, als sie von einem Referat des »Bladen« berichtet, dieser sei

> »heute endlich zum freien Erzählen dran [gewesen]. Was er erzählt hat, war ganz grundsätzlich falsch und er hat es sozusagen auch in einem so schlechten Französisch getan daß mir die Haare zu Berg standen. Und dabei hat er alles doppelt und dreifach erzählt. Na, bei aller Höflichkeit mußte ich da wiedersprechen und korrigieren an allen Ecken und Enden[,] wobei mir auch geholfen wurde. Aber schließlich lernt man bekanntlich an den Fehlern anderer sehr viel und so war es für mich dennoch eine gute Sprachübung.«[37]

Im November desselben Jahres schreibt sie im Hinblick auf ein weiteres Treffen mit den »Brüdern«:

> »Wir haben uns ganz gut[,] zum Teil recht lebhaft[,] unterhalten. Ich habe ihnen so manches aus deinen Briefen vorgelesen und

soll dich vielmals grüßen. Und wenn wir uns auch nicht immer einig sind, so bemühen wir uns doch zusammenzustreiten und das ist glaub ich gut so. Der Gfüllte tendiert jetzt immer mehr zu den anderen Bekannten hin, wenn du nicht da bist, traut er sich das offener und ich raufe mich oft redlich mit ihm.«[38]

Aus dramatischen Ereignissen, in die der »Gfüllte« bald darauf geriet, lässt sich dessen Identität klären: Es handelte sich um den Ottakringer Buchhalter und ehemaligen Lehrer Karl Suchanek, der Ende November 1943 gemeinsam mit seinen Eltern Selbstmord verübte, nachdem die Gestapo sich an seine Spur geheftet hatte. Suchanek, im Austrofaschismus wie Hilde Krones Mitarbeiter des *Roten Stachels*,[39] war durch Kontakte in seinem Wohnhaus – einem großen Gemeindebau im Wiener Bezirk Hernals – mit dem vom slowenischen Kommunisten Karl Hudomalj gegründeten Widerstandsnetzwerk der »Anti-Hitler-Bewegung« in Kontakt gekommen. An dieser weitverzweigten Widerstandsgruppe beteiligten sich kommunistische und auch sozialistische Aktivist:innen, außerdem wurden Kontakte zum konservativen Widerstand, ausländischen Zwangsarbeiter:innen, slowenischen Partisan:innen und – durch Wehrmachtssoldaten in Russland – zur Roten Armee geknüpft (Schafranek 2015, DÖW 1984: 9, 425–429, Neugebauer 2015: 127ff.). Suchanek war mitverantwortlich für die Produktion und den Vertrieb der Flugschrift *Die Wahrheit*, die sich an die Bevölkerung der »Ostmark« wendete, die militärische Niederlage Hitlerdeutschlands prognostizierte und zum Widerstand gegen das NS-Regime aufrief.[40] Auch Hilde Krones war Autorin für diese illegale Publikation, wie sie nach dem Krieg angab.[41] In den Feldpostbriefen an Franz Krones berichtete sie im Herbst 1943 von den »Lehrbriefen des Gfüllten«[42]. Kurz vor Suchaneks Selbstmord schrieb sie an Franz:

> »Unser Freund Charles hat mich heute angerufen – wir mögen ihn entschuldigen, er könne nächste Woche nicht kommen – ich hatte den Eindruck er habe besondere Gründe diesmal. Hoffentlich sind sie nicht unangenehmer Natur.«[43]

Wenig später erhielt sie die erschütternde Todesmeldung:

> »Heute habe ich eine gewiß auch dich bewegende Nachricht erfahren. Ich begegnete unserem V. B.-Mann und erfuhr von ihm daß dein alter Schulkollege Karl nicht mehr lebt. Er soll gemeinsam mit seinen Eltern einem Unfall zum Opfer gefallen sein. Inwieweit da seine alte Kriegsversehrtheit mitgespielt hat – durch Schwächung seiner Widerstandskraft – kann man nicht abschätzen.«[44]

Nicht zuletzt durch diesen Selbstmord, durch den Suchanek vermutlich auch die ihm bekannten Genoss:innen schützen wollte, um sie nicht unter Folter preiszugeben, blieb Hilde und Franz Krones Beteiligung an der Widerstandsgruppe unentdeckt. Hilde nahm die Treffen mit den übrigen »Brüdern« wieder auf – so dem »V. B.-Mann«, in Wirklichkeit der Drucker Karl Kysela, nach dem Zweiten Weltkrieg SPÖ-Bezirkschef von Ottakring, der als Verwalter einer Berghütte im niederösterreichischen Schwarzau im Gebirge einen unverdächtigen Treffpunkt für die sozialistischen Regimegegner zur Verfügung stellen konnte.

Die prominenteste Kontaktperson von Hilde Krones war der ehemalige Bundesrat, Sekretär der sozialdemokratischen Parlamentsfraktion, Anwalt – und ab 1945 Parteichef der SPÖ – Adolf Schärf, Onkel ihres ehemaligen Freundes Paul Schärf, der sich Ende 1943 mit ihr in Verbindung setzte.[45] Wohl aufgrund der privaten Bekanntschaft mit der Familie Schärf benutzte Hilde Krones in den Feldpostbriefen – anders als bei den meisten anderen Widerstandskontakten – neben »Onkel Adolf« öfters auch dessen vollen Namen. Schärf war in die Tätigkeiten der »Anti-Hitler-Bewegung« eingeweiht (Neugebauer 2015: 127),[46] er knüpfte ab 1943 zahlreiche politische Kontakte zu unterschiedlichen Regimegegnern und wird nach dem Stauffenberg-Attentat im Juli 1944 zeitweise in Haft geraten (Schärf 1955: 18–23). Im Frühjahr und Sommer 1944 kam es zu mehreren Treffen mit Hilde Krones, unter anderem wenige Tage vor seiner Verhaftung. In politischen Fragen dürften Schärf und Krones schon damals oft unterschiedlicher Meinung gewesen sein, so schrieb sie nach besagtem

Treffen im Garten der Familie Schärf Ende Juli 1944, vermutlich mit Bezug auf das Stauffenberg-Attentat: »Adolf sieht die letzten Ereignisse viel zu klein, zu vereinsmeierisch – es ist zu blöd.«[47] Schon zuvor hatte sie Franz Krones ihre durchaus kritischen Eindrücke über die Ansichten des prominenten und pragmatischen Sozialdemokraten mitgeteilt: »Gescheitheit, Gelehrtheit, tiefgründiges Wissen allein nützen nicht viel – grundlegend wichtig ist die richtige Blickrichtung. Und die kann man sich nicht anlesen.«[48] Bei Schärf müsse sie daran denken, dass »logisch und formvollendet zu reden und zu schreiben« nicht heiße, »dem Sinn der Dinge« nahezukommen.[49]

Viel höher war ihre Meinung von ihrem Freund und Genossen Fritz Löwy, der im August 1939 verhaftet worden war, im Zuge des Schlags der Gestapo gegen die nach der ersten Verhaftungswelle 1938 nachgerückte neue Führungsebene der Revolutionären Sozialisten, die sich im Rahmen der Sozialistischen Arbeiterhilfe vor allem um die zuvor Verhafteten und ihre Angehörigen gekümmert hatte (Neugebauer 2015: 73). Löwy verbrachte rund 13 Monate in Untersuchungshaft, bevor er im November 1940 wegen seiner Tätigkeit in der Sozialistischen Arbeiterhilfe zu einer Haftstrafe von 15 Monaten verurteilt wurde.[50] Im Februar 1941 wurde er als »Schutzhäftling« in das Konzentrationslager Dachau überstellt, im Juli 1941 weiter nach Buchenwald, wo er 1945 die Befreiung erlebte.[51] Löwy überstand die Haft, obwohl er aufgrund der NS-Rassengesetze – sein Vater stammte, selbst konfessionslos, aus einer jüdischen Familie[52] – zunächst in die Häftlingskategorie »Politisch Schutzhäftling Jude« gefallen war. Im Herbst 1941 wurde er jedoch als politischer Häftling (roter Winkel) kategorisiert,[53] was ihm vermutlich das Leben rettete. Hilde Krones hielt in den Jahren der Haft durch Löwys Schwester mit ihm Kontakt, ein Briefverkehr blieb über sie aufrecht. Regelmäßig wurden Lebensmittelpakete, Medikamente, Schuhsohlen, Decken oder Toilettenartikel an ihn gesendet. Das Konzentrationslager und die Haft wurden in den Feldpostbriefen dabei nie genannt, stattdessen verwendete Hilde Krones verschleiernde Begriffe wie »Kompagnie«[54].

Ähnliche Hilfsdienste leistete Hilde Krones auch für andere Widerstandskämpfer:innen, so etwa die Familie von Otto und

Philomena Haas. Der Lehrer (Johann) Otto Haas wurde als Kopf einer Gruppe von Revolutionären Sozialist:innen 1942 verhaftet, Ende 1943 zum Tod verurteilt und im August 1944 im Wiener Landesgericht hingerichtet.[55] Auch seine Mutter, die ehemalige sozialdemokratischen Politikerin Philomena Haas, wurde im selben Jahr verhaftet und zu einer mehrjährigen Zuchthausstrafe verurteilt (Neugebauer 2015: 77f.). Hilde berichtete Franz Krones verschlüsselt von den Verhaftungen – »Ja es wird dich übrigens interessieren, daß der junge Brigittenauer zu Fritzls Kompanie eingerückt ist[,] allerdings noch mit Standort Wien«[56] –, ihren regelmäßigen Besuchen bei Ottos Schwester Mena, ihrer »Schulfreundin in Zwischenbrücken«[57], und dem Prozess gegen Mutter und Sohn:

»Allmählich rückt der Termin für ihre Verwandten näher. Die Sache ist nicht einfach. Insbesondere macht sie sich um den eingerückten Bruder große Sorgen, der ist ja doch an einem recht gefährdeten Punkt eingesetzt.«[58]

In großer Gefahr befand sich während der NS-Zeit aber auch Hilde Krones' Schwager, der Chemiker Otto Winternitz. Der Ehemann ihrer älteren Schwester Herma stammte aus einer jüdischen Familie in Böhmen – die beiden lebten mit ihrem Sohn Paul in der Slowakei. Die Familie Winternitz geriet durch die dortigen Judenverfolgungsmaßnahmen zunehmend in Schwierigkeiten, wie Hilde Krones ihrem Mann in Feldpostbriefen verklausuliert mitteilte.

»Meine Schwester hat gestern geschrieben. Sie bedankte sich für das Geld – sie schreibt ich könne mir gewiß nicht vorstellen, wie notwendig sie es brauchen können«,

meldete sie im Oktober 1942.[59]

Wohl durch die räumliche Distanz, Herma wohnte seit 1933 in Bratislava, war das Verhältnis der beiden Schwestern nicht mehr allzu eng, aber doch, folgt man den wenigen erhaltenen Hinweisen, von prinzipieller gegenseitiger Sorge geprägt. Im April 1944 hieß es nach dem Besuch einer Bekannten in der slowakischen Hauptstadt:

»Herma ist soweit ganz gut beisammen – Sie macht den Eindruck, daß sie sich durchbeißt durch die schwere Zeit. Otto macht einen sehr überanstrengten, müden Eindruck – sie [*die Bekannte, Anm. G. S.*] kannte ihn ja nicht und meint dennoch er sehe gebrochen aus. Und den Eindruck habe auch ich von der Entfernung. Ihre derzeitigen Lebensumstände zehren an ihm[.] Auch muß er für das Geld tatsächlich lang und schwer arbeiten und ist doch Zeit seines Lebens ein mageres, nicht ganz gesundes Gespenst gewesen.«[60]

Zu diesem Zeitpunkt hatte Hilde Krones bereits Nachricht vom Tod und der Ermordung mehrerer Familienangehöriger von Otto Winternitz, wie sie Franz mitteilte:

»Denk dir[,] der Vater von meinem Schwager, der Schwiegervater von Herma also ist gestorben. Wir standen ja mit ihnen selbst in letzter Zeit nicht mehr in Verbindung aber wir haben es durch die Alice gehört. Auch Ottos Bruder soll tot sein – im östlichen Mittelmeer bei der Versenkung des Schiffes auf dem er sich befand, ums Leben gekommen.«[61]
»Die Mutter von Alice, die Tante meines Schwagers, mußte bereits abreisen. Du kannst dir vorstellen wie denen ist.«[62]

Bei der erwähnten Alice handelte es sich um eine Cousine von Otto Winternitz, die als Angestellte der Israelitischen Kultusgemeinde in Wien verblieben war und von Hilde Krones ebenfalls mit Lebensmitteln unterstützt wurde. Otto Winternitz selbst wurde am 5. November 1944 aus Bratislava nach Auschwitz deportiert und dort ermordet.[63] Diese wenigen Hinweise auf die Shoah bleiben im Nachlass von Hilde Krones die Ausnahme (vgl. Kap. 7). Im Zusammenhang mit der Haft von Fritz Löwy und anderer Verfolgter schrieb Hilde Krones jedoch an Franz: »[E]s gibt Schicksale die das unsrige an Härte bei weitem übertreffen«[64].

Herma Winternitz wurde in der Slowakei 1942 auch bezüglich ihrer politischen Kontakte in Wien verhört. Für kurze Zeit fürchtete Hilde Krones deshalb um ihre eigene Sicherheit:

»Im übrigen ist meine Schwester vor kurzem (3–4 Wochen) gefragt worden woher sie Ms Bruder[65] kennt und sie erzählte, daß seine Schwester mit mir vor vielen Jahren studiert hätte, daß wir aber, wie das ja leider der Fall ist[,] später ganz auseinander gekommen seien, da wir schließlich beide verheiratet seien. Der hat sich noch für verschiedenes interessiert[,] darunter für meine Adresse, die sie aber zu ihrer Schande nicht kannte. Das kommt davon weil ich so schreibfaul bin und nur durch Mutter mit ihr korrespondiere. [...] Was hältst du also von der Sache, die ich dir von Herma geschrieben habe? Hältst Du die Krankheit für ansteckend? Na du kannst beruhigt sein, ich geh nicht zu sehr in die Nähe! Ich paß ja ohnehin gut auf! Beunruhige dich also keinesfalls aber berichten mußte ich dir doch davon.«[66]

Am nächsten Tag schrieb sie:

»Meinst Du soll ich wegen eventueller Ansteckungsgefahr wegen Herma auf eine kurze Weile die Familienabende sein lassen? Na aber offen tuberkulös – d. h. für andere gefährlich dürfte sie ja nicht sein«[67]

– eine Einschätzung, die sich schließlich als richtig herausstellte.
In ihrem später für das österreichische Parlament verfassten Lebenslauf führte Hilde Krones im Hinblick auf ihre Widerstandstätigkeit neben der Mitarbeit an der Zeitschrift *Die Wahrheit* und der »Verbindung mit dem Kom.[itee] Ausländischer Arbeiter« auch jene »mit einer Partisanengruppe in der Untersteiermark (Pettau usw)[,] regelmäßige Versorgung mit Heilmitteln – Geldtransporte – Überstellung von Partisanen, Ausrüstung mit Papieren« an.[68] In einem Nachruf im *Sozialistischen Kämpfer* wird diese Tätigkeit zeitlich näher beschrieben: So habe sie

»Ende 1944 auf einer Dienstfahrt nach Marburg die Verbindung mit jugoslawischen Freiheitskämpfern aufgenommen und sie lange Zeit hindurch auf fintenreichen Umwegen mit ausgiebigen Heilmittelsendungen tatkräftig unterstützt« (N. N. 1949: 2).

Leider fehlen im Nachlass von Hilde Krones die Briefe aus den entscheidenden Monaten im Herbst und Winter 1944, doch aus früheren Feldpostbriefen an Franz Krones lässt sich die Anbahnung dieser Aktivitäten zumindest erahnen. Die Kontakte nach Slowenien dürfte Hilde Krones über einen aus der »Untersteiermark« stammenden reisenden Vertreter der Bayer Pflanzenschutzabteilung geknüpft haben. Schon im Oktober 1942 erzählte sie Franz Krones – dabei die NS-Rhetorik über die Partisan:innentätigkeit im besetzten Jugoslawien imitierend – von dessen Bericht über die Lage im besetzten Slowenien:

> »Nachtigall sieht im Übrigen nicht gut aus. In dem untersteirischen Gebiet ist halt ewig keine Ruh. Dieses Gesindel[,] das sich nach seiner und auch Dr. L.s[69] Beschreibung aus allen Elementen von der äußersten Linken bis zur äußersten Rechten zusammensetzt[,] macht immer wieder Anschläge[,] sodaß man erst vor ein paar Tagen wieder drakonische Maßnahmen gegen 170 Leute ergreifen mußte. Weitere Maßnahmen stehen bevor[,] denn da muß durchgegriffen werden. Und dabei sind da auch traurigerweise Volksdeutsche, für die das Reich diesen Befreiungskrieg führte[,] dabei. So ist vor kurzem auch einer der mit mir arbeitenden Lagerhausverwalter mit der schwersten Strafe belegt worden. Das regt den guten Mann halt alles auf und er möchte um jeden Preis der Welt übersiedeln. Na ich glaub ihms gern, ich möchte das auch nicht in Marburg mit anschauen.«[70]

Öfters berichtet sie in den folgenden Jahren von der »Bandentätigkeit« in Slowenien, wobei auch Familienmitglieder des Vertreters Nachtigall »schwere Schläge erlebt [hätten] und auch einige Freunde darunter alte Geschäftsfreunde von uns […] ganz schwer betroffen« seien.[71]

Im Sommer 1944 begleitet Hilde Krones den Vertreter zu einer Geschäftsreise in dessen Heimat – als Bayer-Mitarbeiterin verfügt sie über eine Genehmigung für wiederholte Bahnreisen –, und durchaus doppelbödig heißt es im Feldpostbrief: »Ich muß mir doch den Partisanenschlupfwinkel[,] wo der feine Vogel das ganze Jahr haust[,] einmal besichtigen.«[72] In der Untersteiermark angekommen, berichtet sie an Franz:

> »Ein wunderschönes, friedliches Land scheint es, wenn man bloß im Auto fahrend hinsieht – aber wenn man nur einigermaßen Gefühl für Welt und Zeit hat[,] spürt man hier eine Erregung mitschwingen, die sich doch bei uns nicht vorfindet. Man sieht an allen Ecken und Enden Streifen – unsere Soldaten tragen Kappen im Tarnmuster – das ist nicht mehr so ganz Heimatkriegsgebiet – und wenn dir die Leute erzählen, daß heute hier im Ort wieder 6 Banditen verhaftet wurden – daß Gestapo mit aufgekrämpelten Ärmeln und der Maschinenpistole den Nachbar wegführte[,] schwingt in ihren durchaus loyalen Worten für feine Ohren soviel mit –. Nachtigall bewegt sich hier sehr gut – er spricht natürlich die Sprache perfekt – sonst käme er wohl nicht durch.«[73]

In den Briefen aus Slowenien beschreibt Hilde Krones alltägliche Episoden der Verkaufsanbahnung für Bayer-Produkte in den Dörfern, die Hamster-Methoden des schlauen Vertreters Nachtigall, sie schreibt aber auch, dass sie ihm »Zusammenarbeit in einer ganz bestimmten Sache zugesagt« habe;

> »[I]ch würde das auch persönlich gerne tun – aber bei seiner Art überlege ich mir nun doch auch die Sache wieder schwer. Ich bin wohl zu zart besaitet in solch verschiedener Hinsicht […]. Vielleicht ist zuviel nachdenken auch ungünstig, aber so sind wir nun und vielleicht ists doch gut so. Ich möchte so furchtbar gerne über alle die Sachen mit dir reden – brieflich bleibt so manche Aussprache halt leider doch nur ein Gestammel. Und ich brauchte in mancher Hinsicht doch deinen Rat und habe leider eigentlich am Schluß doch keinen Menschen mit dem ich die Sache ganz genau besprechen könnte […].«[74]

Kurz zuvor hatte sie gemeldet, dass sie »N.« einen »Autowimpel« verschaffen solle,

»er muß unbedingt ein Firmenzeichen auf dem Wagen haben – denn das Gebiet ist stark verseucht und es wird als notwendig betrachtet, daß er den Wagen als Firmen d. h. privat – zum Unterschied von Staats-Polizei, Militärwagen etc. kennzeichnet.«[75]

1947 wird Hilde Krones als Bürgin in einem Staatsbürgerschaftsverfahren für Hans Nachtigall auftreten und dabei weitere Bausteine des Sachverhalts liefern, die mit den Informationen aus den Briefen weitgehend übereinstimmen und diese ergänzen:

»Im Sommer 1943 hat Herr Nachtigall mir seine Verbindung zu slowenischen Partisanengruppen bekanntgegeben und mich auf meinen Wunsch hin mit diesen Gruppen auch in Verbindung gebracht. Ich war zu wiederholten Malen mit ihm in der damaligen Untersteiermark [...] und konnte mit seiner Hilfe eine wohl nicht unwichtige Zusammenarbeit mit diesen Partisanengruppen aufbauen. Diese Tätigkeit hat sich auf die Belieferung der Partisanengruppen in Heilmitteln, Sera und Verbandsstoffen, auf den Transport grosser Geldbeträge und auf die Vermittlung und Überstellung von österreichischen und tschechischen Staatsangehörigen, die sich in die aktiven Kampftruppen einreihen wollten, weil sie hier als gefährdet anzusehen waren und auf die Beschaffung der notwendigen Papiere, sowie auf den Austausch von politischen Nachrichten und Material für diese Personen erstreckt. Auch wenn Herr Nachtigall nicht in alle Einzelheiten dieser Tätigkeit, speziell des politischen Sektors, eingeweiht war, hat er durch seine restlose Hingabe an diese Arbeit sich wirkliche Verdienste um den Befreiungskampf erworben«[76].

Der Leiter des Wiener Bayer Pharma-Büros A., nach 1945 gemeinsam mit Hilde Krones einer der drei Co-Geschäftsführer der neu gegründeten Firma Austrochem, gab wiederum in seinem Entnazifizierungsansuchen 1947 an, von den Tätigkeiten »einer Widerstandszelle innerhalb der ›Bayer‹ I. G. Farbenindustrie Aktiengesellschaft Wien Kenntnis erhalten und sie in ihren Bestrebungen unterstützt zu haben« – so habe er Hilde Krones durch die Bereitstellung von Medikamenten und Sanitätsmaterial geholfen.[77]

Eine weitere Spur, die bereits auf enttäuschte Hoffnungen der Nachkriegsjahre verweist, wird vom Briefwechsel mit einer slowenischen Studentin gelegt, der sich ebenfalls im Nachlass findet. Nachdem diese Hilde Krones in Wien besucht hatte, schrieb Hilde im April 1947:

>»Noch immer liegt Ihr Kärtchen, das mich an die aufregende Partisanenzeit und unser gemeinsames Wirken erinnert, unbeantwortet auf meinem Schreibtisch. Aus Ihren Zeilen klingt etwas, das mir nicht ganz gefällt und etwas, das Ihrem aktivistischen Charakter in schwerster Zeit, die wir alle durchgemacht haben, nicht ganz entspricht. Auch für mich ist so Vieles anders gekommen, als ich es einmal erwartet habe. Aber sehen Sie, liebe Jovica, für Erwartungen und Illusionen ist man nur selbst verantwortlich und niemals das Leben. Ein Wirbelsturm, der nach Ihrer Abreise hier eingesetzt hat, riss mich fast ganz in die Politik. Ich bin Abgeordnete des österreichischen Parlaments und in der Sozialistischen Partei Österreichs mehr als tätig. Das Geschäft kommt dabei oftmals zu kurz. Aber die werden dabei auch ohne mich fertig. Ich würde mich so gerne einmal mit Ihnen unterhalten. Bitte schreiben Sie wieder einmal, dann kommt von mir doch einmal ein längerer, ausführlicherer Brief.«[78]

Um den Einstieg in die forschende Séance, die sich in politiktheoretischer Hinsicht mit den Begriffen und Gefühlen aus dem Nachlass von Hilde Krones beschäftigt, zu ermöglichen, hat dieses Kapitel einleitend Krones' Verankerung als junge Aktivistin im Roten Wien sowie ihren Weg in den Widerstand nach dem Februar 1934 beschrieben. Im Umgang mit den Medien ihres Nachlasses wurde dabei bereits sichtbar, wie das Rote Wien für Hilde Krones von einer »gegenwärtigen Zukunft« (Löffler 2011: 196) zu einer vergangenen Zukunft wurde, die jedoch in den Jahren der Verfolgung weiter beschworen wurde. Die Zuversicht, die aus frühen Materialien des Nachlasses spricht, entwickelt im hauntologischen Blick aus der

Gegenwart eine spukhafte Anziehungskraft, sie wird zum Objekt melancholischer Bindung.

Die Rezeptionsgeschichte des Roten Wien ist seit dessen Zerschlagung 1934 immer ein Spiegel der jeweiligen Gegenwart gewesen (Spitaler 2020). Heute wird diese Epoche als historischer Möglichkeitsraum wieder entdeckt, der nach 1918 demokratische Aufbrüche in unterschiedlichen gesellschaftlichen Feldern beinhaltete (vgl. z. B. McFarland/Spitaler/Zechner 2020a). Politische Praxen und intellektuelle Debatten jener Jahre – etwa im Bereich der Geschlechter- und Wohnbaupolitik, von Bildungs- und Erziehungskonzepten – werden im Hinblick auf ihre Aktualität für die »Jetztzeit« international neu in den Blick genommen (Dewald 2019, Duma 2023, Göttlicher 2019, Honneth 2017, Konrad/Hauch 2019, Spitaler 2022, Yazdanpanah 2020). Als prototypisches Kind des Roten Wien, das durch die intellektuellen und politischen Versprechen jener Ära geprägt war, erscheint Hilde Krones als geradezu paradigmatische Identifikationsfigur für solche Debatten.

Der Mut und die Tapferkeit, mit denen sie und ihr Umfeld sich gegen Austrofaschismus und Nationalsozialismus stellten – durch eigene Widerstandshandlungen und die Unterstützung von Partisan:innen – weckt Bewunderung. Die Verletzungen und Verluste, die mit diesen Taten verbunden waren, machen betroffen. Gleichzeitig gehört die Identifizierung unbekannter Widerstandstaten in den Materialien ihres Nachlasses zu jenen Entdeckungen, auf die ich mit hauntologischem Interesse stoßen *möchte*. Im Kontext österreichischer Vergangenheitspolitik sind sie Beleg für die lange marginalisierten lokalen Traditionen eines antifaschistischen »anderen Österreichs« (Breuss/Liebhart/Pribersky 1995: 55ff.), im Rahmen transnationaler Geschichte lassen sich die von Hilde Krones im Widerstand geknüpften Kontakte in einen länderübergreifenden Kampf gegen den Faschismus einordnen – ein Kampf, der heute im Anbetracht aktueller globaler Bedrohungen von Rechts neue Relevanz gewinnt.

Im nächsten Kapitel beginne ich vor diesem Hintergrund meine explizite Auseinandersetzung mit den politischen Gefühlen, die im Nachlass von Hilde Krones aufzufinden sind. In einem ersten Schritt setze ich mich dazu mit den Liebes-, Arbeits- und Geschlechterkonzepten auseinander, die in den Medien sichtbar werden. Im Zuge der Untersuchung war ich davon ausgegangen, dass diese ›privaten‹ Konzepte eine wichtige Basis für das politische Denken von Hilde Krones darstellten, sich durch einen Blick auf diesbezügliche »affektive Marker« (Gould 2009: 29f.) im Material Einblicke in den gefühlspolitischen Kontext ihrer Zeit sowie ihre Motivationen als politische Aktivistin ergeben würden. Nicht erwartet hatte ich jedoch, dass dieser Zusammenhang von ›privaten‹ und ›öffentlichen‹ Gefühlen, wie im Folgenden gezeigt wird, schon von Hilde Krones' politischer Generation explizit theoretisiert wurde und eine bewusste Grundlage ihres Handelns bildete.

3. Beziehungsweisen: Liebes- und Arbeitskonzepte 1928–1945

Gleichberechtigung der Geschlechter

Hilde Krones' Kritik an der »Männergesellschaft«, wie sie sie 1944 in ihrem Brief an den Bayer-Manager Paulmann geäußert hatte (vgl. Kap. 1),[1] lässt mich in der forschenden Séance fragen: *War Hilde Krones Feministin?* Hilde Krones hat sich selbst nie so bezeichnet – der Begriff taucht in ihren Schriften nicht auf und es fehlt eine explizite Beschäftigung mit ihm. Aber war sie deshalb keine Feministin im heutigen Sinn des Wortes? Bei näherer Betrachtung lassen sich ihre Ansichten rückblickend als sozialistischer Feminismus beschreiben, der sich einerseits in der Debatte zwischen bürgerlicher und sozialistischer Frauenbewegung ihrer Zeit positionierte, andererseits gegenüber der Männergesellschaft ihrer politischen und beruflichen Umwelt.[2]

Der Begriff Feminismus wurde in der sozialistischen Frauenbewegung des Roten Wien nur selten verwendet – und wenn, dann meist als Attribut der »separatistischen« bürgerlichen Frauenbewegung, die sich seit dem späten 19. Jahrhundert vor allem dem Wahlrechtskampf verschrieben hatte und der gegenüber sich sozialistische Frauen abgrenzten.[3] Erst die zweite Frauenbewegung würde, so Brigitte Studer (2011), als Teil des historischen Moments von 1968, explizit den Versuch unternehmen, eine neue Sprache zu finden, um die Unterdrückung von Frauen in Worte zu fassen. Als Ergebnis dieses »immense[n] semantische[n] Unterfangen[s], im Laufe dessen die soziale Realität neu gelesen wurde« (ebd.: 37), sei die »Formung des feministischen Subjekts« gestanden.

Es sind andere historische Terminologien, die im Nachlass von Hilde Krones den Kampf um weibliche Emanzipation benennen.

Die *Gleichberechtigung der Frau*, die *Gleichstellung der Geschlechter* gehören zu den wiederkehrenden Themen ihrer erhaltenen Briefe nach 1934 und zu den Forderungen ihrer politischen Reden nach 1945.[4] Um diesen Fragen Bedeutung zuzuschreiben und die Frauenemanzipation als wichtige Aufgabe zu definieren, bediente sich Hilde Krones der politischen Pädagogik und Sprache des Sozialismus. Sie berief sich auf historische Autoritäten der Arbeiter:innenbewegung – auf August Bebel (1891 [1879]), wonach »die Gleichstellung der Frau [...] eine Vorbedingung für die Befreiung der Menschheit« sei,[5] aber auch auf Clara Zetkin, linke Renegatin im Ersten Weltkrieg und spätere KPD-Politikerin. Hilde Krones nimmt sie im Sommer 1945 zu Hilfe, um – an die Ottakringer Bezirksfunktionärinnen gerichtet – die weibliche Beteiligung an der Parteiarbeit hervorzuheben und gleichzeitig zu betonen, dass die Emanzipation nur durch den Sozialismus erfolgen könne. Die Frauenfrage sei

> »keine besondere, sondern nur ein Teil der sozialen Frage. Eine volle und endgültige Lösung der Frauenfrage kann nur erfolgen durch die Lösung der sozialen Frage auf dem Wege der Emanzipation vom Kapital.«[6]

Umgekehrt notiert Hilde Krones ein Diktum des Frühsozialisten Charles Fourier: »Die Emanzipation der Frau ist der Gradmesser allgem. sozialer Emanzipation«[7]. »Schulter an Schulter«, so Krones, »kämpfen der Prolet und die Frau[,] diese beiden Stiefkinder der kapitalistischen Welt[,] um ihre Befreiung und Schritt für Schritt haben sie Erfolge erzielt.«[8] Hilde Krones verknüpfte die weibliche Unterdrückung explizit mit sozialen Herrschaftsverhältnissen – anders als es in manchen ihrer Reden erscheint, etwa in der zitierten Passage von Clara Zetkin, jedoch nicht im Sinn einer zeitlichen Nachreihung weiblicher Befreiung hinter das Ziel der sozialistischen Revolution. In ihrer Lebenspraxis kämpfte sie auf allen Ebenen – in ihrem Privat- und Liebesleben, der Berufswelt und ihrer politischen Tätigkeit – für weibliche Gleichberechtigung, die sie, im Einklang mit Positionen der sozialdemokratischen Frauenbewegung des Roten Wien (Hauch 2009: 131), nicht zuletzt über *ökonomische Unabhängig-*

keit definierte, auch in den Zeiten der Illegalität, in denen die revolutionäre sozialistische Arbeit aus Selbstschutz in eine Warteposition gesetzt wurde. Ihr Gerechtigkeitssinn, ihr Ärger über die ungerechte Behandlung als Frau, führte sie in Konflikte mit ihrer Umwelt, auch im nationalsozialistischen Wien.

Hilde Krones vertrat in vielfacher Hinsicht frauenrechtliche Positionen des Roten Wien – einer Ära, die aus feministischer Sicht heute als Erinnerungsort wiederentdeckt wird, nicht zuletzt im Hinblick auf die Politisierung von »Arbeits-, Lebens- und Wohnverhältnisse[n]« (Duma 2023: 145) und geschlechterpolitische Forderungen im Bereich der »Sorge-, Pflege- und Erziehungs- bzw. Bildungsarbeit« (ebd.), die damals von sozialistischen Frauen aufgestellt wurden. Dennoch scheint eine Lektüre der öffentlichen und privaten Texte von Hilde Krones zu frauenrechtlichen Themen manche Differenz zur Gegenwart zu offenbaren. Dies lässt sich einerseits mit dem erwähnten Bruch von 1968 in Verbindung bringen, der These, wonach das »Begehren nach solidarischen Beziehungsweisen« in der revolutionären Linken – das sich im Nachlass von Hilde Krones eindrücklich zeigt – zwar vorhanden, historisch aber »nicht intelligibel« gewesen sei, weil es »über keine politische Sprache verfügte, um sich zu artikulieren« (Adamczak 2017: 286).[9] Andererseits argumentiert Clare Hemmings (2018: 28, 60), dass solche Unterschiede auch auf offene Fragen in der Gegenwart hindeuten, dass das scheinbare Defizit tatsächlich auf Spannungen in aktuellen theoretischen Debatten verweist – etwa auf Reibungspunkte zwischen den Kategorien Geschlecht, Klasse und *race*, die sich auch im intersektionalen Feminismus nicht immer einfach auflösen lassen.

Gleichzeitig eröffnen die Medien des Nachlasses von Hilde Krones auf überraschende Weise, dass jene Generation junger Aktivist:innen, die wie Krones im Roten Wien die Schulungen der sozialistischen Jugendbewegung durchlaufen hatte, trotz patriarchaler gesellschaftlicher Rahmenbedingungen schon *vor 1968* eine Theoretisierung von Beziehungsweisen vorgenommen hatte. Sie stellte, wie ich noch zeigen werde, Verbindungen zwischen Individuum und Gesellschaft, privaten und politischen Gefühlen her und benannte – ähnlich wie spätere politische Bewegungen (Gould

2009) – ambivalente affektive Zustände als zielgerichtete politische Gefühle.

Hilde Krones bediente sich der Gefühlspädagogik und des Vokabulars von Individualpsychologie und Freudomarxismus, die sie im Roten Wien erlernt hatte (Hake 2017: 270–300, McFarland/Burgoyne/Vasold 2020), um die Beziehungen ihres privaten und politischen Umfelds zu beschreiben. Ihre Beobachtungen zeichnen sich durch analytische Schärfe aus, sie sind sozialpsychologische Fallstudien mit hoher Erklärungsrelevanz. Sie interpretierte auch ihre eigenen Stimmungen und Gefühle, die, wie Doris Ingrisch (1989: 299f.) festgehalten hat, einen wichtigen Aspekt ihrer Persönlichkeit ausmachten. Denn

> »[s]o realistisch Hilde Handl war, so brillant und überzeugend sie ihren Verstand, der gut geschult war, einsetzen konnte, so romantisch war eine andere, vielen Menschen verborgene Seite ihres Wesens. Sie verfügte über ein großes Potenzial an Leidenschaftlichkeit, das einerseits für ihr politisches Engagement genauso verantwortlich war wie andererseits in ihrem privaten Leben einen wichtigen Platz einnahm«.

Welche emotionalen Pädagogiken der Beziehungsweisen hatte Hilde Krones im Lauf ihres Lebens also zur Hand? Neben der Literatur des Sozialismus vor allem Konzepte der Psychologie: In ihren Briefen finden sich individualpsychologische Begrifflichkeiten wie »Lebensplan« oder »Minderwertigkeitsgefühle«, auch Paraphrasen auf Werke wie Alice Rühle-Gerstls *Der Weg zum Wir* (1927).[10] Hilde Krones hatte als Jugendliche die aufklärerischen Bildungsangebote der Volkshochschule (Volksheim) Ottakring genützt, unter anderem einen »Kursus über Jugendpsychologie« belegt.[11] In einer umfangreichen »Maturaarbeit«, offenbar einer selbst gewählten schulischen Fachbereichsarbeit, widmete sie sich 1928 ausführlich der Frage von »Jugendpsychologie und Jugendbewegung«[12] und suchte darin nach einem begrifflichen Netz, um auch ihr eigenes Leben zu interpretieren.

In dieser Arbeit verwertete die Schülerin zeitgenössische Literatur, vor allem Eduard Sprangers damaliges Standardwerk *Psychologie des*

Jugendalters (1924), aus dem sie auch Verweise auf Alfred Adler und Adelheid Popp (und deren 1927 neu aufgelegte Autobiografie *Traurige Jugend. Die Jugendgeschichte einer Arbeiterin, von ihr selbst erzählt*) übernahm. Zur Jugendbewegung stützte sie sich in erster Linie auf Angaben, die sich in Selbstdokumentationen wie Hans Blühers (1912, 1913, 1914) *Wandervogel. Geschichte einer Jugendbewegung* finden, sowie vermutlich auch auf Franz Lepinskis *Die jungsozialistische Bewegung, ihre Geschichte und ihre Aufgaben* (1927).

Ob sie die normativen Erziehungs- und Geschlechterkonzepte, die sie aus den zeitgenössischen psychologischen Texten wiedergab, selbst vollends vertrat, ist nicht mehr zu klären. Dies gilt umso mehr für die männerbündische Jugendbewegungsliteratur Blühers. Deutlich wird in dem Text jedoch der Versuch, eigene seelische Erfahrungen mit den Konzepten der Literatur in Beziehung zu setzen. So bezog sie sich im Hinblick auf die innere Entwicklung der jugendlichen Persönlichkeit auf Sprangers Unterscheidung von Eros und Sexualität, wobei ersterer »auf der Ergänzungswirkung 2er polarer Seelenformen« beruhe – einem weiblichen und einem männlichen Prinzip, das »der naiven, naturhaften, unreflektierten und der klaren, bewußt seelisch gestaltenden reiferen Seelenform« entspreche:[13] »Jedes Individuum« trage aber »beide Züge in sich«, es komme »auf die Vorherrschaft in der Seele eines Menschen an« und beide Seelenformen sehnten sich nach Vereinigung. »Wie nun die typische Frau die Welt nur durch eine geliebte Person hindurch versteht« – so Spranger (1924: 91) – bestehe für Jugendliche der »Wertgehalt der Welt« im »unbedingte Glaube[n] [...] an sein Ideal, an seinen Menschen.«[14] Spranger verstand sich als Chronist der »Jugendbewegungsgeneration« (Gerhalter 2021: 130) und Hilde Krones referierte seine Ausführungen über die Tendenz dieser Generation, sich von den Autoritäten der Erwachsenenwelt zu lösen und an ihre Stelle eine *Selbsterziehung* – durch »selbstgewählte Erzieher« – zu setzen. Sie erinnere sich selbst

> »einmal in mein Tagebuch geschrieben zu haben: ›... ich weiß nicht, ich sehne mich so nach einem Menschen, dem ich alles, alles anvertrauen kann, an den ich glauben darf. – Einen einzigen

Menschen besitzen auf der großen weiten Erde, wie lächerlich wenig klingt das – und doch wie schwer ist es.[‹] [...] Es ist ein Aufschrei nach Verstanden werden. Und hat man dann diesen Menschen gefunden, dann wird man in tiefster Seele von ihm abhängig, sucht es ihm gleichzutun im Wesen und allem – das sind dann die wahren die selbstgewählten Erzieher. An diesem innersten Bildner hängt der ganze Lebensglaube.«[15]

Einen solchen Menschen scheint Hilde fünf Jahre später in Franz Krones gefunden zu haben. 1933 lernt sie den acht Jahre älteren Ingenieur kennen. Der Sozialist Krones, im Bauamt der Stadt Wien beschäftigt, dürfte eine Führungsrolle in ihrer politischen Freund:innengruppe eingenommen haben. In ihrer Liebesbeziehung, die sie im Sommer 1934 beginnen, weist Hilde ihm zu Beginn immer wieder die Rolle eines »selbstgewählten Erziehers« zu,[16] als Instanz der Vernunft, der sie in intellektueller Hinsicht fordere, »so viele Interessen in mir (oft gegen meinen Willen) geweckt«[17], ihr den »großen Respekt vor dem gedruckten Wort« genommen habe, »als ich mich mit deiner Hilfe zum selbständigen Denken auch in abstrakteren Dingen durch fraß«[18]. Auch später in den Feldpostbriefen, in denen sie mit Franz Krones zwischen 1942 und 1945 ihre Gedanken und Gefühle teilt, spricht sie ihm die Rolle als rationales Korrektiv, dessen Foto sie beim Schreiben prüfend anblickt, immer wieder zu.[19] Franz Krones habe sie auf dem Weg zu Selbstständigkeit angeleitet. Im August 1934 notiert sie in ihr Tagebuch: »Du verlangst Selbständigkeit im Fühlen von mir und doch warst du der erste Mensch[,] der meine Selbständigkeit mir [*durch die Liebe, Anm. G. S.*] genommen hat.«[20]

Im Jänner 1935 schreibt sie an Krones im Kontext des konservativen geschlechterpolitischen Rückbaus im Austrofaschismus bezüglich des weiblichen Berufs- und Eherechts:

> »Du hast letzthin gesagt[,] es sei bitter für Dich sehen zu müssen, daß die Menschen, die Du zur Selbständigkeit geführt hast, nun in der heutigen Zeit damit nicht nur nichts anfangen können, sondern sogar darunter noch leiden. In kleinem Maßstabe gilt das auch für mich – vielleicht mehr als Du denkst. Denn was war,

lange ehe ich Dich liebgehabt habe[,] der Anstoß zur Revision all meiner Ansichten über Ehe und Lebensgemeinschaft – die große Diskussion in der A. S. [?]²¹ Zu Beginn aus vollem Glauben und fester Überzeugung bin ich Dir entgegengetreten. Hab wütend gegen Deine Ansichten gestritten. Und doch ist jedes Argument haften geblieben – und ich hab zunächst nur nicht bemerkt, daß es nur mehr Justamentstellung ist[,] die mich weiter laut und zornig protestieren ließ. […] Ja und dann erst die große Revolution [*der Beginn der gemeinsamen Beziehung, Anm. G. S.*] seit dem Sommer. Franzl Du hast recht, es wäre leichter für mich und meine Kameradinnen, wenn wir diesen Weg nicht gingen, wenn wir unten geblieben wären – leichter und bequemer. Und trotzdem freue ich mich unendlich, daß ich ihn gegangen bin. Ich pfeife auf die Leichtigkeit und die Bequemlichkeit und sehne mich in halbwegs normaler Verfassung niemals darnach zurück. Ich weiß, daß dieser neue Weg – Kampf auf allen Linien heißt – aber ich will kämpfen, ich liebe den Kampf[,] auch wenns Wunden gibt oder ›Tränen‹.«²²

Wenn Hilde Krones ihre weibliche Befreiung also als durch den männlichen Lehrer angeleitet darstellte, so ist dies ein Aspekt, der mein Wunschbild einer idealisierten feministischen Heldinnenfigur herausforderte. Er widerspricht jener Forderung nach Gleichheit und Symmetrie, die das Liebesverständnis der Neuen Frauenbewegung seit 1968 prägt, die die Machtfrage in der Liebe stellt (Illouz 2011: 310–318). Andererseits agierte Hilde Krones in der Anbahnung ihrer Liebesbeziehungen aktiv und modellierte ihre Partnerschaftsmodelle unter dem Gesichtspunkt der Selbstbestimmtheit. Das galt nicht zuletzt für die Frage der Ehe – die sich für sie schon vor der Beziehung mit Franz Krones gestellt hatte. Nach ersten Männerbekanntschaften, so zu einem »Naturfreund und Vegetarianer«, den sie 1925 kennenlernte, »viel älter als ich – Beginn einer Freundschaft. Ihn zog meine Lebendigkeit an […] mich zog seine überragende Gutmütigkeit an«,²³ war sie sieben Jahre mit dem Ottakringer Jugendfreund Paul Schärf liiert gewesen, der 1930 sein Jusstudium abschließt (Ingrisch 1989: 292–294). Eine Partnerschaft »fürs Leben«²⁴, die sie 1934/35 in monatelangen kräftezehrenden Diskussionen löst. Schärf, Neffe des sozialdemokratischen Parteisekretärs, Anwalts und späteren Parteichefs Adolf Schärf, kämpfte um die Beziehung zu Hilde; gleichzeitig befand sich auch Franz Krones noch in einer Beziehung zu einer anderen Frau, Marianne, die er zunächst lange nicht beendete. In dieser fragilen Lage rekapitulierte Hilde:

> »O ich bin froh, daß das jetzt kam und nicht ein paar Jahre später[,] wenn ich den verhängnisvollen Schritt [der Ehe] bereits getan hätte – heiraten werde ich wohl nie können. Dazu gehörte ein so großes Vertrauen zum anderen – daß er die gesetzl. Handhaben niemals würde ausreizen wollen. Und zu welchem Menschen kann man das haben – ist nicht jeder[,] wenn er in ernste schwere Situationen kommt[,] doch ganz anders als er zu sein scheint. Aber wozu auch?«[25]

Während Hilde in ihren Briefen und Tagebucheinträgen den Eindruck vermittelte, sich für ihre Beziehung mit Franz von Paul lösen zu wollen, was sich jedoch über einen Zeitraum von mehr als einem Jahr hinzog, schien Franz zunächst ein »Nebeneinander in der Liebe«[26] forciert zu haben, das er als »höhere Stufe« zeitgemäßer Beziehungsformen propagierte.[27] Hilde haderte mit den Konsequenzen dieses Arrangements, warf sich selbst vor, in »spießbürgerlichem« Besitzdenken gefangen zu sein,[28] hatte jedoch den Verdacht, dass Franz' libertäre Haltung auch mit eigener Bequemlichkeit zu tun habe.

> »Du willst ein Leben nach deinen Wünschen – nach neuen Richtlinien und Gesichtspunkten leben […] und bist zu bequem und zu feig um das auch wirklich durchzuführen. Du lebst dieses Leben auf Kosten anderer – in diesem speziellen Fall habe das Kreuz ich zu tragen.«[29]

Im Hinblick auf Marianne meinte sie: »Ich soll nicht nur die Parallele tolerieren […][,] ich soll in Fällen wo sie meinen Weg kreuzt (oh weh Mathematik –) nicht einmal schmerzlich reagieren. Ob nun das gelingen wird???«[30] In der verstrickten Beziehung zwischen Franz und Hilde und ihren jeweiligen bisherigen Partner:innen, beklagte Hilde in ihrem Tagebuch den Druck ihres Umfeldes, aber auch die Handlungen der beiden Männer – schon hier taucht der Begriff der »Männergesellschaft«, wie in dem in Kapitel 1 zitierten Brief aus dem Jahr 1944, auf:

»Wir leben [...] in einer Männergesellschaft, und sie lässt mich – die Rebellion – das eigene Ergreifen der Initiative – schwer entgelten. Nur wie bitter[,] wenn sies durch die tut, die darüber hinausgewachsen scheinen. Aber wer kann ganz heraus – keiner. Und wie bitter[,] wenn man sehen muß, daß man zwar die Kraft und den Mut zur eigenen Initiative hat – aber nicht die Kraft und den Mut in vollster Selbständigkeit zu leben – wenn man spürt, daß man dennoch tief abhängig ist.«[31]

In ihrem Tagebuch und in Briefen an Franz Krones rang sie damit, dass Franz in den ersten eineinhalb Jahren der Beziehung ihre Bedürfnisse nach vorbehaltloser zeitlicher und emotionaler Zuwendung nicht erfüllte. Sie beschrieb »Depressionen« und »Traurigkeiten«,[32] auch verstärkt durch Probleme von Liebe und Sexualität in Zeiten von materieller Not – fehlende Orte der Privatheit aufgrund der Wohnsituation, eine »Heimatlosigkeit« ihrer Liebe,[33] gerade in der kalten Jahreszeit, wenn Ausflüge ins Grüne ausfielen, da Hilde nach wie vor bei ihrer Mutter lebte, ohne eigenes Zimmer,[34] ohne *Room of One's Own* (Virginia Woolf). Im Jänner 1935 notierte Hilde in ihr Tagebuch:

»Nach einigen Monaten kämpferischen Liebesverhältnisses in dem ich wie ich jetzt genau weiß die überwiegend aktive Rolle gespielt habe[,] ist eine grundlegende Änderung eingetreten. Der Wechsel der Jahreszeit hat uns die Möglichkeit genommen wie bisher in der Natur draußen das Liebeserlebnis zu suchen. Ich habe vom ersten Augenblick an darunter gelitten. Erstens hat mir das Erlebnis tatsächlich sehr viel bedeutet – ich entbehre es zu tiefst. Steffi[35] würde in ihrer bewährten Art wieder sagen – ›Was hab ich vom Leben – mir mangelt das primitivste‹. Und zweitens war das für mich der Beweis deiner Liebe. Du sagst zwar[,] Herzen müssen senden und empfangen – müssen nur auf die richtige Wellenlänge abgestimmt sein. Aber das ist halt auch so schwer. Wenn man so heiße Wünsche im Herzen trägt – Da sieht man dann verschiedenes anders als es ist.«[36]

Ab August 1935 gelang es Hilde, unter »unsagbaren Opfern«[37] von ihrem Angestelltengehalt eine kleine Zimmer-Küche-Wohnung im Vorstadtbezirk Hernals zu mieten.[38]

Bereits im Sommer 1934 erfasste Hilde und Franz jedoch »quälende Furcht«[39] vor einer vermeintlichen Schwangerschaft Hildes; in den Tagen der Unsicherheit kränkte sie sich über Franz' Panik, rückblickend notierte sie in ihr Tagebuch:

»In deiner Nervosität hast du eine Seite gezeigt, die ich erschreckend finde – über die ich nie ganz gekommen bin. Wenn ich an die Situation von damals denke, fühle ich mich gedemütigt und beleidigt. […] Ich erinnere mich noch sehr genau deiner Worte. ›Ich ärgere mich sehr.‹ Und auf meine Frage – ›über mich und noch jemanden. Es war doch nicht die richtige Zeit, Stimmung usw.[‹] Ich habe damals in der Situation die ganzen mütterlichen Instinkte, die in meiner Liebe zu dir schlummern[,] aufrufen müssen – um darüber wenigstens für den Augenblick und halbwegs hinweg zu kommen. Ich hab alle Kraft zusammen genommen, weil ich gesehen habe, daß du nicht ganz zurechnungsfähig warst. Du hast es auch teilweise wieder gutgemacht – aber kann man das je ganz.«[40]

Hilde plante alle Schritte, um im Fall der Fälle durch Einholung einer medizinischen Indikation trotz Abtreibungsverbot einen Schwangerschaftsabbruch durchführen zu lassen.[41] Über den Grund für diese Entscheidung geben die Briefe keinen direkten Aufschluss, es scheint, dass neben den unklaren Beziehungsverhältnissen vor allem die materielle Not, der drohende Verlust der selbstständigen Erwerbsarbeit in Zeiten der Arbeitslosigkeit den Ausschlag gab. Damit befand sich Hilde Krones im Einklang mit vielen Frauen ihrer Zeit. Sie konnte sich auf theoretische Ansätze der sozialdemokratischen Frauenbewegung beziehen, die dieses Phänomen beschrieben – etwa Therese Schlesinger (1927: 476), die davon berichtete, dass Frauen der Dreifachbelastung von Lohn-, Reproduktionsarbeit und Mutterschaft durch »individuelle Ablehnung« letzterer begegneten. Diesen Preis seien sie zu zahlen bereit, »um die wirtschaftliche Unabhängigkeit vom Manne, die ihnen unentbehrlich geworden ist, zu erkaufen« (ebd., vgl. dazu Ratzenböck 1990: 35).

Jedenfalls setzte Hilde Krones ihre eigenen individuellen Nöte zu allgemeinen sozialen und politischen Verhältnissen in Beziehung.

»Eine viel viel bitterere Sache ist für mich das Prinzipielle in der Sache. Der Gedanke, daß nichts wie die erbärmlichen Verhältnisse dran Schuld sind, daß wir uns über eine derartige Sache Sorgen machen müssen – wo ich doch so gerne ein Kind haben möchte. Und dabei kann ich nicht einmal nur sagen, das ist nur vorläufig – wart ein paar Jahre – ich werde vielleicht für mein ganzes Leben drauf verzichten müssen. Franzl[,] das ist ein Grund verbittert zu werden und niedergeschlagen zu sein. [...] Aber das Lieber hängt nicht mit dem jetzt zufällig zu mir kommenden Erlebnis zusammen. Auf das bin ich tausendmal beim Nachfühlen eines fremden Schicksals gestoßen und hab es mit derselben Deutlichkeit empfunden. [...] Schauen wir doch auf die Tausenden denens genauso geht – und die sich noch obendrein aus wirtschaftlichen Gründen nicht helfen können.«[42]

Groß ist die Erleichterung bei Hilde, als sich der Verdacht der Schwangerschaft nicht bestätigt. Das eigene Erlebnis sensibilisiert sie für »fremdes Leid«[43]:

»[V]or ein paar Jahren hab ich mich weiß Gott wie modern und fortschrittlich gefühlt und habe sowohl im stillen Kämmerlein als auch öffentlich das ganze Gretchenproblem[44] zum alten Eisen geworfen. Jetzt erst Franzl hab ich gesehen[,] wie herrlich weit wirs doch gebracht. Es ist heut lebendiger als je – und grausamer als damals. Was dieses Mädchen von damals soweit gebracht hat, war Furcht vor der Ächtung der Gesellschaft – Ich will gar nicht sagen daß sowas jetzt unbegründet wäre – aber schließlich[,] das gesellschaftliche ließe sich überwinden [...], vor uns Mädchen von heute steht eine noch viel unerbittlichere Macht[,] die uns zu Gretchen-Weiberchen in verschiedener Form zwingt – die wirtschaftlichen Mächte – da nützt aller persönlicher Kampf nicht – diese Macht können wir allein nicht überwinden. Und darum Freund nehmen wir das Erleben, das zufällig zu uns kommen kann nicht gar so persönlich – nehmen wir es doch als ein Teil des großen Kampfes, den wir zu führen gezwungen sind. Aber nehmen wir es nicht leichter, wenn wir beide Du und ich jetzt noch zufällig davon verschont bleiben – daneben steht ein Bruder, eine Schwester, ein zufälliger Bruder und Schwester im Leid.«[45]

Als Politikerin wird sich Hilde Krones ab 1945 – vergeblich – für die Abschaffung des Abtreibungsparagrafen 144 einsetzen.[46]

Den Quellen zufolge hat sich die Beziehung von Hilde und Franz wohl in der Zeit nach dem Sommer 1935 stabilisiert und grundlegende Probleme ihres ersten Jahres dürften sich gelöst haben. Im Dezember 1936 heißt es in einem der wenigen Einträge aus diesen Jahren in Hildes Tagebuch:

»Wenn man glücklich ist[,] vergißt man aufs Tagebuch schreiben – das ist eine alte Sache. Und ich bin glücklich. Ja, wenn ich so manchmal inne halte in dem Trubel – in dem Wirbel in dem ich lebe, dann hab ich das ganz bestimmte ernste Gefühl, daß ich jetzt in der glücklichsten schönsten Zeit meines Lebens stehe.«[47]

Joseph Buttinger (1953: 370), einer der Führer der Revolutionären Sozialisten nach 1934 und nur wenige Jahre älter als Hilde Krones, beschreibt rückblickend, dass die Jahre rund um 1936 für viele der jungen Aktivist:innen eine glückliche Zeit waren – die von Otto Bauer einst als »Generation der Vollendung« apostrophierte Funktionär:innenkohorte fand sich in den zentralen Positionen des illegalen Kampfs wieder und hatte die Hoffnung auf den politischen Sieg nicht aufgegeben. Wohl auch auf sich selbst bezogen, schrieb Buttinger:

»Glücklicherweise blieb ihnen die Zukunft verborgen. Die Gabe der Voraussicht hätte sie ja doch nicht gerettet, sondern ihnen nur ihre prächtige Gegenwart zerstört. Sie genossen sie in vollen Zügen, obwohl die meisten von ihnen erst viel später erkennen sollten, daß ihr Wirken als Revolutionäre Sozialisten der Höhepunkt ihres Lebens war« (ebd.).

Bleiben sollten Kosenamen, die sich Hilde und Franz auch in späteren Briefen immer wieder gaben, »Quecksilberl« Hilde – aktiv und ruhelos – und das beharrende, ruhende »Lehmpatzerl« Franz, »aus Schmerz geborene Liebkosungen« aus der »ganze[n] Zeit unseres ersten Begegnens und miteinander Ringens«.[48]

Eine Ehe gingen Hilde und Franz Krones erst im September 1939 ein, drei Wochen nach Kriegsbeginn und zu einem Zeitpunkt, als durch den »Anschluss« Österreichs an das »Dritte Reich« nicht mehr die katholisch geprägten österreichischen Bestimmungen galten, sondern das deutsche Eherecht in Kraft war, das die Zivilehe obligatorisch machte und Scheidungen ermöglichte (Mesner 1997: 187f.). In ihren Feldpostbriefen an Franz Krones betont Hilde trotzdem immer wieder, dass ihr Liebesverständnis vom rechtlichen Status der Ehe nicht abhängig wäre.[49] Auch wenn sie in Kriegszeiten aus rechtlichen Gründen über diesen Status froh sei, ändere dies nichts an der Tatsache, dass »verheiratet […] allein noch nichts« sei – ein Standpunkt, den sie nicht zuletzt von Franz Krones übernommen habe.[50] Als Franz seinen Ehering verliert, den sie selbst auch als »Fangeisen« und »Überbleibsel des alten Kaufpreises für die Frau«[51] bezeichnet, schreibt sie:

»Daß unser Bündnis hält ob mit oder ohne Ehering – und daß wir ihn nicht täglich zu spüren brauchen um aneinander erinnert zu werden, ist ja gerade das schöne dran. Eigentlich haben wir ihn, als wir vom Krieg auseinandergerissen wurden, wegen der

Umwelt an den Finger gesteckt – er ist uns dennoch dabei lieb geworden – aber wir sind keine Fetischisten – Wenn du ihn dir in neuer Facon beschaffen kannst, soll der uns auch lieb sein …«.[52]

1942 vergisst sie selbst auf den Hochzeitstag und meint:

> »Ich selber Liebster fühle mich privat so gar nicht verheiratet und hoffe dasselbe auch von Dir. Meine ehemals sporadisch auftretenden Wünsche erscheinen mir im Nachhinein töricht (das kann man dann leicht sagen – Denkst du vielleicht) aber wirklich – ich möchte immer in erster Linie deine Geliebte, deine Freundin sein. Und siehst du, weil unser Verhältnis zu einander so ganz auf gegenseitige Zuneigung beruht und so gar nicht auf dem üblichen Monopolstandpunkt mit Rechtsvollmachten – hätte ich deine gestrige Redewendung ›Für die Liebe brauch ich nichts – die Liebe ist keine Ware‹ auch ohne Kommentar nicht mißverstanden. Die Liebe[,] für die man Geld braucht oder auch nur brauchen kann – könnte meine Sphäre gar nicht tangieren. Die würde ich als Konkurrenz gar nicht betrachten.«[53]

Hilde Krones propagierte eine Unterscheidung von Liebesbeziehung, Ehe und materiellen Fragen – »persönliche Verhältnisse kann und muß man sich regeln jenseits von den Amtsrichtern«[54]. Nicht über das Scheidungsrecht, sondern über die Gleichberechtigung in der Arbeitswelt solle die materielle Selbstständigkeit der Frau gesichert werden, so das Argument. Dementsprechend kritisierte sie ihr weibliches Umfeld, wenn Arbeitskolleginnen und Freundinnen in den Kriegsjahren bei den nun möglichen Scheidungsverfahren das mangelnde Recht auf Alimente beklagten.

> »Eines hat sie [*Kollegin Stefferl, Anm. G. S.*] erschüttert, daß nämlich die geschiedene Frau nach heutigem Gesetz eigentlich gar keine Rechte hat und daß eine gesetzliche Grundlage für Alimente nicht gegeben sei sobald sie arbeitsfähig ist. Hingegen hat […] ihr [*Anwalt, Anm. G. S.*] versichert, daß die Scheidung unter solchen Umständen sehr leicht sei, in 4 Wochen könne

sie alles vorbei haben. Na ich gehe da ja mit den Gesetzen ja vollkommen konform, wenn ich auch anerkennen muß, daß sie für Frauen vom Schlage Stefferls d. h. aber für die überwiegende Mehrheit der Frauen eine große Härte in sich birgt. Sie muß also[,] wenn ihr ihr Mann nicht aus eigenem was gibt, bis zur Erreichung der Angestelltenpension[,] d. ist aber bis 60 J.[,] arbeiten gehen. Sie ist dementsprechend konsterniert.«[55]

Sich dennoch Alimente durch eine vorab festgelegte Zustimmung zur Scheidung zu sichern, lehnte sie ab. »Die Vereinbarung, die Scheidung erst nach notarieller Festlegung der Alimente einzureichen, kommt einer gelinden Erpressung nahe. Na nicht wahr?«[56]

An anderer Stelle schrieb sie: »Du weißt wie ich grundlegend über Alimente denke – ich würde keine nehmen und lieber täglich eine Erdäpfelsuppe essen.«[57]

Im Hinblick auf Fragen der Reproduktionsarbeit, die im Roten Wien von Seiten der sozialistischen und bürgerlichen Frauenbewegung explizit zum Thema gemacht worden war – sowohl was die Rationalisierung von Hausarbeit bzw. Reformprojekte wie das mit einer Zentralküche ausgestattete *Einküchenhaus* betraf, als auch im Zusammenhang mit der Mehrfachbelastung von Frauen sowie der Kritik an männlicher Untätigkeit im Haushalt (Duma 2023, Yazdanpanah/Duma 2020, Leichter 1932) –, hatten Hilde und Franz Krones ein ungewöhnliches Arrangement. Als berufstätige Frau führte nicht Hilde den gemeinsamen Haushalt, sondern wurde von ihrer Mutter bekocht. Für Hausarbeiten sorgte zeitweise eine Putzfrau, später, ebenfalls bezahlterweise, ihre Schwägerin Hilda. In einem Gespräch mit »Onkel« Adolf Schärf im Frühjahr 1944 erläuterte sie ihr Konzept, offenbar zu dessen großem patriarchalen Amüsement.

»Ich habe Lachstürme damit bei ihm entfesselt, als ich auf Befragen erklärte, daß ich, auch wenn Du da bist[,] nicht koche. Ich erklärte, daß wir eine moderne Ehe führen und jeder zur Mutter essen gehen. Er möchte ja oft gerne um 20 Jahre jünger sein, meinte er, aber er ziehe es doch vor bei seiner Generation zu bleiben, da waren die Frauen doch noch bereit zu kochen […].«[58]

Abb. 4: Hilde und Franz Krones, ca. 1943 (Felix Krones)

Hilde entwarf in den Feldpostbriefen an Franz Krones eine Liebes- und Beziehungsdefinition, die die Bedeutung einer »geistig-seelische[n] Verbindung«[59] und das Konzept der Kameradschaftsehe propagierte – ab den 1920er Jahren ein auf paritätischer Partner:innenschaft abzielender Gegenbegriff zur patriarchalen Ehe, die auf die Bedürfnisse des Mannes fokussierte (Asen 2017: 159f., Frevert 2020: 213f.) – und auch von anderen sozialdemokratischen Aktivist:innen des Roten Wien dezidiert diskutiert und praktiziert wurde (Bauer 1927: 322, Konrad 2021: 13, 247f.). In ihren Partnerschaftskonzepten folgten Hilde und Franz Krones auch Intimitäts- und Beziehungsmustern einer zur gleichen Zeit entstehenden, auf Gleichheit und Attraktivität beruhenden Kultur moderner »Angestellten-Subjekte« (Reckwitz 2020: 362–369). In einem Disput mit Franz führte Hilde Krones am Beispiel ihrer Beziehung aus, dass zwar das »stürmische Wildwasser« der körperlichen Leidenschaft – das Franz offenbar hervorhob – inzwischen »ein ruhigerer Strom« geworden sei, der zeitweise immerhin »munteren Gebirgscharakter« behalte, die Liebe, wie sie sie definiere, aber dennoch von Tag zu Tag größer werde.

> »Jede gemeinsam erlebte Sorge, jeder geteilte Schmerz, jede Freude, jedes Interesse[,] an dem wir zusammen teilhaben, sind Bausteine. Und auf diese Liebe können wir beide stolz sein – wir waren tüchtige Bauherren glaube ich – und am Ende wird sie größer als die Keopspyramide. […] Wie oft verbindet die Liebe deiner Definition zwei Menschen für mehr oder minder lange Zeit und schafft damit die natürlichen Voraussetzungen für glückliche Liebe und was machen die meisten daraus – sie beachten die Liebe meiner Definition nicht – treten sie mit Füßen – was daraus wird – wir sehen es an unserer fast ganzen weiteren und näheren Umgebung […]. Daß es bei uns anders ist, spürt ganz offensichtlich unsere ganze Umgebung – daher stammt ja offenbar die allgemeine Ansicht, daß ich es bei allen meinen Sorgen und Schmerzen – leicht und gut habe.«[60]

Zum zehnjährigen Beziehungsjubiläum schrieb sie an Franz,

»jedes Lebensalter hat seine Schönheit – schau[,] auch unsere Liebe [...] ist aus der ersten Jugend heraus und ist sie nicht schöner, stärker, fester denn je? [...] [U]nsere Verbundenheit ist für mich ein Kraftquell von unschätzbarem Wert – ›Hand in Hand mit Dir, so forder ich mein Jahrhundert in die Schranken!‹«[61]

Zentral für ihr theoretisches Verständnis war dabei, dass die Liebe die Beziehungsweisen des *Wegs zum Wir*, den Schritt vom Individuum zur Gesellschaft – und konkret zur politischen Arbeit – beinhaltete. So schrieb Hilde:

»Zehn Jahre menschlichster Kameradschaft und Freundschaft, zehn Jahre ernster und oft gar nicht leichter Zusammenarbeit, zehn Jahre innigster Liebe liegen hinter uns. Was voraus liegt wissen wir nicht – Wenn wirs gestalten dürfen – dann soll es gut werden. Miteinander ziehen dürfen am Wagerl der Geschichte die nächsten zehn Jahre – ist das zu unbescheiden? Das soll mein Wunsch sein zum heutigen Tag.«[62]

In einem weiteren Brief kurz darauf hieß es:

»[Wir] müssen [...] wohl alle zusammen erst über die Hab-Gier in allen anderen Faconen hinaus sein – dann erst werden wir das Gemeinschaftliche in der Liebe begreifen. Wirkliche Liebe – die nicht nur daraus besteht, daß ein Individuum seine Habgier anstatt auf Dinge auf Menschen überträgt – sondern die sich um des Du willen ein wenig vom Ich löst – ist doch der Beginn einer wahren Gesellschaft. Aber dahin hats noch Zeit und Weile«[63].

Immer wieder tauchte in den Briefen auch die Frage der Elternschaft auf. In unterschiedlichen Phasen ihres Lebens schrieb Hilde Krones von ihrem unerfüllten Kinderwunsch – etwa rund um die vermeintliche Schwangerschaft in den ersten Wochen der Beziehung mit Franz[64] und kurz nach der Hochzeit 1939.[65] Während des Krieges sei es jedoch den

»besonderen Zeitumständen zuzuschreiben, daß ich die Frage, ob ich mir eigentlich jetzt ein Kind wünsche nicht ganz eindeutig beantworten kann. [...] Und schön langsam wirds dann dazu zu spät und manchmal hab ich das Gefühl als würde ich damit doch etwas versäumen«[66].

Zumindest gegen Kriegsende erschien ihr ein Kind, das bereits im Frieden aufwachsen würde, aber als Möglichkeit[67] – wobei dieser Wunsch durch den Verweis auf größere, politische und kollektive Hoffnungen relativiert wurde:

»Jetzt möchte ich mir mutwillig natürlich so was überhaupt nicht anfangen aber ich meinte nur – wenns halt passierte[,] da ist man schließlich nie sicher – wär ich nach dem ersten Schrecken – nachdem Du am Hirn geschwitzt und kalte Füße gekriegt hättest, wahrscheinlich nicht unglücklich sondern glücklich. Das ist doch wahrscheinlich schließlich natürlich. Übrigens aber kann ich auf diesen Wunsch, wenn mir der vorletzte und letzte tägliche Abendwunsch [*d. h. die sichere Rückkehr von Franz und, vermutlich, die Revolution, Anm. G. S.*] in Erfüllung geht[,] leicht verzichten. Da hoff ich dann statt eines Kindes viele Kinder auf der Welt zu haben für die ich mich betätigen kann. Ich habs mir ja eigentlich immer gewünscht schon als junges Mädel – jetzt wünsch ich mirs manchmal mehr wahrscheinlich aus dem Gefühl heraus, daß so manche Kräfte in mir [–] lebendig auf lebendiges zu wirken [–] brach liegen. Dem könnte aber auch auf andere Weise abgeholfen werden, was mir wahrlich noch lieber wär.«[68]

Beziehungen im Krieg

In ihren ab 1942 verfassten Feldpostbriefen an Franz zeichnet Hilde Krones einen Reigen der Beziehungen im Krieg – in ihrem familiären Umfeld, von Freund:innen und Arbeitskolleg:innen. Vor allem der Alltag bei der Firma Bayer nimmt in den Briefen breiten Raum ein. Es sind genaue Beobachtungen und plastische Beschreibungen, manchmal satirisch gefärbt, die die Bandbreite unterschiedlicher Beziehungsmodelle im nationalsozialistischen Wien skizzieren. Hilde Krones vergleicht diese Fälle mit den eigenen Geschlechtermodellen – und interpretiert sie mit der Beziehungs- und Gefühlspädagogik, die sie und Franz als Revolutionäre Sozialist:innen teilen. Sie beschreibt Lebens- und Beziehungsentwürfe, die entweder in konservativem Denken noch in der Vergangenheit stecken oder an den krisenhaften Bedingungen der Gegenwart scheitern – nur die Überwindung individualistischer Privatheit durch die politische Perspektive und die Arbeit für zukünftige kollektive Beziehungsweisen, für den erwähnten *Weg zum Wir*, erscheint ihr als schlüssiges Modell. Die von ihr porträtierten (Ehe-)Männer weisen oft Gemeinsamkeiten auf: Schwäche tarnt sich durch Großspurigkeit, die Angst vor starken Frauen schlägt in Abwertung und in die komplizenhafte Verteidigung patriarchaler Dividenden um (vgl. dazu zeitgenössisch Lazarsfeld 1931), auch bei marginalisierten Männern, die ansonsten nicht von den Vorteilen hegemonialer Männlichkeit (Connell 1995: 67–86) profitieren. Frauen agieren ebenfalls als Komplizinnen, oder werden zu Opfern, die unter ihren Wünschen und den Verhältnissen leiden, aus denen sie sich oft nicht befreien können oder wollen. Durch die Möglichkeit zur Scheidung werden aber mehrere dieser Beziehungen in den Kriegsjahren gelöst.

An unterschiedlichen Stellen der vielen Hundert erhaltenen Briefe an Franz entwirft Hilde Krones Fragmente solcher individualpsychologisch geschulter Porträts. In meiner forschenden Séance habe ich diese verstreuten Beschreibungen zu Fallgeschichten kompiliert, lasse sie in einer Collage von Hilde Krones' Briefen als Figuren auftreten. Auf diesem Weg, so hoffe ich, werden die Splitter der Gefühls- und Beziehungspädagogik von Hilde Krones zusammengefügt und wieder zum Leben erweckt.

Diese Praxis knüpft an Überlegungen des *imaginativen Archivs* (Hemmings 2018) an – auch wenn ich anders als Hemmings mit vorhandenen Textfragmenten arbeite –, vor allem aber an Hartmans (2022: 11) *verschränktes Erzählen*, in dem »Sichtweise, Sprache und Rhythmus« der beschriebenen Subjekte – in meinem Fall von Hilde Krones – »den Text formen und aufbauen« (Hartman 2022a: 109).

Die im Stil psychologischer Protokolle zusammengefügten ›Fallgeschichten‹ beginnen jeweils mit meiner kurzen interpretierenden Beschreibung der ›Fälle‹, wie sie sich aus den Briefen erschließen. Im Anschluss werden diese – aus Originalzitaten dieser Quelle zusammengesetzt – ausführlicher dargestellt.[69] Auf diese Weise soll der theoretisierte Charakter von Hilde Krones' Blick auf ihre Umwelt herausgearbeitet werden.

Fallgeschichte 1: Karli – der kleine Mann tanzt Csárdás
Hildes Schwägerin Hilda, die Schwester von Franz Krones, genannt »Spulln« (Spuln),[70] und ihr Ehemann Karli haben sich im Lauf ihrer Ehe entfremdet. Karli hadert mit seiner beruflichen Tätigkeit als Arbeiter, sieht seine kreativen Talente nicht gewürdigt und sucht nach Bestätigung außerhalb der Beziehung. Er pocht auf seine Freiheit und Selbstfindung. Hilda sieht sich nicht in der Lage, Karli zu einem konstruktiven Beziehungsleben zu erziehen und die beiden werden sich schließlich 1943 scheiden lassen. Wie viele Zeitgenoss:innen sucht Karli sein Glück in der Gegenwart, doch es fehlt dem »kleinen Mann« die politische Perspektive des »Wurzelnschlagens im Morgen«.

»Mit der Gesellschaft [*von Arbeitskolleg:innen und deren Verwandten, Anm. G. S.*], die in den einzelnen Mitgliedern jeweils wirtschaftlich stärker ist als er[,] geht [*Karli*] jede Woche in den Rathauskeller – geht aus – wahrscheinlich so lange bis ihm der Atem ausgeht. Holt sich dort billige Gesellschaftslorbeeren und bei einer verheirateten Frau mit einem Kind[,] die ihn zweifellos nur als unverbindliche, angenehme Abwechslung zu ihrem trockenen, filzigen Eheherrn [sieht], den sie offenbar aus Versorgungsgründen geheiratet hat und aus den ebengleichen Motiven natürlich auch nicht aufzugeben gedenkt, holt er sich billige erotische Lorbeeren und versäumt damit den Menschen. Wer sich so demonstrativ und krampfhaft beweisen muß, daß er ein Kerl ist, der ist schwach und das ist er auch. So ernste, schwere Menschen wie uns und damit auch sie [Hilda] kann er nicht ausstehen, hat er ihr gesagt. Die Zeit ist ohnehin so scheußlich, hat er gemeint, er wolle leben. [...] Hilda und ich haben ohnehin festgestellt, auch wir wollen ja leben und lustig sein, aber das muß doch auf einem richtigen Grund wachsen. Wir sind doch alle miteinander keine Trauerweiden aber es gibt halt so verschiedene Arten von Lustigkeit und von Leben. Ich und wir (du und Hilda auch bis zu einem gewissen, wie ich glaube aufsteigenden Grad, denn für sie als Persönlichkeit ist diese Trennung fast begrüßenswert[,] auch wenn sie schmerzhaft ist) bemühen uns den Dingen in die Augen zu sehen, den Grund so gut es geht herzurichten und als dann aus jeder Situation so viel als nur geht herauszuholen. Die Methode der meisten ist – die unangenehmen schweren Dinge beiseite zu schieben und auf dem Fleckerl[,] das sie etwa damit gewonnen haben[,] Cardas [sic] zu tanzen. Ich hab der Hilda auch gesagt, meiner Meinung nach brauche man es[,] um eine gefestigte Haltung zu haben[,] irgendwo verwurzelt zu sein. Es gibt eine Schicht[,] die sind im Gestern wirklich verwurzelt. Das sind die ernst zu nehmenden Reaktionäre. Das Heute ist nicht dazu angetan um darin Wurzeln zu schlagen mit der Kriegsunsicherheit und dem ganzen – und das Wurzeln schlagen im Morgen[,] das ist für die Meisten eine viel zu unbequeme Sache. Da hat man im Augenblick nichts davon, muß eine gute Portion Arbeit als Vorschuß leisten[,] die man höchstwahrscheinlich persönlich gar nicht mehr herausbekommt.«[71]

»Solange es für den kleinen Mann, wenn auch in tausend Variationen und Abstufungen doch im Grunde genommen nur zwei Möglichkeiten, die beide gleich schlecht sind (die eine[,] durch ganz besondere individuelle Leistung und Anstrengung die gegebenen ungünstigen Verhältnisse so weit als möglich zu kompensieren – sich damit auf Kosten der persönlichen Kraft und Gesundheit über die eigene Sphäre zu erheben […] – die andere – mit laissez faire, laissez passer das Genießen[,] was sich im Augenblick bietet[,] und dafür in den viel häufigeren anderen Momenten das erleiden und erdulden[,] das sich aus dem ›zu meist nichts geboten erhalten‹ ergibt. Ein Beispiel dafür ist Karli)[,] gibt[,] wird es immer Menschen geben[,] die sozusagen mit gleichem Recht die eine oder andere Methode wählen. Erst wenn der kleine Mann kein kleiner Mann mehr ist, sondern Teil einer Gemeinschaft Gleicher, die allesamt für sich resp. für einander arbeiten – wo streben und schaffen einen wirklichen Sinn hat und Gewähr für Erfolg bieten[,] erst dann wird man mit Recht das von ihm verlangen können und der Zug unserer Zeit geht doch dahin –! Vielleicht verlangt man vom kleinen Mann K. B. zu viel – er hat in der großen Welt und in der großen Wirtschaft einstweilen noch kein Vorbild. Nicht mehr! Bauen wir erst die Welt um, dann wird es vielleicht in Kürze keine Karli Bauers mehr geben. [...] Daß wir, die wir um eine Nasenlänge voraussehen [...] – gerade unter solchen Dingen besonders leiden – ist unser Los, das wir tragen müssen.«[72]

»Karli [...] muß sich jetzt ununterbrochen sich selbst gegenüber beweisen – die Hilda ist ihm fortgeschwommen – die andere doch auch – seine Freizeitgestaltung in der bisherigen Form – seine Fotoliebhaberei – sein Kunsttraum hat sich in blauen Dunst aufgelöst.«[73]

»Er ist ein armer Narr – das Gefühl, daß er bei der Sache mehr draufzahlt als der Spuln[,] hab ich von vornherein auch gehabt.«[74]

Fallgeschichte 2: Flurls Abtreibung
Anna, genannt der »Flurl«, und ihre Schwester Karoline (»Gingi«), zwei weitschichtige Cousinen, bilden mit Hilde, »Spulln« und einer weiteren Freundin während des Krieges einen »Fünferbund«, in Abwesenheit der Männer verbringen sie viele Wochenenden gemeinsam. Die Handballspielerin Flurl ist mit Heini verheiratet, der als Soldat nach Russland eingerückt ist. Heini agiert ihr gegenüber bei Fronturlauben in der Öffentlichkeit roh und abwertend, gegenüber den NS-Obrigkeiten verhält er sich rebellisch und ist von den Erlebnissen im Krieg gezeichnet. Als Flurl schwanger wird, beschließt Hilde sie trotz des Abtreibungsverbots bei einem Schwangerschaftsabbruch zu unterstützen. Eine Hebamme kann nicht weiterhelfen, doch offenbar finden sich andere Wege – in den Feldpostbriefen bringt Hilde Krones die Möglichkeit eines eugenisch begründeten Eingriffs wegen erblicher Belastung ins Spiel.[75] Flurl kommen nachträglich Bedenken und Hilde bereut, ihrer wankelmütigen Freundin beigestanden zu sein.

»Hilda und ich haben heute früh übereinstimmend erklärt, daß es in dem Fall Flurl – Heini nur zwei Möglichkeiten gäbe – ein Ende mit Schrecken oder ein Schrecken ohne Ende. Das Verhältnis der beiden ist ungut – ist es jetzt[,] wo sie sich im Jahr bestenfalls 4–6 Wochen sehen – wie das bei ständigem Zusammenleben wäre, ist direkt undiskutabel. Das äußert sich meist in Kleinigkeiten[,] die man oft mit Worten gar nicht beschreiben kann – aber du kennst ja die Situation. Er ist erschreckend primitiv wenn man sich das so einen Abendlang mit ansieht und reagiert entsprechend primitiv[,] indem er sich für ihre zweifellos auch ihm klare Überlegenheit auf die roheste Weise dadurch rächt, daß er ihre Schwächen hervorzieht und in diesen Wunden mit Wonne so herumstierlt. Einmal ist es das Alter – einmal der Busen – oder Platz für denselben und im aktuellen Fall war es die Kochkunst. Sie waren doch für ein paar Tage am Attersee – [...] und da hat er sie angeblich vor den Bauern mit der Kocherei so blamiert, daß sie sich vor die Türe stellte und heulte. Und sie schnappt ihm in der Sucht[,] nur ja vor ihm in allen Belangen zu glänzen[,] auch prompt auf alles ein. Er weidet sich solang sie niedergeschmettert ist halb gutmütig halb wohllüstig – rappelt sie sich aber auf, setzt sich zur Wehr und macht ihm Vorwürfe[,] wird er kalt und eckelhaft und droht ihr – mit solchen Dingen werde sie ihn nicht kleinkriegen. Übrigens ist sein Urlaub schon ein wenig dramatisch verlaufen. Stell dir vor – gestern während des Luftalarmes stand er ohne Uniform, beim Haustor und schaute sich die Situation an – plötzlich kommt ein Wachmann und fordert ihn sehr barsch und aufgeregt an hineinzugehen – er zieht sich nicht schnell genug zurück – Da droht ihm der mit aufschreiben. Es entspinnt sich ein Wortgefecht zunächst[,] das damit endet, daß der Wachmann ihn zu verhaften droht und dann auch tatsächlich verhaftet – er will ihm die Hand auf den Rücken biegen – na[,] Du kannst dir doch den Heini vorstellen – im Bewußtsein der monatelangen Kampfzeit im ersten Graben – befreite die Hand mit einem Ruck[,] was dem Wächter einen kleinen Deuter gibt – der zieht die Pistole, setzt sie dem Heini auf die Brust und erklärt ihn wegen Widersetzlichkeit usw – usw für verhaftet [...]. Er hätte am Tor mit der Erklärung, daß er Militärperson sei[,] alles in Ordnung bringen können bevor dem großen Krach – aber nein[,] der ist ihm unrecht gekommen – da läßt er es justament starr zum Äußersten kommen. Ich will mich bemühen gerecht zu sein – solche Leute haben vielleicht in gewisser

Beziehung uns gegenüber was voraus – einen unbändigen und nicht berechneten Willen wenn er sich im Recht glaubt – da setzt er kaltblütig auch was ein – solche Menschen sind vielleicht bessere Aktivisten als unsereiner – aber primitiv – primitiv. Für den Flurl ist das ein Unglück.«[76]

»Hilda [hat mir] gesagt, daß bei Flurl etwas los sein dürfte – daher ihre derzeitige ganz furchtbar nervöse und scheußliche Verfassung. [...] Sie täte mir sehr leid, wenn es tatsächlich so wäre – bei dem Verhältnis zwischen Heini und ihr – käme diese Geschichte ihrer Auslieferung an ihn gleich und das täte bei ihrem und seinem Temperament nicht gut. Und auch die äußeren Umstände sind ja nicht gerade sehr rosig – er hat schließlich keine anständige Existenz [...] und sie müßte ihren Posten aufgeben. Ich muß sagen, Hilda und ich sind unter den gegebenen Umständen ganz weg darüber – hoffen wir, daß alles noch gut ausgeht[,] wenngleich fast keine Hoffnung mehr ist. Das ist ein schöner Pansch, den sich das Weib eingebrockt hat mit der ganzen Heinigeschichte und den sie auslöffeln muß – die rein äußere Seite wäre ja meiner Meinung nach weniger tragisch – es haben ja Leute unter weit ungünstigeren Umständen schon Kinder gehabt – beide arbeitslos, keine Wohnung usw – usw. Und schließlich – der Heini haut sich so schon durch normalerweise – aber die innere Seite – die innere – dazu, um die erträglich zu gestalten, müßte sie entweder groß sein oder dulden – und beides ist sie nicht – sie ist nicht groß genug um alles von Grundauf zu regeln und nicht duldsam genug, um alles zu ertragen.«[77]

»Gestern abends machte ich also wegen Flurl einen Sprung zur Mutter der R. H. [*eine Hebamme, anonymisiert, Anm. G. S.*]. Sie hat mir aber auch nicht helfen können. Das ist heute im Kriege wie ich mir ja dachte fast ausgeschlossen. Und, es gibt sicher Leute die sich das auch beschaffen können – aber zu denen gehören wir nicht. Ich habe aber eine Idee resp. eine kleine Hoffnung wie man sich das gewissermaßen auf Bezugschein beschaffen könnte – schließlich müßten dazu die besonderen Familienverhältnisse (ihr Vater, Onkel, Schwiegermutter) ausreichen. Da müßte sie jedoch intensivst darauf hinarbeiten. Ich will mit ihr noch ausführlich darüber sprechen.«[78] »Übrigens sind alle etwas erfahrenen Leute der Meinung, daß es in ihrer Situation gesetzlich nicht nur möglich sondern notwendig wäre[,] die Sache zu bereinigen – ich bin eben dabei[,] die Situation zu erforschen – aber der Amtsweg dauert gewöhnlich lang. Und die Zeit ist kurz. Jeder fragt mich, wieso die überhaupt heiraten durften.«[79]

»Flurl kann ich hoffentlich nicht nur seelisch sondern faktisch helfen. Ich hoffe es und wills dir noch berichten!«[80]

»Die Geschichte […] ist, wie mir heute mitgeteilt wurde[,] soweit gut erledigt. Schau, es ist schwer – helfen wollen und u. U. sollen und sich aus allen Geschichten heraushalten. Es hat mich bei Gott eine Menge Laufereien, Nerven gekostet und war kein Vergnügen. Aber worin besteht Freundschaft eigentlich sonst? […] Auch ich habe deine Bedenken geteilt – aber in mancher Situation ist es wichtiger zu handeln als zu denken. Na und ich glaube und hoffe, daß jetzt alles in Ordnung ist.«[81]

»[I]m Grunde sind solche Sachen wahrlich undankbar, denn das blöde Mensch ist selbst in so ernsten Situationen nicht konsequent. Erst unglücklich, daß sie sich Bomben wünscht, beim Fenster herunterspringen möchte, ihrer Mutter sowas einfach nicht antun kann – und dann wenn sie die Konsequenzen zu ziehen im Begriffe ist, gebrichts ihr wieder an Mut und Zielstrebigkeit. Ich hab mich darüber fast schon geärgert. Na, so sind die halt. Schließlich sollte es einen ja nicht wundern – warum und wieso soll ein Mensch in ernsten Dingen anders sein wie in belanglosen – das nehme nur ich fälschlich immer wieder an und das darf ich dann nicht anderen anlasten sondern muß es mir selber anlasten.«[82] »[I]n Bezug auf Flurl hab ich eine ganz große Enttäuschung erlebt. […] Gut[,] die Sache ließ sich wieder einrenken – und ich erwartete bei Gott keine Dankesbezeugungen – aber mein Lohn wäre es gewesen[,] wenn ich sie richtig froh und erleichtert gefunden hätte – aber nein – ich merkte gleich – dem war nicht so – sie schien mir eher bedrückt und gab hinterher auch dem Gefühl irgendwie Ausdruck – Jetzt ist ihr leid drum[,] die Entscheidung gefällt zu haben – das sei alles so schnell gegangen – So einen Trampel hab ich noch nicht gesehen. Weiß die je einmal was sie will? […] Ich brauche ja doch dringend Brillen – es ist nötig, daß man sich die Menschen denen man seine ganze menschliche Teilnahme tatkräftig zuwendet, noch viel besser ansieht. Flurl ist eine feige Sau, denn ich glaube im Grunde ist sie froh und fürchtet sich nur vor Heini[,] was der zur Veränderung sagt.«[83]

Fallgeschichte 3: Strobeline, die unbefriedigte Ehefrau
Bürokollegin Maria S. (»Strobeline«) ist mit Viktor, Richter in einer niederösterreichischen Kleinstadt, verheiratet. Strobeline definiert sich stark über diese Beziehung und die berufliche Stellung ihres Ehemanns, praktiziert Besitzdenken in Beziehungsfragen. Ihr Ehemann Viktor ist jedoch kein strahlender Held, benötigt aus Unsicherheit äußere Anerkennung, die seine Frau ihm nicht gibt. Als Akademiker sieht sich Viktor beim Militär nicht nach seinen Fähigkeiten eingesetzt, klagt oft über seine triste Lage. Mit der Feldpost-Korrespondenz an seine Frau ist er nachlässig. Die gemeinsam verbrachten Fronturlaube in Wien verlaufen enttäuschend. Das (klein-)bürgerliche Paar ist durch Gewohnheit aneinandergebunden, beide sind frustriert, haben aber nicht die Fähigkeit, ihre Situation zu verändern. Es fehlt ihnen die »gegenseitige Geistigkeit«, der Versuch des »Wegs zum Wir«, die Hilde und Franz Krones verbindet.

»Strobelines Problem[e,] ob ein Rechtsanwalt mehr ist als ein Richter usw., bringen mich heute fast in Rage. Seid nicht Gattinnen – seid Personen – hab ich ihr gesagt – dann fällt Eure läppische Konkurrenz schon einmal weg.«[84] *Viktor reize Hilde Krones* »ob seiner Einbildung gepaart mit Blödheit. [...] Wenn man dem guten Mann sozusagen das Mäntelchen des Herrn Doktor und des Herrn Amtsgerichtsrates auszieht, dann bleibt übrig der narrische Sohn von einem narrischen Schneider in Hernals. Und die gute Strobeline weiß das auch – drum hängt sie sich mit letzter Inbrunst an das Mäntelchen.«[85]

»Fortwährend ist sie zerknautscht – so oft man sie ansieht – in einem fort schneidet sie Gesichter – sie bemüht sich ja stundenweise krampfhaft, es nicht zu zeigen, aber ihre ganze verpatzte Situation kommt halt immer wieder durch und wird und muß solange durchkommen[,] bis sie die Kraft aufbrächte, die Situation zu ändern[,] was meiner Meinung nach nie sein wird. Ein Krampf – jetzt kränkt sie sich, daß er möglicherweise nicht kommt – wenn er [*auf Fronturlaub, Anm. G. S.*] da ist[,] ärgert sie sich und wenn er wieder fort geht[,] ist sie enttäuscht, daß wieder eine Gelegenheit zu einem Glück [...] verpaßt ist. Sie tut mir ja allermeistens leid[,] aber das allein ist halt doch für eine Beziehung zu einem Menschen doch nicht ausreichend – und leider bietet sie halt in geistig-seelischer Beziehung nichts – und wenn sie privat schlecht aufgelegt ist, so überträgt sie diese hoffnungslose Stimmung auch immer gleich in anklagender Form auf das ganze Weltgeschehen und das razt mich.«[86]

»[H]eute hat die S. vom Viktor Post bekommen[,] aber sie hat sich mehr geärgert als gefreut. Der Brief ist vom 20. November. Er hat also vom 31. Oktober bis 20. Nov. gar nicht geschrieben – da konnte natürlich keine Post kommen. Dabei begründet er das nicht einmal besonders. Er schreibt nur so beiläufig, daß er erst jetzt dazukomme zu schreiben. Er hat so viel mitgemacht, daß er das nicht schildern kann, schreibt er, dabei haben aber andere noch viel mehr durchgemacht bemerkt er.«[87]

»Übrigens ist es müßig zu notieren was er [*Viktor, Anm. G. S.*] glaubt und nicht glaubt – was er fürchtet und hofft – weil das jeden Tag verschieden ist – seine Meinung ist wie eine Nadel die ständig fibriert [sic]. Wenn man dem nachgeht[,] kommt man zu einer solchen Zickzacklinie ∼∼∼ – und dasselbe ist es mit ihrem Gefühl. Du meinst[,] es sei nicht recht verständlich, daß sie um ihn so besorgt sei, das könne doch nur eine Funktion des Verhältnisses sein. Das stimmt und auch nicht. Wenn auch das[,] was sie verbindet[,] nicht echte Liebe und lebendiges Interesse ist, so ist es doch ein Berg Gewohnheit[,] von dem man auch nicht gutwillig heruntersteigt [–] und überhaupt gehört er doch ihr – da meldet sich schon der Eigentumsfanatismus. Nein, so ist das nicht[,] daß nur die besorgt sind und sich kränken[,] die wirkliches, lebendiges Gefühl verbindet – die anderen schreien sogar zumeist noch lauter und machen das noch viel zuwiderere Gesicht dazu.«[88]

»Der S. ihr Streit mit ihrem Gatten geht weiter – er schreibt ihr 8 seitenlange Briefe[,] die voll von Vorwürfen und Anschuldigungen sind. Der Urgrund liegt meiner Meinung nach in seiner persönlichen Unsicherheit[,] die fortwährende wörtliche äußere Anerkennung und Belobigung brauchen würde – er würde eine Frau brauchen[,] die zu ihm auf alle Fälle aufschaut und für die alles was er macht, sagt usw. gut und unfehlbar ist. Und so eine Frau ist sie bei Gott nicht – so wenig gut sie im aufbauend, positiv Geistigen ist, so gut, scharf, kritisch ist sie – [...] Und diese Nichtachtung seiner Persönlichkeit wirft er ihr jetzt in den verschiedensten Variationen anhand der verschiedensten Beispiele aus dem Jahrzehnt ihrer Bekanntschaft vor. Sie weiß, daß der Konflikt irreparabel ist – aber was man dagegen tun könnte ist ihr nicht klar, resp. sie scheut sich vor jeder Veränderung.«[89]

»Strobeline ist die einzig Unbefriedigte. Sie wartet mit der Beharrlichkeit einer Ameise immer auf ein Ereignis, eine Freude, eine Befriedigung[,] ohne daß diese [–] wie sie selbst sagt [–] seit 10 Jahren eintritt. Und sie will mir nicht einsehen, daß das nicht eintritt sondern von selbst geschaffen werden muß.«[90]

Hilde Krones vergleicht Viktor mit ihrem Arbeitskollegen S., der ebenfalls eingerückt ist: »[S.] tut mir leid – aber er reagiert auf all die Scheußlichkeiten, die er erlebt, grundfalsch. Für ihn war alles solange in Ordnung[,] als er es nicht selbst mitmachen mußte – und wenn er auch heute anders denken dürfte als damals, so hab ich ihn stark in Verdacht, daß es nach einiger Zeit wieder für ihn in Ordnung wäre, wenn er eine Position hätte – oder zurückkönnte. Er [*Viktor, Anm. G. S.*] ist ähnlich wie S. – persönlich beleidigt, daß er darunter leiden muß – nur redet der S. sich diesen Ärger und diesen Zorn in Briefen und Reden an seine Gattin vom Leibe und beutelts ab – während er düster alles in sich hineinfrißt und Bitterkeit auf Bitterkeit häuft. Da kann ihm niemand helfen – er müßte zum ›wir‹ finden. Ach, das ist selbst für Leute mit Schulung auf dem Gebiet nicht leicht, wenn es um die eigene Haut und das eigene Glück geht, ich weiß es von mir selber – aber das ist die innere Erlösung. Solange ich denke – warum gerade ich [–] bin ich verbittert, unglücklich und es steckt auch eine Portion Frechheit und Unmenschlichkeit darin, denn ich dokumentiere damit, daß es mir nichts ausmachen würde, wenn das[,] was mir untragbar erscheint – ein anderer tragen müßte. Und im Großen gesehen ist diese Parole des ›warum gerade ich‹ so wirkungslos[,] weil sie keine Änderung sondern nur eine Personalablöse bedeutet [...] – Nein, nein – es muß heißen warum wir alle? – Darin steckt der Keim zum Willen[,] diese Welt so umzugestalten, daß dies nicht wiederkommt.«[91]

»Mit der Strobeline hab ich heute beim Weggehen eine kleine Diskussion gehabt [...]. Es ist eigentlich unglaublich[,] wie klein und verkommen Leute auf dem Gebiet sind – und oft gerade die, die sich einbilden[,] was Besseres und was Gescheiteres zu sein. Kleinbürger vom Scheitel bis zur Sohle – am Besten ists[,] man exponiert sich nie und nirgends – am Besten ist man wartet ab – usw. – usf. Ich habe dagegen eingewendet[,] daß man aber leider mit Abwarten allein keine Welt schaffen kann – daß man dann ewig Objekt bleibt und nie Subjekt der Geschichte werden kann und daß man dann am besten tut, schön stillzusein – No, meint sie – das Recht zur Kritik habe man ja schließlich – da bin ich ihr dann sachte mit dem Stallwagen der fruchtbaren und unfruchtbaren Kritik drübergefahren. Da werden diese Krämer dann persönlich – na und was willst Du ihnen darauf erwidern. Na du siehst – auch ich bin vorwiegend von Blinden und Verständnislosen und vor allem Bequemen umgeben.«[92]

»Die Strobeline möchte immer gerne ein genau detailliertes Rezept von mir[,] wie man zu einer ausgeglichenen Zufriedenheit kommt. Und dabei hängen diese Sachen zu 99% keineswegs mit dem Krieg zusammen. Sie möchte, daß ich ihr das so sage wie eine Hausfrau der anderen ihr Mohnstrudlrezept verrät. Und ich glaube, die Quelle dieser inneren Gemütslage ist die Unfähigkeit von sich selber wegzurücken – sich selber zu versenken, zu verschenken und zu verschwenden an etwas[,] das außerhalb des eigenen Ich ist – sei es an einen Menschen – an eine Aufgabe, an einen Gedanken an irgend etwas. So versenken oder verschenken[,] daß man selber Nebensache wird – ich glaube das ist das Rätsel – Wie macht man das[,] können dann diese an sich ganz vernünftigen intelligenten Menschen naiv und himmlisch dumm fragen. Sie reden von der Farbe wie der Blinde. Ja[,] das ist wahr – das kostet am Anfang oft manche Überwindung, denn es fällt einem ja selten etwas so in den Schoß, daß man von vorneherein eine reine Freude an dem sich versenken hat – aber es lohnt sich[,] wenn auch manchmal nur darum, daß man dem eigenen Ich den angemessenen etwas bescheideneren Platz zuweist [...]. So bildet und formt man an seinem Individuum. [...] Der Stroboline geht es rein äußerlich zur Zeit viel besser als mir – sie selber lebt unter den ganz gleichen Bedingungen wie ich – ihr Mann ist G. v. h.,[93] ist im Reich – war vor 3 Wochen auf Wochenendurlaub hier und soll am Sonntag schon wieder kommen. Und trotzdem sieht sie mich als die glücklichere an – und ich bin es auch – nur ärgert mich oft, daß sie alle sich dann am Schluß noch einbilden[,] das sei ein Zufall – ein Talent usw.[,] nur daß das mühevolle Arbeit ist, die sie auch leisten könnten – das lassen sie sich nicht sagen.«[94]

Fallgeschichte 4: K., eine Frau von Gestern
K., Angestellte bei der Postsparkasse, ist eine alte Bekannte von Hilde und Franz Krones. Sie ist ledig, hat aber ein langjähriges Arrangement mit einem – wohl verheirateten – älteren Mann (Richard), der offenbar wenig Veranlassung sieht, die Bedingungen der Beziehung zu ändern. In Liebesdingen schwankt sie zwischen einem gekränkten »Beobachterposten« auf ihre Umwelt und der manischen Suche nach einem Ehemann, einer »Torschlusspsychose«. Auch sie selbst hält sich Verehrer »warm«. In ihren Liebes- und Beziehungskonzepten ist sie zu keiner Entwicklung fähig, sie ist eine »Dekadenzerscheinung von Gestern«.

»Also mit ihrer neuen Bekanntschaft ist das folgendermaßen. Ein Herr [...] Abteilungsleiter bei den Flugmotorenwerken, hat angeblich 6 000 Leute unter sich, stammt aus Düsseldorf[,] verdient schön usw. Er ist ihr nach ihrer Aussage sehr sympat[h]isch – ich habe aber diesen Eindruck unmittelbar nicht. Gestern hat sie mich den ganzen Abend angesungen, daß sie unbedingt herausbekommen möchte[,] ob er verheiratet ist. Auf meine Frage[,] wozu sie das so dringend benötige[,] meinte sie – das Verhältnis spitze sich zu, und sie hätte auch gar nichts dagegen, aber das sei doch immer mit einem Risiko verbunden und das würde sie nicht auf sich nehmen[,] wenn er verheiratet sei. Da könne es ihr passieren, daß er im Ernstfall dann unendlich bedauere – sie sei die Frau, die er nie vergessen werde[,] aber er habe Frau und vier Kinder sitzen oder so ähnlich. Ich habe sie dagegen gefragt ob sie noch nie etwas davon gehört habe, daß auch ein Lediger schon ein Mädchen habe schwimmen lassen. Und im Übrigen bin ich der Meinung, daß ich einem Menschen[,] mit dem ich mich so nahe verbinde[,] doch charakteriell vertrauen können müßte. Erstens, daß er mir an allen ernsten Lebensdingen die Wahrheit sagt und zweitens, daß ich mich auf ihn verlassen kann, ob er nun verheiratet sei oder nicht. Sie muß das alles zugeben – aber sie macht keinen Schritt im Sinne einer Entwicklung. Kürzlich war sie bei Michael Kramer – ich weiß nicht[,] ob du dich an dieses Hauptmannstück[95] erinnern kannst – na[,] das ist ja auch nicht so wichtig – ich will dir nur als Charakteristikum für sie noch sagen[,] was sie mir daraus hervorgehoben hat. Die Michaline – die Tochter des Malers [...] – sitzt mit ihrem Jugendfreund beisammen und sagt[,] über den vielen enttäuschten Erwartungen sei sie alt geworden[,] und der Jugendfreund antwortet ihr darauf – Du, alt, nein, wer noch die Kraft zur Illusion hat, ist noch jung – und das hat ihr gefallen. Ich habe ihr sofort klar gemacht, daß eine ›Kraft zur Illusion‹ ein Blödsinn ist. Illusion ist die Zuflucht der Schwachen, wer Kraft hat[,] braucht keine Illusion.«[96]

»Du reklamiertest die Liebesgeschichte der K.. [...] Du hast höchstwahrscheinlich recht damit, daß auch das nach Schema F verläuft. Am Freitag hat sie mir nämlich von einer sehr bewegten vergangenen Woche erzählt. Vor allem hat es sie getroffen, daß der junge Mann zum letzten Rendez-vous nicht gekommen ist. Trotzdem er ihr beim letzten Treffen angeblich noch so aus heiterem Himmel nach 3 wöchiger Bekanntschaft zum xten Male versichert hat, daß er es sich gar nicht mehr vorstellen kann[,] ohne sie zu leben. Sie hat in seiner Pension angerufen und er war nicht zu Hause, sie hat am nächsten Tag[,] d. war ein Sonntag[,] angerufen und hat die Auskunft erhalten, daß er verreist sei. Sie hofft also jetzt noch, daß er wirklich nichts dafür kann – ist aber sichtlich sehr enttäuscht gewesen. Mit dem Richard hat es auch wieder einmal einen Riesenkrach gegeben. Als der spürte, daß sie sich einige Male hintereinander Samstag und Sonntag mit dem anderen trifft, hat er plötzlich regstes Interesse für diese Tage[,] an denen er sonst nie

für sie Zeit hatte, entwickelt. Und da sie ihm absagte[,] hat er ihr einen Brief geschrieben[,] ganz grob[,] in dem er sie als diejenige bezeichnete[,] die ihn brutal behandle[,] was er sich nicht verdient hätte[,] und nimmt sozusagen von ihr seinen Abschied. Der feine Herr möchte selbst in keiner Weise weder innerlich noch äußerlich gebunden sein[,] verlangt aber von ihr, daß sie sich, eigentlich ohne jede genügende Gegenleistung von seiner Seite, jederzeit zu seiner Verfügung halte. Wie sie mir erzählte, hat sie ihm einen gesalzenen Brief zurückgeschrieben. […] Ich glaube[,] sie würde sehr gerne heiraten – da hätte sie einen der es gleich täte – aber sie sagt[,] sie kann nicht, sie könnte bei ihm nicht daran denken, daß es auch einmal abends wird und gar Nacht. Na[,] so ist es mit ihr – und es wird auch kaum mehr anders werden. Ihr Leben ist nach ihren Erzählungen voll Rendez vous und ohne menschliche Bindungen.«[97]
»[S]oviel Männer und kein Mann möchte ich sagen.«[98]

Rund einen Monat später heißt es: »Nachdem sie sich vor einiger Zeit ›ins Leben gestürzt hat‹, Du erinnerst Dich doch an die vielen Abenteuer[,] die alle mit einander wie ein Häufchen Asche zusammengefallen sind – ist sie wieder retiriert und hat sich auf den Beobachterposten gestellt. Und mit der ihr eigenen guten Auffassungsgabe und Kritik sucht sie jetzt – was ihr ja gar nicht schwerfallen kann[,] wenn man die Verhältnisse ringsum sich ansieht – Beweise für ihre neue Einstellung[,] die ungefähr lautet, alle Leute stürzen sich so ins Leben-Erleben[,] aber wenn man schaut[,] was dabei heraus kommt, so möchte sie mit keiner tauschen. Lieber erlebe sie nichts[,] als dann in solche Verhältnisse zu kommen. Von fünfen[,] die in der Postsparkasse Kinder bekommen[,] sind 2 verheiratet – und da ist meist der Mann fort. 2 haben das Kind von verheirateten Männern so nebenbei und eine hat es ledig von einem Ledigen[,] der aus anderen Gründen nicht will. Und das sei nicht nur beim Kinderkriegen so, sondern auch in der anderen persönlichen Beziehung. Ich habe natürlich gegen den lebenslänglichen oder prinzipiellen Beobachterposten protestiert. Zahlen muß man natürlich im Leben für alles – wer nichts zu zahlen hat, hat auch nichts gehabt – Und in so ›Verhältnisse‹ kommen muß man nicht[,] wenn man selbst ein Mensch ist. Ist das nicht wahr?«[99]

»Gestern abends war nach längerer Pause wieder einmal die K. da. Sie hat derzeit wieder eine ›Hochflut von Verehrern‹ ihrer Erzählung nach – sie werden auch alle darnach sein. Sie ist steif und fest auf ›heiraten‹ eingestellt und schreckt damit meiner Meinung die Männer ab. Sie läßt sich und ihm gar nicht erst die Zeit einander kennen zu lernen – in dem Bestreben nur keine Zeit zu verlieren, drängt sie schon nach mehrwöchiger Bekanntschaft auf ›Klarstellung der Verhältnisse‹. Hat er keine Absichten – ach da könnte man alles unter Anführungszeichen schreiben – dann hat es für sie gar keinen Wert – Jetzt hat sie einen verheirateten Mann aufgegabelt, der sich neben seiner Frau schon als alter Herr ohne Saft und Kraft fühlte und bei ihr sich neuen Mut geholt hätte – den hält sie sich warm[,] weil er nahrhaft ist. Mit ihm war sie im Laufe der Woche beim Heurigen[,] wobei er als solide Unterlage ein gebackenes Haserl geliefert hat. Den anderen aus dem Lazarett, den sie da seit einiger Zeit hat – liebte sie meiner Meinung nach hauptsächlich deshalb[,] weil er sich von seiner Frau scheiden lassen wollte. Jetzt, wo es ihm mit der Scheidung nicht mehr so dringend zu sein scheint, will sie auch mit ihm Schluß machen. Sie hat eine regelrechte Torschlußpsychose und bedenkt nicht[,] wie sie sich gerade damit älter macht, als sie ist.«[100]

»Sie ist mit Richard wieder einmal ›auf ewig bös – diesmal wirklich‹ – na die Walze kennst du ja. Er war mit ihr in der Oper – natürlich auf Stehplatz – drunten im Parkett saß seine Tochter mit einer Freundin – in der Pause hat er ›seine beiden Damen‹ aufgesucht und kam dann mit der Eröffnung, daß er sie leider nicht nach Hause bringen könnte, da die beiden Damen noch ins Kaffeehaus gehen möchten. Sie mit einzuladen fiel ihm natürlich nicht ein. Das hat sie baß ergrimmt und sie ist grußlos davon. Na[,] der Kavalier mit Strapsen könnte mir schon 10 Jahre oder noch mehr den Buckel herunterrutschen. Ich glaube[,] bei ihr erfüllt er die Funktion, daß sich überhaupt was rührt – na was sich da schon rührt. Als zweiten hat sie jetzt den nahrhaften Soldaten im Feuer – und was sie sich da von dem Subjekt Richard durch viele, viele Jahre gefallen ließ – wechselnd mit mehr oder weniger Wohlgefallen – jedenfalls hat er sie ständig als kleinen Zeitvertreib[,] der in der Tat in seinem

Leben keine Rolle als die eines Grabsteins[101] zu erfüllen hatte – für das revanchiert sie sich jetzt an dem Armutschkerl[102] von einem Ehemann[,] der sein ganzes Leben nur seine Frau kannte, die interessiert ihn nicht oder nicht mehr – er glaubte sich schon uralt und sieht nun die erste ›Freundin‹ seines Lebens als ein Geschenk und Wunder an. Und das nützt sie aus. Kürzlich an einem Samstag hatten sie eine Vereinbarung – es sagte, er sei überzeugt, daß er zu 98 % kommen könne – zwei Prozent Unsicherheitsfaktor müsse man beim Militär sicher immer rechnen. Sie sagte zu – aber am Samstag mußte sie Boden abräumen und bekam von ihrer Schwester einen Sitzplatz für den ›Kaufmann von Venedig‹ und ließ ihn schwimmen. Als sie fortging[,] ohne mehr an ihn zu denken, stand er vor ihrem Haus – beim Gürtel hatte es ihm schon zu lange gedauert. Ich hab dich natürlich voll und ganz ersetzt – und hab ihr gleich aufgezeigt[,] was sie für ein Luder anständigen gutmütigen Leuten gegenüber ist. Aber was nützt das – die ändern wir nicht mehr. Sie ist eine Dekadenzerscheinung von Gestern.«[103]

Fallgeschichte 5: Stefferl, die Tragödie der einst umschwärmten Frau

Bürokollegin Stefferl, »Betriebsobmann«, d. h. Vertrauensperson der Deutschen Arbeitsfront (DAF) in der Wiener Bayer-Niederlassung, ist eine attraktive Frau, deren Ehemann Franzi sich nun jedoch eine jüngere Freundin gesucht hat. Stefferl, einst von vielen Männern begehrt und selbst durchaus promiskuitiv, sucht sich einen neuen Gönner. Zwar berufstätig, sieht sie die Ehe als Instrument der Versorgung und knüpft ihren ökonomischen Status an jenen des Mannes. In diesem Sinn ist sie ebenfalls eine Frau von Gestern. Das Ehepaar lässt sich schließlich scheiden – ein Beispiel für die »Scheidungsepidemie« in Wien.

»Alles in Allen ist das für Stefferl die Tragödie der alternden[,] ehemals sehr umschwärmten Frau. Die neue ist 27 Jahre – sie 42 – ihr Mann ist so viel ich weiß dein Jahrgang [*40 Jahre, Anm. G. S.*]. Jahrelang hat sie ihren Mann so als sicheren Hort, d. h. mehr als sicheres Eigentum[,] das sie zu hause in der Tischlade liegen hat, angesehen – und ging sich zum Mindesten fremde Schaufenster anschauen und wie ich genau weiß[,] ist sie wenigstens ab und zu auch in das Geschäft eingetreten. Ihrer Meinung nach hat ihr Mann davon nie etwas bemerkt und sie hat ihm damit auch nichts weggenommen. Dann kam die Zeit[,] wo die Verehrer und Bewerber um ihre Gunst rar wurden[,] und als sie voller neuerwachter Freude in die Tischlade griff, war ihr Eigentum daraus verschwunden und sie beklagt sich jetzt lebhaft und von ihrer Armut und ihrem Recht überzeugt über den Dieb resp. die Diebin.«[104]

»Gestern abends hab ich natürlich, wie bereits vorausgesehen, den ganzen Ehe und Hausfreundkomplex unserer lieben Betriebsobmannin zu hören bekommen. Vergangenen Sonntag vor acht Tagen hat sie in der Kleidertasche ihres Mannes einen 7 Seiten langen glühenden Liebesbrief ihrer Konkurrentin gefunden. Die ist im Rahmen einer Versetzung der Luftwaffe derzeit in Rom und versorgt Franzis ganze Familie[,] von der sie nur per Mama, Taddi usw. spricht, mit Sardinen, Erbsen, Schuhen etc. […] In dem Brief schreibt das Frl. auch, daß sie erfahren habe, daß Steffi lebhafte Erkundigungen über sie einziehe und sie klagen wolle – Steffi denkt gar nicht daran – Franzi wußte natürlich nicht, daß sie den Brief gelesen hat und hat zu Ende des wie üblich schweigenden Wochenendes nur barsch gefragt[,] ob sie im Auhof oder in der Trostkaserne angerufen hätte, er sei gewarnt worden. Da hat sie ihm gesagt, nein, aber er solle sich bald für sie oder für die Andere entscheiden. Er hat wieder einmal das Orakel von sich gegeben, daß dies sehr bald geschehen werde und ist abgedampft. Schmerzzerwühlt hat sie sich dann die ganze Woche von dem rettenden Engel gleichen Namens, der ihr vor etwa 14 Tagen zum dritten Mal in ihrem Leben vor die Füße lief [*trösten lassen, Anm. G. S.*]. Mit leuchtenden Augen hat sie mir von ihren Ausflügen in den Simpl, den Wintergarten (daß es solche Lokale noch gibt – das kann man doch nicht als Volksentspannung bezeichnen) erzählt. Mit einer unmißverständlichen Fingerbewegung hat sie mir, mit schwärmerischen [sic] Augenaufschlag bedeutet[,] daß er ›da‹ habe – sie meinte Geld. Er hat eine hohe Funktion im Kreis 1 – nur leider hat er auch eine Frau. Da sie zur Zeit auf der Klinik ist, stört sie das Idyll nicht. Na[,] so sieht es mit der Ehemoral aus. Aber wir wissen das ja ohnehin. Und in der Tatsache wissen es die anderen ja auch, nur ziehen sie keine geistigen Konsequenzen – da eher noch die tatsächlichen.«[105]

»Also mittags hat uns Stefferl eröffnet, das[s] sie sich scheiden läßt. Jetzt ist es so weit. Am Samstag hat ihr Mann erst angerufen, daß er nicht kommt, sie soll keine Kinokarten nehmen [...]. Abends war Stefferl mit ihrem Loisl im Kaffeehaus und dann, aber auf getrennten Sitzen[,] im Kino. Beim Ausgang hat schon ihre Schwester auf sie gewartet um ihr zu sagen, daß Franzi doch nach Hause gekommen sei. Wie sie ankam, hat er jedoch schon geschlafen. Am nächsten Tag hat sie ihm dann gesagt, daß sie mit ihm sprechen wolle und fragte ihn[,] was er sich weiter vorstelle. Er hat ihr nahe gelegt[,] die Scheidung einzureichen – Grund habe er ihr absichtlich gegeben – er nehme alle Schuld auf sich und auch in finanzieller Beziehung werde er für sie sorgen. Diese Zusage hat sie wesentlich erleichtert und sie wird die Scheidung einreichen. Sie fragte ihn noch[,] was er für Gründe habe, darauf hat er gesagt[,] sie sei nicht wirtschaftlich könne nicht kochen, nähe sich nichts, habe nichts erspart usw. Also eine direkte Scheidungsepidemie ist mir scheint in Wien ausgebrochen.«[106]

Fallgeschichte 6: Working Girls & Salesmen
Bei Bayer gibt es zahlreiche kleine Angestellte, junge Frauen, im Bürobetrieb. Viele von ihnen führen Kriegsehen, die Männer sind eingerückt, die Entscheidung zur Hochzeit folgte in den unsicheren Zeiten oft nach kurzer Zeit. Die daheimgebliebenen Mädchen führen viele schnelle Beziehungen, wobei die Gefahr der Schwangerschaft droht. Ihre Männer und Freunde finden im Ausland neue Liebschaften – auch bei »Bequemen« und »Faulen« macht die »Gelegenheit Liebe«.[107] Es ist in sexueller Hinsicht und inmitten des Kriegsgrauens ein »Tanz auf dem Vulkan«, wie sich gerade bei den Firmenfeiern, sogenannten Kameradschafts- oder Gefolgschaftsabenden, zeigt. Nur wenige Männer sind im Betrieb verblieben – in erster Linie die reisenden Vertreter, die sich – und ihren Kolleginnen – das Leben durch Zugang zu begehrten Lebensmitteln verschönern. Es regiert der Exzess. Als De-facto-Chefin der Mädchen,

die überdies alkoholisch und sexuell abstinent bleibt, sieht Hilde Krones gerade in schlechten Zeiten den Egoismus der Menschen zum Vorschein kommen.

»Ich kenne bei uns [...] so viele Kriegsehen. Die eine Afrikanerin[108] – die H. z. B. Sie ist aus Schlesien[,] er ein Wiener[,] war dort in Garnison – da lernten sie sich kennen, dann kam er weg – kurzer Urlaub – Verlobung – lange Trennung – 2 Wochen Urlaub – Heirat – Trennung – usw. Die kann die Wochen, die sie ihren Mann gesehen hat samt der vorehelichen Bekanntschaft auf den Fingern beider Hände abzählen – und die Zeit der Trennung beträgt gute 3 Jahre – na da muß sich auch die Ökonomie durchsetzen – und sie setzt sich auch durch[,] wie man sieht. Die Ehen werden gut ausschauen[,] wenn all diese Leute, die sich inzwischen oft grundlegend auseinander entwickelt haben, mitsammen leben müssen. Na unsere Probleme sind das nicht – für uns werden andere kommen – wenn sie nur schon da wären – hineinstürzen möchte ich mich schon«[109].

»Es gibt auch einsame Kriegersfrauen und Bräute[,] die üben sich lieber am lebendigen Objekt – ich hab das bei unserem letzten Kameradschaftsabend wieder gesehen – aber zu denen gehör ich nicht. Nicht aus starrer Treue – sondern bloß weil bei mir zum küssen lebendige Liebe gehört – Flirtstimmung hab ich nicht einmal in ruhigen schönen Zeiten[,] wo doch so was besser gedeiht, gut gekannt viel weniger jetzt. Da hättest du die Mädchen alle sehen sollen. Obenan die E.[,] bei der ›Liebe eine Schweinerei‹ ist[,] wie sie stets sagt. Grade sie oder eben deshalb sie – flirtete womöglich mit allen. Sie gebärdete sich wie eine Heurigensängerin oder eine Animierdame und hat einen Bräutigam[,] der schon tief in Rußland ist und vielleicht zum gleichen Zeitpunkt im Einsatz stand. Der eine junge Lagerhausverwalter busselte die St. ab wie einen Haubenstock – sie hat eben die letzten 2 Wochen Kummer um ihren Fredi gehabt, weil er, der die ganze Zeit in Frankreich war[,] sich freiwillig in die Offiziersschule meldete und da natürlich Frontbewährung brauche. N. flattert überhaupt nur so herum. H. ist doch offiziell mit dem Sohn von der großen Blumenhandlung rechts vom

Michaelerplatz verlobt. Ihr Thurl ist in Wien auf Urlaub gewesen, sie ist dennoch beim Gefolgschaftsabend und zwar wie alle außer dem Locherl [*Hildes Kollege L., Anm. G. S.*] und mir bis 6h früh. [...] Die S[trobeline] – na die kennst du ja. Die möchte gern so ein bisserl – nur traut sie sich nicht, hat tausend Hemmungen und kein taugliches Objekt. Aber die sagt es wenigstens ehrlich, daß sie von ihrem Leben mit Wickerl eigentlich nicht viel gehabt hat und gern auch einmal wüßte[,] was Liebe wirklich ist – nur wird sies gerade auf die Art nie erfahren. Und dabei hab ich bei den Mädeln ja auch das Gefühl, daß das ein bisserl krampfhaft ist. Alles tanzt auf einem Vulkan – alles sucht vom Leben zu erhaschen[,] was nur geht[,] aber ich glaube[,] das ist so[,] wie wenn man von einem Schmetterlingsflügel die Farbe abstreifen will. Was im Leben und in der Sonne so schön und so froh glänzt[,] ist an den Fingen nur grauer Staub.«[110]

»So sind die Mädchen – nicht durchgebildet – nicht durchgeknetet[,] lassen sie ihr Gefühl auf den Mist auch fallen – fallen auf jeden Hochstapler und Windbeutel herein [...] und dann tragen sie an den paar Stunden Freude das ganze Leben lang. Wie blind kommen sie einem manchmal vor. Am ersten Tag könnte man ihnen schon sagen[,] wie das ausgehen wird – aber es ist leider so, daß gerade bei dieser Wissenschaft jede Generation wieder bei Adam und Eva anfängt und nicht eine auf den Erfahrungen der anderen aufbaut[,] wie das in jeder anderen Fakultät der Fall ist.«[111]

»Unsere drei Männer – die Vertreter [–] sind Schlager.«[112] »N. hat mich [...] mit einem Grabstein verwechselt[113] – ich kenne jetzt so ziemlich seine Ehegeschichte und ein Vierteldutzend seiner letzten Weiberaffären – Sachen gibts – na, wenn ich da so zuhörte[,] dann könnte man zu der Ansicht kommen, daß wir ein gänzlich unbewegtes Leben führen[,] wenn man nicht wüßte, daß die Bewegung der anderen aus Oberflächenwellen besteht. Ich könnte ja brüllen – was sind das für Spießer. Seine letzte Geliebte war 21 Jahre alt – und daneben ist er um die Tugend seiner 22 jährigen Tochter besorgt – die darf beileibe nicht beim Haustor stehen.«[114] »Anläßlich des G.-Besuches hat sich auch herausgestellt, daß der N. angeblich sauunglücklich verheiratet ist und sowohl in Klagenfurt als auch in Graz ein Pupperl sitzen hat. Und auf dieses Grazer Mädchen ist der G. sofort geflogen und wollte sie auch gleich nach Wien einladen. Da ist jedoch zu seinem Leidwesen doch nichts daraus geworden. Bei den diversen veranstalteten Herrenabenden hat bloß K. seine Frau mitgenommen.«[115] »[K.] schaut doch, du kennst ihn ja, typisch wie frisch aus dem Verein christlicher junger Männer ausgekommen aus – und sie ist angeschmiert und hergerichtet also wie ein Mannequin – das sie gewesen sein soll, wenn er auch großartig als ehem. Direktrice von ihr spricht. Christine heißt sie und läßt sich Lola rufen. Diese Ehe ist auch ein Schlager – der ist dressiert wie ein Foxl.«[116] »Die Herren haben sich anscheinend nicht schlecht unterhalten – Frau K. hat noch Freundinnen mitgebracht und Z. sowie unsere Mädeln draußen haben dann in seiner d. h. K.s Abwesenheit einträchtig für Frau Lola die zarte Bezeichnung Rehlein (was ein Kosenamen für Huhr(ehlein) darstellt[)] gefunden. Diese jungen Mädchen haben einen unbarmherzigen, scharfen Blick[,] aber sie treffen meist nicht daneben. [...] Abgesehen davon – ich bin ja nicht unbedingt dafür, daß man sich diese schwere Zeit noch schwerer macht – aber ich finde es doch aufreizend[,] wenn 4 junge Lackeln, die wegen mehr oder minder vorhandener körperlicher Gebrechen und Unabkömmlichkeit in der Heimat sind, Abend für Abend drahn gehen[,] auf Kosten der I. G. Wochenlöhne braver Familienväter versaufen, sich mit sogenannter ›Bückeware‹[117] des Kaffeehausobers vollfressen, dann[,] weil es zu spät ist[,] um zu Fuß nach Hause zu gehen[,] in der Stadt ein Hotelzimmer nehmen [–] wo Hotelzimmer streng bewirtschaftet sind und man wegen jedes geschäftlich wirklich benötigten Zimmers zum Verkehrsverein laufen muß. Und in derselben Zeit liegen ernste, brave Leute im Dreck – im Blut oder sitzen verzweifelt auf den Trümmern ihrer Habe. Da müßte man diesen Lausbuben[,] die fast alle Frau und Kinder zu Hause haben[,] ins Gesicht spucken[,] wenn – ja wenn man nicht wüßte, daß es noch viel Größere gibt. Wieviele Leute werden durch dieses Leid ernster, tiefer geläuterter? Bei den meisten kommt ihr Egoismus – ihre Verkommenheit nur noch unverhüllter zu Tage.«[118]

Männergesellschaft

In den Feldpostbriefen an Franz Krones gehören die Schilderungen des Büroalltags bei der Firma Bayer, ihr Kampf gegen Ungerechtigkeiten am Arbeitsplatz, nicht zuletzt bedingt durch die Geschlechterverhältnisse, zu den wichtigsten Themen. Zwar betont Hilde immer wieder, dass all diese Probleme im Vergleich zum »großen Ganzen« vergleichsweise unwichtig seien, die Schilderung ihrer Gemütszustände und Redewendungen, die sie dabei verwendet – Ärger, Wut, Nieren- und Gallenschmerzen etc. – deuten als »affective markers« (Gould 2009: 29f.) von *ugly feelings* (Ngai 2005) aber in eine andere Richtung. Die Art und Weise, wie sie bei der Firma Bayer für die Durchsetzung von Frauenrechten im Büroalltag kämpfte, erklärt sich auch durch ihr Konzept weiblicher Emanzipation, das auf die gleichberechtigte Beteiligung an der Erwerbsarbeit abzielte. Ihre frappante, im Einleitungskapitel zitierte Berufung auf die versprochene *Égalité* der Französischen Revolution im Angesicht der »Männergesellschaft« in einem Schreiben an den Bayer-Manager Paulmann in Deutschland,[119] in dem sie eine adäquate formelle Bestätigung ihrer faktischen beruflichen Stellung einforderte, deutet in diese Richtung, ebenso wie ein Schreiben, das sie anlässlich ihrer Hochzeit im September 1939, kurz nach Kriegsbeginn, an Direktor Paulmann sandte: In dem Brief erklärte sie, dass »[d]ie vielleicht etwas unvermittelt anmutende Raschheit dieses privaten Schrittes […] aus den aussergewöhnlichen Zeitumständen zu erklären« sei.[120] Hilde Krones hielt fest,

> »dass die Aenderung in meiner privaten Lebenssphäre keinerlei Rückwirkungen auf die dienstliche Sphäre haben wird. Ganz abgesehen von den besonderen Anforderungen der Kriegszeit sind es vor allem meines Mannes und meine eigenen familiären Bindungen, die es dringend geboten erscheinen lassen, meine wirtschaftlichen Kräfte nicht lahmzulegen. Ein anderer und vielleicht nicht der unwichtigste Grund dafür, dass ich auch in künftigen normalen Zeiten meinen Dienstplatz nicht selbst verlassen werde, ist mein besonderes Interesse an der Mitarbeit im Wirtschaftsleben.«[121]

Die Bedeutung des – im sozialistischen Denken ihrer Zeit positiv aufgeladenen – *Arbeitsbegriffs* für Hildes Verständnis von politischem Aktivismus, von Beziehungsweisen und weiblicher Emanzipation, wird auch in der Schilderung ihres Büroalltags in den Kriegsjahren deutlich. Auch wenn sich Hilde Krones in ihrer Arbeitszeit bei Bayer immer wieder Freiheiten herausnimmt – das Verfassen von Briefen an ihren Mann, Lernstunden für Sprachkurse und diverse private Exkursionen in die Stadt – wird selbst in ihrer Tätigkeit für die I. G. Farben ein hohes Arbeitsethos sichtbar. Immer wieder hebt sie hervor, wie politisch widersprüchlich dieses Verhalten sei.

> »Wir sind geradezu sträflich gewissenhafte Arbeitsviecher alle beide […]. Um uns kann die Welt zugrundegehen – unser persönliches Leben kann schon schwer angenagt sein und noch immer machen wir uns Gedanken darum[,] wie auf 14 Tage das Geschäft ohne uns gehen wird.«[122]

Es gelänge ihr und Franz »noch immer nicht[,] ganz dieses ganze Leben jetzt, als das was es ist – als ein Provisorium zu betrachten. […] Dazu sind wir zu planvoll denkende und wirtschaftende Naturen.«[123]

Generell entwirft Hilde Krones in den Briefen an Franz ein plastisches Szenario der Geschlechterbeziehungen, Arbeitsverhältnisse und sexuellen Affären bei der Firma Bayer, sie durchschaut die männerbündischen Strukturen im Betrieb und findet in der analytischen, satirischen, oft mit trockenem Humor verfassten Darstellung ihrer männlichen Kollegen und Vorgesetzten in den Briefen eine Möglichkeit, deren Macht zu entkleiden – und in der Büroarbeit, wenn möglich, auch faktisch zu bekämpfen. Dies wird durch die Bedingungen der Kriegswirtschaft insofern erleichtert, als durch die Einziehung zahlreicher männlicher Führungskräfte der Aufgabenbereich und die faktische Verantwortung der weiblichen Belegschaft stark gestiegen waren. In ihrer Beschreibung des Bayer-Kosmos und ihrer eigenen Rolle darin hat Hilde Krones auch einen klaren Blick auf das Verhältnis der Männer untereinander – auf hegemoniale Männlichkeiten, Dominanz und Unterordnung, etwa im Hinblick auf Fragen von Ethnizität, von Wienern, Reichs- und Volksdeutschen –

Abb. 5: »Gefolgschaftsausflug« der Bayer-Pflanzenschutzabteilung in den Wienerwald, Hilde Krones 3. v. l., ca. 1942 (VGA)

aber auch auf die Komplizinnenschaft von Frauen. Im Verhältnis zu den jungen Mitarbeiterinnen sieht sich Hilde Krones bei Bayer in einer schwierigen Mittelposition – altersmäßig und in der Bürohierarchie steht sie über ihnen, und Hildes Arbeitsethos und ihre politischen Überzeugungen unterscheiden sich vom hedonistischen Habitus der Mädchen.

Égalité – »Ein Stück meines Rechts verlangen«

Eine zentrale Rolle in ihren Kämpfen bei Bayer nimmt der Versuch von Hilde Krones ein, ihre Leitungsposition im Verkaufsbüro der Pflanzenschutzabteilung, nach der Einziehung ihres bisherigen unmittelbaren Vorgesetzten S. im Jahr 1942, gegenüber männlichen Ansprüchen festschreiben zu lassen. Die Wiener Bayer-Niederlassung verfügte über mehrere Abteilungen – das Pharmabüro sowie zwei Einrichtungen für Pflanzenschutz, Verkaufsbüro und Beratungsstelle, letztere geleitet von dem aus Kroatien stammenden Dr. L. Während der in Leverkusen amtierende Direktor Paulmann von Krones als in

Geschlechterfragen altmodisch, ansonsten aber als prinzipiell »sozial, mitfühlend und grundanständig« beschrieben wird,[124] entwickelt sich Dr. L. zu einem ebenso ironisierten wie – wegen Präpotenz, Faulheit und Ausbeutung junger Mitarbeiterinnen – verachteten Kollegen, der in ihren Briefen abwechselnd mit Spitznamen wie »Locherl«, »Loch« oder »blade Drecksau« belegt wird – und dessen Männlichkeit manchmal ethnisiert, als »Balkaneser« oder »balkanesisches Schwein« markiert und abgewertet wird.[125]

Im Herbst 1942 schildert Hilde ihrem Ehemann die Entwicklungen rund um die Nachfolge ihres Chefs S., nicht ohne immer wieder zu beteuern, wie unwichtig diese Frage für sie eigentlich sei. Dass sie sich die Anerkennung ihrer Kompetenzen wünscht, wird aber trotz rhetorisch überspielter Verletzungen zwischen den Zeilen klar. Als ihr mitgeteilt wird, dass »es Frauen in leitender Stellung bei der I. G. nicht gebe«, schreibt sie:

> »Wenn diese blöden Streber wüßten, wie wurscht mir ihre äußere Aufmachung ist – und wie viel Wichtigeres es derzeit auf der Welt gibt als derartige Prinzipien«[126].
> »Ich habe von vorneherein nicht einen Moment daran gedacht, daß man mich offiziell zur Chefin machen werde. Ich habe nur die Gelegenheit nicht versäumen wollen[,] einem von diesen [*Männern*] um die Nase zu schmieren, daß ich die Hintergründe durchschaue.«[127]

Die Stelle des eingerückten Vorgesetzten bleibt schließlich unbesetzt. Bald beginnt sich Dr. L. jedoch als Chef der gesamten Pflanzenschutzsparte zu gerieren, was Hilde zunehmend »an die Nirndln« geht. Sie »habe das Pech, daß diese großen Herrn mich bis zu einem gewissen Grade bereits als Konkurrenz betrachten.«[128] Hin- und hergerissen überlegt Hilde Krones Strategien, ihre Interessen durchzusetzen. Sie beschließt, sich direkt an Direktor Paulmann in Deutschland zu wenden. Im brieflichen Zwiegespräch mit ihrem Mann Franz stellt sie den Geschlechter- und Arbeitskampf im Büro zwar als zweitrangig gegenüber der sozialistischen Zukunftsvision dar (»Soll ich mich um etwas streiten[,] das mir wirklich sekundär ist.«¹²⁹), tatsächlich lässt sie diese Frage aber nicht los. Nach einem Besuch des Direktors in Wien gelingt es ihr, diesen als Verbündeten zu gewinnen. Ihre Beschreibung der Verhaltensweisen unter den Männern anlässlich des »Affentanzes« des hohen Besuchs ist dabei wieder hoch analytisch im Hinblick auf Hierarchien und Machtverhältnisse der Beteiligten:

>»Über unsere Organisationsfragen sind alle mit Stillschweigen hinweggegangen. Paulmann hat sich mit den kaufmännischen Fragen ziemlich viel – ja man kann ruhig sagen zu 80 % [–] an mich gewandt – aber offiziell dürfte die Leitung auch des Verkaufsbüros vor allem nach außen hin bei L. liegen. Mir ist das, wie Du weißt wurscht – mich belustigt und widert zugleich das ›sich schön machen‹, Schweifwedeln usw. dieser sogenannten erwachsenen, intelligenten Männer[,] die sogar zum Teil wirkliche Fachleute sind, vor dem höheren Rang, der Kar[r]iere. [...] Morgen blüht mir noch das Protokoll – ich soll mal das Konzept allein machen – S. hat das immer mit mir gemeinsam gemacht – man sieht um die Arbeit brauch ich nicht besorgt zu sein.«¹³⁰

Nach der Sitzung erhält sie Briefe von Firmenkollegen aus dem »Altreich«, die ihr berichten, in welch lobenden Tönen Direktor Paulmann von ihr spreche. Sie habe die Sitzung »in so vorbildlicher Weise vorbereitet, daß man gar nicht gemerkt hat, daß derzeit keiner der kaufmännischen Herren anwesend ist.« Es komme ihr

> »vor wie bei Hof. Wer aus dem Munde des Alleshöchsten belobigt hervorgeht, der ist mit einem Schlag anerkannt, dann haben es immer alle gewußt, man ist gleich um ein Grade wärmer und teilnahmsvoller zu ihm. [...] Ich schweifwedle vor Paulmann nicht, ich verschaff ihm nichts, ich lasse nicht meinen fraulichen Reiz, soweit er halt vorhanden ist[,] spielen, ich habe ausschließlich die streng korrekte geschäftliche Verbindung.«¹³¹

Im Februar 1943 verfasst Hilde Krones schließlich einen Brief an Paulmann, in dem sie ihn ersucht, das Missverhältnis zwischen ihrer

Einordnung im Arbeitsbuch als »Korrespondentin« und ihrer tatsächlichen Tätigkeit aufzulösen und ihr die Zeichnungsberechtigung »i. V.« einzuräumen.[132] Paulmann antwortet paternalistisch-wohlwollend in der Sache, zieht ihre Bitte jedoch ins Lächerliche, indem er sie als »überflüssige Sorgen« bezeichnet,[133] was Hilde Krones ärgert.[134] In einem Telefonat führen Hilde und Paulmann ihr Gefecht weiter, wobei Hildes Schlagfertigkeit ihr zu Erfolg verhilft:

> »Erst fragte er, wie es mir gehe – ›Danke, so weit ganz gut‹, sagte ich darauf. ›Auch nach meinem Brief‹, fragte er mit Grinsen in der Stimme. Du frotzle deine Großmutter dachte ich mir und sage mit hellstem Organ – ›jetzt erst recht, Herr Doktor – Ich danke Ihnen auch schön, er hat mich immerhin soweit befriedigt – er war doch so gemeint, nicht wahr?‹ Daraufhin konnte er nicht anders als ›ja natürlich‹ sagen.«[135]

Die Frage der beruflichen Einordnung in ihrem Arbeitsbuch begleitet Hilde Krones aber zumindest bis zum Sommer 1944, »in den Augen der diversen Leverkusener Bonzen« sei sie eben »»nur ein Weib««[136] – nach wie vor war die Einstufung nicht zu ihrer Zufriedenheit verändert worden. So nimmt sie einen erneuten Anlauf und verfasst jenes gewagte, in der Einleitung zitierte Schreiben an Dr. Paulmann, in dem sie sich im Hinblick auf die »Männergesellschaft« in der Wirtschaft auf das Gleichheitsversprechen der Französischen Revolution beruft – »die 1789 proklamierte égalité«, die, »obwohl inzwischen mehr als 150 Jahre vergangen sind, noch immer nicht in die Wirklichkeit umgesetzt« sei.[137] »Als alte Realpolitikerin« finde sie sich damit ab, »[d]ennoch müsste es eine Möglichkeit geben, hier einen Mittelweg zu finden.«[138] So schlug sie vor, ihre »Arbeitsbuchbezeichnung in ›zeichnungsberechtigte Geschäftsführerin‹ oder dergleichen«[139] zu ändern.

Nach Verfassen eines ersten Entwurfs berichtete sie Franz Krones über ihre Gefühlslage beim Schreiben: Bei einer Aufstellung für das Arbeitsamt habe sie »eine Viechswut« über ihre Einstufung als Korrespondentin gepackt – »Im Gedanken daran, daß […] wir alle beide äußerlich viel zu bescheiden sind.«

»Der Gedanke ließ mich nicht los und ich war grade so im Zug, daß ich bis 6h fast saß und das Brieflein fertig konzipierte. [...] Ich war bemüht[,] den Brief in vertrauensvollem, freimütigen[,] leicht humorvollem[,] doch genügend selbstbewußtem Ton, daß man den Ernst merkt, zu schreiben. [...] Ich spielte darauf an, daß ich wohl wisse, daß in Bezug auf Frauenarbeit bei manchen Leuten im Hinblick auf die Bewertung noch veraltete Vorurteile bestehen und ich ihm keine Schwierigkeiten machen möchte[,] aber es müsste sich doch ein Weg finden[,] eine Mittel-Lösung herbeizuführen. [...]. Ich bitte ihn um seine Hilfe und seinen persönlichen Rat. Was meinst du? Ich melde damit einen absolut zu vertretenden Anspruch an und man soll und soll nicht zu bescheiden sein und sich an die Wand lehnen lassen.«[140]

Nach Absenden des Briefs überkamen sie jedoch »Hemmungen« wegen ihrer »Courage«.[141]

»Jetzt hab ich ja auch ein wenig Bauchzwicken[,] obwohl ich nur ein Stück meines Rechtes verlange. Aber so sind wir. Wenn wir auch in der großen Reihe der Zögerer nicht an erster Stelle stehen, so gehören wir doch zum eigenen Ärger ein wenig dazu. Meinst Du nicht auch? Und so geschäftliche kleine Kämpfe, so an sich bedeutungslos sie sind, können uns vielleicht ein bisserl trainieren.«[142]

In der Sache setzte sie sich nicht ganz durch, im Februar 1945 lautete ihre letzte Beschäftigungsbezeichnung – (vor?-)datiert mit 19.3.1943 – »Stellvertretende Abteilungsleiterin mit Unterschriftsberechtigung«[143]. Doch zu diesem Zeitpunkt waren die Tage des »Dritten Reichs« bereits gezählt.

Hilde Krones' so überraschende Berufung auf die Französische Revolution in ihrem Brief war ein »Tigersprung ins Vergangene« (Benjamin 2010: 102) und sie spricht zur Jetztzeit, bleibt doch das Gleichheitsversprechen der Französischen Revolution, das diese für die Rechte der Frauen nicht verwirklicht hatte (De Gouges

2018 [1791]), bis heute ein unabgeschlossenes und unvollständiges Projekt. Das in dem Brief spukende Phantom der Französischen Revolution führt so auf den ersten Blick auch in die Gegenwart. Befrage ich das Medium jedoch genauer, so zeigt sich, dass die Bezugnahme auf die bürgerliche Revolution von 1789 einen spezifischen Blick der Revolutionären Sozialistin beinhaltete: Denn die Französische Revolution taucht an mehreren Stellen in Hilde Krones' Nachlass auf – nicht zuletzt in mehreren Redeentwürfen aus den Jahren 1945 bis 1948. In einem Radiobeitrag zu »Die Frau im Parlament« (1946) entwarf Krones einen geschichtlichen Abriss des Kampfes der Frauen um politische Gleichheit – vom Urkommunismus bis in die Gegenwart. Der Französischen Revolution sei es vorbehalten geblieben, »den revolutionären Ruf zu erheben: ›Wenn die Frau das Recht hat, das Schafott zu besteigen, muss sie auch das Recht haben, die Tribüne zu besteigen‹.«[144] Dieser Ruf sei »nicht mehr verklungen, als bewusste politische Forderung ist er von den Arbeiterbewegungen[,] den sozialistischen Parteien aufgenommen und weitergetragen worden«.[145]

In ihrer Bezugnahme auf die Französische Revolution konnte sich Hilde Krones auf Debatten prominenter österreichischer Sozialdemokratinnen aus den ersten Jahrzehnten des 20. Jahrhunderts beziehen. Emma Adler, Adelheid Popp, Therese Schlesinger, Marianne Pollak oder Emmy Freundlich hatten sich in zahlreichen Texten und Vorträgen mit den Revolutionen von 1789, 1848 und der Pariser Kommune von 1871 beschäftigt und dabei die Existenz weiblicher Revolutionärinnen hervorgehoben (vgl. dazu Helfert 2021: 218–221, 267, 304, Popp 1918). Gleichzeitig hatten sie die Französische Revolution als in doppeltem Sinn unabgeschlossen beschrieben: Im österreichischen Kontext war die bürgerliche Revolution erst vollständig durch die konstitutionelle Revolution des Jahres 1918 und die Einrichtung der Republik (Deutsch-)Österreich verwirklicht worden. Doch der 1918 errichteten »bürgerlichen Demokratie« fehlten die Eigenschaften einer auf soziale Gleichheit und soziale Demokratie aufbauenden sozialistischen Zielvorstellung (Freundlich 1928: 3). Dieser kritische Blick aus den Jahren des Roten Wien wurde von Hilde Krones in ihrer Radiorede 1946 aufgenommen:

Völlige Gleichstellung sei nur »in der klassenlosen, vom Privateigentums- und Profitwahn befreiten Gesellschaft – im Sozialismus [–] möglich.«[146]

Nun, nach dem traumatischen Bruch von Austrofaschismus und Nationalsozialismus, schienen die Ideale der bürgerlichen Aufklärung noch stärker diskreditiert als in den frühen 1930er Jahren. In einem Redeentwurf an berufstätige Frauen verband Krones die Französische Revolution distanzierend mit dem politischen Programm des Bürgertums – einer »alten und schwachen« Politik, deren Forderungen »Freiheit, Gleichheit, Brüderlichkeit [...] sich längst als Illusion erwiesen« hätten.[147] In dieser Hinsicht erscheint ihr Bezug auf »égalité« in dem Schreiben an den I. G. Farben-Manager Paulmann auch als strategisches Argument, vorgebracht gegenüber einem bürgerlichen Macht- und Entscheidungsträger, der hier mit seiner eigenen – möglicherweise vorhandenen – Logik überzeugt werden sollte. So ist es wohl kein Zufall, dass Krones in derselben Rede über die Geschlechterbeziehungen und Arbeitsverhältnisse im Nationalsozialismus ausführte:

»Und was hat uns die stinkige Komissluft der brutalen Hitlerei mit ihrer Verachtung alles Geistigen, des Weiblichen und des Menschlichen zu bieten gehabt? Neben grenzenloser Not und erbärmlichen Bombentod höchstens noch eine unerquickliche Mitwirkung an einer Wirtschaft[,] die dem wahnsinnigsten Massenmord aller Zeiten diente. [...] Gleichberechtigt mit den Männern haben wir alle Leiden des Faschismus auf uns nehmen müssen. In den Rüstungsbetrieben – bei der Kriegsarbeit waren wir gleichberechtigt. *Jetzt fordern wir die volle Gleichberechtigung in der Aufstiegsmöglichkeit!*«[148]

Kameradschaftsabend
Einen Höhepunkt erreichen die Schilderungen von Hilde Krones über den Hofstaat der I. G. Farben im Rahmen eines feuchtfröhlichen »Kameradschaftsabends« im noblen Wiener Hotel Imperial, bei dem, wie bei Firmenfeiern üblich, Hierarchien sichtbar, aber auch überschritten werden, und der »Tanz auf dem Vulkan«, den

eine solche Feier im Angesicht von NS-Terror im Kriegsjahr 1943 darstellte, aufgeführt wurde.

Der zu Ehren von Direktor Paulmann organisierte Abend und die gespielte Kameradschaft ist Hilde Krones schon im Vorfeld zuwider.

»Je krasser der Gegensatz zwischen dieser Spielerei und der Wirklichkeit wird, desto läppischer erscheint mir das Ganze – ach unser Reich ist halt so gar nicht von dieser Welt!«

Sie könne

»diese ganze Bande, die Intrigen spinnt, sogenannte Diplomatie betreibt[,] während andere im Dreck liegen, [...] so recht vom Herzen hassen – wenn sie mir denn doch nicht zu unbedeutend dazu wären. Ich bin zwar genötigt mich ihnen zu beugen – denn Du hast richtig gesagt[,] vom starken Hineinknien in solche Sachen bekommt man höchstens rauhe Knie – aber ich laß die Dinge ganz persönlich denn doch nicht an mich heran kommen.«[149]

Zwei Tage später berichtet Hilde Krones vom »Paulmann-Rummel«, den Ereignissen im Hotel Imperial:

»Als nüchterne, hellwache Zuschauerin hab ich ein ganz eigenes Gefühl dabei gehabt – der Anfang war förmlich, wie das stets zu sein pflegt. [...] Als Paulmann eintraf[,] hat er mich gleich begrüßt und setzte sich mit mir auf ein Sofa. Dabei hat er mich angeschossen, daß ich am Dienstag nicht [*zum Empfang im Büro, Anm. G. S.*] hiergeblieben bin. Ich konnte ja nicht ahnen – daß – sagte ich – wenn der Chef kommt, muß man hier sein auch wenn man nicht ahnt – er, und ich wieder[,] da müßte ich ja im Büro schlafen. Na und so haben wir uns ständig gekampelt. Dann sind wir zu Tisch gegangen. [...] Paulmann hat der pompöse Rahmen im Imperial nicht gepaßt und es war anfangs ein wenig ungemütlich. Nach und nach ist er aufgetaut – der Nußberger [*Wein, Anm. G. S.*] hat seine Schuldigkeit getan. Das

Essen war nicht überwältigend[,] aber sehr fett gekocht. Kartoffel resp. Gemüsesuppe – Schnitz_erl_[,] der Ton liegt auf dem _erl_.[,] Bratkartoffel, Salat – als Mehlspeise zwei Palatschinken und Eis. Als Paulmann schon gut aufgelegt war – aber noch nüchtern – meinte er, im Hotel habe er eine Flasche Slibowitz – ich sagte im Spaß[,] ob ich ihn holen solle[,] und er nahm mich beim Wort. Also ging ich hinüber ins Grand [*Hotel, Anm. G. S.*] und holte den Schnaps – na und der hat dann erst gewirkt. Wir haben uns weg von der feierlichen Tafel auf Divans und an zusammengeschobene Tischerln gesetzt. Da ist geschnapselt worden und binnen kurzem haben alle einen batzen Affen gehabt. Paulmann war umringt von unseren jungen Mädeln und auch das hat scheinbar zur Aufbesserung der Laune gewirkt. Mit ständig fortschreitendem Alkoholüberdruck hat sich bei Dr. Paulmann die Zunge gelöst – und er hat eine Rede nach der anderen geschwungen. Es war schon zum Kotzen – die jungen Mädeln waren ja auch schon sämtliche beschwipst und haben mitten in seine absolut deplacierten Reden hinein gekichert und gepufft. Am Schluß hat er eine minutenlange Rede auf mich gehalten. Der Sinn des Lebens liege nicht an Geld allein und Geltung allein[,] sondern man brauche Befriedigung in der Arbeit. Ihm genüge es nicht seine Mitarbeiter als Nummern zu betrachten – ihn interessieren sie auch persönlich – er hat über mich oft nachgedacht – habe mich erprobt – ich sei nie auf den Leim gegangen. Er hat das Rätsel meiner Person lösen wollen – und hat gefunden – ich sei geistig die ideale Ergänzung zum Manne. Er hat mir über meine Mitarbeit persönlich viel zu verdanken, vor allem die Erkenntnis, daß es nicht wesentlich sei[,] ob man eine Frau oder ein Mann ist – man muß denken können. Das alles in dreiviertelbesoffenem sentimentalen Zustand vor allen Leuten. Es war mir einigermaßen peinlich und ich war genötigt mich zu bedanken – Um ihn schon zum Aufhören zu veranlassen[,] sagte ich ihm schon, Herr Dr. Paulmann ich danke Ihnen – aber er redete und redete weiter und ich könnte mich jetzt nachträglich ohrfeigen, daß ich anstatt sarkastisch und ablenkend mit ein paar Worten zu erwidern – hinterher wären mir die besten Dinge eingefallen –

klein Mädchenhaft danke schön gesagt habe – Ich könnte mir selber auf die Zehen steigen dafür. Aber auf solche Sachen bin ich nicht trainiert. Paulmann war kurz darauf sternhagelbesoffen und am Schluß ist er in der Vorhalle vom Imperial fast auf der Erde gesessen – ich hab ihn noch nie so gesehen – erzählt hat mir der T. solche Stückeln schon öfter. L. hat sich offenbar bemüht, die E. dem Paulmann ans Herz oder um den Hals zu legen […]. Inwieweit er damit Glück hat[,] weiß ich nicht – jedenfalls war es widerlich anzusehen. Er – Locherl selber [–] hat die N. abgebusselt und in der Halle dann die neue – die Ö. Sogar der S[trobeline] hat er einen Kuß geben wollen. Bei mir hat er von vorneherein sich nur auf Handküsse verlegt.«[150]

Um zusammenzufassen: Ausgehend von queerfeministischen Gefühlstheorien der Gegenwart, die auf den potenziell politischen Charakter von ›privaten‹ *feelings* hinweisen (vgl. Kap. 1), habe ich in diesem Kapitel die Liebes- und Beziehungskonzepte von Hilde Krones und ihrem Umfeld rekonstruiert. Dabei stellte sich heraus, dass Hilde Krones, geschult durch die sozialistische bzw. individualpsychologische Gefühlspädagogik des Roten Wien, selbst bereits über ein Verständnis von *Beziehungsweisen* (Adamczak 2017) verfügte, das das Private explizit politisierte. Um die theoretischen Prämissen dieses Verständnisses zu rekonstruieren, habe ich aus einzelnen Passagen der Hunderten Feldpostbriefe, die Hilde Krones ab 1942 an ihren Ehemann Franz Krones schrieb, Fallgeschichten zusammengefügt, als Collage, die die diesen verstreuten Beschreibungen zugrunde liegenden Argumentationen sichtbar macht. In meiner forschenden Séance habe ich Hilde Krones' Verständnis von Geschlechtergerechtigkeit und Gleichberechtigung – nicht zuletzt in der Arbeitswelt – befragt, wodurch einerseits Unterschiede zwischen der sozialistischen Frauenbewegung vor 1968 und feministischen Standpunkten der Gegenwart sichtbar werden, gleichzeitig aber – am Beispiel von Hilde Krones' »Tigersprung« zur Französischen Revolution – die Unabgeschlossenheit vieler Kämpfe, ihre Aktualität für die Jetztzeit unterstrichen wird.

Anders als im vorangegangenen Kapitel, das sich mit der Verankerung von Hilde Krones im Roten Wien der Jahre 1919 bis 1934 sowie ihrer Widerstandstätigkeit im Faschismus beschäftigte, brachte dieses Kapitel auch ›verstörende‹ Aspekte ans Tageslicht, die die ungebrochene Identifikation mit Hilde Krones in der Gegenwart zunächst zu erschweren scheinen: Dies betrifft in erster Linie Liebes- und Geschlechterkonzepte der Zwischenkriegszeit, die auf Vorstellungen biologischer Geschlechterdifferenz aufbauten, andererseits das – vordergründige – Primat des Sozialismus im Hinblick auf Fragen weiblicher Emanzipation.

Gleichzeitig ist es immer wieder die überraschende Gegenwärtigkeit für Fragen der Geschlechterverhältnisse, die aus den Materialien des Nachlasses hervorscheint. Das betrifft etwa die Ablehnung patriarchaler Ehemodelle – stattdessen verfolgte Hilde Krones schließlich ein Konzept »moderner Ehe«, das auf ökonomischer Unabhängigkeit und Gleichberechtigung in Beziehungs- und Arbeitsfragen aufbaute. Die explizite Politisierung von Hausarbeit bzw. Reproduktionsarbeit, die sie aus den geschlechterpolitischen Debatten des Roten Wien übernahm, beinhaltet eine Vorwegnahme späterer feministischer Debatten der 1970er Jahre, die heute gerade wieder aktualisiert werden (Federici 2012, Federici 2021, Toupin 2022). Auch die Ablehnung des Abtreibungsverbots, das sich in den Briefen von Hilde Krones in den 1930er Jahren findet, und gegen das sie als Politikerin ab 1945 vergeblich kämpfen sollte, verweist auf eine Phase progressiver frauenpolitischer Forderungen, die in Österreich erst viele Jahrzehnte später wieder in ähnlicher Form öffentlich formuliert wurden.

Die forschende Séance beinhaltet aber nicht nur ein Wiederentdecken, sondern sie fördert auch verblüffende Aspekte hervor – etwa wenn Hilde Krones, ausgehend von dem für sie als Sozialistin zentralen Begriff der Arbeit, Alimente nach Scheidungen prinzipiell ablehnte und stattdessen konsequent die berufliche Autonomie von Frauen in den Vordergrund stellte. In ihren konkreten Arbeitskämpfen im Bayer-Konzern, die sie unter anderem mit ihrem angesprochenen »Tigersprung« zur Französischen Revolution führte, agierte sie – unter den prekären Bedingungen der NS-Diktatur – ebenfalls konsequent und mutig.

Auch die in den Feldpostbriefen formulierte sozialpsychologische Analyse von Geschlechterbeziehungen im Krieg bzw. im nationalsozialistischen Wien erscheint höchst gegenwärtig. Sie beinhaltet politisierte Vorstellungen von Liebes- und Beziehungsmodellen, vom Zusammenhang von Revolution in der Liebe und Revolution in der Politik, die anschlussfähig für gegenwärtige Diskussionen der Beziehungsweisen sind, aber auch Erklärungsrelevanz für Geschlechterbeziehungen im Faschismus – und in aktuellen autoritären Geschlechterregimes – beinhalten. Der starke Bezug auf den »Weg zum Wir«, die humanistische Vision einer solidarischen sozialistischen Gemeinschaft, die selbst unter den Extrembedingungen der nationalsozialistischen Bedrohung aufrechterhalten wird, unterscheidet Hilde Krones' Modell jedoch von der individualisierten Gegenwart, in der die konkrete Utopie einer solchen kollektiven Praxis nur schwer hergeleitet werden kann. Doch genau dies erscheint im hauntologischen Blick zurück wiederum als spukendes Moment der Jetztzeit.

Das folgende Kapitel vertieft die Frage nach dem Zusammenhang von ›privaten‹ und ›politischen‹ Gefühlen im Nachlass von Hilde Krones und widmet sich den gefühlspolitischen Auswirkungen, die Otto Bauers Versprechen an die jungen Aktivist:innen des Roten Wien, das Ende des Kapitalismus zu erleben, für die »Generation der Vollendung« in den Jahren von Austrofaschismus und Nationalsozialismus hatte. Es ordnet die im Nachlass auffindbaren »affektiven Register« (Bargetz 2014: 129) – vor allem Hoffnung und Schmerz – und rekonstruiert jene sozialistische Pädagogik der Gefühle, mit der Hilde Krones die traumatischen Erfahrungen von Krieg und Verfolgung zu bearbeiten versuchte.

4. Die Generation der Vollendung: Pädagogik der Gefühle 1934–1945

Bei meiner Beschäftigung mit den Medien von Hilde Krones kamen Dokumente zum Vorschein, die im Hinblick auf die vergangene Zukunft des Sozialismus sofort berührten. Darunter war ein Ausweis der Berlitz School of Languages in Wien, ausgestellt im Juni 1943, der zur Teilnahme an der Klasse »Moskau« berechtigte (Abb. 6).[1] Hatte Hilde Krones im nationalsozialistischen Wien einen Russischkurs belegt – und wenn ja, warum? Nach der Lektüre der Feldpostbriefe an ihren Ehemann Franz Krones wusste ich, dass sie tatsächlich bereits am 24. August 1942, am Tag nach der Einziehung von Franz Krones zur Operation Todt, mit einem solchen Kurs begann. Mit meinem hauntologischen Interesse zog mich der überraschende Fund ebenso an wie jener mehrfach zitierte Brief an ihren Chef, den Bayer-Manager Paulmann in Deutschland, in dem Hilde Krones sich 1944 auf die uneingelösten Versprechen der französischen Revolution berufen hatte. Der Ausweis schien mir wie eine Botschaft, ein versteckter Hinweis darauf, dass Hilde Krones auch mitten im Nationalsozialismus ihre Hoffnungen auf die Revolution nicht aufgegeben hatte – und ihr, wie einst Wiener Arbeiter:innen und Aktivist:innen 1917/1918, die Chiffre »Russisch sprechen« zum Synonym für revolutionäre Handlungen geworden war (Helfert 2021: 32). Wie ich im folgenden Kapitel zeige, ist es eben dieses Gefühl der Hoffnung, das einen zentralen Antrieb ihres Handelns in den Kriegsjahren darstellte.

Abb. 6: Ausweis der Berlitz School of Languages, Wien 1943 (VGA)

Die Ära großer Hoffnung

Die im Nachlass von Hilde Krones erhaltenen Dokumente und Materialien – Tagebücher, Briefe, Fotografien, Entwürfe für politische Aufsätze und Reden – umfassen sowohl private als auch öffentliche Texte, und die in ihnen artikulierten Gefühle verbinden diese beiden Ebenen, nicht zuletzt im Hinblick auf die politischen Brüche der Jahre 1934 – den niedergeschlagenen österreichischen Arbeiteraufstand –, 1938 – den »Anschluss« an Nazi-Deutschland – und die Befreiung des Jahres 1945. Für Hilde Krones als Revolutionäre Sozialistin waren darüber hinaus auch die Daten 1917/1918–1919 (das Modell der Russischen Revolution im Vergleich zum demokratischen Sozialismus des Roten Wien der Jahre 1919–1934) – sowie die *Zukunft* – als revolutionärer Traum der verwirklichten sozialen und politischen Befreiung – zentral. Hilde Krones hatte ihre Jugend im Roten Wien verbracht – einem Möglichkeitsraum, der von der daran beteiligten Soziologin Marie Jahoda rückblickend als »Ära großer Hoffnung« beschrieben wurde (Franz u. a. 2019: 418). Spätestens mit dem Februar 1934 wurde diese Zukunftshoffnung abrupt unterbrochen.

Für Hilde bot die Liebesbeziehung zu Franz Krones, die sie im Sommer 1934 begann, eine Möglichkeit, der tristen politischen Gegenwart zumindest mit einem privaten Neubeginn zu begegnen – »eine so wunderbare Melodie, daß alles andere verblaßt – daß alles andere zurücktritt«[2]. In ihr Tagebuch schrieb sie:

> »[A]ls du mich küßtest mit einer süßen und traurigen Zärtlichkeit, ist ein Quell in mir entsprungen und seine Wasser haben alles überflutet, alles weggespült – alle Lebensnot und Trostlosigkeit des letzten Jahres – und ich wußte, ich konnte erlöst – im tiefsten Sinn des Wortes erlöst lachen. ›Warum lachst du?‹ – ›Weil nun auf einmal alles so einfach ist.‹«[3]

Doch auch die »große Revolution« in Liebesdingen[4] erweist sich rasch als »komplizierter«,[5] die Bedingungen der Beziehungen zwischen Hilde, Franz und ihren bisherigen Partner:innen Paul und Marianne müssen ausgehandelt werden. Zur politischen Depression des Jahres 1934 kommen so bald »Traurigkeiten«[6] in Hildes Texten, bis hin zu Gedanken über Selbstmord. Explizit verknüpft sie dabei die Ebenen von politischen und privaten Gefühlen, sieht einen Zusammenhang zwischen dem Verlust kollektiver sozialistischer Lebensweisen durch das Ende des Roten Wien und ihren Problemen der Liebe.

> »Es liegt gewiß auch daran, daß wir so wenige Ventile haben – das kollektivistische Moment fällt weg – und wenn man sich auch scheinbar gewöhnt – so macht es sich doch bemerkbar – wir kommen zu sehr in die private Sphäre.«[7]

Gleichzeitig sehnt sie sich nach anderen, revolutionären Beziehungsweisen, wie sie an Franz Krones schreibt:

> »[W]ir hungern, ich, Du – und meine Schwester [*als Leidensgenossin, Anm. G. S.*] Marianne und in uns liegt das Brot des Lebens – muß denn das sein – schreit das nicht nach Planwirtschaft? In uns liegt so viel Kraft, daß wir und unsere Umwelt

erfüllt damit sein könnten und wir lassen sie brach liegen. Wir sind gewiß noch nicht tief genug gegangen, es ist gewiß noch die Not nicht groß genug um die revolutionäre Situation in uns allen zu schaffen. Aber ich spüre sie kommen und will noch einmal alle Kraft einsetzen.«[8]

In den Medien des Nachlasses von Hilde Krones taucht eine Formulierung des SDAP-Parteitheoretikers Otto Bauer (1924: 872) immer wieder auf, mit der er einst Hildes Generation junger Aktivist:innen im Roten Wien angesprochen hatte: Als »Generation der Vollendung« würde sie das Ende des Kapitalismus erleben. Diese Formel des politischen Imaginären – der revolutionäre *proletarische Traum* – (Hake 2017) wird auch in den Erinnerungen anderer ehemaliger Aktivist:innen immer wieder zitiert (vgl. z. B. Buttinger 1953: 366–370, Sterk 1964, Kreuzer 1983). Bei Hilde Krones und ihrem Freund:innenkreis wurde die »Vollendung« in den Jahren nach 1934 zur zentralen Chiffre, die trotz aller Schwierigkeiten das Versprechen auf privates Glück und revolutionäre Perspektive, eine Verbindung von privater und gesellschaftlicher Emanzipation, aufrechterhält und vereint – wobei Hilde Krones auf sprachlicher Ebene oft offen lässt, welche Ebene der Vollendung sie anspricht.

Seinen ersten Liebesbrief an Hilde hatte Franz Krones 1934 mit den Worten »Vielleicht kommts doch noch zur Vollendung« geschlossen.[9] Hilde notierte dazu – in einer für mich zentralen Passage:

»Ich habe Dir in einem Brief[,] den ich dir nicht gegeben habe und der in meinem Tagebuch liegt[,] darauf geantwortet, daß ich für dieses ›Vielleicht‹ lebe. Wenn ich Heute die Gewißheit habe daß dieses ›Vielleicht‹ mir verrammelt und verschüttet ist[,] dann weiß ich nicht[,] was ich tun würde. Vielleicht würde ich dann die Pflichterfüllung abwerfen. Aber noch habe ich einen Schimmer – Wer den Funken vom heiligen Feuer trägt – weiß nichts vom Ende und kennt nur das ewige Werden.[10] Ich werde mir den Funken holen – vielleicht – und wenn nicht – auch das Dunkel ist schön.«[11]

Sie deutete in ihren Briefen und Tagebucheinträgen immer wieder an, dass auch der Tod – als ewiger Schlaf – eine Vollendung bringt, wenn die Hoffnung auf Veränderung erlischt. In einer Phase der Krise im Dezember 1934 schrieb sie in ihr Tagebuch, an Franz Krones gerichtet:

> »Wenn Du wüßtest[,] wie nahe dieses Schlafen für immer meinem Wesen verwandt ist. Ich finde nichts schreckliches daran – ich finde es nicht schmerzvoller[,] als Dir lebewohl zu sagen. Und ich finde in den Gedanken an diese letzte mir bleibende Möglichkeit einen unendlichen Trost. Ich finde nichts ungesundes daran. Vielleicht ist das die Vollendung[,] die wir im ganzen Leben ersehnen und die uns dann in dem Augenblick[,] in dem wir sie am wenigsten erwarten[,] wo sie uns ferner als je gerückt scheint[,] zuteil wird.«[12]

Hilde Krones verwendete in Texten, in denen sie über politische Gefühle wie Hoffnung nachdachte, oft Motive, die aus religiöser Sprache übernommen sind – von *Erlösung* und Glauben. Diese sind, als Ausdruck millennialer sozialistischer Zuversicht (Williams 1989: 281f.), auf das Diesseits bezogen, die Verwirklichung des Paradieses auf Erden, und eingebunden in ein materialistisches Weltbild, in dem Leben, Materie und Ideen verbunden sind. So war etwa die von ihr verwendete Metaphorik des heiligen Feuers in der politischen Ästhetik des Roten Wien verbreitet. In Josef Luitpolds populärem Gedichtband *Die Rückkehr des Prometheus* (1927) pries dieser die »glorreichen Rebellen«, die der Fackel des Prometheus, der den Göttern das Feuer entrissen hatte, »Glut und Verbreitung« sicherten. Auch Luitpold sprach vom Ziel der »Vollendung«, einer Formulierung, die er von Novalis, der den Begriff in seinem Essay *Die Christenheit oder Europa* (1799) verwendet hatte, übernahm (ebd.: 5–13). Das Pathos der »Generation der Vollendung«, das zivilreligiöse Moment, das mit ihm einherging, scheint uns heute weit entfernt. Im Wissen um Hilde Krones' späteren Selbstmord bemerke ich bei der Lektüre des Tagebucheintrags aber ein melancholisches Gefühl, einen schaurigen Effekt des *punctum* (Barthes

1989), ein Detail der Quelle, das berührt, wie die Passage einer *gothic novel*.

Neben dem politischen Gefühl der *Hoffnung* betont Hilde Krones schon in der Phase ihres Lebens ab 1934 die Produktivität des *Schmerzes* als Erzieher, sie beschreibt den Versuch, allen Schmerz in Energie umzuwandeln – und dabei individuelle Verletzung in kollektive Heilung zu transformieren. Den beiden Lebenspartnern Franz Krones und Erwin Scharf wird sie jeweils ihr düsteres Lieblingsgedicht *Schwarzer Marmor*[13] widmen, das in diesem Sinn vom Wachsen am Schmerz handelt:

»Sieh, auch der Schmerz ist unendlich reich.
Nicht einen möchte ich missen und vergessen,
der Schmerzenstage die mein Fuß durchmessen.
Sie waren schwarzen Mamorstufen gleich –
Stumm bin ich über sie hinweggeschritten,
hoch türmten sich die Stufen Stein um Stein[.]
Und meine Tränen, die mir niederglitten,
verlöschten immer von den müden Schritten
des schwarzen Marmors edlen Spiegelschein.
Heute aber weiß ich, da ich rückwärts sehe,
der Zug der Stufen führte mich zur Höhe.
Mir will das Herz in ernstem Dank sich weiten
und auf der schwarzen Marmorstufen Glanz
werf ich als Opfer vor dem Weiterschreiten
noch einen vollen, roten Rosenkranz.«[14]

Sowohl in ihrer Beziehung mit Franz Krones – die sie ab 1936, trotz der prekären politischen Rahmenbedingungen, als glücklich beschreibt – und in ihrer Beziehung ab 1945 mit Erwin Scharf als auch in ihrem politischen Leben wird der Schmerz bis zu ihrem Tod immer wieder präsent bleiben.

Während der kriegsbedingten räumlichen Trennung von Franz Krones ab 1942 schildert Hilde Krones die zurückliegende Beziehung mit ihm als »lebendige, Glückspendende Wahrheit«[15], die »zur Vollendung kam«[16]. In den Jahren des Austrofaschismus und vor allem nach dem »Anschluss« 1938 erschien jedoch die politische Perspektive der Vollendung in weite Ferne gerückt. Das Versprechen Otto Bauers, die Perspektive der Hoffnung, blieb in der Imagination präsent, im politischen Freund:innenkreis von Hilde Krones sprach man selbst nun aber von der »Generation des Experimentes«[17], deren Schicksal offen sei. Neben die Hoffnung traten andere Gefühle – von Angst, Zweifel und Trauer – und die Übereinkunft, trotzdem am Ziel festzuhalten, auch wenn unklar war, ob man es selbst erleben würde. »[W]o werden wir enden? Vielleicht auf dem Misthaufen«, schrieb Hilde zum Jahreswechsel 1938/39 an Franz Krones. »Wir sind zu weit um uns selbstgenügsam wohl zu fühlen – und wir stecken zu tief im Heute – ich wenigstens – um bloß mit einem Blankowechsel restlos glücklich zu sein.«[18] Explizit verknüpfte sie dabei private und politische Beziehungsweise – als politisches Paar, das sich nicht »selbstgenügsam« ins Private zurückzog, das sich aber auch nicht ausschließlich auf eine ferne Zukunft ausrichtete, sondern in der Gegenwart einerseits das Glück des gemeinsamen Lebens aufsog und sich andererseits gegen das Unrecht der Welt stellte, an dem sie litten:

> »Heißt glücklich sein denn in spießerischer Ruhe und Behaglichkeit dahinleben? Oder habe ich nicht gerade in den Augenblicken größten Schmerzes, größter Herzensangst, in den Augenblicken da das Leben die schwersten Anforderungen an mich stellte, auch tief innen immer ein heißes Glücksgefühl darüber gespürt, mit Dir die Welt erleben zu dürfen – auch wenn das erleiden heißt.«[19]

Zu Weihnachten 1939 schrieb sie: »Je dunkler und unbestimmter die Zukunft vor uns liegt, desto stärker soll unser Drang sein, das Stückchen Gegenwart[,] über das wir Gewalt haben, voll und ganz zu gestalten«[20].

Drei Jahre später hieß es in einem anderen Brief:

> »Wie schwer[,] wenn das was wir schaffen[,] nur ein Stein für das Haus der Zukunft ist – erst die es vollendet sehen[,] können die letzte Überzeugung, das Glück des Schaffenden haben – uns fällt

scheinbar nur das Leiden zu. [...] Ja auch Dünger zu sein, [...] ist eine überaus wichtige Funktion – eine schöne ist es nicht.«[21]

Als Franz Krones 1942 zur Organisation Todt einberufen wurde – in einer vergleichsweise privilegierten Position als Ingenieur, dennoch als Teil einer Zwangsgemeinschaft[22] – begann Hilde ein rigides Programm, um ihren Alltag zu strukturieren – und um die Hoffnung auf eine gemeinsame private und politische Zukunft aufrechtzuerhalten. Am Tag nach der Abreise ihres Mannes aus Wien belegte sie den eingangs erwähnten Russischkurs. Schon zuvor hatten die beiden gemeinsam privat Russisch gelernt, nun setzte Hilde ihre Studien in einer Sprachschule fort, wohl als ein Akt der Hoffnung auf eine Zukunft, in der ihre Russischkenntnisse nützlich sein würden. Fast bis Kriegsende werden sich Hilde und Franz Krones jeden Tag einen Feldpostbrief schreiben. Wie viele Hunderttausende andere Paare überbrückten sie damit die erzwungene Trennung in einem Akt des »governing oneself«, verbunden mit dem Versuch, »trotz aller Katastrophen nicht die Selbstbeherrschung und sich selbst zu verlieren« (Hämmerle 2013, zit. n. Hämmerle/Gerhalter 2015: 27, *Ü: G. S.*).[23] Die Feldpostbriefe wurden zu einer »Arbeit am Gefühl«, als Medium, in dem »Gefühle wie Liebe oder Fürsorge, Sehnsucht, Empathie, Eifersucht etc. durch das Schreiben in einem performativen Sinn auch konstituiert« wurden (Hämmerle 2011: 248).

Nach der Einberufung ihres Mannes legte Hilde Krones eine Reihe von Gelübden ab. Dazu zählten fünf Wünsche, die sie bei abendlichen Gymnastikübungen täglich ausrief. Diese »Abendhüpfwünsche«[24] verbanden das »große Allgemeine« mit dem Persönlichen, wobei Hilde in den Feldpostbriefen nur die persönlichen Wünsche explizit ansprach – nämlich die sichere Rückkehr ihres Mannes und die ihrer gemeinsamen – politisch verfolgten – Freund:innen.[25] Nicht zu Papier gebracht wurden in den der Zensur unterworfenen Briefen die Wünsche bezüglich der politischen Vollendung – von Frieden und Revolution. Dieses Ritual der Hoffnung spannte auch konkrete Zeithorizonte auf – im Hinblick auf ersehnte Urlaubsaufenthalte von Franz den eines Jahres, in Bezug auf das – zumindest ab 1943 absehbare[26] – Kriegsende jenen von 300 Tagen.[27]

Ebenfalls von Hilde Krones aufrechterhalten wurde die klandestine politische Arbeit – regelmäßige Treffen mit Genoss:innen sowie die Unterstützung von Familien, deren Angehörige sich im Gefängnis oder KZ befanden. In den Feldpostbriefen, die von der Zensur stichprobenartig überprüft wurden (Humburg 2011: 80), finden sich solche Informationen verschlüsselt zwischen den Zeilen (vgl. Kap. 2). Explizit erzählen Hilde Krones' Feldpostbriefe jedoch vom Kriegsalltag in Wien und von ihren Gefühlen. Diese spukenden Gefühle und die um sie angelagerten Begriffe und Vorstellungen von privaten und politischen Beziehungsweisen sollen im Folgenden in einer weiteren Sitzung der forschenden Séance eingefangen werden.

Trauer um die vergangene Zukunft

Der Vergleich von Paarkorrespondenzen aus der Zeit des Ersten und Zweiten Weltkrieges zeigt, dass der Bezug auf eine bessere Vergangenheit und eine imaginierte gemeinsame Zukunft im Frieden zu den wiederkehrenden Mustern in Feldpostbriefen gehört (Hämmerle 2011: 251). Was die Briefe von Hilde Krones an ihren Ehemann Franz in dieser Hinsicht von anderen unterscheidet, ist jedoch die enge Verknüpfung von privater und politischer Erinnerungs- und Zukunftsarbeit sowie die beharrliche Auseinandersetzung mit dieser Aufgabe. Vor allem an biografischen und politischen Jahrestagen reflektierte Hilde Krones während der Kriegsjahre, was alles verloren schien aus der Zeit ihres jugendlichen Lebens bis 1934 – die Hoffnung auf eine friedliche Gesellschaft, die aus dem Wahnsinn des Ersten Weltkrieges gelernt hatte –, aber auch das vergleichsweise unbeschwerte private Leben mit Franz in den Jahren vor Kriegsbeginn 1939. Sie betrauerte den Verlust und beschwor die »Kraftquelle«[28], die die Beziehung mit Franz in schweren Zeiten darstellte. Im September 1943 schrieb sie an Franz Krones, dass sie die Hoffnung auf »Vollendung« noch nicht aufgeben wolle:

»Heute vor 4 Jahren war jener schmerzhafte Freitag[,] an dem dieser Krieg begann. Ich habe ja damals geahnt[,] was uns bevorsteht[,] und hab es mir in manchem Detail (unberufen) persönlich vielleicht noch ärger vorgestellt, aber im Großen kann man wohl sagen, wir sind mit keinen Illusionen in den Krieg hineingegangen und wahrscheinlich deshalb hat er uns auch nicht gebrochen. Vier Jahre sind eine lange Zeit und wenn ich die Jahre dazu zähle[,] die vorhergingen und manche Sorge und Bedrücktheit brachten, dann gäbe das eine recht traurige Bilanz des Lebens wenn nicht – ja wenn nicht der Trost und Halt über alle Fährnisse hinweg unsere Liebe gewesen wäre. […] Krieg – als junger Mensch hätte ich mir nie gedacht[,] daß Menschen das Menschen noch einmal antun könnten. Im Aushängekasten des Volksheims[29] – wenn man hineinkam gleich rechts – Du kanntest ihn doch – stand einmal lange – bis zum Verstauben ein kleines kartoniertes Bändchen[,] das den Titel trug ›Schafft eine Welt der Heiligkeit des Lebens‹.[30] Ich kenne den Verfasser nicht, ich habe es niemals gelesen[,] aber die Worte haben sich unauslöschlich in mich eingegraben. Wahrscheinlich war der Autor ein Träumer gleich mir[,] die ich schon felsenfest glaubte, daß die Welt diese Worte ebenfalls gehört und beherzigt hat. […]. Du hast mir einmal in persönlichen Nöten das Trost- und Hoffnungswort ›vielleicht kommts doch noch zur Vollendung‹ zugerufen – ich möchte dieses Wort an die Spitze dieses fünften allgemeinen Notjahres stellen. Vielleicht kommts doch noch zur Vollendung!«[31]

Die Erinnerung an verflossene schöne Tage mit Franz vergleicht sie mit einem magischen »Figurenspiegel«, der ihr die Vergangenheit ins Gedächtnis ruft:

»Für die Bedürfnisse des Tages umgürtet man Herz und Seele mit vieler Mühe wie Härte und lebt Stunden und Tage so[,] als obs einfach nicht anders sein könnte[,] und ist damit, daß es einem ja noch nicht zum Schlechtesten geht, relativ zufrieden und froh. Und dann hält einem ein Zauberer den Spiegel eine Weile vor Augen[,] wie sie sein könnte – wie sie ja war – und da kommt einem mit aller Wucht zum Bewußtsein[,] wie viel sich geändert hat[,] wieviel auch wir mit dem relativ glimpflichen Los verloren haben.«[32]

Der Weg in die vergleichsweise unbeschwerte Vergangenheit ist jedoch versperrt, wie Hilde Krones am Beispiel von Naturerlebnissen in den Bergen rekapituliert. Als sie ihren jungen Bürokolleginnen von vergangenen Bergtouren erzählt und sich dabei »die T[ü]r zur freien, schönen Friedenswelt auftut[,] um sich kurz darauf im Kriegsalltag wieder zu schließen«, sei ihr so gewesen, als ob diese Zeit nie wieder kommen könne.

»Können wir denn nach all dieser Gemeinheit und Bestialität noch einmal so sorgenfrei zu unserem Vergnügen in der Welt herumwandern? Man kann sagen[,] es gab einen Weltkrieg und darnach war auch wieder Friede und kein Mensch dachte mehr dran – aber das ist wohl auch deren Schuld, daß es wieder soweit kam – Einerseits hält man diese seelischen Belastungen nur aus in der Hoffnung[,] daß dies ein vorübergehender Zustand sei – daß darnach doch wieder ein anderes Leben beginne – andererseits muß es einem klar sein, daß wir, wenn wir nicht alle Kräfte zur Vernichtung der kriegstreibenden Mächte einsetzen, aus dem Zustand nie herauskommen und ewig bedroht sind. Ach wie recht hatte doch Fritzl[33][,] als er mir einmal noch im ›tiefen Frieden‹ schrieb[,] daß unsere Generation vielleicht auf dem Misthaufen der Geschichte enden werde – es scheint so[,] als ob uns gar nichts mehr übrig bliebe[,] als wenigstens anständig zu stinken – wenigstens ein brauchbarer Dünger zu werden. Feine Aussichten, was – aber man darf nicht arrogant sein – ein Dünger ist auch was lebenswichtiges.«[34]

Es ist eine bezeichnende Koinzidenz, dass Fritz Löwy und Hilde Krones damit eine Metapher verwendeten, die auch Antonio Gramsci (1993: 1114f.) 1932 in seinen Gefängnistagebüchern benutzte, als er in faschistischer Haft davon schrieb, dass es jemand gebe, »der sich ›philosophisch‹ fügt, Dünger zu sein, der weiß, daß er es sein muß«, um das zukünftige Pflügen der Erde zu ermöglichen.

Bei allem Zweifel bleibt die Hoffnungsperspektive der »Vollendung« bestehen, und in einer seltenen Klärung des Verhältnisses von privaten und breiteren gesellschaftlichen Beziehungsweisen, von »kleiner und großer Welt«,³⁵ schreibt Hilde Krones zu Silvester 1943/44 an Franz:

> »Was wir beide uns sehnlichst und innigst wünschen, brauche ich nicht mehr auszusprechen und so wünsche ich denn nur noch, daß die Erfüllung uns beide in froher, nimmermüder Arbeit vereint sehen möge. Du kennst meine täglichen Abendwünsche, sie halten alles beschlossen, die kleine und die große Welt. Wenn endlich die kleine in die große Welt wird aufgehen können und die große die kleine Welt nicht hemmen[,] sondern fördern wird, das wird der Tag der Erfüllung sein. Das ist die Lösung des Konfliktes. Wer weiß[,] wieviele Hindernisse noch zu überwinden sein werden? Die nächste Zukunft wird kaum rosig zu nennen sein – aber wir wollen sie mutig mit- und füreinander ertragen. ›So komme was da kommen mag, solang du lebst mir, ist es Tag!‹«³⁶

Dass sich die Revolution nach dem Kriegsende nicht von selbst einstellen würde, dass die private Beziehung vielleicht im politischen Kampf auf die Probe gestellt werden würde, dürften Hilde und Franz Krones während der Fronturlaube von Franz, auch bei konspirativen Treffen mit ihren Genoss:innen, besprochen haben. So schreibt Hilde Krones im Mai 1943 mit unausgesprochenem Bezug auf Alice Rühle-Gerstls *Weg zum Wir* (1927):

> »Ich schämte mich im Angesicht der vielen beschriebenen, stillen und lauten Heldentaten meiner Ungeduld an jenem Urlaubsmittwochabend und ähnlicher Dinge. Ja, ich weiß, ich werde noch über mich hinauswachsen müssen. Es werden noch Probleme verschiedenster Art an uns herantreten. Die letzten Jahre, die äußerlich wahrlich nicht immer schön waren – haben uns viel persönliches Glück gebracht – die vor uns liegende Zeit die, wie wir hoffen wollen[,] viel Aufbauarbeit von uns verlangen wird – wird uns wahrscheinlich für unser Persönlichstes nicht allzuviel Zeit und Raum lassen. Ich werde vom du und ich zu einem neuen wir kommen müssen[,] auch in der allerpersönlichsten Frage.«³⁷

Gedanken über den Tod
Während des Krieges beschäftigt sich Hilde Krones immer wieder mit Fragen von Tod und Selbstmord. In ihren Briefen an Franz kann sie einerseits offen über den Bombenkrieg schreiben, der ab 1943 wie ein Damoklesschwert über Wien hängt, bis er 1944 die Stadt erreicht. Verklausuliert berichtet sie aber auch über die Todesgefahr, die Gegner:innen des Nationalsozialismus droht, etwa über den Tod des »Gfüllten«, des engen Genossen Karl Suchanek, der – von der Gestapo verfolgt – im Dezember 1943 gemeinsam mit seinen Eltern Selbstmord beging (vgl. Kap. 2). Hildes Haltung zum Selbstmord hat sich im Vergleich zu den Überlegungen im Jahr 1934 nicht verändert – nach wie vor bestärkt sie sich in den Briefen selbst, trotz der Anziehung des Todes die Hoffnung auf das »Vielleicht« der Vollendung nicht aufzugeben – und die aktivistische Pflicht, das »Holzbündel« zu tragen, auf sich zu nehmen. Als Hilde mit Franz Krones über die Fabel *Der Tod und der Holzfäller* von Jean de La Fontaine korrespondiert, aus der sie das Bild des Holzbündels übernimmt, schreibt sie:

»[B]evor ich dich kannte[,] war meine Einstellung, wenn man das Leben als das Positive schlechthin bezeichnet, eine weitgehend zum Negativen neigende – ohne daß ich dabei das Leben selbst verachtete. Als junges, dummes Ding habe ich, wie du weißt[,] das Leben einmal ablegen wollen – und wenn es auch mißglückte, so hab ich doch psychologisch genau dasselbe erlebt[,] wie wenn es anders gekommen wäre. Und ich muß sagen[,] es war mir eigentlich absolut nicht schwer. Ich habe mir selber furchtbar leid getan wegen der traurigen (!) Ursache (irgend eine kleine, dumme romantische Liebesgeschichte)[,] aber die Tatsache, daß ich nicht mehr auf der Welt sein soll, hat mich nicht gerührt. Und siehst Du, in der Zeit meines persönlichen Umbruches – da hab ich nicht [*nur*] ein Mal an den Tod gedacht – und wenn ich es damals bequemer und leichter gehabt hätte – wer weiß. Und dann kam die schöne Zeit mit dir. […] Diese letzten Jahre haben meine ganze Seele zum Positiven gewendet – sie haben mich mit 1 000 Fäden an das Leben geknüpft – allerdings an ein Leben, das mir lebenswert erscheint – Du weißt[,] ich muß es nicht bequem haben – ich kann auf so viel freiwillig verzichten – ich muß es nicht ruhig haben – ich bin eine ganz wehrhafte Kämpferin – aber lebenswert muß es noch sein. Siehst du[,] und dahinter stand bei allem Schweren der Gedanke an den Tod eigentlich wie ein großer Trost in mir. Wenn das Holzbündel all zu schwer wird – Denn daß ich es einmal aufgeladen bekomme in irgendeiner Form das war mir ja klar – wenn es allzuschwer wird – dann kann man den Tod rufen – dachte ich stets. In der grauenhaften Zeit[,] in der wir zunächst fremdem Leid und Tod mitfühlend ins Gesicht sehen müssen, nie wissend[,] was das Schicksal für einen von uns beiden bereit hält – ist mir dieser Gedanke eigentlich manchmal eine direkte Hilfe gewesen – lieber sterben als leiden dachte ich! Aber auch das ist nicht recht – ich weiß es – man kann es sich[,] solange man hier Pflichten und Aufgaben hat[,] gar nicht leisten[,] nach dem mir lieber erscheinenden zu greifen. Diese Erkenntnis hat mich kürzlich so von innen her direkt überfallen und damit ist mir ein großer Trost verloren gegangen[,] für den ich vorläufig noch keinen Ersatz habe«[38].

Mit Bezug auf ein Gedicht Lulu von Strauß und Torneys (1935: 187) setzt sie fort:

»Kennst du das schöne Gedicht [...] [*in*] dem Leben und Tod mit den beiden Schalen einer Wa[a]ge verglichen werden. Es heißt dort am Schluß: – ›ich seh die Schale des Lebens – und siehe, sie wieget schwer, fast dünkt mir als ob am Ende das Sterben noch leichter wär.‹ Ja so dünkt es mich gar manches mal – aber haben wir einen Anspruch und ein Recht darauf es leicht zu haben? [...] Ich vermag Schmerz zu empfinden und zu ertragen und sogar in die richtigen Bahnen zu lenken – aber als ›umgestülpte Freude‹[39] vermag ich ihn noch nicht zu empfinden. Hilf mir Du ein wenig. Du[,] mein Liebes[,] darfst jetzt ja nicht glauben, daß ich heute oder die ganze Zeit vielleicht kopfhängerisch oder lebensüberdrüssig bin – nein gelt, das spürst du schon aus meinen Briefen – im Gegenteil ich nütze die Zeit[,] die ich ohne dich ertragen muß[,] für Dinge, zu denen wir beide wahrscheinlich in den nächsten Jahren nicht oder nur schwer kommen werden[,] und warte mit Sehnsucht und inniger Freude auf dich. Und wir beide, gelt, wir haben schließlich im Gegensatz zu vielen anderen, einen Lebensplan für uns und die Welt[,] der eine grundlegend positive Einstellung zum Leben voraussetzt – nur ist die meine nicht positiv um jeden Preis – wie die des Holzfällers in der Fabel«[40].

Als Hilde Krones die schockierende Nachricht vom Tod des »Gfüllten« erreicht, schreibt sie an Franz:

»Was bringt einen Menschen soweit? Sind die Schwierigkeiten in denen er sich befindet, das Unglück unter dem er seufzt, die Gefahren in denen er schwebt wirklich so groß gewesen, daß der Schritt gewissermaßen gerechtfertigt war? Wer kann das je wissen? Kennt einer einen Anderen ganz genau? [...] Kann man denn nicht erst am Ende – am unweigerlich uns aufgezwungenen Ende Bilanz machen. Ein guter Buchhalter kann dann erst die Aktiven mit den Passiven vergleichen. Und gibt es nicht Hoffnung[,] solange man lebt? Solange noch ein Funken in uns glüht. Darf oder soll man den zertreten. Das Totsein ist so unvorstellbar, daß man versucht wäre zu sagen – wird einem nicht später leid tun? Aber das kann es ja dann nicht mehr. O, ich weiß, Mathias Claudius sagt – urteilen oder verurteilen – nein[,] ich glaube es hieß vernichten ist leichter – verstehen besser.[41] Und grade weil ich eine Seite in meinem Wesen habe, die dieses so sehr verstehen kann, hat mich das Problem gefesselt und gepackt. Vom kämpferischen Standpunkt aus ist dies wohl Feigheit – und es käme wohl nur dann in Betracht[,] wenn es das Kampfziel selbst nicht mehr gäbe oder wenn dem Kampfziel damit gedient wäre – aber ist das zumeist der Fall? Aber wer sieht in den Anderen hinein – oft ist es nur ein dünner Faden[,] an dem der Lebensmut hängt[,] und dann ist tragischer Weise schon das Aufklappen einer Schere Erschütterung genug[,] um ihn zum Reissen zu bringen – und wer weiß[,] hätte das Schicksal die Schere zugeklappt.«[42]

Der Tod ihres Genossen lässt Hilde Krones auch über die unmenschliche Gleichzeitigkeit von Tod und scheinbarer Normalität des Alltags, von Empathie und Verdrängung nachdenken, die sie in ihrer Umwelt, aber auch an sich selbst wahrnimmt.

»Ich befinde mich rein psychologisch selbstverständlich in derselben Lage wie ein Mensch[,] der einen Luftangriff durchgemacht hat, der einen Blick in tiefen, menschlichen Jammer getan hat, Menschen[,] die ihm nahestanden[,] umkommen sah und selber weiter lebt. Und was mir bis jetzt immer unfaßlich war, daß man nach solchem Erleben ruhig weiter seine Bahn lebt, froh ist selbst zu leben – das hab auch ich empfunden. Viele tausende machen es wirklich mit, ich nur innerlich – und ich kann die jetzt verstehen. Mir kommt das selber ein wenig unmenschlich, herzlos vor, daß man dadurch nicht aus der Bahn geschleudert wird, daß einem [sic] das nicht viel viel nachhaltiger und tiefer verfolgt – aber das sind wohl Abwehrmaßnahmen[,] die jedes Individuum produziert. Man sollte doch meinen, daß wenn [*man*] beispielsweise das Grauen einer Hamburger oder Berliner Nacht mitmachte, daß man nie wieder lachen könne[,] und die Menschen die durchgekommen sind gehen sogar zum Heurigen – ja so ist der Mensch. Ich bin da noch nicht ganz durch – ich komme mir da noch ein bisserl schlecht vor – wie eine egoistische Bestie – und es ist wohl auch so, daß einem die Jahre gegen Not und Tod ein wenig abgestumpft haben und daß einem die eigene Unsicherheit, das Gefühl, wer weiß lebe ich selber Übermorgen noch – eine grundlegend andere Einstellung zu diesen Problemen beigebracht hat.«[43]

Die in ihrem Umfeld grassierende Angst vor dem Bombenkrieg versucht Hilde für sich selbst nicht zuzulassen. Als die Wiener Bevölkerung im Frühjahr 1944 aufgefordert wird, private Möbel zu beschriften, um sie nach Luftangriffen wiederzufinden, berichtet sie jedoch an Franz: »Mir war dabei scheußlich zu Mute – eigentlich sind wir alle wie von einem, der sich zu unserem Richter aufwirft zum Tod verurteilt und wissen nicht[,] ob und wozu wir begnadigt werden – kommt die Bombe – kommt das oder jenes – –?«[44] Einige Monate zuvor hatte sie – implizit im Hinblick auf die erhoffte Niederlage NS-Deutschlands – noch tapfer angemerkt:

»Ich lebe gerne[,] wünsche mir nur[,] dass wir den Krieg überstehen, wenns sein muss soll darüber alles andere zugrunde gehen, aber ich sehe sogar den Bomben mit Ruhe entgegen. Wenns ganz hart auf hart geht, muss man sich halt sagen, ganz so wichtig sind wir persönlich nicht. Die Uhr geht schon richtig, es wird alles so wie wir es uns vorgestellt haben, man hat doch immerhin jetzt schon einen Schimmer davon, – ob wirs erleben – das ist fraglich – aber es ist mir immerhin eine Befriedigung festzustellen, dass wir recht gehabt haben«[45] – als »Triumpf des Geistes.«[46]

Für ein Weiterleben von Geist und Materie argumentiert Hilde Krones auch in einer Diskussion mit ihrer Arbeitskollegin Strobeline im Hinblick auf das Leben nach dem Tod:

Diese »möchte gerne an etwas glauben – etwa an Seelenwanderung oder Auferstehung – das würde sie ungeheuer trösten – aber der Gedanke, daß es mit diesem Leben zu Ende sei – sei ihr entsetzlich. Ich habe gemeint, es gebe ja so etwas wie ein Leben nach dem Tode – im Gesetz von der Erhaltung der Materie liege doch eigentlich ein großer Trost. Das[,] was an uns Materie ist[,] wandelt sich um zu neuem Leben [–] und wenn wir Taten setzen[,] leben sie fort – und wenn wir nur eine Idee in einen Menschen verpflanzen, der sie weiterträgt, sind wir nicht gestorben – wir leben weiter. Aber nein – das genügt ihr absolut nicht – sie will nicht in Ideen weiterleben oder als Kohlrabipletschen – so wie sie ist – genauso will sie weiter.«[47]

Hoffnung und Verzweiflung

Dass in den langen Jahren des Nationalsozialismus, vor allem den drei Jahren ab 1942, in denen Franz Krones außerhalb Wiens bei der Organisation Todt eingezogen war, Phasen der Hoffnung von Momenten des Stillstands, der Verzweiflung und der Trauer unterbrochen waren, liegt auf der Hand – »[w]ie sehr man hofft[,] kann man fast nie an der Erfüllung sondern nur ganz an der Enttäuschung messen«, schrieb Hilde Krones zum Jahreswechsel 1943/44.[48] Dieses Register der politischen Gefühle (Bargetz 2014: 122f.) – von Leiden an Stillstand und schwer zu ertragender Gegenwart, von aktivistisch gepanzerter Zuversicht, die immer wieder durch (Selbst-)Zweifel infrage gestellt wird –, ist in den Briefen an vielen Stellen zu spüren. »Die Zeit gibt uns manche Nuß aufzuknacken [...]. Die taubeste Nuß ist das Warten – ja ich weiß – wir können es nützen – dann ist die Nuß gar nicht taub – sagen wir halt[,] diese hat die härteste und bitterste Schale«, klagt Hilde Krones im April 1944.[49]

Hilde Krones beschreibt sich selbst als Person, die zwischen optimistischer »Klarheit und Vernunft« untertags und ambivalenten Gefühlseindrücken zu Zeiten der Dämmerstunden schwankt.

> »Solange es Tag ist[,] bin ich klar, gefestigt allem exakten zugetan – da packe ich Schwierigkeiten praktisch an und sie erscheinen mir halb so schwer als am Abend zuvor – mit jedem Tag beginnt eine neue Hoffnung – wenn es Nacht wird[,] dann kann ich traurig und verzweifelt sein – aber auch besonders glücklich – Etwas davon fühlt wohl jeder Mensch[,] aber ich glaube[,] ich bin davon besonders abhängig.«[50]

Um »das dunkle Gespinst der Gefühle [zu] durchdringe[n] – die mit Namen nicht zu nennen sind – die nicht greifbar sind«, macht sie sich mit ihrem Wahlspruch »Arbeiten – und nicht verzweifeln!«[51] Mut,[52] versucht die erlernte Pädagogik der Gefühle zum Einsatz zu bringen. »Ich werde es schon schaffen – mit deiner Hilfe – Ach – und jetzt dringt durch den Nebel sogar schon wieder die Sonne durch [...]. Schluß mit der Heulerei – Stimmungswurstlerei ausgeschaltet – Verstand klar – alle Mann an die Pumpen!«, schreibt sie im Sommer 1944.[53]

Beispiel für Phasen depressiver Stimmung, die Hilde oft mit ihrem körperlichen Befinden in Zeiten der Monatsregel erklärt,[54] ist der folgende Brief aus dem Herbst 1942:

»[I]ch seh alles so grau und aussichtslos vor mir liegen – ich weiß[,] daß gerade wir das nicht dürfen und laß es mir auch gar nicht anmerken – aber für einen Kleinen [*einer von Hilde Krones' Kosenamen, Anm. G. S.*] ist es halt verdammt schwer immer vernünftig, immer fest zu sein. Ich kann es ja niemandem außer dir sagen, denn für die anderen muß ich der Fels sein[,] der unverrückbar auf seinem Platz steht, immer an derselben Stelle[,] obs brandet oder ruhig ist. Aber auch dir wird es ja vielleicht so gehn, daß du Stunden und Tage hast[,] wo das große allgemeine und das Persönliche dir aussichtslos zum Erleben erscheinen. Ich weiß schon, daß es für die Weltgeschichte unwichtig ist ob ich – ob wir es erleben und noch unwichtiger[,] ob wir beide aus den Trümmern rings um unser persönliches Glück retten, aber für mich ist es viel – ich bin nicht in jedem Augenblick bewußt Trägerin eines Stücks Geschichte, ich bin manchmal nichts anderes als ein Mensch, eine Frau – der Kleine.«[55]

Kurz vor dem ersten Heimaturlaub von Franz im Winter 1942 rekapituliert Hilde Krones die bis zu diesem Moment überstandene Wartezeit in Erinnerung an eine herausfordernde Bergtour in Friedenszeiten. Es sei ihr so zumute, wie nach der Querung eines gefährlichen Schneefelds auf der Wanderung:

»Ich bin in einer ganz eigenartigen Stimmung heute. Ich bin unsagbar glücklich und zugleich erlebe ich rückschauend die ganzen Schmerzen der letzten Monate wieder. [...] Während der Querung selbst waren Wille und Nerven so angespannt, daß kein Raum für Schmerz- und Furchtbetrachtungen blieb. Aber wenn ich eine der Schneezungen gut und heil überstanden hatte und sie rückschauend nochmals betrachtete[,] kam ein leises Grauen über alles was hätte sein können, passieren können über mich und es dünkte mich kaum glaublich, daß es wirklich ohne Unheil hatte überwunden werden können. Und von diesen Betrachtungen war der Blick auf das nächste Schneefeld schon wieder überschattet. [...] Ein Abschnitt unserer gesamten Trennung liegt jetzt hinter mir. Morgen soll ich den Fuß auf den festen, guten Boden des Beisammenseins setzen und ich kann es jetzt nachträglich gar nicht fassen[,] wie ich die Zeit hatte meistern können – und das hab ich doch getan. Vor allem hat mir wohl das Bewußtsein geholfen, daß es dir rein äußerlich nicht schlecht geht – zweitens das feste, schöne Band unserer Briefe und dann meine selbst gewählte, selbst auferlegte Arbeit.«[56]

In zahlreichen Briefen und in unterschiedlichen Formeln findet sich die Anrufung der Hoffnung auf gemeinsame politische Arbeit nach dem Krieg. Im Dezember 1942 schreibt Hilde Krones:

»In dreimal hundert Tagen wird die Welt anders aussehen, sagtest du. Ich klammere mich nicht sklavisch an die Anzahl der Tage[,] aber der ruhige zuversichtliche Ton da drin ist mir ein herrlicher Trost. Die Worte sind gestern wie ein Samenkorn in meine Seele gefallen. Ich will es fleißig begießen. Hoffnung und Glaube an das Später müssen so groß wieder werden, daß Verzagtheit trotz allem Schutt[,] der da täglich bei uns abgeladen wird[,] nicht aufkommt. Denn so groß wie meine Sehnsucht nach dir, ist mein Wille[,] den Dingen mit dir gemeinsam ins Antlitz zu schauen.«[57]

Zu Weihnachten desselben Jahres denkt sie, messianische Hoffnungsbilder aufrufend, an

»alle lieben Freunde[,] die in bedrängter Lage sind, in einem unablässigen Kampfe stehen […]. [A]ch es ist Zeit, daß nach dem Dunkel dieser Tage wieder Licht wird. Den Erlösungsgedanken feiert in diesem Fest das Christentum seit Jahrhunderten. Ich sehne mich nach der vollendeten Tat. Gedankenlos tragen die einen ihr Bündel, verzweifelt wehren sich die andern gegen ihre Last[,] um in hoffnungslose Resignation zu sinken. ›Wer aber den Funken vom ewigen Feuer hat, kennt kein Vergehen, weiß nur vom ewigen Werden‹ heißt es.[58] Wollen wir uns beide heute wünschen, daß wir diesem Werden noch ins Gesicht sehen dürfen, daß wir mit Hand anlegen dürfen.«[59]

Abb. 7: Hilde Krones bei einem Radausflug auf der Wiener Höhenstraße, 1942 (VGA)

Zum 1. Mai 1944 – dem sozialistischen Feiertag, für Hilde verknüpft mit vielen Erinnerungen an die Zeit des Roten Wien – schreibt sie an Franz, in Gedanken an den ins Konzentrationslager verschleppten gemeinsamen Freund und Genossen Fritz Löwy:

»Eigentlich ist mir heute abend ganz schwer und ganz sehnsüchtig zu Mute – nach Dir[,] nach Fritzl, nach Menschen, nach Resonanz[,] nach Begeisterung, nach Schwung, nach Leben – nach Leben! Manchmal erscheint mir das[,] was man so täglich von der Ewigkeit herunter reißt[,] heutzutage ganz unerträglich. Es ist natürlich keine Rede davon, daß ich Trübsal blase – nein – ich bring die Zeit ja ganz anständig um die Ecke[,] lache, bin heiter, rede noch anderen ihren Pessimismus aus und bin im Grunde meines Wesens auch zukunftsfreudig[,] aber herrgott[,] es dauert schon zu lang. Es ist einem schon bald wurscht – es soll nur schon was geschehen – Gehts dir auch so? Sicher haben wir alle solche Anwandlungen – man muß nur immer wieder damit fertig werden. Und da hör ich denn wieder Fritzls kürzliche Frage [*in einem Brief aus dem KZ, Anm. G. S.*] – wie wird denn Hilde so allein mit allem fertig jetzt und dann steh ich auch schon wieder fest auf den Beinen. Ach du mein Gott – ich wünsche mir ja vom Leben nichts gar so vermessenes – nicht Glanz, nicht Vorteile – nur daß wir gemeinsam noch arbeiten dürfen ein Weilchen – von mir aus so, daß uns die Schwarteln krachen.«[60]

Aktivistisches Leben

Obwohl Hilde und Franz Krones im Nationalsozialismus durch ihre politische Arbeit – die regelmäßigen Treffen mit Genoss:innen in illegalen Zirkeln, die Beteiligung an der Flugschrift *Wahrheit*, die Unterstützung der Familien von Inhaftierten und von slowenischen Partisan:innen – ein hohes persönliches Risiko eingehen, schildert Hilde in ihren Briefen die Jahre bis 1945 auch als aufreibendes Stillhalten. »[W]er weiß nicht[,] wieviel Kraft zum dulden und Aushalten gehört«, schreibt sie im März 1944.[61] Im Einklang mit den meisten anderen Widerstandgruppen aus dem Umfeld von Sozialdemokratie und Revolutionären Sozialisten richtet sich der Schwerpunkt der eigenen Aktionen auf die Vorbereitung und Schulung für den Moment des Losschlagens zum Zeitpunkt des militärischen Zusammenbruchs Nazideutschlands (DÖW 1984: 9f., Neugebauer 2015: 69ff.). »[W]ie recht du neulich damit hattest[,] als du sagtest[,] es gibt eigentlich gar keine Zeit[,] wo man für sein Ziel nichts machen könne. Zumindestens kann man sich selbst darauf vorbereiten und sich klären«, schreibt Hilde an Franz Krones im April 1944.[62] Im Hinblick auf das trostlose Leben in Kriegszeiten, das Freund:innen in ihrem Umfeld in Apathie treibt, hält Hilde fest:

> »Mit unserer Welt- und Lebensanschauung könne man eigentlich doch unmöglich sagen, mich interessiert gar nichts mehr – mich interessiert so viel, daß ich es täglich bedaure, daß ich nicht mehr Zeit habe[,] um mich damit zu beschäftigen. Die Spanne persönlichen Vakuums muß man mit intensivster Vorbereitung anfüllen – erstens ist sie nur auf diese Weise erträglich – vergeht schneller und besser [–] und zweitens werden wir Morgen, sei es aus persönlichen, sei es aus allgemeinen Gründen[,] nicht mehr Zeit dazu haben. Was wir jetzt lernen, werden wir dann können – was wir jetzt tun, bleibt uns dann erspart.«[63]

Immer wieder taucht in den Briefen aber der Begriff der *Schuld* auf, nicht mehr gegen die gegenwärtigen Zustände zu tun und das Leid der Anderen hinzunehmen. So zitiert Hilde Krones zu Weihnachten 1942 einen Vers des Barocklyrikers Angelus Silesius, um das Nebeneinander von harmlosen Weihnachtseinkäufen in Wien und dem Terror im Krieg zu beschreiben:

»[W]ährend wir hier nach kleinen netten Harm- und Wertlosigkeiten Jagd machen[,] wird in der Welt anders gejagt – liegen Hunderttausende im Dreck, im Sand, im Schnee und auch im Blut. Ja es ist wohl so, daß wir alle mitsammen noch immer nicht unser Letztes für die grundlegende Änderung der Welt hergeben und solange wird sie auch nicht anders werden. In solchen Augenblicken dann mahnt es in mir ›werde wesentlich‹. Es ist eine Mahnung[,] allen Tand und alle Sentimentalitäten abzustreifen, die ganze Kraft aufs Wesentliche zu konzentrieren.«[64]

Als der Bombenkrieg 1943 das südliche Umfeld Wiens erreicht und Wiener Neustadt stark getroffen wird, schreibt sie:

»Und wir leben hier so weiter – essen, trinken, plaudern über belanglose Dinge[,] während unmittelbar neben uns bereits der Schrecken sich aufgetan hat. [...] Es ist zwar vielleicht so etwas wie menschliche Notwehr wenn man über solche Dinge an der Oberfläche hinweg geht[,] solange sie einen nicht erfassen, aber ich empfinde es zugleich als menschliche Schuld. [...] Ja, wenn man auch äußerlich nichts dagegen im Moment unternehmen kann – man kann sich daran formen für Morgen – Hart werden – hart werden gerade aus Menschlichkeit.«[65]

Im Sommer 1943 formuliert sie ihr Leiden an fehlender Handlungsfähigkeit und am Fehlen letzter Militanz des eigenen Aktivismus so:

»[M]anchmal hab ich das Gefühl, daß man – auch wenn man selber gut durchkommt – eine ungeheure Last aus den Ereignissen für sein ganzes Leben mit herausnehmen müßte – das Bewußtsein daß soviele tausende Menschen[,] die an diesem Krieg ebenso schuldlos waren wie wir beide, elendiglich zugrundegingen[,] ohne daß man in jedem Augenblick dieses Geschehens bis zur letzten Faser seines Lebens sich für sie, für sich, für alle dagegen gewehrt hat – den Kampf mit den bestialischen Gegnern aufgenommen hat.«[66]

Im Hinblick auf ihre eigene Widerstandstätigkeit, die zu diesem Zeitpunkt wie erwähnt zumindest konspirative Treffen mit Revolutionären Sozialist:innen sowie die Unterstützung Verhafteter umfasst, vermutlich auch schon die Beteiligung an der illegalen Flugschrift *Die Wahrheit* und die Anbahnung von Kontakten zu slowenischen Partisan:innen, schreibt sie:

»Ich sehe keine Möglichkeit mehr zu tun als ich mit meinem Leben und meiner Arbeit tue – was könnte ich aktuell noch tun? – und ich empfinde es als Schuld[,] nicht mehr zu tun – das ist ein Zirkel[,] aus dem ich augenblicklich nicht herausfinde.«[67]

Immer wieder betont Hilde Krones dabei, dass es gerade die Vorbilder der willensstarken verhafteten Genoss:innen wie Fritz Löwy sind, die sie zu mehr Kampfgeist, Optimismus und Durchhaltevermögen anleiten – »der vielen meist unbekannten, mutigen, klaren Kämpfer für die Zukunft[,] an denen ich mir, wenn Verzagtheit und Kleingläubigkeit mich heimsuchen[,] ein Beispiel nehmen könnte und auch nehme.«[68] Namentlich sind es neben dem engen Freund Löwy, in dieser Zeit in den Konzentrationslagern Dachau und Buchenwald, der Widerstandskämpfer Otto Haas und dessen Mutter Mena, die Hilde Krones in ihren Briefen erwähnt. So schreibt sie im Mai 1944 im Hinblick auf Otto Haas, der gerade in der Todeszelle auf die Vollstreckung seines Urteils wartet:

»Und siehst du Großer, da fällt mir wieder ein <u>Mensch</u> – ein ganz großer Bursche ein. Der Bruder meiner Freundin, der weiß, daß er ganz schwer – ja man muß leider fast sagen hoffnungslos krank ist – obwohl man die Hoffnung nie aufgeben soll – und der trotzdem bewunderungswürdig beisammen ist – neulich sagte er – er habe von allem Anfang an sich bewußt voll und ganz aufs Durchhalten bis zum Ende eingestellt – dagegen sind wir[,] mein ich[,] wenns aufs gegenseitig persönliche ankommt[,] noch Zwerge – […] aber, daß es solche Menschen gibt, ist wirklich Verpflichtung.«[69]

»Warum nicht alle«
Zu Hilde und Franz Krones' Verständnis der Beziehungsweisen gehört eine Betonung der Verallgemeinerung des Leids, eines überindividuellen Blicks auf die Welt, der das persönliche Schicksal mit jenem der Mitmenschen verknüpft. Im Hinblick auf die Einberufung von Franz einerseits und auf die erfolgreichen Versuche zahlreicher Arbeitskollegen bei der Wiener Gemeindeverwaltung, sich durch Beziehungen dem Militär zu entziehen, andererseits, tröstet sie sich selbst bezüglich dieser Ungerechtigkeit:

»Ich bin übers Persönliche nicht erhaben – leider nein – aber wenns in mir minutenweise, wenn ich an diese Dinge denke, schreit und tobt ›warum nicht wir – warum nicht wir‹[,] dann setze ich dem ernst und gleichfalls aus tiefstem Herzen kommend ein ›warum nicht alle‹ entgegen.«[70]

Nur wer mit den Menschen gelitten habe – so spricht sie sich Mut zu – dürfe sich in der revolutionären Zukunft mit ihnen freuen.[71] In einem anderen Brief, in dem sie davon schreibt, dass es darauf ankomme, sich gerade in Zeiten, in denen es »hart auf hart geht«, nicht als »individualistisches Individuum«, sondern »als Teil eines ganzen« zu fühlen, berichtet sie Franz von einem bezeichnenden Traum, in dem dieser sich in den Todeshäftling Otto Haas verwandelt – und Hilde dessen Errettung als Gefühl der revolutionären Liebe, wie am Tag ihres Beziehungsbeginns mit Franz im Jahr 1934, kurz nach der Niederlage des Arbeiteraufstands und seiner Toten, erlebt:[72]

»Du verschmolzest im Traum mit der Person von Menas Bruder. Ich nannte dich bei seinem Namen, hatte eine innige Zuneigung zu Euch gewissermaßen. Die Situation war so, daß der Traumpartner einer ganz schweren Gefahr entronnen war und fürchterlich zugerichtet hereingebracht wurde. Es war so[,] als ob ihm gewissermaßen die Beine total zerschmettert wären – aber er lebte und ich war voll tiefster menschliche Zuneigung bemüht[,] seine Schmerzen zu lindern und er hatte allen Anschein nach große Schmerzen[,] die er über der Freude[,] daß ich mich um ihn bemühte[,] verbiß. Es war eine Situation, die in der Stimmung ganz genau jenem einmalig traurig süßen Glück vom 13. 6. 1934 glich.«[73]

Hilde Krones' Aktivismus in den Jahren des Nationalsozialismus bestand auch in ihrer Überzeugungsarbeit gegenüber Freund:innen, Kolleg:innen und Bekannten, sich nicht in die gegenwärtigen Verhältnisse zu fügen. Immer wieder beklagte sie, dass ihre Umwelt an »innere[r] Orientierungslosigkeit«[74] leide, an »Weltuntergangspsychosen«[75] und »dekandente[m] Melancholismus«,[76] und ihren schwer erkämpften Optimismus nicht teile. Die Endzeitstimmung der letzten Kriegsjahre habe dazu geführt, dass die Menschen, »die mühsam aufgepappten Hemmungen fallen« ließen und »die wesentlichen Züge – Revanche für das[,] was das Leben einem bisher schuldig blieb – Schwäche, Egoismus – stärker« zeigten.[77] So diskutierte sie mit ihren Freundinnen vom »Fünferbund« mehrfach die Frage: »[I]nteressiert mich als Individuum die Geschichte«? Oft sah sie sich dabei auf verlorenem Posten.

> »Gingi ist verbittert – ihr ist alles wurscht – für sie kommt alles – auch jede Besserung zu spät – ihren [*gefallenen*] Gustav kann nichts mehr aufwecken – sie glaubt auch nicht daran, daß es einmal anders wird. Gerade bei ihrem Unglück ists ja schwer – aber ich habe Hilda […] auch gesagt – ich – wir – man verlangt doch gar nicht von ihr aus einem Leben voll Glück und Erfüllung zum Wohl der Allgemeinheit – kommender Generationen – ins Unglück in Elend hinauszugehen – das tut bewußt vielleicht nur das Genie – sie soll doch nur jetzt[,] wo sie im Unglück und Jammer ist – hinausschauen ins Allgemeine und sich an dem Be-

wußtsein, daß unser Kampf vielleicht noch schwer sein, aber für die Zukunft das Richtige sein wird, Erlösung finden. Ist das viel verlangt – das ist doch eigentlich überhaupt nichts verlangen[,] sondern etwas gegeben. Millionen glauben an ein besseres Leben im Jenseits – aber sie sind nicht bereit[,] daran zu glauben, daß wir Menschen selbst uns die Erde wohnlich machen können. Ist das nicht merkwürdig?«[78]

Immer wieder versuchte Hilde, bei gemeinsamen Wochenendausflügen auf das Weltbild ihrer Freundinnen einzuwirken:

»[H]eute hättest du die Wölfin um sich beißen sehen sollen – sie sind aber auch wie ein Rudel Hunde über mich hergefallen – Gingi – Lintschi – und Flurl. [...] Wie es begonnen hat, weiß ich nicht – aber irgend wie mit dem Thema ›ich klage nicht den an, der Wunden schlägt, ich klage den an, der sie erträgt – ich klage nicht den an der Böses verschuldet, ich klage den an, der es erduldet‹ [*tatsächlich eine Passage aus dem sozialistischen Sprechchor Rotes Requiem von Ernst Fischer, Anm. G. S.*][79] – und von da weg sind wir Schritt für Schritt weiter gekommen vom Hundertsten ins Tausendste – ich habe mich mit Leidenschaft in diesen Teig von flachen, oberflächlichen Auffassungen gestürzt – habe sie gezwungen zuzuhören und den Dingen mit mir auf den Leib zu rücken – Oh und wenn sie auch nicht zugaben und beistimmten, die Argumente mußten sie zur Kenntnis nehmen und konnten sie nicht widerlegen[,] und wenn sie auch versuchten mich als Illusionistin hinzustellen[,] ich bin ihnen von diesem Postament weg immer wieder auf die Erde gesprungen, lief ihnen flugs wieder nach und hatte sie beim Kravattl. [...] Ja es ist einmal so, daß wir nicht gefragt werden[,] ob wir lieber in Ruhe und Frieden alt werden wollen oder ob wir für eine bessere Zukunft kämpfen wollen. Daß der Kampf uns auf alle Fälle aufgezwungen wird und daß es deshalb schon besser ist[,] zu dem Kampf für uns ja zu sagen[,] das sehen sie nicht ein. Ach[,] ich hätte auch lieber meine Ruhe[,] aber ich weiß, daß jeder Gedanke den ich daran verschwende eine Illusion ist.«[80]

Abb. 8: Wochenendbeschäftigung mit Schwägerin Hilda und den Freundinnen Gingi und Flurl, ca. 1942–1944 (VGA)

Auch mit ihrer Bürokollegin Strobeline führte Hilde Krones ähnliche Diskussionen.

»Das alte Thema – sie stellt sich her und erklärt mit einer Leidensmiene – jetzt daure es ihr schon zu lang (wem nicht) [–] wir mit unserem Optimismus können ihr gewissermaßen gestohlen werden [–] wir sind nur falsche Propheten – es geschehe und geschehe nichts – sie habe es satt. Da bin ich natürlich gleich energisch dreingefahren. Erstens tue sich ununterbrochen was – ›sie merkt nichts davon‹ – ja weil sie eine Scheißindividualistin ist – und zweitens[,] wenn es ihr zu langsam geht[,] soll sie nicht die anderen anklagen[,] sondern was tun oder sich anklagen. Na, die ist auch ein hoffnungsloser Fall[,] obwohl sie ansonsten ein paar gute Anlagen hat. Nein es ist wirklich schade ums Schmalz.«[81]

Hilde und Franz Krones sahen sich oft als einsam an, auch in ihren illegalen politischen Zirkeln, in denen sie mit ihren politischen Einschätzungen nicht immer auf Einverständnis stießen. So berichtete Hilde von einem Treffen mit Adolf Schärf und anderen im März 1944, bei dem sie für ihren angeblichen »sprichwörtlichen Optimismus«[82] kritisiert wurde:

»[I]ch hatte doch recht oft das Gefühl[,] als trieben wir beide – du und ich – allein auf einem Boot im Meer. Das macht mich nicht irre, nein, aber es bedrückt, denn ich bin kein Einzelindividuum aus Vergnügen, wenn dann nur aus Not[,] und wohl fühle ich mich am meisten in einer abgestimmten Gemeinschaft. Ja leider, davon sind wir aber offenbar noch weit entfernt. Es ist auch schade, daß gerade oft die persönlich nettesten und menschlich recht sympat[h]ischen Menschen in der heutigen Zeit grade nicht die sind, die am meisten not tun. Für diese harte, schwere Zeit sind mitunter andere, die weniger menschliche Qualitäten besitzen[,] aber hart und zielstrebig sind, wichtiger[,] und wie dünn sind die gesät, die beides verbinden. [...] Aber die Tatsache, daß dennoch wir diejenigen sind[,] die, ohne platten Optimismus zu frönen, mit unserem guten positiven Zukunftsgefühl die schwere Zeit besser seelisch überstehen wie tausend andere, gilt mir als Bestätigung, daß der Weg nicht falsch ist.«[83]

Pädagogik des Schmerzes

In den Feldpostbriefen an Franz Krones gehört die Reflexion über Schmerz zu den wiederkehrenden Themen. Von Franz übernimmt Hilde Krones das Bild vom Schmerz als »umgestülpte Freude«, wonach das Leiden an der Trennung von einem geliebten Menschen auch das »Gefühl tiefster Zugehörigkeit« beinhalte.[84] Immer wieder beziehen sich Hilde und Franz Krones in ihrer Konversation auf die erlernte politische Gefühlspädagogik, Schmerzerfahrungen produktiv zu wenden und in Empathie für das Leiden anderer zu verarbeiten – »hineinsteigen in den Schmerz, [...] sich zu ihm bekennen und [...] an sich arbeiten«[85]. Doch dieser Vorsatz stößt oft an die Grenzen des traumatischen Grauens ihrer Gegenwart.

Kurz nach der Abreise von Franz aus Wien schreibt Hilde: »Du fragst mich, Liebster, ob ich an der Umwandlung des Schmerzes in Kraft arbeite. Ja arbeiten tue ich wohl – noch will es mir nicht recht gelingen«[86]. Im Sinn des öfters von ihr zitierten Gedichts *Schwarzer Marmor* sei sie noch mitten in der ersten Strophe, im Erklimmen der »Schmerzenstage«, nicht bei der Rückschau am Ende der Stiege.[87]

Mehrmals beschreibt Hilde Krones den Zustand des Wartens als permanentes Leiden, als Druck, der die Luft zum Atmen nimmt.

»[I]ch fühle mich hier wie ein Brunnenpferd[,] das verurteilt ist[,] in ewigem Einerlei rundum zu gehen [–] es ist schon manchmal zum wahnsinnig werden. Ich weiß nicht – die Ungeduld – die ganz persönliche und die allgemeine zerrt in letzter Zeit ganz, ganz mächtig an mir«[88],

schreibt sie im März 1944. »Auch Geduld ist eine hohe Form des Mutes«, zitiert sie im Jahr davor gar einen NS-Funktionär.[89] Drei Wochen später heißt es im Hinblick auf das Kriegsgeschehen:

»Hoffentlich hast du recht mit deiner Prognose über den letzten Akt[,] wobei es mir mehr um die Kürze denn um die Heftigkeit geht. Es ist scheußlich [–] manchmal kann man direkt nicht mehr atmen, so legt sich einem das alles auf die Brust wie ein Ring – Und der Ring muß gesprengt werden.«[90]

Bereits im Frühjahr 1943 hofft sie, »daß die nächsten Wochen wieder entscheidende Taten bringen werden. [...] Ich kann mir nicht helfen – ich hab ein dumpfes Gefühl. Vielleicht verwandelt es sich in ein befreites[,] wenn etwas geschieht [...]?«[91]

Neben dem Leiden am Stillstand sind es Momente enttäuschter Hoffnung – etwa abgesagte Heimaturlaube von Franz – und vor allem bestürzende Ereignisse, wie der Tod des Genossen Suchanek, die Hildes Beschäftigung mit dem Thema Schmerz anstoßen. Zum Jahreswechsel 1943/44 verbinden sich beide Themen in einer leidenschaftlichen Anklage Hildes, in der sie versucht, sich durch den selbsttherapeutischen Bezug zum Leiden der Welt aufzurichten, und in der auch Gefühle wie Haß, Angst und Enttäuschung zur Sprache gebracht werden:

»[O]h wenn Flüche treffen könnten – wir brauchten keinen Krieg mehr zu führen – heißer Haß gegen die Urheber all dieser Leiden schüttelt mich – Und in diesen Stunden erlebe ich nicht nur den Schmerz unserer eigenen Trennung, die Enttäuschung über die geraubte Wiedersehensfreude – Angst vor der eigenen individuellen Zukunft – in solchen Stunden ist der Grund des eigenen Schmerzes ausgelöscht – amorph – ohne Gestalt – es ist der Schmerz an sich und man ist leidende Kreatur der Welt. Es ist mir als leide ich alle Schmerzen[,] die da gelitten werden – den der Beraubten – der Sterbenden, der Heimatlosen und Vertriebenen – den der Witwen und Weisen [sic] – es fällt Stein um Stein auf mein Herz – den größten Stein aber bildet das Gefühl des ohnmächtigen Erleidens – er drückt das arme Herz so nieder, daß es fast ersticken muß. Muß man aber ohnmächtig und blind leiden. Nein – das tut man doch eigentlich nur[,] wenn man ausschließlich seinen eigenen kleinen individuellen Schmerz leidet – der[,] der einen fragt[,] warum gerade ich – warum grade mein Liebster? Wenn man den Schritt hinaus aus diesem engen Kreis macht[,] ist es wohl nimmer blind und kann auf die Dauer nicht ohnmächtig sein. Ich wälze also entschlossen diesen schwersten Stein beiseite[,] indem ich nicht passiv erleide[,] sondern mich bewußt an die Seite der Leidenden stelle in dem klaren Bewußtsein, daß nur der sich dermaleinst mit den Vielen wird freuen können, der heute mit ihnen litt. O ja – auch mein Fleisch ist schwach und es gibt Stunden da es darum bettelt[,] in die Reihen der Bevorzugten, aufgenommen zu werden – aber mein Geist schreit halt – verkaufe dich nicht für ein Linsengericht – man müßte sich schämen vor den Aufrechten. Und sobald dieser schwerste aller Steine weggeschoben wurde[,] wiegen die anderen fast leicht und es ist mir[,] als könnten sie zu Waffen – zu Wurfgeschoßen werden. Und dieser Gedanke macht in tiefem Schmerz fast froh.«[92]

Wenn Hilde Krones darüber reflektiert, dass Schmerz uns sowohl vereinzelt als auch potenziell mit anderen verbindet, lässt sich dies in Beziehung zu heutigen feministischen Affekttheorien setzen. Sara Ahmed (2004: 25) hat den hier angesprochenen Doppelcharakter der Gefühle beschrieben – und sie weist darauf hin, dass es zwar unmöglich sei, den Schmerz der Anderen tatsächlich zu fühlen, doch eine Offenheit gegenüber dem Leid der Anderen eine »Ethik des Schmerzes« begründen könne (ebd.: 30f.).

Die Auseinandersetzung mit dem Schmerz beschreibt Hilde Krones dabei als Moment der Erkenntnis, des intensiven Bei-sich-Seins, im Gegensatz zu Ablenkung und Verdrängung im Alltag in Wien.[93] »Der Schmerz tut wohl – das bin ich selber wieder – das reinigt mich[,] wenn ich die Zähne zusammenbeißen muß.«[94] »[D]er Blick aufs große« könne über den persönlichen Schmerz hinweghelfen, »der muß es können[,] wenn ich selber groß genug dazu bin – und ich muß es ganz einfach sein und wenn ich mich selbst an den Ohren hochziehen müßte.«[95]

Stark kämpft Hilde Krones jedoch mit der »ausweglose[n] Einsamkeit«[96] ihrer Tage in Wien – ohne ihren Ehemann Franz und enge Freunde wie Fritz Löwy –, mit der »Resonanzlosigkeit« in ihrem Umfeld, der »Elendigkeit unseres gegenwärtigen Vegetierens«. Sie müsse mit all ihrer »Spannkraft manchmal dagegen ankämpfen, daß man nicht in die stumpfe Wurstigkeit gegen Leben und Tod, Welt und Weite [–] kurz gegen alles – Gegenwart und Zukunft sogar – absinkt.«[97]

Wie traumatisch die Erlebnisse der Jahre 1938 bis 1945 für hellsichtige Menschen wie Hilde Krones gewesen sind, lässt sich in den der Zensur unterworfenen Feldpostbriefen nur erahnen. Zur Sprache gebracht werden kann zumindest die Fassungslosigkeit über die Folgen des Bombenkrieges; die Benennung der Nationalsozialist:innen als Schuldige, die den Krieg vom Zaun gebrochen hatten, muss jedoch vage bleiben. Dass Hilde Krones – wie am Ende des folgenden Zitats aus dem Februar 1944 – den Krieg als Ergebnis von Kapitalinteressen bezeichnete und damit implizit auch die Verantwortung der Westalliierten für die Bombenangriffe auf Zivilist:innen ansprach, war aber im Einklang mit der von ihr und ihren politischen Mitkämpfer:innen vertretenen marxistischen Kriegs- und Faschismustheorie (vgl. Kap. 7):

> »Du hast kürzlich einmal gesagt – Dantes Visionen der Hölle seien übertroffen und das ist leider nur zu wahr. Wer hätte es sich je ausgemalt, daß Menschen brennend durch brennende Straßen laufen – in Flüße springen – sich wieder herausarbeiten – weiter brennen[,] selbst wenn sie sich die Kleider vom Leibe reißen – lebende Fackeln sind – die[,] wenn der Brand schon gelöscht werden konnte, phosphorisizerend glühen. Ein späteres Zeitalter wird diese Periode wohl zum finstersten Mittelalter rechnen und das mit Recht. In einem übertrifft der Mensch zweifellos das Tier – in der Grausamkeit. Da ist er wahrlich Meister. Ach ich weiß wohl[,] warum mir die Tiere so lieb sind – ein Vieh tötet schließlich doch nur[,] wenn es Hunger hat oder angegriffen wird – und niemals um Prozente.«[98]

Im Hinblick auf die Kriegslage und die Alliierten bediente sich Hilde Krones in den Feldpostbriefen immer wieder auch Begrifflichkeiten und rhetorischer Figuren der Sprache des »Dritten Reichs« (Klemperer 1975), die – in ihrem Fall, und damit im Gegensatz zum Großteil der erhaltenen Feldpost aus dem Deutschen Reich, die diese Sprache affirmativ verwendete (Diekmannshenke 2011: 50f.) – die mit Franz geteilte Sicht auf das NS-Regime und wohl auch auf deren Kriegsgegner, ganz sicher die Sowjetunion, tarnten. So nannte sie die Westalliierten »skrupellose Luftpiraten«[99], »Gangster«, deren Taten »die ganze zivilisierte Welt mit Abscheu erfüllen«.[100]

Die Verwendung von NS-Sprache, die Verurteilung der Alliierten, etwa für deren Bombenangriffe auf Wien, verursachen trotz der offensichtlichen Verschleierungstaktiken von Hilde Krones bei der heutigen Lektüre Irritation. Sie lässt die Frage aufkommen, wo der Text über einen doppelten Boden verfügt und wo nicht. Zum gescheiterten Hitler-Attentat am 20. Juli 1944 schreibt sie – mit klar verschleiernder Intention – von einer »entsetzliche[n] Nachricht [...]. Schrecklich – das wäre doch nicht auszudenken! Ich überlege mir schon[,] welche Gruppe von Menschen kann so was bestialisches aushecken und ausführen?«[101] Ihre Einordnung der beteiligten bürgerlichen und aristokratischen Wehrmachtsoffiziere als »Scheißklique«, deren Erfolg »doch eine Nachkriegsgefahr gewesen« wäre, als Instrument der Engländer, um (im Kampf gegen die Sowjetunion?) »rasch und schmerzlos die berühmte Auswechselung des Schraubverschlusses auf dem noch berühmteren Dampfkessel durchzuführen«,[102] ist schon weit schwieriger zu dekodieren. Sie sei vom »Verlauf der Dinge hochbefriedigt und sage zu allem – herbei damit – was jetzt erledigt wird, braucht es später nicht zu werden.«[103] Ähnlich wie im Stalinismus – der zu einem geradezu schizophrenen Nebeneinander unterschiedlicher ›Wahrheiten‹ in unterschiedlichen biografischen Quellen wie Briefen, Tagebüchern, beruflichen und privaten Kontexten führte (vgl. dazu, am Beispiel der Tagebücher von Olga Bergholz, Trocker/Chartron 2020), bleiben die sich widersprechenden ›Wahrheiten‹ in den Briefen von Hilde Krones manchmal unaufgelöst und treffen auf unseren heutigen Blick, der eine spezifische Einordnung des nationalsozialistischen Herrschaftssystems und seiner Opfergruppen beinhaltet und um den letztlich erfolgreichen militärischen Kampf gegen Nazi-Deutschland weiß.

Bereits in den Feldpostbriefen deutet sich jedoch ein politisches Motto der Nachkriegszeit an – das »Nie Wieder« des Antifaschismus. So schreibt Hilde Krones im Hinblick auf das Leiden von Ehefrauen und Müttern über inhaftierte, ermordete oder gefallene Angehörige, und mit spürbarer Dringlichkeit:

> »Wenn man die Summe von Leiden, die sich da aufhäuft[,] aufeinander türmen könnte – müßte das schon das größte Gebirge ergeben […]. Manchmal wenns mich so packt[,] seh ich all diese trauernden, leidenden Frauen wie in einem schier endlosen Zug und dann weiß ich, daß es für die, die selber lebend und gesund aus diesem Hexenkessel heraus kommen im ganzen Leben nur mehr eines geben darf, die Welt so zu gestalten, daß keine mehr das mitzumachen braucht was wir heute selber durchleiden.«[104]

Dieses Kapitel widmete sich zunächst dem für meine forschende Séance mit dem Nachlass von Hilde Krones zentralen politischen

Gefühl der *Hoffnung*, wie es sich in den von mir befragten Quellen, das heißt den Medien des Nachlasses, auffinden lässt. Das mit der »Generation der Vollendung« verknüpfte Versprechen einer Welt ohne Kapitalismus – die Hoffnung auf Vollendung – bleibt in den Materialien von Hilde Krones auch nach Ende des Roten Wien präsent, doch Hilde Krones' »affektives Register« (Bargetz 2014: 129) umfasst in den Jahren von Austrofaschismus und Nationalsozialismus auch andere *feelings* und politische Gefühle, deren schriftliche Spuren, rekonstruiert vor allem in den Feldpostbriefen an Franz Krones, in diesem Kapitel nacheinander angeordnet und so nachvollziehbar gemacht wurden: Trauer um die vergangene Zukunft des Roten Wien, die Auseinandersetzung mit Tod und Selbstmord, Verzweiflung, Schuldgefühle, aber auch den Versuch, diese Eindrücke mit Hilfe einer sozialistischen Gefühlspädagogik zu bearbeiten. Das bedeutete etwa, Schmerz als erkenntnisgenerierend zu verstehen, persönliches Leid in Empathie für das Leid anderer zu verwandeln und generell eine politische Zukunftsperspektive zu bewahren, das *Vielleicht* der Vollendung.

Die sozialistische Gefühlspädagogik der »Generation der Vollendung« bot Interpretationen für die emotionalen Erfahrungen als politisch Widerständige an, sie definierte bestimmte politische Gefühle als positiv; andere Gefühle hingegen wurden negativ bewertet oder ausgeblendet (vgl. dazu allgemein Gould 2009: 28). Hilde Krones beschwört in ihren Briefen aus den Kriegsjahren die aktivistische Pflicht, den politischen Kampf anzunehmen, zur Trägerin der Geschichte zu werden, statt sich dem Leiden etwa durch Selbstmord zu entziehen. Verzweiflung, Apathie und Abstumpfung müssten überwunden werden – wie in ihrem Wahlspruch »Arbeiten und nicht verzweifeln«. Statt der Angst um die eigene Zukunft, dem Rückzug ins Private und »egoistischem« Durchschlagen gelte es, vom »Ich« wegzurücken und dem Impuls des »warum nicht wir« ein »warum nicht alle« entgegenzusetzen. Das Leiden an den politischen Verhältnissen, den langen Jahren des Terrors und Kriegs, wird einerseits durch die Zukunftsperspektive der »Vollendung« bearbeitet, durch Vorbereitung auf die Zeit nach der Befreiung – etwa in dem von Hilde Krones belegten russischen Sprachkurs der Berlitz School –, andererseits aber auch durch aktive Widerstands- und Überzeugungsarbeit, die sie in ihrem beruflichen und persönlichen Umfeld leistet. Mit dieser praktizierten Pädagogik, »mit unserem guten positiven Zukunftsgefühl«, habe sie »die schwere Zeit« gemeinsam mit Franz Krones »besser seelisch überstehen [können] wie tausend andere«.[105]

Es ist aber kein »platter Optimismus«[106], der in den Materialien des Archivs zum Vorschein kommt, dazu sind ›dunkle‹ Aspekte wie Tod und Schmerz zu präsent. Diese werden in der zivilreligiösen Sprache des *proletarischen Traums* (Hake 2017) mit Begriffen wie *Leid* und *Erlösung* gefasst, mit neuromantischer Dichtung (etwa das Gedicht *Schwarzer Marmor*), aber auch mit psychologischer Begrifflichkeit wie *Depression*. Die Erfahrung von Schmerz und Leid wird dabei jeweils ins Politische gewendet – als eben angesprochene Empathie für das Leid anderer, aber auch durch die Einordnung in die Geschichte des Sozialismus, in der die Opfer politischer Kämpfe – von 1848 bis zu den Widerstandskämpfern im Nationalsozialismus – als *Märtyrer* zum Vorbild werden, deren Andenken bewahrt wird, wie in dem von Hilde Krones in einem der Briefe zwischen den Zeilen erwähnten Sprechchor *Rotes Requiem* von Ernst Fischer (1927).

Doch wie gehen wir in der Gegenwart mit den politischen Gefühlen um, die das Archiv preisgibt? Ähnlich wie im vorangegangenen Kapitel enthält der Nachlass von Hilde Krones in dieser Hinsicht sowohl anziehende Momente und Objekte als auch Inhalte, die heute keine ungebrochene Identifikation mehr ermöglichen: Die Bereitschaft, zum »Dünger« zu werden, das eigene Leben aufs Spiel zu setzen, dem Märtyrertum Sinn zu verleihen, ist in Westeuropa nach 1945 – auch in der Linken – kaum mehr eingefordert worden. Nicht der Pathos des Heldengedenkens, sondern Empathie und Trauer für den Schmerz und das Leiden, das in den Texten sichtbar wird, erscheint so als nahe liegende Lektürehaltung.

Das Denkbild, das Ende des Kapitalismus als Erlösung, »Erfüllung« oder Vollendung zu fassen, lässt sich heute schwer mit poststrukturalistischen Begrifflichkeiten wie Differenz, *Différance*, Spur oder Spuk in Einklang bringen, die eine solche abschließende Totalität nicht beinhalten. Doch die starke Hoffnungsperspektive, die in den Texten von Hilde Krones in schwersten Zeiten aufrechterhalten wird, die Zuversicht, dass das Ende kapitalistischer Ausbeutung sehr wohl greifbar sei, für Hilde Krones und ihre Generation auch im Rahmen ihres eigenen Lebens, erscheint im Angesicht des kapitalistischen Realismus als Fluchtpunkt für einen Tigersprung im Sinne Benjamins (2010: 102), als spukendes Gefühl, das hauntologische Anziehungskraft entwickelt. Dies gilt auch für das von Hilde Krones vertretene Konzept von Beziehungsweisen – der expliziten Verknüpfung von Liebes- und Geschlechterverhältnissen und politischer Emanzipation –, die (konkret-)utopische Idee, »Erfüllung« bzw. Vollendung als jenen Endpunkt politischer Kämpfe und des Konflikts zwischen Ich und Welt[107] zu verstehen, an dem »die kleine in die große Welt wird aufgehen können und die große die kleine Welt nicht hemmen sondern fördern wird«[108].

Im Schlusskapitel dieses Buchs (Kap. 9) diskutiere ich ausführlicher, wie sich der historische Hoffnungsbegriff von Hilde Krones, ihr Verständnis von Revolution und kollektiven Beziehungsweisen mit gegenwärtigen Theoretisierungen von Hoffnung, etwa in queerfeministischer Theorie, in Beziehung setzen lassen. So beinhaltet die Verknüpfung von Hoffnung und Schmerz – jenseits selbstverletzender Praxen – gerade dann erkenntnisgenerierende Wirkung, wenn sie eine bewusste Auseinandersetzung mit den Leerstellen politischer Gefühlspädagogiken, etwa im Hinblick auf das Gefühl der Enttäuschung, enthält.

Das politische Imaginäre einer nicht-dystopischen Zukunft erscheint uns heute offenbar schwieriger vorstellbar als zu Zeiten der »Generation der Vollendung«, doch tatsächlich ist unsere politische Handlungsfähigkeit heute weit größer als jene von Hilde Krones und ihren Gefährt:innen in den 1930er und 1940er Jahren. Im Angesicht der Klimakrise verengt sich zwar der zeitliche Horizont des Handelns, doch befinden wir uns – zumindest als akademische Intelligenz im Globalen Norden – in der privilegierten Lage, das von Hilde Krones in ihrem Nachlass beschriebene Leid derzeit noch aus sicherer räumlicher und zeitlicher Entfernung zu betrachten. Doch so wie jener »Figurenspiegel«, der Hilde Krones ihre verflossene Vergangenheit vor Augen führt, erscheinen ihre Beschreibungen im

Hinblick auf das Leben in totalitären Verhältnissen, in Zeiten von Krieg und Zerstörung, wie ein warnendes Bild dafür, was uns blühen kann, wenn wir die Möglichkeiten einer »gegenwärtigen Zukunft« (Löffler 2011: 196) heute nicht weiterverfolgen, wenn stattdessen antidemokratische Kräfte der autoritären Rechten an Boden gewinnen und ökonomische und ökologische Ausbeutung voranschreitet. Was wäre also heute ein Äquivalent zu jenem Russischkurs, den Hilde Krones 1942 belegte?

Die Stimme von Hilde Krones wurde in diesem Kapitel mit Absicht auch in längeren Passagen hörbar gemacht, um den Leser:innen den Eintritt in die Séance mit den politischen Gefühlen des Archivs zu ermöglichen. Das folgende Kapitel verstärkt diesen Versuch, indem ich mein Augenmerk auf Hilde Krones' Behandlung von Kunst und (Populär-)Kultur in den Medien ihres Nachlasses richte. In Hilde Krones' Verständnis verfügt Kunst über die Eigenschaft, Gefühle an die Oberfläche des Bewusstseins zu bringen und eine aktive Auseinandersetzung mit diesen zu ermöglichen. Ich habe in den Feldpostbriefen an Franz Krones daher gezielt nach der Beschreibung künstlerischer und kultureller Erlebnisse im nationalsozialistischen Wien gesucht und die dort aufgefundene Diskussion von politischen Gefühlen und gefühlspolitischer Pädagogik nachgezeichnet. In Hilde Krones' Lektüren von Kunst wird eine Sammlung von Erfahrungsräumen und Erwartungshorizonten sichtbar, die in ihrer Bezugnahme auf das verlorene Rote Wien und die Hoffnung auf eine friedliche, aber auch revolutionäre Zukunft ein sowohl rückwärtsgewandtes als auch emergentes, »oppositionelles Gefühlsregime« (Hake 2017: 255) konstituiert.

5. Romanze in Moll: Kunstlektüren als Resonanzraum der Gefühle 1942–1945

In ihren brieflichen Dialogen der Jahre 1942 bis 1945 tauschten sich Hilde und Franz Krones nicht nur über ihren Alltag aus, sondern räumten ihrer Gefühlswelt breiten Raum ein, nicht zuletzt den Hoffnungen und Erwartungen an eine gemeinsame – revolutionäre – Zukunft (vgl. Kap. 4). Dabei spielte die Diskussion von Kunst und Kultur eine wichtige Rolle – Hilde Krones berichtete über neue Kinofilme, erzählte von literarischen Lektüren oder Theatervorführungen, anhand derer sie Gefühle und politische Beziehungskonzepte mit Franz besprechen konnte. Das hoch- und popularkulturelle Programm des nationalsozialistischen Wien lieferte ihr dazu scheinbar unverfängliches Material, das möglichen militärischen Zensor:innen nicht sofort als subversiv ins Auge springen würde. Gleichzeitig boten vor allem literarische Stoffe – bei denen die Auswahl durch die privaten Bibliotheken von Hilde und Franz Krones größer war – die Möglichkeit, Bezugspunkte zur verlorenen vergangenen Zukunft, dem kulturellen Universum des Roten Wien herzustellen, auf das sich Hilde und Franz immer wieder bezogen – als »eine Reise in die Vergangenheit«, »eine alte Lieblingsidee« von Hilde, wie sie anlässlich des Besuchs des gleichnamigen Films *Reise in die Vergangenheit* 1944 festhielt.[1]

Ihre Lesarten der kulturellen Texte ermöglichten Hilde Krones in diesem Sinn eine »Sammlung von (Handlungs-)Möglichkeiten (Zukunft im Lichte der Vergangenheit)« von Erfahrungsräumen und Erwartungshorizonten, wie Willy Viehöver (2012: 106, 2014: 73f.) im Anschluss an Paul Ricœur und Reinhart Koselleck im Hinblick auf die Modellierung von Zeitlichkeit im Modus des Narrativen ausführt, und hatten dabei auch affektiven Charakter (Koschorke

2012: 101–106). Die Nacherzählung der künstlerischen Texte, die Diskussion ihrer ästhetischen Impulse sowie von Handlungsverläufen, *agency* der Figuren und moralischen Botschaften verband Hilde Krones dabei mit jener spezifischen sozialistischen Pädagogik politischer Gefühle, die sie mit ihrem Ehemann Franz teilte. Die kulturellen Texte öffneten somit einen Resonanzraum in Zeiten stark beschränkter Handlungsfähigkeit, als »Spielraum« von »Fiktivem und Imaginärem« (Iser 1993: 15f.). Hilde Krones' spezifische Leseweisen der Texte, die sich stark von den hegemonialen Interpretationen ihrer nationalsozialistischen Umwelt unterschieden, ermöglichten ihr eine neue »Aufteilung des Sinnlichen« (Rancière 2004: 12–19, Rancière 2011: 14), als Moment des Politischen, der Hilde und Franz Krones in ihren Zukunftshoffnungen bestärkte.

Wenn ich heute eine hauntologische Re-Lektüre dieser Leseweisen vornehme, lässt mich das in Beziehung zu der darin artikulierten Gefühlsstruktur (Williams 1977: 50ff.) treten – jenen vielzitierten *structures of feeling* – als »Sets von Denk- und Fühlweisen, die ein regelmäßiges Muster zeigen und die ganze Lebensweise, die gelebte Kultur einer Epoche, Klasse oder [– *in diesem Fall – politischen*, Anm. G. S.] Gruppe beinhalten« (Horak 2006: 214). Im hegemonietheoretischen Sinn handelt es sich bei den in den Texten von Hilde Krones spukenden Gefühlen und Argumenten, die sich auf künstlerische Produktionen ihrer Zeit bezogen, um die geteilte Weltsicht einer kleinen Gruppe von revolutionären Aktivist:innen, die auf einen Neuanfang nach dem Ende des Nationalsozialismus hoffte. In ihren Interpretationen von Kunst stellten sie der Gefühlspädagogik des Nationalsozialismus ein »oppositionelles Gefühlsregime« (Hake 2017: 255) entgegen. In der Begrifflichkeit von Raymond Williams (vgl. 1977a: 122f.) waren diese Sicht- und Fühlweisen zum Zeitpunkt ihrer Äußerung im Verhältnis zur dominanten Umwelt beides: *residual*, im Sinn eines Beharrens auf Interpretationsmustern einer linken Vergangenheit des Roten Wien gegenüber der nationalsozialistischen Gegenwart, als auch – potenziell – *emergent*, als Interpretationen einer neuen, demokratischen und sozialistischen Zukunft, die sich in den »Zwischenräumen« (Redecker 2018: 34) der bestehenden Ordnung bereits einnistete.

Hilde Krones' Beschreibungen ihrer Alltagserlebnisse in Wien – etwa die in Kapitel 3 geschilderten Fallstudien zu Geschlechtermodellen in ihrem beruflichen und privaten Umfeld, die sie mit guter Beobachtungsgabe in den Feldpostbriefen zu Papier brachte –, changierten zwischen Chronik, Tagebuch und Erzählung, die an manchen Stellen nicht nur auf literarische Texte Bezug nehmen, sondern auch selber literarische Stilmittel beinhalteten. So traten in dem brieflichen Zwiegespräch zwischen Hilde und Franz eine Reihe von tierischen Figuren auf, deren Charakter auf den jeweiligen Gemütszustand der Autorin oder ihres Adressaten hinweist – die vorlauten »Kasperl und Fips«, das melancholische Äffchen »Singo«, ein reißender Wolf oder der »Wagenradaugenkater« – offenbar allesamt Nippesfiguren, die Hilde und Franz Krones im Lauf der Jahre gesammelt hatten. Ihre dichterischen Fähigkeiten sah Hilde Krones trotz früher Versuche in der Jugend jedoch als begrenzt an, und sie stellte sich im Angesicht der politischen Dramen ihrer Zeit die Frage, inwiefern sie ihre Sehnsucht nach Franz überhaupt in Gedichtform bringen sollte – so schrieb sie im Sommer 1944 im Hinblick auf den Versuch, ihre depressive Stimmung in ein Gedicht zu übersetzen:

»Eines Abends hätte ich bald versucht[,] ein Gedicht daraus zu machen – Inhalt – in den schwarzen, kalten grauen Wintertagen fror vor allem meine Seele – aber in diesen schwülen, schweren Sommernächten brennt mein Leib. Aber ich bin keine Lyrikerin mehr und dies ist kein Drama – die Dramen spielen sich heute in anderen, drastischeren Regionen ab – dies wäre bestenfalls ein Sonett von Wildgans[2] – drum wars mir wohl selber zum Speiben.«[3]

Die von Hilde Krones rezipierten literarischen Texte, Aufführungen und Musikstücke deckten ein breites Spektrum an Genres, Werken und Aufführungsorten in Wien ab: von Literatur über hochkulturelle Orte des Theaters – wie Burg- und Akademietheater, Theater in der Josefstadt und Deutsches Volkstheater –, von Konzerthaus und (Staats-)Oper bis zu Filmen in Premieren- und Vorstadtkinos; von der Schilderung eines I. G. Farben-»Gemeinschaftsabends« mit

Opernpotpourri in Brief Nr. 4 am 29. August 1942 bis zur Nacherzählung des Romans *Hotel Stadt Lemberg* (Ludwig Biro, 1916) am 17. März 1945. Hilde Krones' Filmauswahl umfasste mit Vorliebe Melodramen oder Künstlerporträts[4] bzw., in technisch-visueller Hinsicht, das neue Medium des Farbfilms.

Ihr kulturelles Freizeitprogramm im Nationalsozialismus war auf das Angebot der NS-Kulturpolitik angewiesen – enthielt aber auch Spuren eines Bildungskanons des Roten Wien, soweit dieser nach wie vor zugänglich war. Das betrifft etwa die einst in der österreichischen und deutschen Arbeiter:innenkultur geförderte Aneignung der Deutschen Klassik (Gruber 1991: 83, 96–102, Lambert 2020: 641, Hake 2017: 155–173), die auch in der NS-Zeit weiter forciert wurde, sowie ganz allgemein die Eroberung von Hochkultur und ihrer Räume: Hilde und Franz Krones' kultureller Geschmack war in diesem Sinn durchaus auf bürgerliche Kunst ausgerichtet und so erscheint es stimmig, wenn Hilde davon schreibt, dass das Lieblingslied ihres Ehemanns Franz »Morgenlich leuchtend« aus Wagners *Die Meistersinger von Nürnberg* gewesen sei.[5]

Aber auch Spuren eines genuin sozialistischen Kunstverständnisses, das die Notwendigkeit eigener proletarischer Kunstformen und -inhalte propagierte und das ebenfalls zu den widersprüchlichen kulturellen Erbschaften des Roten Wien gehörte (vgl. dazu z. B. Pfoser 1980, Gruber 1991: 81–113, Doll 1997, Lambert/Waldner 2020: 616–619, Lambert 2020: 641ff.), finden sich, gerade in Hildes Schilderung ihrer privaten literarischen Lektüren, unter denen, ohne Namensnennung der Autoren in den Feldpostbriefen – und gleichsam als Flaschenpost –, etwa auch Werke von sozialistischen bzw. antinazistischen Autoren wie Josef Luitpold Stern, Ernst Fischer oder Kurt Tucholsky waren.

Neben deutlichen Bezügen zu Kunstverständnissen des Roten Wien lassen sich Hilde Krones' Auseinandersetzungen mit Kunst – etwa ihre im Folgenden dargestellte Kritik an *Illusion(stheater)* – auch mit breiteren Themen unterschiedlicher historischer linker Kunsttheorien und -praxen in Beziehung setzen.[6] Im Hinblick auf – stärker in der Weimarer Republik als im Roten Wien – geführte ästhetische Debatten zur notwendigen Ablösung eines auf Pathos, Narrativ und melodramatische Sentimentalität setzenden proletarischen Gefühlsregimes durch modernistische Verfahren wie Montage und Bruch (Hake 2017: 207) sowie auf damit verbundene konkurrierende Literaturverständnisse zwischen sozialdemokratischer *Gemeinschaftskultur* und kommunistischer *Kampfkultur* (ebd.: 256, 258) lassen sich Hilde Krones' Vorstellungen und Vorlieben eher in die jeweils erste Kategorie einordnen.

Kunst und Gefühl
Hilde Krones' Kunstverständnis, wie es sich aus ihren Briefen erschließt, verbindet ästhetische Erlebnisse mit einer Reflexion über Gefühl und Verstand: Kunst – wie zum Beispiel Musik oder Theater – bringe Affekte und Gefühle an die Oberfläche des Bewusstseins wie eine Droge und führe bei ihr zu einer bewussten Auseinandersetzung mit diesen. In einem ihrer ersten Feldpostbriefe, kurz nach der Abreise von Franz Krones, schreibt sie im Hinblick auf einen als »Symphonie der Sehnsucht« empfundenen Abend mit Opernmelodien:

»[I]ch habe im Anschluß daran darüber nachgedacht[,] ob Musik als Trösterin gut ist. Ich bin noch zu keinem eindeutigen Ergebnis gekommen. Einerseits ist es doch so, daß einem straffe Selbstdisziplin hilft[,] wie der Chinese sagt[,] ›sein Gesicht nicht zu verlieren‹. Musik aber löst die strengste seelische Disziplin – ebenso wie übrigens der Wein – und unter der Maske der Disziplin, der auftrumpfenden Zuversicht und des forcierten Lebenshungers kommt das heulende Elend – die Angst hervor. [...] Stets Disziplin halten, stets Haltung bewahren – führt leicht zu einen seelischen Krampf – der, wenn er nicht gelöst wird[,] unter Umständen Dauerschäden verursachen kann. Da ist es vielleicht recht heilsam, ganz hineinzusteigen in den Schmerz – durchleiden bis auf den Grund[,] statt wegschieben oder flach drüber schwimmen [–] und dann wieder auftauchen.«[7]

Nach einer Aufführung von Shakespeares *Viel Lärm um Nichts* im Theater in der Josefstadt schreibt sie an Franz:

> »Und so heiter und beschwingt, so echt shakespearisch burlesk die Szenen beispielsweise mit den Nachtwächtern waren [...][,] so hat es in mir doch vor allem Liebe und Sehnsucht an die Oberfläche gerufen – ich kann nicht sagen geweckt – denn sie schlafen nicht – sie sind nur von Vernunft und Disziplin für den Tagesgebrauch überdeckt. Jetzt aber ist Nacht – und die Tünche oder sagen wir besser die Schutzhülle des Wesens fällt – und Liebe und Sehnsucht strömen frei«[8].

Nach dem Besuch eines Konzerts mit Werken von Edvard Grieg schildert Hilde Krones, wie sie »auf den Wellen dieser Musik im Geiste große Strecken unseres gemeinsamen Lebens durchwandert [sei] – wohl noch immer innerlich angeregt und bewegt durch den zum ersten Mal allein verlebten Jahresgeburtstag unserer Liebe.«[9] Als Gefühl und Haltung, die in der Musik spürbar werde, identifiziert sie die *Sehnsucht*, die zum Antrieb ihrer politischen und privaten Persönlichkeit wird:

> »Da ist ein Suchen drin in der Musik – gebundene, in Tönen gebundene lebendige Sehnsucht möchte ich die nennen. [...] Und ich habe gefunden, daß ich ein besonderes Talent zur Sehnsucht habe. Aber ich empfinde diese zumeist nicht vergehend qualvoll[,] sondern erkenne sie, jetzt als reifer Mensch wenigstens[,] als Motor meines Gefühls an. Es bleibt dies stets lebendig und ich kenne eigentlich abgestandene, tausendmal mühsam aufgewärmte Gefühle gar nicht.«[10]

Wagners Oper *Tristan und Isolde*, deren Aufführung in der Staatsoper Hilde Krones bewegt – »es war schön, wunderschön – ein hohes Lied der Sehnsucht und Liebe, das mir tief ins Herz gedrungen ist und dort heißen, innigen Widerhall fand«[11] –, lässt sie über die Rolle des Dramas in ihrer Zeit nachdenken – in der dieses, anders als in einer revolutionären Zukunft, zu einer Anklage gegen die Welt werde:

> »Welch eine Welt – da Menschen sterben müssen[,] um ungetrennt und ohne Bangen zu sein. Welch furchtbare Anklage

gegen diese Welt – man muß ihr fluchen – sie brennt – aber sie ist in der heutigen Form auch nichts anderes wert. Es ist mir manchmal[,] als müßte man sie noch selbst dazu in Trümmer schlagen – dann erst wird es einmal möglich sein[,] ewig einig ohne End – ohn Erwachen – ohne Bangen – zu leben, zu leben! Du erinnerst dich wohl unserer Diskussionen über das Drama und daß es zeitbedingt sei und mit der Lösung der Konflikte zwischen dem Ich und der Welt aussterben müsse. Welch ein Gedankengriff nach den Sternen – Ich sehe auf weite Sicht Konflikte und Dramen und die Lösung ist noch lange nicht in Sicht. Wenn es uns nur gelingen möge[,] die ganz groben Konflikte zu beseitigen[,] wäre ein Lebenswerk getan – und wenn es uns vergönnt wäre[,] gemeinsam daran zu arbeiten, wäre ein Lebensglück erfüllt.«[12]

Ihr Leseerlebnis von Büchern beschreibt Hilde Krones als Welt- und Perspektivenerweiterung, ganz im Sinn späterer literaturwissenschaftlicher Wirkungsästhetik (Iser 1984: VII), als Aneignung von Erfahrung wie eine Schauspielerin im Theater, als Interaktion von Text und Affektion des Lesenden (ebd.: 39):

»Wenn ich ein fesselndes Buch lese – eines das halbwegs was zu sagen hat – dann bin ich nicht ich – dann erlebe ich das Schicksal des Buches. Das ist wohl so wie bei einem Schauspieler der ganz in der Rolle aufgehen muß. […] Mit jedem Erlebnis[,] das wir durchleben oder durchleiden[,] wächst unsere Erfahrung – weitet sich unser Blick – werden wir reifer. Und etwas bleibt auch von den nur durch Versenkung in Geschriebenes herrührenden Erlebnissen hängen. Es ist mir dann so, als hätte ich viele Leben gelebt, viele Leiden gelitten – ›nichts menschliches sei uns fremd‹ sagte einmal [*der Autor Gerhart, Anm. G. S.*] Hauptmann in seiner guten [*d. h. frühen, gesellschaftskritischen, Anm. G. S.*] Zeit. Und da unser eigenes kleines Leben viel zu wenig Raum für das Erwerben dieser Erfahrungen gibt – wie gut können da gute Bücher helfen.«[13]

Hilde Krones' Kunstverständnis ist normativ, ist verbunden mit ihrer sozialistischen Pädagogik der Gefühle – die Lektüre sollte idealerweise *gute* Bücher umfassen:

> »[F]ür die schlechten ist jede Tages- und Nachtzeit zu schade und hat man ein gutes Buch, das einem ein ganzes Menschenschicksal mit seinen Höhen und Tiefen vermittelt, dann sollte man vielleicht wirklich nicht auf ein paar Stunden achten. Man bedenke, man erlebt in wenigen Stunden das, was ein Mensch in einem ganzen Leben durchkämpft, da ist es doch schäbig[,] um die Zeit zu feilschen.«[14]

Triviale Unterhaltungsliteratur und NS-Filmkomödien in Zeiten des »totalen Krieges« versucht sie dagegen zu meiden, wobei gerade der Geschmack des Wiener Kinopublikums dabei wenig Hoffnung auf eine Verbesserung des Menschen mache. Anlässlich des von Franz Krones empfohlenen Besuchs des Beziehungsmelodrams *Illusion* (R.: Viktor Tourjansky, 1941), das Hilde »wie heißer Atem angeweht« habe,[15] bei den übrigen Zuseher:innen aber wenig Resonanz fand, rekapituliert sie:

> »Nein, auf die Leute kann man sich da nicht verlassen, denen gefallt ›Kohlhiesels Töchter‹ oder das ›Ferienkind‹.[16] […] Und es ist auch ganz aussichtslos, sie grad in dieser einen Beziehung zu gutem Geschmack und zu einem Gefühl für Echtes zu erziehen. Die Erziehung muß schon grundlegend sein und auf viel wichtigeren Lebensgebieten[,] als dies das Kino ist[,] beginnen, dann wächst ihnen das Organ von selbst.«[17]

Hoffnungsformeln

Hilde Krones bezieht sich in ihren Feldpostbriefen auf unterschiedlichen Ebenen auf Kunsterlebnisse und bringt diese mit ihren Gefühlen in Verbindung. Ein Beispiel sind jene Wunschformeln, in denen sie dem Gefühl der Hoffnung, nicht zuletzt auf die sichere Rückkehr von Franz aus dem Krieg, Ausdruck gibt. So schreibt sie im September 1942: »Ich bring Dir mein Liebster, jeden Morgen und Abend ein Ständchen – das schöne Beethovenlied ›ich liebe Dich so wie Du mich‹. Am Schluße heißt es doch ›Gott schützt dich und erhalt dich mir, schütz und erhalt uns beide‹. Hörst Dus?«[18] Als der Weihnachtsurlaub von Franz Krones 1943/44 nicht zustande kommt und Hilde den Jahreswechsel 1943/44 alleine in Wien verbringt, findet sie Trost bei den Sinnsprüchen des Barockdichters Angelus Silesius.

> »›Der Goldene Begriff[,] durch den man alles kann[,] ist Liebe. Liebe nur, so hast Du's kurz getan‹. [...] [N]achdem ich meine kleinen selbst auferlegten täglichen Pflichten erfüllt hatte[,] legte ich mich im mein Bettchen und nahm ein altes Weihnachtsgeschenk von Freund Fritzl [*Löwy, Anm. G. S.*], den ›Cherubinischen Wandersmann‹ zur Hand und mit jedem Wort löste sich der Druck[,] der mein Herz wie eine Spange umklammert hielt[,] mehr – es tut sich weit auf und es strömt voll und stark Liebe durch – ich denke an dich, ich halte und umfasse dich mit Liebe, ich bin dir nah und ich spür dich und ich bin auf eine Art glücklich.«[19]

Am gleichen Abend tröstet sich Hilde auch (vermutlich) mit Luitpold Sterns *Die Rückkehr des Prometheus* und einer Version des *Till Eulenspiegel*:

> »In der Sylvesternacht hab ich außer Angelius Sylesius [sic] auch im Prometheus und im unvergänglichen Eulenspiegel gelesen – und da stieß ich auf so eine kleine Lebensfanfare inmitten von Schutt und Tränen [–] ›Leben auf meiner Fahne steht – Leben im Licht immerdar – aus Leder ist meine erste Haut – aus Stahl die zweite gar‹ – man müßte mehrere solche Häute haben um den lebendigen Kern zu erhalten und vor Schaden zu bewahren.«[20]

Aus Charles de Costers *Uilenspiegel und Lamme Goedzak* übernimmt Hilde Krones auch die Parole »Lerne lachen ohne zu weinen« – Uilenspiegel als »Held ohne Fahne«[21] erklärt sie zum Alter Ego von Franz, als »eine der sympat[h]ischesten [*Figuren, Anm. G. S.*] aus der ganzen Weltliteratur«, ein männlicher Held, »der so gar nicht darnach aussieht – ein zäher, zielgerichteter Wille, ein heißes, begeistertes Herz durch Jahre des Kampfes, der Verfolgung oft – kein Asket dabei – lebensfroh und unter Schmerzen lachend – positiv in allen Fasern«.[22] Das Bild des Helden, der »stark und schwach zugleich« sei, findet sie auch in anderen literarischen Werken, so in dem Roman *Hotel Stadt Lemberg* – »das ist ja grade Tapferkeit – schwach oder furchtsam sein und dies alles seiner Idee zuliebe zu überwinden und dennoch zu handeln.«[23] *Lerne lachen ohne zu weinen* verweist aber auch auf ein gleichnamiges Buch von Kurt Tucholsky, das Hilde ebenfalls las, und aus dem sie eine »Wolfsfabel« übernahm, als Ehrenrettung für das freiheitliebende Tier – und als Hinweis auf einen der Kosenamen, mit denen sie Franz in den Briefen bedachte.[24]

»Die Liebe ist der Liebe Preis«

Angelus Silesius' Satz von der Liebe als goldener Begriff, »durch den man alles kann«, nimmt Hilde Krones zum Jahreswechsel 1943/44 zum Ausgangspunkt für eine regelrechte Propagandarede, um die private und politische Hoffnung im »vielleicht entscheidendsten Jahr« 1944 aufrecht zu halten. Doch wo NS-Propagandaminister Goebbels zu fanatischer Hingabe an die Nation aufpeitscht, schreibt Hilde davon, »noch fanatischer[,] noch größer [zu] lieben«:

> »Wir müssen aufgehen ganz und gar in dem[,] was wir lieben[,] uns ganz und gar daran verschwinden. […] Ist das nicht eigentlich das große Wunder – je mehr wir Kraft und Arbeit und Mühe an einen geliebten Menschen – an ein geliebtes Ziel [–] verwenden[,] desto reicher werden wir selbst. Und das ist ja auch das Geheimnis, daß Menschen, die nicht bloß Mitläufer oder platonische Anhänger, sondern wirkliche Liebende sind, nicht gebeugt und nicht gebrochen werden[,] obwohl gerade sie von Mißgeschicken und Schlägen viel tiefer getroffen und viel schmerzlicher verwundet werden. Diese Kraft werden wir Morgen noch viel viel mehr brauchen als Heute und Gestern. […] Lieben ohne unmittelbar der Liebe Lohn zu begehren! Nur

so – nur so können wir uns dazu durchringen[,] auch heute zu diesem Leben ja zu sagen.«[25]

Einige Wochen zuvor hatte Hilde Krones den Film *Münchhausen* (R.: Josef von Báky, 1943) gesehen, in dem der gleichnamige Lügenbaron über ewige Jugend verfügt. Aus der aufwendigen UFA-Produktion nahm sie, wie so oft, die Botschaft von der Verbindung von Glück und Leiden als Bestandteil der Liebe und des Lebens mit:

»[D]er Schluß war überraschend fein: Der Gedanke, daß ewige Jugend und ewiges Leben, das heißt also Heiterkeit und Sorglosigkeit zwar zum Halbgott – aber auch nur zum halben Menschen machen[,] ist doch wunderschön gewesen. Es heißt das, das Leben mit allen Höhen und Tiefen bejahen – es heißt[,] zu tiefst erkennen, daß Liebe heißt, den ganzen Weg durch Freude und Schmerz[,] durch Not und Tod miteinander zugehen. Es heißt erkennen, daß ganzes Glück niemals halbes Erleben sein kann. Das hat mir ganz wunderbar daran gefallen[,] wenn es auch nicht ganz gut ausgeführt war. Dieser Schluß hebt den Film über die bloße Abenteuergeschichte weit hinaus. Fritzl hat mir einstmals in einem Brief zugerufen – schön ist das Leben so oder so! – Und das ist das gleiche Bekenntnis. Und es ist gut daran zu denken[,] wenn sich als Ausgleich für seelische Entbehrungen und Schmerzen billige Sehnsüchte nach satter Bequemlichkeit einschleichen wollen. Nein, nein – ich bin nie für den Goldenen Mittelweg gewesen – heiß oder kalt sind Temperaturen – lau ist ein unbefriedigter und unbefriedigender Zustand.«[26]

Neben der Rolle von Kunst als Medium, das Gefühle an die Oberfläche holt, liest Hilde Krones die literarischen Texte, Filme und Bühnenstücke aber auch im Hinblick auf deren politische und moralische Botschaften. Sie sucht nach Anknüpfungspunkten zu ihren eigenen Ansichten über Liebe bzw. politische Geschlechter- und Beziehungsverhältnisse, kritisiert Inhalte, die ihr politisch missfallen. So berichtet sie Franz von einer Aufführung von Friedrich Schillers *Don Carlos* im Burgtheater, bei der ihr im Gegensatz zum Ende des

Stücks »der Anfang der Scene des Don Carlos mit der Prinzessin Eboli fast am besten gefallen« habe, weil darin eine Kritik verdinglichter Liebeskonzepte zu finden sei:

> »Wie einfach und schön stellt die Eboli das Wesen der Liebe im Gegensatz zu der Welt der Waren dar: ›[...] <u>Die Liebe ist der Liebe Preis</u>. Sie ist der unschätzbare Diamant, den ich verschenken oder, ewig ungenossen, verscharren muß – – –‹[.] Wie unglaublich, daß dieser Mensch, der das Wesen der Liebe enthüllt, dann so zum Bösewicht wird. Natürlich bin ich auch mit dem Schluß nicht einverstanden – es ist kein rechter Ausblick darin.«[27]

Max Mells Stück *Der Nibelungen Not* erscheint ihr im Burgtheater als »eine buchstäbliche ›Hausmasterei‹«, in der die »Tragödie [...] zum Skandal« wird und »moderne psychologische Momente« in der Figurenkonstellation fehlen. Auch aus diesem Stück ließe sich aber ein Verständnis von Liebe entwickeln, das nicht auf der Verdinglichung von Gefühlen beruhe – sowie eine Kritik des männlichen Helden aus weiblicher Perspektive:

> »Ich sehe der Tragödie Kern in den Personen Brunhild und Siegfried. Und Siegfried ist der mit Schuld sich beladende – er vergewaltigt durch Betrug das Weib Brunhilde – und er treibt mit der Liebe Handel – um von Gunter seine Schwester Kriemhild zu bekommen, willigt er in den erbärmlichen Handel ein. Er behandelt die Liebe Krimhilds als Ware[,] für die er für eine Nacht seine Stärke einsetzt. Er ist ein unreeller Kaufmann noch dazu – das muß sich schlecht ausgehen. Er nimmt Liebe[,] ohne sie wiederzugeben[,] und versucht sie, wie einen Blankoscheck an seinen Kumpan Gunter weiterzugeben. Das ist Schuld – das ist erbärmlich sogar – daran muß er scheitern – die alte Sage hat das auch wohl gefühlt[,] denn sie schaltet hier einen Zaubertrank ein, der ihn zwar vom Eidbruch an Brunhilde rein waschen kann[,] aber keine Entschuldigung für seinen Frevel in der Liebe an sich bilden kann.«[28]

Die Handlung von Helmut Käutners Filmmelodram *Romanze in Moll* (1943), das Hilde Krones sehr beschäftigt, erzählt sie Franz in einem mehrseitigen Brief nach – der Selbstmord der weiblichen Hauptfigur Madleine aus Liebesnot gibt ihr zu denken, in ihrer Diskussion mit Franz lehnt sie ihn aber ab, denn die Protagonistin hätte sich auch von ihrem Ehemann trennen können, um mit ihrer wahren Liebe zu leben:

>»Romanze in Moll. – alles in mir rebelliert dagegen – ich war dennoch tief bewegt[,] denn es liegt in dem Film ein großes allgemein gültiges heutiges Problem – Unverständnis für die Liebe – sinnloses opfern. Nichts macht mich trauriger als so Halbheiten, so Unerfülltes. Glück oder Schmerz [–] aber für etwas Positives – nicht Verzicht für nichts [...]. Und wenn ich ein Künstler wäre[,] so müßte ich als Gegenstück dazu eine ›Romanze in Dur‹ schreiben[,] die die Menschen lehrt, daß echte wahre Liebe etwas so heiliges, großes ist, daß dagegen Treue, Anständigkeit, Dankschuldigkeit blasse Dinge ohne Leben werden[,] wenn sie in Gegensatz geraten[,] daß man nicht nur das Recht hat für seine Liebe zu kämpfen[,] sondern die Pflicht – daß es die Sünde wider den Geist ist, Liebe zu vergewaltigen.«[29]

Hilde findet in dem Film Szenen, die sie aus eigener Erfahrung zu kennen glaubt – Verwicklungen der Eifersucht mit ihrer Nebenbuhlerin Marianne in den ersten Monaten der Beziehung zu Franz Krones im Jahr 1934.

>»Drum hats mich auch so gepackt. Und die kleine Demütigungsszene[,] die hat mir ganz springlebendig zwei Situationen wieder vor Augen gestellt – die eine spielte in der Bibliothek in der Literarischen im V. H. [Volksheim Ottakring][,] wo ich mit Fritzl hinkam und von der Mariandl bedient wurde[,] und die andere, die hast Du wohl gemeint, in deinem Kabinett[,] wo ich eine kleine halbe Stunde wohl allein saß[,] während ihr in der Küche wart. Und siehst Du[,] heute kann ich dazu lächeln[,] nachdem ich jahrelang mit Bitterkeit daran ge-

dacht habe. Der Krampf hat sich endlich doch gelöst und das ist gut so.«[30]

Immer wieder setzt sich Hilde Krones mit den in den Filmen, Büchern oder Theaterstücken angebotenen Geschlechtermodellen auseinander – und kritisiert diese aus frauenpolitischer Sicht. Als in der Filmkomödie *Ich werde dich auf Händen tragen* (R.: Kurt Hoffmann, 1943) ein Ehekonflikt geschildert wird, der sich an Fragen unbedankter weiblicher Hausarbeit entzündet, resümiert Hilde im Hinblick auf ihr eigenes Emanzipationsverständnis, das bekanntlich um den Arbeitsbegriff kreist:

»Ein Publikumserfolg sicherlich, denn jede Frau fast hat so etwas miterlebt und auch die Männer müssen schmunzeln und lachen, denn das Stück gibt jedem seinen Teil Schuld. Aber der Film ist auch mit gewissem Recht ein Publikumserfolg[,] denn er schneidet ein großes Thema des täglichen Zusammenlebens an – nur löst er es nicht richtig[,] sondern sucht einen Kompromiß durch beiderseitiges Nachgeben. Die Frau (die nicht im Film[,] aber die in Wirklichkeit ja) plagt sich – rackert sich ab für die Hauswirtschaft und das ist ein Faß ohne Boden – am Ende eines Tages, eines Monats, Jahres sieht man von ihrer Arbeit nichts – alles zehrt sich wieder auf – der Effekt ist der Anfang – höchstens eine aufgeräumte Wohnung – also höchstens der Status vor Beginn der Tätigkeit. Der Mann hingegen hat eine Arbeit[,] bei der er aufbaut[,] einen Stein auf den anderen[,] bis ein Gebäude entsteht[,] auf das er stolz sein kann. Die Frau braucht daher[,] um ihre Arbeit nicht als sinnlos zu empfinden[,] die Anerkennung und Dankbarkeit des Anderen. Das sind natürlich so klein sie ausschauen große Probleme – dein altes Studienproblem – die Hauswirtschaft – ist halt heute in normalen Zeiten kein Betätigungsfeld mehr für einen einsatzbereiten Menschen – man muß der Frau halt auch eine aufbauende Arbeit geben – und Menschenversorgung in rationeller Art und Weise kann ja für sich das schönste Resultat in Anspruch nehmen – lebende, gesättigte, gepflegte also befriedigte Menschen. [...] So ist das halt –

und zu dem auf Händen tragen kann man nur sagen – Frau laß dir sowas nicht versprechen, du hast ja Füße zum gehen – dann kannst du nicht enttäuscht werden –«[31].

Nach der Lektüre von Theodor Fontanes Roman *Effi Briest* (1896) hält sie fest:

»Na ja, für die Zeit[,] in der es geschrieben wurde, mag es ja als mutig gelten und darin wird auch wohl der Grund zu seiner Berühmtheit liegen. Heute ist die Sache ja wohl ein bisserl komisch. Heutige geschiedene Frauen sterben meist nicht an Schwindsucht. Und dem Gefühl des Überflüßigseins könnte durch Arbeit, an die nicht gedacht wird[,] abgeholfen werden. Und wenn eine Gesellschaft mich ausstößt und ich hab das Gefühl, daß die Normen dieser Gesellschaft dem Leben nicht gerecht werden, muß ich mir eine andere suchen. Die Sache ist reichlich überholt.«[32]

Nach einem Besuch von Ibsens *Nora* im Theater in der Josefstadt notiert sie hingegen, das Stück müsse »für alle[,] die sehen können[,] heute wie gestern gesellschaftsrevolutionär wirken«[33]. Es ist bezeichnend für Hilde Krones' explizit formuliertes Verständnis von Frauenrechten, dass sie diese im Verhältnis zu breiterer gesellschaftlicher Befreiung, zum Sozialismus, sehen will, denn

»es hieße das Stück sehr, sehr oberflächlich fassen, wollte man darin nur eine äußere Emanzipation der Frauen sehen, wollte man darin nur die Forderung und den Willen Noras sehen, äußerlich auf eigenen Füßen zu stehen [...]. Es handelt sich hier doch um einen zum Bewußtsein erwachenden Menschen – einen um eine neue Form der Gemeinschaft ringenden Menschen. [...] Wieviele haben sich eine Gemeinschaft erarbeitet? Wenige, ganz blutwenige. Die menschlichen Forderungen aus der Nora sind noch lange nicht erfüllt – das Stück trägt daher keine Spur Staub an sich – wenn es auch in ein (in der Aufführung der Josefstadt nur ein ganz klein wenig) antiquiertes Gewand gekleidet ist.«[34]

»Als wirkliches Kernproblem« der *Nora*, so zeigt sich Hilde mit Franz Krones einig, »seh ich nicht die Emanzipation der Frau, sondern die Vermenschlichung von Mann und Frau«[35] – worunter Hilde Krones wohl die zukünftigen Beziehungsweisen des Sozialismus versteht.

Im Pausenraum des »Dritten Reichs«

Immer wieder finden sich in Hilde Krones' Schilderungen des (populär-)kulturellen Angebots im Nationalsozialismus Hinweise auf den ambivalenten Charakter dieses »Pausenraums des Dritten Reichs« (Würmann/Warner 2008: 9), der dem Publikum Unterhaltung und Ablenkung von Kriegsalltag und Terror – nicht zuletzt des selbst ausgeübten – bot, gleichzeitig aber auch eine politische Öffentlichkeit darstellte, die neben Propaganda auch Raum für Subversion und Protest schuf. Hilde Krones selbst verweigerte sich meist der reinen Unterhaltung, wie sie anhand eines Besuchs des Films *Der zerbrochene Krug* (R.: Gustav Ucicky, 1937) festhielt. Der Film

> »war wohltuend heiter in einer vitalen und ungekünstelten Weise – daß es wirklich ein Vergnügen war. Aber es ist nicht eigentlich das[,] was ich brauche in solchen Situationen – nach so einem gewissermaßen die Wirklichkeit wegschiebenden heitersein bin ich dann doppelt traurig und beim Nachhausegehen grade aus dieser lustigen Situation war meine Sehnsucht und Traurigkeit doppelt groß und die Tränen flossen.«[36]

Die Ablehnung nationalsozialistischer Propagandaelemente deutete sie in Briefen an einigen Stellen an, etwa in ihrer Kritik an dem ihrer Meinung nach visuell beindruckenden Farbfilm *Die Goldene Stadt* (R.: Veit Harlan, 1942), in dem »alle sympat[h]ischen Hauptpersonen gut sprechen, während alle unsympat[h]ischen oder lächerlich wirken sollenden Personen böhmakeln.«[37] Bei den Dichtern Gerhart Hauptmann und Max Mell konstatierte sie, dass diese – unausgesprochen: seit sie dem Faschismus nahe stünden – in ihrer künstlerischen Arbeit an Tiefe verloren hätten. Anlässlich ihres Besuchs von *Der Nibelungen Not* schrieb Hilde an Franz:

»Ich suche vergeblich nach Max Mell'scher Tiefe[,] denn der Kerl hat doch einmal was gekonnt – Ich denke noch mit Ergriffenheit an das ›Apostelspiel‹[38] [–] weißt du noch? Er hat sich seither offenbar gewandelt. Das kann ich natürlich nur wenigen Leuten erzählen[,] alle sind begeistert – die würden mich steinigen.«[39]

Aber auch von lokalpatriotischen »antipreussischen« Protesten bei Kulturveranstaltungen in Wien, denen im Kontext der NS-Diktatur auch politische Bedeutungen zugeschrieben wurden, berichtete sie. So habe bei ihrem Besuch von Schillers *Don Carlos* im Burgtheater die Szene »zwischen dem König und dem Marquis [...] in ihrem Kulminationspunkt – der Forderung nach Gedankenfreiheit – helle Begeisterungsstürme im ganzen Haus« ausgelöst.[40] Ähnliche Aufregung habe der Film *Schrammeln* (R.: Géza von Bolváry, 1944) hervorgerufen, bei dem es in einem Kino sogar zu Ausschreitungen gekommen sei. Dabei schrieb sie, wiederum die Sprache des »Dritten Reichs« paraphrasierend, auch über die aus politischen Gründen erfolgte Nichtausstrahlung einer Wochenschau über die Hitler-Attentäter vom 20. Juli 1944:

»Übrigens beruhen die Gerüchte, daß der Film gekürzt wurde nicht auf Wahrheit – bekanntlich kam es bei den Erstaufführungen in der Skala zu wüsten, unwürdigen Szenen – Es sind Reichsdeutsche sogar geschlagen worden – Überfallauto usw. Jetzt ist die neue Wochenschau mit der Verhandlung über die Generalslumpen fertig gestellt worden. Sie wurde, wie das immer der Fall ist, intern vorgeführt und dann kam im letzten Moment die Weisung[,] daß die Verhandlung nicht gezeigt werden darf – da der Teil aber ziemlich lang ist, gibt es diese Woche keine Wochenschau.«[41]

Illusion und Tagtraum
Eine wichtige Rolle nimmt in Hilde Krones' Beschreibungen ihres Kulturkonsums in den Kriegsjahren das Thema der *Illusion* ein – sowohl im Hinblick auf einen die Wirklichkeit verdrängenden Blick auf die Gegenwart, den die Unterhaltungskultur oft bedient,

aber auch im Bezug auf Zukunftshoffnungen und im Zusammenhang mit dem Begriff des *Tagtraums*. Mehrmals kritisiert sie zeitgenössische Stoffe, die in ihrer Sicht Illusionen als notwendig für die menschliche Persönlichkeit propagieren – so etwa das Theaterstück *Die weiße Dame* (Friedrich Schreyvogl nach Hermann Bahr, 1942). Nach ihrem Besuch im Akademietheater schreibt sie:

> »Der blöde Hörbiger[42] hat in dem heutigen Stück der Illusion das Wort geredet – jeder Mensch hätte und brauche seine Illusion [...]. Ich bin nicht dafür – jeder Mensch sollte eine Meinung, eine Idee, von mir aus auch einen Glauben haben. Aber diese Dinge sollen auf realen Untergründen ruhen und damit unterscheiden sie sich ja schon von der Illusion.«[43]

Ähnlich kritisiert sie eine Szene in Gerhart Hauptmanns Stück *Michael Kramer*, die sie mit ihrer Bekannten K. diskutiert hatte (vgl. Kap. 3):

> »[D]ie Tochter des Malers [...] sitzt mit ihrem Jugendfreund beisammen und sagt[,] über den vielen enttäuschten Erwartungen sei sie alt geworden[,] und der Jugendfreund antwortet ihr darauf – Du, alt, nein, wer noch die Kraft zur Illusion hat, ist noch jung – und das hat ihr [K.] gefallen. Ich habe ihr sofort klar gemacht, daß eine ›Kraft zur Illusion‹ ein Blödsinn ist. Illusion ist die Zuflucht der Schwachen, wer Kraft hat[,] braucht keine Illusion. Na hab ich nicht recht? Aber Illusion scheint modern zu sein – siehe auch, ›Weiße Dame‹.«[44]

Hilde Krones selbst kennt aber die Macht der Tagträume auf ihre eigene Persönlichkeit. Ganz im Sinne Ernst Blochs (1959), der diese in seinen berühmten Formulierungen als »erstes Korrelat der Phantasie«, als Versuch, sich »zunächst nur innen« »ins Bessere zu denken« – was anzeige, »wieviel Jugend im Menschen lebt« – beschreiben wird (ebd.: 224f.), reflektiert sie ihre Erfahrungen als junge Frau als zwar verwandt mit der imaginativen Kraft transformativer Ideen, jedoch gefangen in den Schleifen einer negativ erlebten Gegenwart.

Erst durch ihre Beziehung mit dem »selbstgewählten Erzieher« Franz (vgl. Kap. 3) und ihre Schulung zur sozialistischen Aktivistin habe sie als erwachsene Frau ein neues Verhältnis zur Wirklichkeit – und deren Transformation – erlangt.

An Franz schreibt sie:

»Ja wie recht du mit deinen Betrachtungen über die Illusion hast. [...] [I]ch weiß es ja auch von mir selber. Solange bis ich dich kennen lernte[,] hab ich in einem unheimlichen Maße das Phänomen ›Tagträumen‹ an mir beobachten können. Das war so arg, daß ich mich buchstäblich getummelt hab[,] um mit dem wirklichen Leben stets rasch fertig zu werden[,] damit ich zu meinen Träumereien kommen konnte. In dem Maße[,] als das wirkliche Leben für mich so interessant und inhaltlich reich wurde[,] fiel diese von mir stets als Jugendunart betrachtete Sache von selbst ab. Das war natürlich auch nichts anderes als Flucht vor einem unbefriedigenden Leben – Illusion. Heute kann ich das nicht mehr, das wirkliche Leben nimmt mich in Freud und Leid so in Anspruch, daß dafür einfach in mir kein Raum mehr ist.«[45]

Bei der Buchlektüre von Arnold Zweigs Roman *Pont und Anna* kommt ihr dazu eine Passage unter, die sie Franz sendet:

»[I]m Anschluß an unseren seinerzeitigen Briefwechsel über Wachträume – erinnerst du dich noch (?) – ist mir folgender Absatz aufgefallen: ›Wachtraum-Wunschtraum ... viele Menschen des Alltags kennen diesen jähen Mißbrauch der gestaltenden Phantasie und üben ihn aus, um in Ersatz für Wirklichkeit und günstiges Los falsch gegangene Geschicke wenigstens in der Vorspiegelung wieder zu recht zu biegen – in Rede und Gegenrede, Erzählung und Gebärdenspiel eine Art Handlung – einen Schicksalsablauf zu erfinden[,] so wie er eigentlich hätte entfalten sollen[,] wenn nicht die Härten, Mißverständnisse, Übereilungen des Lebens, die eigenwilligen Antriebe des Partners, die selbstischen Fehler des eigenen Handelns und Charakters ihm andere, bösere Verschlingungen vorgeschrieben hätten. [...]‹ Da ich selber – ich kann sagen viele Jahre [–] daran gelitten habe – wenn man es so nennen will – und da du dich bei meiner kürzlichen Erwähnung dafür interessiertest – habe ich mir das Kapitel angemerkt. Es ist gut psychologisch gesehen und beschrieben finde ich. Und weißt du[,] daß ich dies Laster eigentlich erst ablegte[,] seit ich bei dir bin. Vor der reifen[,] ganz wachen und von Leben durchpulsten Wirklichkeit mit dir ist diese Manie gewichen wie Nebel in der Sonne. Und dann erst hab ich dies etwas merkwürdige Seelenspiel für ein junges munteres, doch durchaus im Leben stehendes Mädchen, als das erkannt[,] was es ist.«[46]

Anlässlich eines Burgtheaterbesuchs von Grillparzers *Das Leben ein Traum* denkt Hilde auf ihrem Spazierweg durch die Stadt, der einst ihr Heimweg aus der Arbeitsstelle als junge Frau war, an ihre damaligen Empfindungen.[47] Das Stück lässt sie wieder intensiv über ihr Verhältnis zu Tagträumen reflektieren:

»Ich weiß[,] du liebst Grillparzer nicht. Er ist auch grade nicht mein Fall – aber dieses kleine Märchenstück ist nicht das Schlechteste. Schon als junges Mädel in der Schule hat es auf mich einen aufregenden Eindruck gemacht[,] wohl wegen der Schicksalhaftigkeit des Traumes. […] Du kennst doch die Fabel? Ein junger Mann, elternlos[,] lebt im Haus seines Oheims, eine zarte Liebe verbindet ihn mit seiner Kousine Mirza. Er ist ein Träumer – sanft, weich und schwach von Natur – und an ihn tritt die große Lockung heran – der N-Sklave Zunga[48] – ein Abbild seiner eigenen zügellosen Wünsche – spricht ihm von der Weite, von Schlacht und Ruhm und er hält es nicht mehr aus, will und muß fort. Sein Oheim gibt ihm Urlaub – einmal schlafe noch drüber sagt er ihm, wenn du morgen früh noch fort willst, geh. Und er legt sich hin und träumt ein Leben – und das ist psychologisch eigentlich sehr gut gesehen – der Schwächling[,] aufgestachelt von Wünschen und Begierden[,] kommt eigentlich zu keiner Tat – er wird von Schuld zu Schuld getrieben – Lüge, Mord, Rebellion – Verfolgung und Selbstmord sind sein Los – schweißgebadet springt er aus dem Bett und findet sich selber in der Hütte seines Onkels wieder – glaubend, daß alles von ihm wirklich gelebt wurde. – Aber all das ist nur ein Traum gewesen – glückvoll erkennt er es – er will nun nicht mehr fort – Schlacht und Ruhm locken ihn nimmer – er entläßt den N-Sklaven in die Freiheit und bleibt. Eigentlich könnte man ja sagen[,] auch eine unbefriedigende Lösung, denn es ist eine Anleitung zu Glück hinterm häuslichen Herd – der junge Mann hätte ja aus dem Traum lernen können[,] wie mans nicht macht und hätte sich nicht hindern lassen sollen – gehen und es besser machen. Das hat zweifellos was für sich – und dennoch, es wäre meiner Meinung nach psychologisch falsch. Ein Starker, einer der weiß[,] was er will, einer der entscheiden kann, sich und seine Taten meistern kann, der träumt nicht so, sondern zweifellos anders. Und ein Traum ist kein Ersatz für Lebenserfahrung – aus einem Traum kann man Schlüsse ziehen[,] aber doch nie leben lernen. Und so gesehen hatte der recht, daß er zu hause blieb – er wäre gescheitert so wie er ist. Erst muß man wissen[,] was und wohin man will – sich selber meistern lernen kann man an jeder Stelle und dann soll man hinaus zur Tat.«[49]

Leiden und Vollendung

Immer wieder liest Hilde Krones die ästhetischen Eindrücke der Kunsterlebnisse mithilfe ihrer Pädagogik der Gefühle, die dem Leiden in der Gegenwart Sinn geben will und Hoffnung auf eine andere Zukunft beschwört. Auch einen zentralen Aspekt ihrer Ansicht über den Selbstmord, das Bild des Holzbündels, das es zu tragen gelte, bis der Hoffnungsglimmer verglüht sei, übernimmt sie aus La Fontaines Fabel *Der Tod und der Holzfäller*[50] (vgl. Kap. 4). In filmischen und literarischen Künstlerbiografien, die sie konsumiert, interessiert sie nicht zuletzt »die Wirkung des ringenden, leidenden, schaffenden und damit sich selbst erlösenden Menschen«[51] – wie sie anhand des Films *Rembrandt* (R.: Hans Steinhoff, 1942) ausführt. Hier sieht sie Parallelen zur Existenz als politische:r Revolutionär:in, zur Frage, ob die eigenen Handlungen den Weg zur Welt ohne Kapitalismus bahnen werden. An Franz schreibt sie:

»Ja, du hast recht – auch aus diesem Werk spürt man den Atem eines zielgerichteten Schaffens und man fühlt, daß Leiden einen Sinn haben kann. Du sagst[,] der Film hat dich aufgewühlt – ich verstehe es – auch in mir hat er alle Saiten zum klingen gebracht – ›Ich weiß jetzt eines – ich habe nicht umsonst gelebt‹ – werden wir es am Ende unserer Tage auch sagen dürfen? Wie leicht doch eigentlich für einen[,] der ein greifbar Bild – ein Schnitzwerk oder ein Buch, das er geschaffen, in Händen hat. Und wenn keiner daran glaubt, er kann sich doch daran halten und laben. Wie schwer[,] wenn das[,] was wir schaffen[,] nur ein Stein für das Haus der Zukunft ist – erst die es vollendet sehen, können die letzte Überzeugung, das Glück des Schaffenden haben – uns fällt scheinbar nur das Leiden zu.«[52]

Im Vergleich zu kreativer, künstlerischer Arbeit sieht sie den politischen Kampf, die Erziehung der Menschheit zu »Gemeinschaftsmenschen«, jedoch als weit größeres Kunstwerk an, denn »Generationen arbeiten daran schon ohne sichtbaren Erfolg und die unsere dürfte auch noch dazugehören. Und doch ist es für uns wesentlich[,] wenn wir uns sagen können – wir haben nicht umsonst gelebt.«[53]

An den Künstlerbiografien interessieren Hilde Krones vor allem jene, deren Werdegang durch persönliche und gesellschaftliche Konflikte bestimmt war: Nicht das ruhige und erfolgreiche Leben des Malers Rubens, der 70 Jahre »glücklich ohne Fluch und ohne tatenlos zu sein« wirken konnte, sondern »das so ganz anders verlaufene Leben Galileis«[54], »dessen Lebensbild uns so bewegte, bin ich doch der unerschütterlichen Überzeugung ›und sie bewegt sich doch!‹«[55], fasziniert sie.

Beethovens 9. Symphonie – die sich im 20. Jahrhundert als anschlussfähig für unterschiedlichste politische Indienstnahmen und Hoffnungen erwies – wird für Krones zum »Inbegriff der vollendeten Musik« – und im 4. Satz zum Vorschein des revolutionären Moments:

»Der erste Satz ›allegro ma non troppo, un poco maestoso‹ ist wie eine Kampffanfare – da werden Forderungen gestellt an die Welt – an das Leben [–] mit dem Willen sie wenns sein muß durchzusetzen auch im Kampf – aber man spürt so etwas wie Jugendlichkeit heraus – wie Unglauben, daß es allzuschwer sein werde – der Kampf, mit dem Jugend so gern spielt, wird noch nicht ernst genommen[.] Dann kommt der 2. Satz ›Scherzo: Molto vivace‹ – er hat mir eigentlich am wenigsten gefallen. Ich faßte ihn etwa so auf – viel Leben, viel Bewegung – noch scheint alles gut zu gehen – aber schicksalhaft und unabweisbar kündet sich Leid und Schmerz und Sturm an – es wird dies durch grollende Trommelschläge[,] die immer wieder aufklingen[,] versinnbildlicht – Und dann der 3. Satz ›Adagio molto e cantabile‹ – wundervollste Fassung von Leid – innerem Kampf – Einsamkeit und Überwindung[.] Und dann die menschlichste Krönung – der 4[.] Satz – das Lied ›an die Freude‹ – Nicht Verzicht – nicht Abgeklärtheit ist das Produkt dieser Überwindung[,] sondern ein Bekenntnis zu menschlicher Brüderlichkeit, zu Freude. Wie viele ganz große Kunstwerke haben ihren Gipfelpunkt im Wert des Leides als Motor für menschliche Großtaten gefunden und wie wenige verherrlichen so die Freude wie dies Werk.«[56]

Selbst in Unterhaltungsliteratur wie dem Abenteuerroman *Gold, Whisky und Frauen im Nordland* (Ernst Löhndorff, 1935), über den Hilde Krones in der Werksbibliothek der Firma Bayer stolpert, findet sie Anknüpfungspunkte für ihr politisches Gefühlsleben: Die in dem Buch geschilderte Einsamkeit der Goldsucher in der Wildnis verbindet sie mit der »Resonanzlosigkeit« ihrer persönlichen Gegenwart im nationalsozialistischen Wien.[57]

Hilde diskutiert mit Franz Krones unterschiedliche politische Begriffe und Konzepte in literarischen Texten und Theaterstücken entlang ihrer politischen Lektüre und »hermeneutischen Weltinterpretation« (Löffler 2012: 313). So zeigt sie sich etwa von Hebbels Drama über den falschen Zaren *Demetrius* und den dort behandelten Fragen von Recht, Gesetz und Gerechtigkeit begeistert[58] – nach der Vorstellung im Deutschen Volkstheater notiert sie – »Ich habe Menschengeist gewittert[,] der rarer ist wie Schmalz. Mir blähen sich noch die Nüstern und ich brenne darauf[,] es dir zu erzählen und es nochmals zu lesen.«[59]

Anhand der Fabel *Der Schwan und der Koch* von Jean de La Fontaine und Max Mells *Apostelspiel* diskutiert Hilde Krones ihre Sicht von politischer Gewalt und Machtpolitik – und plädiert im Angesicht der Skrupellosigkeit der politischen Gegner für den vorläufigen Verzicht auf Gewaltlosigkeit. Überzeugt in La Fontaines Geschichte ein Schwan durch seine Klage einen Koch, ihn nicht zu schlachten, so schreibt Hilde im Sommer 1943 an Franz Krones:

»Nein, nein, mit der Geschichte vom Schwan und vom Koch bin ich eigentlich nicht einverstanden – wenigstens nicht heute. Ich war einmal eine große Anhängerin dieser Methode – mehr platonisch als praktisch allerdings, wie das schon so in meinem Temperament liegt – aber ich habe die Erfahrung gemacht, daß von 1000 Köchen nur einer Ohren für den Gesang des Schwanes hat – alle anderen hören das nicht und werden das arme Vieh bestimmt in die Pfanne befördern[,] wenn es sich nicht mit anderen Verteidigungsmitteln als denen einer sanften Stimme ausrüstet. Wir haben allzulang Schwanengesänge produziert – und dies wäre beinahe unser Schwanengesang geworden[,] wenn wir uns nicht besonnen hätten. Gewaltlose Gewalt – Macht durch Güte – das sind wundervolle Dinge – aber sie brauchen lange – viel zu lange zur Wirksamkeit – darauf können wir nicht warten – Max Mells Apostelspiel ist schön und hat mich mächtig ergriffen – aber es nimmt vieles vorweg[,] was noch nicht besteht – damit Güte im Widersacher zur Wirksamkeit kommt – darf sie in ihm nicht ersterben oder durch Bewußtseinssperren verlegt sein. Im Weltmaßstab lehne ich diese Fabel ab – Sie erinnert mich an unser schönes altes Gleichnis mit dem Hausbau – sie gehört auch in den Salon mit den Spiegelscheiben – packen wir sie also jetzt – leider leider – wahrscheinlich für längere Zeit – die Zeit des Fundamentierens [–] ein – Hoffentlich können wir sie auch noch persönlich in unserem Leben auspacken.«[60]

Nachdem sie Schillers *Maria Stuart* im Deutschen Volkstheater gesehen hat, in der »eine Idee gegen äußere Gewalt« kämpfe,[61] folgert sie am Beispiel einer Szene zwischen Maria Stuart und ihrem

Parteigänger Mortimer im Hinblick auf die Anwendung politischer Gewalt:

>»Mortimer stürzt herein und entwickelt ihr seinen Befreiungsplan – aber er ist nicht mehr der reine Begeisterte – er begehrt für seine Tat einen Preis – sie – und damit ist er in Schuld gefallen. Eine kleine Szene nur wars[,] vielleicht nicht viel bemerkt – aber sie scheint mir einen wichtigen Gedanken zu verkörpern. Im Kampfe sind alle Mittel erlaubt heißt es und ich bejahe das auch – aber diese Mittel müssen mit reinem Herzen ohne Selbstsucht um des Sieges willen angewandt werden. Durch Blut und Tränen darf nur der[,] ohne sich selbst zu beflecken[,] gehen, der es nicht um persönlichen Vorteil – Ruhm, Ehre Gewinn usw. tut – jeder andere wird schuldig. Und in der vierten Szene verrät Leicester[,] um sich selbst zu retten[,] Mortimer und damit Maria – und erntet den Auftrag – das Todesurteil an Maria zu vollstrecken. Es gibt kein zwischen zwei Häusern stehen – man muß für eines entscheiden – für hü oder hot – man wird notfalls dazu gezwungen […].«[62]

Die in diesem Kapitel zusammengeführten und im Hinblick auf die Diskussion von Emotionen geordneten Kunstinterpretationen von Hilde Krones akzentuieren ihre Pädagogik der Gefühle der Jahre bis 1945 besonders deutlich. Dies liegt daran, dass Hilde Krones Kunst und Kultur selbst als Medien verstand, um Stimmungen und Gefühle bewusst zu erleben, und sie ihre diesbezüglichen Lesarten von Theater, Literatur, Film und Musik nutzte, um, im Dialog mit Franz Krones, Handlungsmöglichkeiten, Erfahrungsräume und Erwartungshorizonte (Viehöver 2012: 106, Viehöver 2014: 73f.) ihres privaten und politischen Lebens auszuloten. Sie diskutierte Konzepte der Liebe, nutzte Kunst als »Hoffnungsformeln« für eine bessere Zukunft, suchte nach Anleitungen für den Umgang mit Sehnsucht, Schmerz und Leid – auch durch den Vergleich von künstlerischer Kreativität und politischer Arbeit – und kritisierte politische und moralische Inhalte der rezipierten Texte und Werke aus frauenrechtlicher und sozialistischer Sicht.

Sie bezog sich dabei vor allem auf Konzepte zu Bedeutung und Wirkung von Kunst, die sie aus dem Roten Wien übernommen hatte. Dessen literarischen Kanon rezipierte sie auch im Nationalsozialismus weiterhin, ebenso wie die vorherrschende Unterhaltungskultur ihrer Zeit. Ihre Lesarten offenbaren in dieser Hinsicht sowohl residuale als auch emergente Gefühlsweisen – im Hinblick auf die vergangene und die kommende Zukunft des Sozialismus –, in beiden Fällen jedenfalls ein »oppositionelles Gefühlsregime« (Hake 2017: 255), das sich gegen das herrschende emotionale Regime des Nationalsozialismus stellte.

Für gegenwärtige Gefühlstheorien und für die Frage nach der Wiedergewinnung eines politischen Imaginären, das eine demokratische Zukunft jenseits des »kapitalistischen Realismus« (Fisher 2013) zum Ziel hat, erscheinen sowohl die von der »Generation der Vollendung« rezipierten Kunstformen und kulturellen Texte als auch die von Hilde Krones vorgenommenen konkreten Rezeptionsweisen interessant – als mögliche Medien weiterer hauntologischer Beschäftigung. Zwar verfügen die meisten der von ihr vor dem Hintergrund sozialdemokratischer Gemeinschaftskultur diskutierten Texte und Werke nicht über jene ästhetische Anziehungskraft, die etwa Modernismus oder historische Avantgarde für hauntologische Zugänge zur Kunst aufweisen (vgl. dazu Fisher 2015), doch es ist die explizite Auseinandersetzung von Hilde Krones mit dem Zusammenhang von Kunst, Politik, Gefühl und Affekt, die Aktualität besitzt. Die Rolle, die sie der Kunst für die Theoretisierung von politischen Gefühlen zuschreibt, ließe sich etwa in einen Dialog mit gegenwärtigen Konzepten künstlerischer Forschung bringen, die die imaginative Kreativität künstlerischer Verfahren für emanzipative gesellschaftliche »Versuchsanordnungen« (Peters 2013: 8) nützen und dabei auch das Archiv für sich entdeckt haben (vgl. z. B. Gordon 2008, Gordon 2018, Castro Varela/Shure 2021, Sekretariat 2023).

Im folgenden Kapitel werde ich untersuchen, wie Hilde Krones' Gefühlspädagogik nach der Befreiung 1945 infrage gestellt wurde. Denn die erhoffte Revolution trat nicht ein, stattdessen fand sich Hilde Krones an der »Schwelle von Hoffnung und Tod« wieder. Sie beharrte auf den Versprechen einer vergangenen Zukunft, kämpfte für diese Zukunft – die »Vollendung« – in der Gegenwart, sah ihre eigene politische Handlungsfähigkeit nach einem kurzen euphorischen Moment im April 1945 jedoch bald wieder schwinden. Ich frage im Weiteren danach, welches Register politischer Gefühle in den Medien ihres Nachlasses diesbezüglich hörbar wird, auch im Hinblick auf einen überraschenden Neuanfang in der Liebe, den Hilde Krones 1945 in die Tat umsetzte.

6. Schwelle von Hoffnung und Tod 1945–1948

Walzer auf der Bastille

Beim Transkribieren der erhaltenen rund 650 Briefe von Hilde Krones an Franz Krones der Jahre 1942 bis 1945 schien das lange Warten auf Veränderung, die zehrenden Jahre des Schweigens und Stillhaltens fast greifbar – und sie steuerten zu auf einen euphorischen Moment im April 1945, der von Hilde Krones als – beinahe – revolutionärer beschrieben wurde: die Selbstbefreiung ihrer Wohngegend im Arbeiterbezirk Ottakring durch lokale Sozialist:innen und Kommunist:innen – darunter Krones –, als dieser Teil Wiens mehr oder weniger kampflos an die Rote Armee übergeben wurde.[1] In einem in Briefform verfassten Tagebuch, in dem Hilde, an Franz Krones gerichtet, ihre Erlebnisse und Gedanken vom 12. bis 29. April 1945 zu Papier brachte, schilderte sie diese Ereignisse. Das Dokument, das die Euphorie dieser Tage vermittelt, entwickelt bei der hauntologischen Relektüre starke Anziehungskraft.

»Die ganzen Tage her machten wir schon Propaganda für eine weiße Fahnen-Aktion – die Beflaggung des Kindergartens sollte das Signal für die Sandleiten[2] sein. Aber was brauchte die Sandleiten für ein Signal – die hatte aus sich selber mehr Schwung als der gute Kindergarten. Schon Sonntag [8. 4.] früh als die Gerüchte sich verdichteten, daß im Westen der Stadt russ[ische]. Truppen eingedrungen sind, fand eine Aktion mitten am Platz statt – Hakenkreuzfahnen wurden verbrannt – Soldaten brachten ihre Gewehre, zerbrachen sie und warfen sie ins Feuer samt der gesamten Uniform. Und schon am Sonntag früh zogen sich im Kongreßpark und unter den Arkaden vorne bei der Gastwirtschaft viele viele Soldaten in Zivil um und gingen heim.«[3]

Am Tag darauf schrieb sie:

> »Als ich am Sonntag abends zur letzten Nachtruhe in den Kindergarten anrückte, teilte mir die Franzi mit, daß nach mir geschickt worden ist, ich solle in die Radetzky-Kaserne mit der Parole Ceska[4] kommen. Na, ich wußte Bescheid. Ich fuhr sofort mit dem Rad hinunter und fand dort ›die österreichische Freiheitsbewegung‹ vor. Der gute Kisela [*Kysela*] hatte sich mit einer Anzahl von guten Burschen der Kaserne bemächtigt. Er ist schon am Dienstag nach Ostern schimmeln gegangen[5] – […] sah die SS aus der Kaserne ausrasen – die russ. Truppen sausten hinterdrein – die Kaserne war in Brand gesteckt worden – er half sie löschen – sie fanden Waffen, nahmen sie in Gewahrsam [–] bewaffneten Arbeiterschutztrupps – das alles bildete sich spontan. Es war eine Freude, das anzusehen. Ein Sauhaufen[,] eine Schreierei – aber es war ursprünglich revolutionärer Elan drinnen und viel viel Opferwilligkeit von den Einzelnen.«[6]

Bereits wenige Tage später, vermutlich ab 12. April 1945, nahm Hilde Krones im Wiener Rathaus als Vertreterin der Revolutionären Sozialisten (RS) an der Wiederkonstituierung der Sozialdemokratischen Partei – als Verbindung von SDAP und RS unter dem Namen Sozialistische Partei (Sozialdemokraten und Revolutionäre Sozialisten) (SPÖ) – teil,[7] und wurde Mitglied des provisorischen Parteivorstands. Für diesen politischen Aufstieg gab es mehrere Gründe. Innerhalb der illegalen Zirkel der Revolutionären Sozialisten muss sie sich während des Krieges – zumindest in ihrem Bezirk Ottakring, der ab 1945 wieder die größte sozialistische Bezirksorganisation stellte – hohes Ansehen erworben haben. Außerdem war sie mit Adolf Schärf bekannt, der bei der Neukonstituierung des Parteivorstands eine Schlüsselrolle spielte. Ihre in den Jahren des Nationalsozialismus erworbenen Russischkenntnisse waren nun bei Begegnungen mit Soldaten der Roten Armee und Verhandlungen mit der sowjetischen Militärverwaltung von Vorteil,[8] so begleitete Hilde Krones Schärf Ende April 1945 zur sowjetischen Kommandantur, um die Zulassung der SPÖ zu erreichen (Schärf 1948: 91). Nach der Befreiung Wiens ergriff

Hilde Krones auch im beruflichen Feld die Initiative – gemeinsam mit anderen leitenden Angestellten der Wiener Bayer-Filiale machte sie sich selbstständig und wurde im Juni 1945 Mitgeschäftsführerin der neu gegründeten Firma Austrochem, die das Tätigkeitsfeld und die Geschäftsadresse der Bayer-Niederlassung übernahm.

Mit der Entscheidung, ihre Gefühle in den Wochen vor und nach der Befreiung in einem Brieftagebuch festzuhalten, war Hilde Krones nicht allein. Zahllose Frauen griffen gegen Kriegsende zu diesem Mittel, zu einer Zeit, als der Feldpostverkehr nicht mehr aufrechterhalten wurde. Diese Tagebücher öffneten einen »Zwischenraum«, in dem die Schreibenden einen Dialog führten, der im realen Leben zu diesem Zeitpunkt nicht (mehr) möglich war (Sederberg 2015: 144). In diesem »temporale[n] Schwebezustand« stand der Wunsch im Vordergrund, »Kommunikation mit und Anerkennung durch andere zu finden« (ebd.), wobei die Form des Tagebuchs größere Freiheiten im Hinblick auf den Ausdruck von Gefühlen bot, die im Vergleich zu Briefen weniger (Selbst-)Zensur unterworfen waren (ebd.: 150f.).

Im provisorischen Parteivorstand der SPÖ lernte Hilde Krones Erwin Scharf kennen.

»Wir haben Zuzug aus der Provinz bekommen – ein Kärntner RS Mann, der bei den Tito-Partisanen war und über Belgrad im Flugzeug mit den Russen nach Wien kam. Das scheint ein ganz feiner Kerl zu sein«, notierte sie am 23. April in ihr Brieftagebuch.[9] Im Sommer 1945 wird sie eine Liebesbeziehung mit Scharf beginnen, zu einem Zeitpunkt, als sich ihr Ehemann Franz noch auf dem Heimweg aus kurzer amerikanischer Kriegsgefangenschaft befindet. Zum politischen Neubeginn kam also der private, und das mag beim Lesen der Feldpostbriefe überraschen – denn dort stand die gemeinsame Zukunft mit Franz immer im Zentrum. War Hilde Krones in ihren Briefen, die ich als Medien meiner forschenden Séance nutzte, also eine unzuverlässige Erzählerin? In den erhaltenen Briefen aus den Nachkriegsjahren finden sich einige mögliche Erklärungen für ihren Umbruch in persönlichen Verhältnissen. Wenn auch die politische Revolution 1945 ausbleiben sollte, so wird sie – wie 1934 – einen »revolutionären Neubeginn« in jenem Bereich der Beziehungsweisen vollziehen, den sie stärker beeinflussen konnte, und zwar durch das Glücksgefühl der neuen Liebe.

Politisch wird sich der revolutionäre Traum für Hilde Krones bald zu einem Albtraum entwickeln. Gemeinsam mit Erwin Scharf, Franz Krones und ihren Mitstreiter:innen aus dem Kreis der Revolutionären Sozialisten wie Karl Mark und Heinz Hackenberg[10] (Ingrisch 1989: 312) hielt sie nach der Befreiung an der in der Illegalität am Leben gehaltenen Hoffnung auf eine revolutionäre Umwälzung in Österreich, die Zeit der Vollendung, fest. Mit Berufung auf die nach 1934 entwickelten Positionen der RS zur »Einheitsfront« und auf Otto Bauers im Exil formuliertes Konzept des »integralen Sozialismus« (Bauer 1936, 312–336, vgl. dazu Kap. 7) traten sie 1945 innerhalb der SPÖ für eine kooperative Politik der »Aktionseinheit« mit der Kommunistischen Partei ein und hofften auf die Sowjetunion als starke Hilfe – ein Plan, der in der politischen Konstellation der Nachkriegsjahre und wegen der antirussischen Stimmung in der breiten Bevölkerung kaum eine Chance auf Verwirklichung hatte und bald zu einem »verzweifelten Kampf« (Mesner 1990: 479) werden musste. Otto Leichter, der als ehemaliger Revolutionärer Sozialist 1946 aus dem Exil nach Österreich zurückkehrte und bis zu seiner neuerlichen Emigration in die USA im Jahr 1948 zu einem wichtigen Vertrauten von Hilde Krones werden sollte, beschrieb rückblickend, wie die »Hoffnung auf die Revolution« (Leichter 1968: 410) die Aktivist:innen in der Illegalität aufrecht gehalten habe. »Sie waren überzeugt, daß es keine Rückkehr zur Vergangenheit geben könne, daß sie vom Faschismus und Hitlerismus hinweggefegt sei und daß die Zukunft des Sozialismus nur auf der Revolution aufgebaut werden könne« – doch so »berechtigt die Enttäuschungen, so unbegründet [seien] die Hoffnungen« gewesen: »Die Revolution kam nicht.« (ebd.)

Der stalinistische Terror habe bereits in den 1930er Jahren Hoffnungen auf revolutionäre Politik enttäuscht, und

»[d]er europäische Sozialismus nach dem Zweiten Weltkrieg bedeutete keine Rückkehr zur Sozialdemokratie vor ihrem Zusammenbruch, sondern im Gegenteil eine Wendung zu einer noch viel pragmatischeren Bewegung in einer durch und durch materialistisch gewordenen Welt. Die revolutionäre Perspektive hatte nun keinen Platz mehr« (ebd.).

Schon in den Apriltagen 1945 mischt sich bei Hilde Krones die Euphorie über die Befreiung und das Ende des Nationalsozialismus mit Schmerz, »Bitterniß neben aller Freude«[11], vor allem mit der zu diesem Zeitpunkt noch sehr präsenten Sorge um ihren Ehemann und der Unsicherheit, wie sie sich in den Umbruchtagen politisch verhalten solle. Am 27. April notiert sie in ihr Brieftagebuch einen Hilfeschrei an Franz und beschreibt das Missverhältnis von fiebrigem Neubeginn im zerstörten Wien auf der einen, persönlichem und allgemeinem Leid, fehlender Handlungsfähigkeit und ausständiger revolutionärer Perspektive auf der anderen Seite. Sie stellt sich auch die Frage, ob sie mit ihrer Entscheidung, sich der SPÖ – und nicht den Kommunisten – angeschlossen zu haben, richtig lag.

»Ich könnte laut herausschreien vor Schmerz. Großer[,] wo bist du – wie geht es dir – wie kommst du durch? […] Ja ich weiß[,] man kann Schmerz nicht beiseite schieben – man kann die Sorge nicht unterdrücken, aber es ist gut – stündlich, minütlich beschäftigt zu sein – angespannt zu sein und abends ins Bett zu fallen […]. Ach Großer – auch sonst ists unbefriedigend bis dort hinaus. Die äußeren Schwierigkeiten habe ich mir keineswegs kleiner vorgestellt als sie sind. Das kann mich nicht erschüttern – selbst die scheinbar unvermeidlichen Kriegsgräuel können mich nicht beirren – aber den Aufschwung[,] den inneren, den hab ich mir denn doch anders vorgestellt – aber es liegt auf allen ein lähmender Druck – Die K P. [*Kommunistische Partei, Anm. G. S.*] arbeitet wohl wie wild drauf los – es ist in manchem Elan – aber es ist auch da – wo alle Vorbedingungen der äußeren Macht gegeben sind, nicht wirklich begeisterungsvoll – das kommt vom Zwang zu der[,] sagen wir es ruhig[,] Scheißpolitik die sich aus der Tatsache ergibt, daß wir Schnittpunkt der Interessensgrenzen sind – daß wir selbst niemand sind[.] Es ist zum Kotzen – ach und ich wüßte zu gerne[,] was du und Fritzl [*Löwy, Anm. G. S.*] dazu sagen würdet – wo Ihr beide Euch hinstellen würdet – Siehst du Großer – nun bin ich schon wieder vom persönlichen Leid zum allgemeinen gelangt. Leider leider leider hebt es einander nicht auf, sondern ergibt eine unheilvolle Ad[d]ition. Aber ich sage mir eines – Heute ist für mich in Wahrheit keine Wahl gegeben – alle Parteien machen ausschließlich ›Einheitsfrontpolitik‹ – Politik des Stückels Brot und der Sicherheit vor Raub und Gewalt – alle machen die Politik[,] die vom Dreimächtediktat gegeben ist – da ist mein Platz dort[,] wo ich hier kann – wenn eine Partei mit revolutionärer Politik hervortreten wird – ganz gleich welche es sein wird, dann wird mein Platz dort sein –! Ich hoffe[,] Ihr beide seid damit einverstanden Du – und Fritzl.«[12]

Wien erlebt in den Apriltagen 1945 keine Revolution, und der politische Handlungsspielraum ist – trotz allem entschlossenen Aktivismus – beschränkt. Der »Sturm auf die Bastille«, so Hilde Krones, die Wiedererrichtung der Republik, wird für die Kameras der Wochenschau vor dem Parlament aufgeführt, das Volk sei dabei aber nicht revolutionäres Subjekt, sondern willfähriger Komparse:

»Heute ist uns die Szene ›freie demokratische Republik Österreich‹ vorgeführt worden vor dem Parlament. Scheußlich – erbärmlich – Republik – von uns nicht gemacht – inszeniert – mit Walzermusik gespielt von russischem Militär – und Zug der zu einem Aufmarsch angetretenen Bevölkerung. Ja – tanzen wir – auf den Trümmern der Bastille die Trikolore (sprich rot weiß rote Fahne) [ge]pflanzt – es ist nicht des Volkes sondern der Regis[s]eure Wille – hier wird getanzt! Wien und der Walzertanz ist im Geiste des Auslandes identisch – also los – wo, wann[,] wie – ist wurscht. Es ist zum speien! Dafür war abends – eigentlich nachmittags, eine RS Aussprache, die sehr interessant und nicht unbefriedigend war.«[13]

Im Mai 1945, als sie bereits ihre Arbeit im SPÖ-Parteivorstand aufgenommen hat, an der Neukonstituierung des Sozialistischen

Frauenkomitees und des offiziellen Kontaktkomitees zwischen SPÖ und KPÖ beteiligt ist, notiert sie in ihrem Brieftagebuch an Franz:

»Fast 2 ½ Monate bin ich nun ohne jede Nachricht von Dir und die Möglichkeit des Unglücks sind so vielfältig und meine Phantasie arbeitet oft qualvoll. Ich habe mich aus innerem Drang und wohl auch aus einer Art Notwehr vom ersten Tag an in die Arbeit gestürzt – aber wenn ich ehrlich bin, es gibt wundgelaufene Füsse[,] viel Aerger[,] oft auch Bitterkeit und wenig Befriedigung. Ich kann nicht einmal sagen, dass ich es mir viel anders vorgestellt habe – ich erinnere mich daran, dass wir in den letzten Urlauben immer wieder uns vor Augen hielten, dass bei der Weltkonstellation die kommende Politik durchaus nicht geradlinig, durchaus nicht in unserem Sinne revolutionär gestaltet werden wird – aber nun[,] da es da ist, nun leide ich dennoch darunter. Wir haben so sehr darauf gehofft, dass uns in der Beziehung gerade das Kommen der Russen helfen wird – aber auch das ist nicht eingetreten – im Gegenteil[,] durch den Zwang Russlands in die Verträge mit der bürgerlichen Umwelt ist erst recht ein Quargel daraus geworden. [...] Ich war von dem Glaube[n] erfüllt, dass wir gerade in der besonderen aussen- und innenpolitischen Situation auf dem Platze eine Mission haben. Wir sind nicht gebunden an Russlands Staatsinteressen[,] sondern nur mit den proletarischen revolutionären Interessen der SU«[14].

Ihre politische Arbeit kommt ihr so in den ersten Wochen bisweilen »sinnlos« vor,[15] sie hofft jedoch, »wenn es mir gelänge, bis zu Deiner und Fritzls Rückkehr eine Position zu halten, die Euch dann ein leichtes Einrücken in eine politische Stellung ermöglicht, die Eurem Können entspricht, dann wäre auch die ganze Hasterei nicht ohne Sinn gewesen.«[16] Dass Hilde Krones in diesem Moment der Schwäche mit dem Gedanken spielt, ihre politische Spitzenposition zugunsten der männlichen Gefährten, die aufgrund der Abwesenheit aus Wien leer ausgegangen sind, zu opfern (was sie nicht tun wird), mag als rhetorische, entschuldigende Geste ihnen gegenüber verstanden werden, angedeutet wird hier aber auch schon ihre

Abb. 9: Gruppenbild mit Damen: SPÖ-Parteirat 1945, 1. R. 3. v. r.: Hilde Krones (VGA)

schwierige Rolle als Frau im männerdominierten Parteivorstand der SPÖ. In der politischen Arbeit der ersten Nachkriegswochen fühlt sie sich jedenfalls

> »unter den vielen vielen Leuten in deren Mitte ich mich bewege oft recht verlassen. So ein Parteivorstand ist ein Jammer – die alten sind – alte Sozialdemokraten und leider, leider sind auch manche Jungen – alte Sozialdemokraten. Eigentlich sind nur ganz wenige da[,] mit denen wir auf einer Linie stehen – am besten Scharf – Afritsch[,][17] auch noch Ha[c]kenberg – es ist ein Jammer. Manchmal bin ich darüber recht verzweifelt.«[18]

Hilde Krones' Wünsche aus der NS-Zeit – die gesunde Wiederkehr von Franz Krones und Fritz Löwy, die gemeinsame Arbeit an einem neuen revolutionären Staat – bleiben im Mai 1945 trotz ihres raschen Einstiegs in die höchsten Gremien der Partei noch unerfüllt. Das Warten auf die Rückkehr von Franz, von dem sie noch immer ohne Nachricht ist, führt in den wenigen ruhigen Stunden laut ihrem Tagebuch zu intensiven emotionalen Einbrüchen.

»Ich hab schon geglaubt[,] in mir drinnen ist alles tot. So bin ich durch das ständige, unausgesetzte Zusammensein mit Menschen darauf trainiert[,] meinen Schmerz im Zaum zu halten, meine Tränen zu schlucken, meinen Jammer zu unterdrücken. Aber heut [...], da kommt alles, alles heraus. Und das ist gut so. Es tut weh bis auf den Grund, es brennt und reißt und zerrt – aber es ist doch irgendwie lösend – die erzwungene Ruhe war mir schon unheimlich. Großer! Wo bist du? Verzweifelt suchen dich meine Gedanken auf jedem Fleckerl der Erde. Ich wage den Gedanken nicht zu denken – lebst du – bist du gesund? Dies zu denken scheint mir schon einen Zweifel einzuschließen und damit frevelhaft. Ach[,] wo sind alle meine Wünsche hin, die ich jahrelang abends inbrünstig gebetet – sie sind nicht – noch immer nicht in Erfüllung gegangen.«[19]

Hilde Krones sehnt sich nach Ruhe, aber daran dürfe sie, getreu ihrer erlernten Pädagogik der Gefühle, nicht denken:

»Denn in meinen allabendlichen Wünschen hab ich immer gedacht und gesprochen, daß ich das, was uns im Kampfgeist etwa abgegangen sein möge[,] durch rastlose Arbeit und Hingabe mich auszugleichen mühen will.«[20]

Am 11. Jahrestag ihrer Beziehung mit Franz notiert sie, wiederum in religiöser Begrifflichkeit, die ihre Beschäftigung mit Gefühlen immer wieder durchzieht:

»[V]ielleicht haben wir nicht immer unser Letztes gegeben – ich nehme das Leid[,] das heute auf uns beiden liegt[,] als Sühne für den Teil der Schuld am Gesamtleid des Welt, der damit auch uns trifft.«[21]

Im Hinblick auf die politischen Fragen des Tages – die Positionierung als Revolutionäre Sozialistin gegenüber Sozialdemokratie und der KPÖ – notiert sie, kurz nach der Rückkehr Fritz Löwys aus dem Konzentrationslager, an ihr imaginäres Gegenüber Franz:

> »Ach wir müßten Tag und Nacht uns über alles aussprechen –
> Tage und Nächte. Da steht die ganze unglückselige Weltlage
> Österreichs – die tragische Lage Rußlands[,] das als Folge sei-
> ner Isolierung und vielleicht auch durch die wachsende Span-
> nung zwischen der Union und den Westmächten in [...] eine
> ›Staatspolitik‹ hineingerät[,] die nach außen in [...] immer grö-
> ßerem Gegensatz zu den proletarischen Weltinteressen zu ste-
> hen scheint – Da stehen wir – das alles sehend und verstehend
> und wissen eigentlich bald nicht[,] was tun. Ach und ich muß
> manchmal ganz ehrlich sagen – ich weiß nicht[,] ob ich dort[,]
> wo ich stehe – richtig am Platze bin. Ist es richtig, daß wir als
> R. S. die Vereinigung mit der SdP. [*Sozialdemokratischen Partei,
> Anm. G. S.*] zugestimmt haben? Die Nachricht, daß Fritzl als
> SPler [*aus dem KZ, Anm. G. S.*] zurückkehrt, hat mir allerdings
> so etwas wie eine Bestätigung gegeben, daß mein Entschluß
> richtig war. Manchmal weiß ich innerlich ehrlich nicht[,] ob
> mein Platz nicht richtiger auf der anderen Seite [*d. h. der KPÖ,
> Anm. G. S.*] wäre.«[22]

Auch privat deutet sich ein Seitenwechsel an: So eng der Kontakt mit Franz Krones während der Kriegsjahre war – in den entscheidenden Monaten ab März 1945 ist er nicht an ihrer Seite. In ihr Brieftagebuch notiert Hilde Krones schließlich – mit Bezug auf den Beginn ihrer Beziehung im Jahr 1934:

> »Es dauert schon zu lang. Weißt[,] wie uns jetzt eben ist? So
> wie am Anfang. Auch damals hat die große Ungewißheit und
> die erste Verbindungslosigkeit den Schmerz über alle Ufer treten
> lassen. Soll es ein gutes Vorzeichen sein, daß sich die Gefühle
> gleichen – ist es ein Zeichen, daß der Ring sich schließen will?
> Hoffen wirs – Hoffen wirs. Ich kann es schon nicht mehr er-
> warten. Ich – wir – alle würden dich brauchen.«[23]

Ihr Tagebuch schließt sie Ende Juni 1945 mit einem Eintrag, der die Ablösung von Franz bereits vorwegnimmt:

»Ach ich glaube[,] ich fliehe dieses Büchlein, das der Ersatz für die Briefe, die ich nun nicht an dich schreiben kann[,] ist. Der 13. Juni [*der Jahrestag ihrer Beziehung, Anm. G. S.*] ist vorbei – nun kommt mein Geburtstag [*29. Juni, Anm. G. S.*] – und ich weiß noch immer nichts von dir. Und trotz aller Beschäftigung – trotzdem ich mich in den Strudel hineinstürze[,] bin ich steinunglücklich. Ich hab es ja in irgendeiner Form geahnt, daß in dem Moment[,] als das allgemeine Leben sich erträglicher gestaltet, unser persönliches, individuelles Leben ganz arg unter die Räder kommen wird. Aber siehst du, damals haben wir noch gedacht, daß wenigstens das Große – allgemeine so sein wird, daß Schwung und Begeisterung uns erfassen wird und uns Ersatz für noch ein Stück persönlichstes Glück bieten wird. Und inzwischen ist kaum der Türspalt, der berühmte[,] aufgerissen, in den wir den Fuß setzen können und müssen. Ich stehe in einem unausgesetzten Kampf – in der Partei – im Geschäft – überall – ich bin in jeder Minute so angespannt – und bin im Inneren so müde und so verzagt. Du müßtest ganz bald kommen, denn ich weiß nicht, wie lange ich das noch so allein aushalte.«[24]

Schwierige Beziehungsweisen
Der Sommer 1945 wird für Hilde Krones – wie der Sommer 1934 – ein Neuanfang. Sie beginnt eine Liebesbeziehung mit Erwin Scharf, mit dem sie rasch eine enge politische und private Partnerschaft eingeht. Auch hier existiert ein Brieftagebuch, das Hildes Gedanken und Gefühle – vor allem der ersten Monate der Beziehung – enthält. Anders als bei den Feldpostbriefen mit Franz, von denen nur die Schreiben Hildes im Archiv erhalten sind, existieren für die Monate nach der Befreiung unter anderem auch Briefe von Erwin Scharf, Franz Krones und Scharfs Ehefrau Therese, die das instabile Beziehungsverhältnis der Protagonist:innen und ihres privaten und politischen Umfelds beschreiben. Was in Hildes Briefen während des Krieges durch die politische Gefühlspädagogik der Hoffnung und des Schmerzes als zielgerichtete Zukunftsperspektive geordnet wurde, wird hier zur multiperspektivischen, widersprüchlichen Gegenwart, in der sich Hilde Krones' Beziehungsweisen,

die privates und politisches Glück verbinden wollen, nicht vollenden, sondern sich die Schwierigkeiten, auch aufgrund der (geschlechter-)politischen Rahmenbedingungen, bald multiplizieren. In den folgenden Jahren entwickelt sich ein kompliziertes räumliches und beziehungstechnisches Arrangement aus gemeinsamer politischer Arbeit, Leben und Liebe, das Hilde Krones mit Erwin Scharf und – teilweise – Franz Krones teilt, der ein enger politischer Vertrauter, Ratgeber und »Kraftquelle«[25] bleibt. Franz Krones und Fritz Löwy unterstützen Hilde Krones, die bei den Nationalratswahlen im November 1945 als damals jüngste Abgeordnete (Ingrisch 1989: 318) ins Parlament gewählt wird – aber auch Erwin Scharf[26] –, bei der Konzeption von politischen Reden und Schriften, auch die Schwägerin Hilda, die Hilde und Franz Krones schon während des Krieges bei Haushaltsarbeiten half, ist in Sekretariatsarbeiten eingebunden.

Wie erklärte Hilde Krones das Beziehungsende mit Franz Krones? Ließ sich die Trennung in die gemeinsam mit Franz geteilte Pädagogik der Gefühle integrieren? In einem Briefentwurf Hildes an Franz Krones finden sich einige Anhaltspunkte, die den raschen emotionalen Umschlag von der Sehnsucht nach Franz im Frühjahr 1945 zur neuen Liebe mit Erwin verständlich machen wollten. Nach Jahren rigider Zukunftsorientierung, von traumatischer Todesnähe, Verzicht, Leid und schwieriger Fernbeziehung öffnete sich für Hilde, scheinbar wie eine Naturgewalt, ein neuer Möglichkeitsraum von Liebe und sexueller Beziehung in der Gegenwart. Und Hilde erinnerte Franz an den Beginn der gemeinsamen Partner:innenschaft 1934, als er selbst ein offenes Beziehungsmodell propagiert hatte.

»Bin ich wirklich das gefühllose, egoistische Wesen als das Du mich anschaust? Franzl[,] ich glaube[,] ich habe doch in der ganzen langen Zeit unseres Beisammenseins gezeigt, daß ich es nicht bin. Was mich so erscheinen läßt? – Vielleicht nichts anderes als die Tatsache, daß ich vordem so ausschließlich nur auf dich eingestellt war – viel ausschließlicher als 80 % des Durchschnittes es jemals im Leben sind. Du hast mich immer totalitär genannt – die Totalität ist zur Zeit gesprengt [...]. Franzl – als ich früher die

Meinung vertrat[,] in einem Verhältnis müsse alles oder nichts enthalten sein – da hast du mir stets gesagt – so einfach ist das Leben nicht – viel häufiger sind die verschiedenen Funktionen[,] die der Mensch zum vollen Genuß braucht[,] auf mehrere Menschen verteilt – Es scheint, daß ich augenblicklich in so einer Situation stehe. Es muß nun nur noch die Zusammensetzung ordentlich geregelt werden. Weißt Du, manchmal kommt es mir auch einfach so vor[,] als wäre das ganze eine etwas chaotische Reaktion auf meine allzu straff angezogenen Zügel in den letzten 3 Jahren. Ich habe da um durchzuhalten[,] viel mehr als Du dir vorstellen kannst[,] äußere und innere puritanische Methoden angewendet. Jede Minute und jede Handlung eingeteilt und in ein festes Schema gebracht – mir kaum ein harmloses Vergnügen gegönnt [...]. Scheinbar rächt sich die Natur – und ich fühle mich dabei selbst sehr wenig wohl – Du hast schon recht – es ist nicht der sachliche Zeitmangel allein – es ist schon so, daß ich von unkontrollierten Strömungen getrieben werde – und mich treiben lasse. Ich muß zu einer neuen Ordnung kommen. Bitte Hilf mir dabei –. Hab Geduld und hilf deiner Hilde«[27].

In ihrer Beschäftigung mit dem Film *Romanze in Moll* hatte Hilde im November 1943 geschrieben, dass echte Liebe »etwas so heiliges, großes ist, daß dagegen Treue, Anständigkeit, Dankschuldigkeit blasse Dinge ohne Leben werden[,] wenn sie in Gegensatz geraten«[28] – dies setzte sie nun in die Tat um. Franz Krones war, als er im Sommer 1945 schließlich nach Wien zurückkehrte, schwer getroffen von den vollendeten Tatsachen, vor die ihn Hilde stellte – und versuchte, ihre Liebe zurückzugewinnen. In einer Notiz anlässlich von Hildes Namenstag im September 1945 nahm er Bezug auf das Missverhältnis zwischen dem Ton der Feldpostbriefe, in denen sich Hilde und Franz in räumlicher Distanz Halt inmitten des Terrors gegeben hatten, und der Nachkriegswirklichkeit – mit zwei von Nippesfiguren abgeleiteten Kosenamen und Alter Egos, die sich Hilde und Franz in diesen Briefen gegeben hatten –, und lieferte dabei seine Interpretation für das Ende ihres »Märchens«:

Abb. 10: Hilde Krones und Erwin Scharf, ca. 1945 (VGA/Franz Blaha)

»Es war einmal ein frohes und lustiges Kasperle und eine warmwollige Häsin. Es war einmal? Märchenwelt? Ja – denn Leben war in den verflossenen Jahren des Todes ein Märchen. In Kasperle und Häsin hat es seine letzte Zuflucht gesucht und gefunden. Kasperle und Häsin waren die lebendige Nachhut des Todes. Starkes Leben überwindet wuchernd den Tod. Märchen wird Wirklichkeit. [...] Es ist jammerschade um das Kasperle und die Häsin. Man darf aber das Leben nicht fürchten, es ist ja selbst das Märchen.«²⁹

Neu beginnen zwischen Menschen und Trümmern
In ihrem Brieftagebuch beschrieb Hilde Krones einige Wochen zuvor die »Naturgewalt« der neuen Liebe zu Erwin Scharf, trotz aller Probleme – beide waren nach wie vor verheiratet, Erwin Scharf hatte Frau und Kinder im fernen Kärnten. Er wird im Sommer 1945 zum neuen Gefährten in Politik und Liebe, inmitten des Chaos der ersten Nachkriegswochen und der schwierigen privaten und politischen Konstellation. In ihrem ersten Eintrag in diesen Wochen notiert sie:

»Ich weiß nicht[,] wo ich zuerst anfangen soll, soviel Arbeit wartet auf mich – ich weiß nicht[,] an was ich zuerst denken soll[,] soviel müßte durchgedacht werden. Ich will morgen und übermorgen und alle folgenden Tage alles nachholen – Heute kann ich nur zwei Worte denken – ›Du‹ und ›Erwin‹! Erwin, ich bin kein kleines Kindchen mehr und sehe mit offenen Augen alle Schwierigkeiten und alle Schmerzen, die wir als Preis für die gemeinsame Freude werden zahlen müssen. Aber siehst Du, Erwin – Liebe muß wie das Schicksal selbst über einen kommen – unentrinnbar – ohne Wahl – nur dann kann sie aus der Tiefe des Wesens schöpfen und schenken. Nicht nur Du – auch ich habe mich dagegen gewehrt – aber was nützt das, wenn es dich erfaßt wie eine Urgewalt: Und feige bin ich nie gewesen. So bin ich denn zu Dir gekommen und Du zu mir! Als ich dich in Deiner politischen Willensrichtung kennen lernte und den seltenen, großen Gleichklang fühlte, da hatte ich das schöne Gefühl –

zu dem Menschen kannst Du dich bedingungslos stellen. Und nun ist zum Menschen auch noch der Mann hinzugekommen.«[30]

Die Einträge in dem Brieftagebuch schwanken zwischen Hochstimmung und seelischer Not im Hinblick auf die unsicheren Rahmenbedingungen der persönlichen und politischen Entscheidungen.

»Ich könnte von hier vertrieben werden und unter der Brücke schlafen[,] wenn Du mir zur Seite wärest[,] hätte ich keine Minute das Gefühl[,] heimatlos zu sein. Die ganze Welt könnte mir den Rücken kehren – wenn Du mich an der Hand hieltest, würde ich keinen Atemzug lang mich verlassen fühlen«[31],

schrieb sie euphorisch nach einigen Monaten der Beziehung zu Erwin. Andere Briefentwürfe betonten den »Wiederstreit der Gefühle«:

»Als ich dir zum Abschied Hand und Mund reichte, halb noch mich schwer von dir löste, halb doch schon bewußt den Schritt zu neuer Pflicht lenkte, da dachte ich wie zwischen Menschen und Trümmern an die halbe Stunde, die uns der Nachmittag geschenkt – oder besser gesagt, die wir uns erobert oder abgestohlen haben. Ich dachte daran[,] wie viel Seeligkeit [sic] in diesen kurzen Minuten lag und das Glück erfüllte mich von Neuem und überstrahlte den Kampf zwischen Liebe und Pflicht […]. Und ich habe mir selber gezürnt, daß ich samt meiner Fähigkeit intensivst Glück zu empfinden, scheinbar auch ein besonderes Talent entwickle, dieses Glück in Leid und Bedrücktheit zu verwandeln[,] und ich grollte mir selber im Gedanken daran, daß dies ja auch seine Wirkung auf dich haben müsse, daß ich dir damit wohl manchesmal eine reine und schöne Freude verderbe. Ich bangte heftig, daß du mich kindisch und seltsam schelten würdest und grübelte der tieferen Ursache nach.«[32]

Auch wenn die Beziehung zu Erwin Scharf ein Neubeginn war, so verwendete Hilde Krones in ihrem Brieftagebuch an Erwin ein Vokabular der Liebe, von Bildern und Begriffen, das teilweise bereits in der Beziehung mit Franz Krones formuliert worden war. Sie wiederholte in den Briefentwürfen zentrale Vorstellungen einer politischen Beziehungsweise, etwa ihr oft gebrauchtes Motto »Arbeiten und nicht verzweifeln« – »Allen Schmerz umsetzen in Energie! Das ist das tiefste Geheimnis des Lebens«, wie sie nun an Erwin schrieb[33] – in einem Briefentwurf, in dem sie ihm auch ihr Lieblingsgedicht von den »Schmerzenstagen« als schwarzen Marmorstufen sandte, die sich im Rückblick als Weg zur Höhe entpuppen (vgl. Kap. 4).

»Wie oft hab ich mich zu dem Bekenntnis durchgerungen – und wie schwer ist es, diese Erkenntnis mitten am Wege zu finden. Da spürt man meist nur die Müdigkeit, da verlöschen die Tränen nicht alles. Aber, daß wir nicht die Tagesschwierigkeiten allein sehen und darin untergehen, sondern aufs Ziel schauen und alles daran messen, das macht den politischen Menschen in uns aus. Und daß wir nicht den Schmerz, den individuellen alleine spüren und daran zerbrechen[,] sondern daß wir seinen Wert erkennen und ihn zum Former an uns werden lassen, das macht den Menschen überhaupt in uns aus.«[34]

In ihrer Korrespondenz verwendeten Hilde Krones und Erwin Scharf die Kosenamen »Till« und »Nele«, die Hilde bereits in Feldpostbriefen an Franz Krones ins Spiel gebracht hatte – nun wurde Erwin zu Till Uilenspiegel, dem »Helden ohne Fahne mit Humor und List und dennoch größter Zielstrebigkeit«[35], und sie selbst zu Nele, auch wenn ihr, wie sie einst an Franz geschrieben hatte, »diese Figur [...] für meinen Geschmack ein wenig zu passiv gezeichnet ist«[36].

Eine Fabel – die Geschichte einer Orchidee, die erst lernen muss, der geliebten Biene ihre Freiheit zu geben, damit diese aus freien Stücken wieder zu ihr zurückkehrt – hatte sie bereits 1934 in ihr Brieftagebuch notiert – damals im Dialog mit Franz, dessen Liebe sie zunächst ebenfalls teilen musste.[37] Nun schenkte sie Erwin im August 1946 die Fabel zum Jahrestag ihrer Beziehung, als »ein Stück Überwindung über sich selber« – »ein Märchen [...] – das bis jetzt nur mir gehört hat.«[38]

Die Metapher von der Liebe als *Hausbau*, die Franz und Hilde Krones immer wieder benutzt hatten, verwendete sie nun mehrmals, um ihrem vier Jahre jüngeren Partner Erwin ihr Verständnis von Beziehungsweisen zu vermitteln, nun selbst in der Rolle der Erzieherin:

»Erwin, wenn unsere Leiber aneinanderlehnen[,] dann gibt es einen Gleichklang – das ist viel[,] das ist sogar die unerläßliche Vorausbedingung für die Liebe – aber das ist nicht alles – Erwin[,] uns verbindet gleiches ernstes, leidenschaftliches Wollen[.] Das ist schon mehr – das ist wertvolles Baumaterial für eine große menschliche Liebe – aber die Liebe selbst, die ist wie ein Haus, das nie fertig wird, an dem es immer noch zu bauen, auszugestalten gilt[.] Und Erwin, wir haben nicht einmal noch recht damit begonnen. Erschrick nicht – diese Arbeit ist nicht umsonst. Sie kostet manchen Tropfen Seelenschweiß, sie kostet manchen Schmerz – dieses Stein auf Stein setzen gehört aber auch zu den tiefsten Freuden, die einem das Leben und die Liebe geben kann. Mit dem Gebäude zugleich wächst nämlich immer auch der Baumeister. Und so wird menschliche Liebe immer zu einer Bereicherung der Person und gibt an Qualität tausendfach das dem Leben – der Gemeinschaft zurück[,] was man an Energie schon für sie herausgezogen hat. Liebe in diesem Sinne ist kein Luxus – sie ist ein Quell[,] aus dem man täglich neu Kraft und Ansporn schöpfen kann – ein Quell, der nie versiegt. Und siehst du, mein Liebster[,] obgleich du Liebe in mancherlei Formen erfahren hast, wie du mir selbst erzähltest, hat dich Liebe in der Form noch kaum gestreift – auch jetzt noch nicht Erwin, ich spüre es doch. Du empfindest es vielleicht anders als jene halb mechanischen Verhältnisse, die nur Mittel zum Zweck sind. Aber zunächst weißt Du dir mit dem neuen, dem Anderen noch nicht viel anzufangen. Ich bin nicht mutlos – ich könnte mir das auch gar nicht leisten, denn mir bleibt keine Wahl – Ich muß mit dem Hausbau beginnen, weil ich sonst mit meinem Gefühl zu Dir unterstandlos bleibe (dagegen hilft keine Zuweisung von Slavik[39]) – das muß man schon selber machen.«[40]

Auch der zentrale Begriff der *Vollendung* taucht in einem Briefentwurf an Erwin Scharf auf – ähnlich wie in früheren Diskussionen mit Franz Krones und Fritz Löwy im Zusammenhang mit der Hoffnung auf eine zu erkämpfende Zukunft: Als Erwin gegenüber seiner auf Wienbesuch befindlichen Schwester das Verhältnis zu Hilde verbirgt, und sie sich »verleugnet und verraten fühlt«, schreibt Hilde: »Trotz allem und allem liebe ich dich und bin bereit daran zu arbeiten, daß es einmal doch noch zur Vollendung kommt.«[41]

Auch wenn Erwin Scharf in den wenigen erhaltenen Briefen an Hilde, zum Beispiel aus dem Sommer 1945, ihr seine Liebe versichert – und die emotionale und räumliche Trennung von der Ehefrau in Kärnten betont,[42] legen Briefentwürfe aus den Jahren 1945 bis 1947 nahe, dass Hilde damit kämpft, dass Erwin Scharf sich vielleicht nicht immer mit der gleichen Konsequenz zu ihrer Liebe bekennt. In ihrem Brieftagebuch finden sich einige Einträge, die zwischen Hildes »totalitärem« Anspruch in Fragen von Politik und Leben und dem Versuch, dem Partner Freiraum zu geben, schwanken. In vieler Hinsicht ähneln Hildes Gedanken hier jenen des Jahres 1934, als sie sich gegen das damalige offene Beziehungsmodell von Franz Krones stemmte. So wie einst schreibt sie nun an Erwin:

> »Kennst Du das Goethe-Wort ›und wenn ich Dich liebe – was gehts Dich an‹ – Das hat tiefe Bedeutung. Das heißt doch nichts anderes als – ich liebe Dich ohne jede Bedingung – sogar ohne die Bedingung wiedergeliebt zu werden. – Erwin ich bin eine Machtpolitikerin – nicht nur im politischen, sondern auch im privaten Leben. Ich habe mich gefragt ob ich, wenn ich selbst meine Schwierigkeiten [*eine Klärung des Verhältnisses zu Franz Krones, Anm. G. S.*] beseitigt haben werde, nicht nach Totalität auch bei Dir streben werde und ob ich dann nicht dich und mich aufreiben werde. Ob ich es aufbringen werde, die Grenze, die Du Deiner Liebe zu mir gesetzt hast, zu respektieren. Widersprich nicht Erwin – sie hat eine Grenze. […] [I]ch bin totalitär und das hat in unserer Situation seine Gefahr.«[43]

Als Erwin Scharf anlässlich des Nationalratswahlkampfs im Herbst 1945 nach Kärnten fährt und dort, zum zweiten Mal nach der Befreiung, seine Frau und Kinder besucht, schreibt Hilde davon, dass »große und kleine Liebe«, dass Affekt – Egoismus und Eifersucht – und normative Gefühlspädagogik der Liebe in ihr ringen:

> »Liebe darf nicht egoistisch und kleinlich sein – sie muß großzügig sein. Und die Wärme, die die kleine Liebe gibt[,] wird sie nicht überstrahlt von der großen Wärme[,] die in einem Verzicht liegt? Und was heißt festhalten – nein – wenn man festhalten muß, dann wäre es schon gefehlt. Ganz aufmachen muß man die Arme und das[,] was nicht durch tausend innere Bande gezogen wieder zurückkehrt in diese Arme – das ist wertlos.«[44]

Ähnlich notiert sie anlässlich einer Parteiveranstaltung in Kärnten, die Hilde und Erwin zu späterer Zeit besuchen, in ihr Brieftagebuch:

> »Was ich tue[,] ist sinnlos und dumm. Ich liege im Veldner Prachtbett im Schloßhotel und warte verzweifelt auf dich[,] obwohl Du längst zurück sein mußt[,] obwohl ich weiß, daß es unmöglich ist für Dich[,] zu mir zu kommen[,] selbst wenn Du wolltest[,] obwohl es Wahnsinn wäre[,] wenn Du es tätest – obwohl ich gar nicht wünschen dürfte, daß Du es wolltest – denn Du hast mich viel und die anderen Menschen, die auch zu dir gehören[,] wenig. [...] Ich konnte heute abends auch nicht zu Tertschi [*Therese Scharf, Anm. G. S.*] gehen – obwohl ich weiß, daß auch das ein Unrecht von mir ist. Sie ist hungrig nach Abwechslung und Leben und hätte wahrscheinlich deshalb – nicht weil sie mich mag, meinen Besuch doch gewünscht. Ich brachte es nicht über mich – es kann nichts gemeinsames zwischen uns sein – Ich weiß, das ist kleinlich und dumm und lächerlich eifersüchtig – und ich weiß nur, daß diese Tage nur Qualen und Schmerzen verursachen[,] die ich mit Trotz – mit bockeln, wie du so lieb heute sagtest – mit krampfhafter Bestigkeit zu übertönen versuchte. Du bist – so ein Kind du in vielen Dingen bist – in der Hinsicht viel toleranter – ich bin verzweifelt über mich selbst [...].«[45]

Die erhaltenen Briefentwürfe Hildes an Erwin Scharf stammen fast ausschließlich aus Zeiten, in denen dieser nicht in Wien war – auf Urlaubs- oder Wahlkampfreisen, so auch – vermutlich – im Frühjahr 1946, als er eine Reise ohne Hilde angetreten hatte. In ihren an Erwin gerichteten Notizen verweist Hilde auf Ernst Tollers *Schwalbenbuch* (1924), in dem ein Schwalbenpaar dem inhaftierten Autor zum Boten der Freiheit wird.

»Da standen deine lieben herzlichen Worte ›Hilde lass mich freudig hinaus – ich war so lange eingesperrt‹ – wieder vor mir – und wenn ich mich mittags noch ein klein wenig dagegen sperrte, so geb ich mich ihnen jetzt willig – freiwillig hin. Ach Till, mein Till, wir sind ja beide so dumm. Ich wollte dich nur am Wegfahren hindern – und wenn Du gekommen wärst und gefragt hättest […] – dann hätte ich Dir zugeredet und hätte Himmel und Hölle in Bewegung gesetzt, daß du führst und hätte Dir hätte gesagt – Du mußt – Dir sind aus Deinem jungen Leben so viele Jahre gestohlen worden[,] daß wir gar nicht genug dazu beitragen können, sie Dir zu ersetzen – und ich will es – Am Ende wärs auf das Gleiche hinausgekommen – wie dumm also von mir, mich zu grämen – und wie dumm von Dir[,] die paar Worte, die du vielleicht in irgendeiner Form gesucht hast, nicht zu finden.«[46]

Lebensschwindel?

Die Trennung von Franz Krones stellte Hilde vor emotionale Herausforderungen, nicht zuletzt im Hinblick auf ihr politisches Verständnis der Beziehungsweisen, von richtigem Leben und persönlicher und politischer Emanzipation. Zunächst hoffte sie, dass Franz, der doch – wie sie in einem vermutlich kurz vor Franz' Rückkehr verfassten Briefentwurf an Erwin Scharf schreibt – den »Eigentumsbegriff in der Liebe« abgelegt habe, ihre Entscheidung letztlich verstehen würde:

»Ich habe meinen Mann 11 Jahre lang in ernsten und schweren Zeiten vom ganzen Herzen geliebt. Wir haben uns in einer persönlich eigentlich recht ungünstigen Situation kennen gelernt. Er war aus einem nicht voll befriedigenden, eben zu Ende gehenden Verhältnis noch nicht gelöst – ich war mit Paul Schärf verlobt und stand ganz unmittelbar vor der Heirat. Es hat harte, schmerzvolle Kämpfe gegeben – und wir haben uns mit harter Arbeit und mit innerem Aufwand eine menschliche Gemeinschaft errichtet, die durch gemeinsam bestandene Gefahren erhärtet – durch viele gemeinsam erlebte Freuden verschönt war – die von gleichem gemeinsamen Wollen getragen war. 2 ½ Jahre Trennung haben in dieser Gemeinschaft nichts anhaben können. Und weißt Du – was für mich das schwerste ist – nicht zu wissen, wie es diesem Menschen heute geht. Denken zu müssen, daß ich ihn vielleicht in seiner schwersten Zeit in Gedanken allein lasse. [...] Von meinem Mann weiß ich, daß er mich[,] auch wenn es ihn schmerzen müßte, verstehen würde. Er hat den Eigentumsbegriff in der Liebe im Inneren überwunden und hat viel beigetragen, mich zu dem zu formen[,] was ich heute bin. Es ist nicht kleines, bürgerliches schlechtes Gewissen, das mich manchmal verzweifelt sein läßt, sondern lebendiges Ringen um den Einbau all dieser Dinge in eine höhere, menschliche Lebensweise. Und wenn ich ganz am Grunde angekommen bin, dann hilft mir immer wieder das Bewußtsein, daß mich nicht Leichtsinn, nicht der Drang nach Vergnügen[,] nicht Egoismus so handeln ließ[,] wie ich handle[,] sondern reines Gefühl.«[47]

Nach einem der ersten Treffen mit dem zurückgekehrten Franz schrieb sie in ihr Brieftagebuch an Erwin:

»Ich bin von Dir so erfüllt, daß nichts anderes Raum hat. Das hat sich bewiesen[,] als ich heute Franzl, den guten Freund der letzten 11 Jahre sah. Und wie sah ich ihn? Er ist schlecht beisammen – er ist nur ein Viertel dessen[,] was er war – und er hat sich eine [–] wie ich hoffe nur vorübergehende [–] Herzschwäche zugezogen. Das bedrückt mich selbstverständlich auch, ihm in diesem Augenblick die Schmerzen zu bereiten, die ich ihm nicht ersparen kann. Ach Erwin – ich will mich nie besser machen als ich bin – das ist nicht meine Art. Ich habe auch daran gedacht, daß ich vielleicht nie wieder restlos glücklich sein werde in meinem Leben. Ich kann nicht in Resignation leben – kann auch nicht mit einer Lüge leben – auch wenn es eine mitleidsvoll[e] wäre. Das wäre Schwindel, der mir bei Franzl ja auch gar nicht gelingen würde. Ich muß also tun, was meiner inneren Lage und meinem Wesen entspricht.«[48]

Tatsächlich zog der verlassene Ehemann Franz Krones jedoch Hildes Behauptung, ihre Liebespraxis mit der angestrebten höheren Lebens- und Beziehungsweise in Einklang zu bringen, in Zweifel. In Briefen an Hilde beklagte er seine Situation – als Rückkehrer in einer »erbarmungslosen Welt«[49], der »keine ›Heimkehr‹ erlebt«[50] habe. Zu Weihnachten 1946 schrieb er:

»Ich habe immer eine kleine, neue Gesellschaft um mich gebaut, in der Leben, Denken und Tun eine erquickende Einigkeit gewesen ist. Du warst in der schwersten Zeit ihr wichtigster Träger. Der Nachkrieg hat sie mir weggefegt – ich fühle mich obdach- und resonanzlos.«[51]

Franz und Hilde Krones ließen sich nicht scheiden – und Franz versuchte längere Zeit, Hilde als Liebespartnerin zurückzugewinnen. In seinen Briefen stellte Franz Hildes Liebeskonzept infrage, warf ihr – als einstiger »selbstgewählter Erzieher« – Inkonsistenzen zwischen politischen Ansprüchen und Lebenspraxis vor – sah sie, in einer belehrenden Argumentation, als »unfrei« – mutmaßlich, weil er sie an Erwin Scharf gebunden, als von ihm abhängig betrachtete. Ob Franz Krones dabei Passagen aus Erich Fromms (1945) Buch *Die Furcht vor der Freiheit* im Kopf hatte, lässt sich nicht mehr klären, Fromms (1995 [1956]: 41f.) spätere, von Spinoza übernommene Unterscheidung zwischen aktiven Affekten *(actiones)* und passiven Passionen (»Liebe ist eine Aktivität und kein passiver Affekt. Sie ist etwas, das man in sich selbst entwickelt, nicht etwas, dem man verfällt«, ebd.: 42), kommt seinem Argument jedenfalls nahe.

Franz Krones schrieb an Hilde:

»Du bist besetzt, Mädchen, Du bist unfrei. Und was viel schlimmer und für mich viel schmerzlicher ist, Du drapierst das als Freiheit. [...] Wenn Du Dich innerlich nicht frei machen kannst – nicht für mich, so primitiv bin ich nicht, sondern einzig und allein für Dich – dann steht alles auf dem Spiel, dann bist Du verloren für ihn, für Dich, für die Welt und doppelt für mich. Wer sich nicht befreien kann, vermag keinen Hund, geschweige denn die Welt zu befreien. Zur Freiheit gehört innere Stärke, innere Souveränität.«[52]

»Freiheit ist wunderbar – aber im Reich der Freiheit, nicht heute.«[53]

Franz bezeichnete Hilde sinngemäß als Machtpolitikerin,[54] warf ihr, geschult in Begrifflichkeiten sozialistischer Psychologie, vor, »Demagogin« in Liebesfragen, zur »Lebensschwindlerin« geworden zu sein:

> »Deine Lebenspraxis kommt in immer schärferen Widerspruch zu Deiner Lebenstheorie. In der Politik nennt man das Demagogie. Du weißt, ich bin kein Moralist. Zeitweiliger Schwindel, der dem Besseren, dem Höheren dient, kann gut und richtig sein, Tut er das in Deinem Fall? [...] Das persönliche Leben im bürgerlich-individualistischen Sinn ist ohne Zweifel grotesk überbewertet, weil es in Wahrheit im unlebendigen Panzer der bürgerlichen Prinzipien steckt. Das persönliche Leben eines wirksamen Gestaltens dagegen ist Fundament, Unterbau, Quelle, Maß, winziger Keim, des zu Gestaltenden.«[55]

Hilde notierte ihre Antworten auf diese Vorwürfe in Briefentwürfen an Erwin Scharf. Im August 1945 schrieb sie, auch im Hinblick auf den – antifeministischen – Vorwurf von Franz, ihre politische Praxis seit der Befreiung Wiens sei auf den Wunsch, Erwin zu gefallen, zurückzuführen:

> »Ich weiß nicht[,] wie ich das aushalten soll. Oh wenn ich wirklich die ›Grausame‹ wäre, die über Leichen geht, die totalitär aus-

gerichtet auf das[,] was sie will und anstrebt[,] nicht nach rechts und links blickt[,] sondern rücksichtslos ihren Weg geht‹[,] wie mir Franzl eben in Liebe und Haß entgegengeschleudert hat, dann[,] ja dann wäre es leichter. Aber bin ich die wirklich? Ich weiß es nicht. Oh ja – ich gehe meinen Weg. Oh ja[,] ich bin vielleicht dabei auch rücksichtslos – weil ich zu tiefst glaube, daß Rücksicht in solchen Dingen demütigender für den anderen, der Qualität besitzt, wäre als schonungslose Offenheit. Aber ich bin nicht grausam, weil ich selber darunter mehr leide[,] als ich Franzl und dir zeigen kann. Und was mich am meisten schmerzt, daß er – auch sicher in berechtigter Notwehr in dem menschlichen allzu menschlichen Bemühen auch mir weh zu tun – an meiner vollkommen von persönlichsten Motiven freien Hingabe an meine Arbeit zweifelt. Er wittert in dieser Hingabe das Motiv[,] Dir damit zu gefallen – Dir damit zu imponieren und dergleichen. Das verletzt mich – denn ich habe diese tiefste innere Beziehung und diese Hingabe gerade zum Teil gemeinsam mit Franzl erarbeitet – zum Teil mit tausend Schmerzen der letzten schweren Jahre erkauft und bin darauf stolzer als auf irgendetwas, das ich sonst in meinem Leben errungen oder erworben habe.«[56]

Besonders kompliziert wurden die persönlichen Verhältnisse durch die Wohnungssituation. Hildes Wohnung wurde Anfang April 1945 bei einem Bombenangriff beschädigt und sie musste sie räumen.[57] Im Mai 1945 konnte sie sich vom Wohnungsamt eine neue Wohnung im Ottakringer Sandleitenhof sichern – »als eine der ersten sicherlich in Wien«,[58] deren Mietvertag aufgrund des patriarchalen Eherechts aber auf ihren abwesenden Ehemann Franz Krones ausgestellt werden musste.[59] In ihr Brieftagebuch notierte sie:

»Eigentlich wollte ich das ohnehin nicht gerne – nicht weil ich Untermieterin bin – aber aus verschiedenen anderen Gründen, die ich im Wohnungsamt selbstverständlich nicht nennen konnte – aber die waren da sehr schematisch – Ehepaar – der Vertrag geht auf den Mann – punktum.«[60]

Diese Wohnung teilte sie sich nach Franz' Rückkehr mit ihm. Spätestens ab Juli 1946 gelang es Hilde, vermutlich durch ihre berufliche Tätigkeit bei der Austrochem, zusätzlich eine eigene »Bude« im 1. Bezirk zu mieten.[61] Ihr gemeinsamer Freund Fritz Löwy rekapitulierte dazu ironisch:

> »[Dann] hast Du ja dann glücklich das halbe Dutzend voll. Bei der Mutter ißt du, beim Franzl diskutierst Du, bei Ihm [*Erwin, Anm. G. S.*] lebst Du (und was halt in unserer lausigen Mannsbilderwelt dazugehört), im Geschäft verdienst Du, im Parteihaus arbeitest Du und in der neuen Bude willst Du also vielleicht leben oder ruhen, oder beides«[62].

Aber auch Franz Krones begann 1946 ein neues Liebesverhältnis, zu einer jüngeren Genossin, Liesl – seiner späteren zweiten Frau. »Anarchie um Anarchie«[63], schrieb er dazu an Hilde.

> »Ich habe dieser Tage zu Fritzl gesagt: ›Noch nie war soviel Anarchie in meinem persönlichen Leben als jetzt.‹ Mit tiefem Verständnis hat er darauf geantwortet: ›Aber Du erträgst sie doch ganz gut und sie ist auch recht schön.‹ Lebendige Anarchie ist schöner als erstarrte Ordnung – aber ist nicht lebendige Ordnung noch schöner? Kann es zu ihr nicht kommen?«[64]

Viele Jahre später wird Franz Krones das damalige Liebes- und Arbeitsverhältnis mit Hilde, Erwin Scharf und Liesl seinem Sohn gegenüber als Vorwegnahme der Beziehungsweisen von 1968 beschreiben.[65] Das Ende der engen Zweierbeziehung zu Hilde blieb aber eine Verletzung, wie er anlässlich von Hildes Geburtstag 1947 schrieb:

> »Was ist wahr? ›Unsere‹ elf Jahre[,] die zu einer unwahrscheinlichen Erinnerung geworden sind, oder die letzten zwei? Oder ist Beides unwahr? [...] Dazwischen klafft eine Kluft, die nicht einmal mein übermenschliches Verständnis zu überbrücken vermag. Ich verstehe nicht nur, ich begrüße Deine öffentliche Tätig-

keit im Sinne unserer Gelübde aus der Hitlerzeit. Ich [...] bin nicht nur bereit, [...] persönliche Opfer auf mich zu nehmen, sondern bin Dir dankbar für Deine Energie, Dein Geschick und Deine Unverdrossenheit. Ich verstehe auch das Andere. Meine grundsätzlichen Anschauungen auf diesem Gebiet sind nicht bloße Theorie. Ich verstehe nicht: die Veränderung deines Wesens in der Beziehung zu mir. [...] Wer die Welt verbessern will, muß fähig sein, sich selbst und seine allernächste Umgebung zu verbessern.«[66]

Einer der letzten im Archiv erhaltenen Briefe von Franz an Hilde Krones stammt aus dem Sommer 1948, als er »[b]ei einer einsamen Vorfeier« von Hildes 38. Geburtstag »in alten Briefen« kramte:

»Wie sicher wir damals waren – in persönlicher und gesellschaftlicher Beziehung! [...] 1944: ›Und Glück auf! Den nächsten Geburtstag will ich mir Dir gemeinsam verbringen!‹ – – Und der nächste Geburtstag kam – und es ward manches anders. Wie ungewiß wir doch heute sind – persönlich und gesellschaftlich! Aber wir müssen doch wieder zu einer Gewißheit kommen – das ist mein heutiger Wunsch«[67].

Tertschis Wut
Nicht nur Franz Krones stellte Hildes und Erwin Scharfs Beziehungskonzept infrage, sondern auch Erwins Ehefrau Therese – in den Briefen Tercsi (Terczi, Tertschi) genannt. Die Kärntnerin Therese hatte Erwin Scharf nach dessen Entlassung aus der NS-Haft im Herbst 1940 kennengelernt und bald darauf geheiratet, die beiden bekamen zwei Kinder (Scharf 1988: 53). Tertschi reiste 1945 nach der Rückkehr ihres Ehemanns von den Partisan:innen in Slowenien, wo er sich seit 1944 aufgehalten hatte, mehrmals über die Besatzungszonengrenzen hinweg zu ihm nach Wien – und musste sich mit der neuen Beziehungskonstellation vorläufig abfinden. Gegenüber Hilde Krones bewahrte sie in ihren Briefen eine höfliche Form, zwischen den Zeilen setzte sie jedoch die Waffen der Ehefrau und Mutter ein, etwa als sie Hilde in ihrem ersten Brief an sie,

im Herbst 1945, befragte, warum sie – im Gegensatz zu ihr – keine Kinder habe:

»Liebe Hilde! [...] Wenn ich jetzt an Erwin oder Dich denke und das tue ich ja sehr sehr häufig[,] gibt es fast keinen Stachel, denn ich weiß[,] wie ihr arbeitet und ich verstehe Erwin in Vielem (nicht in Allem) jetzt besser, denn je. Eines, Hilde, allerdings verstehe ich nicht und das ist: warum gerade Du, die ja Kinder so gerne hat[,] keine hast. Du hattest oder hast (das weiß ich nicht) doch deinen Mann bestimmt auch sehr sehr lieb. Gut, die Zeiten waren nicht darnach, aber schau[,] wie war es denn bei uns? Anders? Ich glaube[,] nicht viel. Ich weiß, Du leistest jetzt Großes in der Partei, Du bist etwas (Du kannst dir nicht vorstellen wie jämmerlich, fast doof ich mir bei unserem Wiener Waldspaziergang vorkam)[,] aber ich glaube[,] hin und wieder muß es Dich doch grausen vor der ganzen Politik und da wäre es doch fein zu wissen, daß zu Hause ein kleiner Mensch ist, der keine Ahnung vom Verstaatlichen und Versozialisieren hat. Hilde, bitte sei mir nicht böse, aber ich glaube, die legale Politik allein kann gerade Dich auf die Dauer nicht befriedigen. Du schreibst selbst[,] du beneidest mich manchmal. Dazu ist absolut kein Grund, denn das was ich habe[,] kannst Du immer noch haben, wenn Du nur willst. [...] Du schreibst, daß es möglich ist, daß Erwin 14 Tage vor der Wahl zur Bearbeitung der Kärntner herunter kommt. Will Erwin das? Ich denke[,] gerade da wird er von Wien nicht weg können. (Nur meine bescheidene Meinung, allzuviel kapiere ich ja wirklich davon nicht. Ich bin ja nur die Frau des großen Mannes).«[68]

Nach Erwin Scharfs zweiter Reise nach Kärnten im Zuge des Wahlkampfs 1945 schrieb Therese an Hilde, »Gefühle lassen sich nicht brechen – So habt ihr beide mir erzählt. Ich bin vernünftig genug dies einzusehen«, erwähnte jedoch auch ihre Tochter, auf die Hilde durch die Sendung eines Mohnkuchens »unerhörten Eindruck gemacht« habe. »Außerdem hat sie so aufgeschnappt, daß du mit Erwin ißt und ihm die Strümpfe stopfst«[69] – im Folgebrief sandte Therese

Hilde Erwin Scharfs Kragenweite[70] – »jetzt ist ihre rege Phantasie in Kraft getreten. Es ist unglaublich, was so ein Kind fragen kann. Vor allem will sie wissen, warum die Tante Hilde noch nicht da war.«[71]

Im Dezember 1945 fuhr Therese Scharf wieder nach Wien, wo es auch zu einem Treffen mit Franz Krones kam. In einem Briefentwurf bezog sich Hilde Krones auf einen Theaterbesuch mit Therese anlässlich dieser Reise und zog dabei, wie öfters (vgl. Kap. 5), Parallelen zwischen Kunsterlebnis und Leben:

»Meine liebe Terczi! ›die ganze Welt ist eine Bühne und alle Frauen und Männer bloße Spieler, sie treten auf und gehen wieder ab …‹ – (Shakespeare – ›Wie es Euch gefällt‹.). Ja und wir haben unsere Rolle gut gespielt – wir beide. Wir haben geplaudert und uns für tausend Dinge interessiert[,] nur um nicht von dem einen, das uns wirklich am Herzen liegt[,] reden zu müssen[.] Wir waren im Theater und haben fremde Konflikte nachgefühlt – um die eigenen weniger zu fühlen. Wir haben unsere Rolle gut gespielt – nur manchmal zwischendurch da kamen wir in Gefahr[,] aus ihr zu fallen – Da schien es, als wolltest Du, die Du zu herbem verbittertem Sichverschließen neigst, in kaltem Schweigen erstarren – als wollte ich, die ich zu ungestümen, dynamischen Herausarbeiten neige, in heißer Bedrängnis herausschreien. Aber das waren nur Minuten, dann hatten wir uns wieder in der Gewalt und – redeten wieder von etwas ganz anderem. […] Als ich am Montag Abend, da Franzl vom Sekretariat schon weg war, allein zurück trabte, da hatte ich auch das ungute Gefühl, daß unser Abschied nicht unserem wirklichen Gefühl entsprach – daß er frostiger war[,] als ich es gewünscht hatte. Und auch ich habe mein Gewissen erforscht. Von Ärger und dergleichen kann natürlich nicht die Rede sein. Aber sieh – ich spürte, daß du leidest und ich konnte dir keinen wirksamen Trost geben – das macht mich immer unsicher und über meine Absicht hinaus zurückhaltend. […] Und dabei hätte ich dir zum Abschied sogerne beide Hände statt einer gereicht und hätte Dir aus tiefstem Herzen sagen mögen – kameradschaftliche tapfere Frau, ich danke Dir für jedes freundschaftliche Wort und erkenne gerade daraus deinen Wert. Wenn Du bloß besitzen wolltest und festhalten[,] dann müsstest du mich hassen […].«[72]

Obwohl Therese und Hilde in ihren Briefen trotz der komplizierten Situation »ihre Rollen spielten«, öffnen Briefe von Therese Scharf an Franz Krones ein anderes Register der involvierten Gefühle. Therese zog Franz Krones ins Vertrauen und berichtete ihm von ihrem Versuch, in Wien eine Wohnung zu erlangen, um ihrem Ehemann näher zu sein. Hilde graute vor diesem Plan.[73] Im April 1946 schrieb Therese nach einer weiteren Reise in die Hauptstadt an Franz, sie sei

> »das erste Mal sehr ungern, nicht wutschnaubend und nur ein klein-bißchen erbittert von Wien weggefahren […]. Ich hatte Montag eine lange Aussprache mit Hilde[,] von der Du vermutlich wissen wirst. Hilde gab mir da einige Ratschläge bez. wie sie es in meinem Falle machen würde. Da ich aber Tercsi und nicht Hilde bin, nehme ich diese Winke mit dem Zaunpfahl nicht zur Kenntnis. Selbst auf die Gefahr hin, in den Verdacht zu kommen, ›meinem Mann nachzulaufen‹ od. ›selbst keinen Stolz zu besitzen‹.«[74]

Sie wolle den Kampf um Erwin nicht »mir nichts, dir nichts aufgeben«. »Von einer Wohnung in Wien hat er allerdings Angst. Schön, das muß er machen, wie er will oder kann.« Das Wohnungsziel wolle sie durchsetzen, »und zwar auf meinen Namen. Diesen letzten Satz bitte ich Dich Erwin oder Hilde nicht zu sagen.«[75]

Für Franz' Umgang mit der Situation – den Versuch, weiterhin für Hilde da zu sein und auf ihre Rückkehr zu hoffen – zeigte sie Unverständnis: Die Angelegenheit sei »traurig und zwar schon deshalb, weil ich (eigentlich ja wir beide) ohne mich wehren zu können einfach vor die Tatsache gestellt wurde[,] plötzlich nur noch auf dem Papier verheiratet zu sein.«[76] Seinen »Hoffnungsglauben« teile sie nicht,

> »[d]a bin ich mir selbst noch zu gut. Es kommt mir vor, wie ein altes Kleid, daß [sic] man nicht mehr mag und in den Winkel

schmeißt, plötzlich sich aber seiner wieder erinnert und es wieder für einige Zeit trägt, um es dann abermals wegzuwerfen.«[77]

Nicht »sexuelle Untreue« werfe sie Erwin vor, so Therese einige Wochen später, »[s]o etwas war mir mein Leben lang gleichgültig und wird es vermutlich auch weiter sein! Viel böser ist es mit der anderen Untreue und die ist ja wohl der Haken[,] der mich nicht zur Ruhe kommen läßt.«[78] »Die Novelle von Schnitzler«, die Franz zur Beschreibung der gemeinsamen Lage ins Spiel brachte, kenne sie nicht, »aber ich habe Dich immer beneidet um dieses Lebensverständnis.«[79] Jedenfalls helfe ihr die »herrliche Sonne und Schönheit der Natur« in Kärnten,

»ruhig und friedlich zu sein. Die Kinder und ich gehen schon fleißig baden. Die Kinder! Ja das ist so eine Sache für sich[,] über die weiter nachzudenken[,] mich oft graust. Was machen unsere zwei lieben Nationalräte? Immer nur Sitzungen? Eigentlich glatt zu bedauern. Wie kann man sich das ohnedies so kurze Leben nur so schwer machen!«[80]

Franz gegenüber formulierte Therese auch ihre *Wut* gegenüber Erwin und Hilde. Sie »hoffe im Stillen[,] daß sich beide tüchtig den Kopf anrennen. Bösartig solche Wünsche, sicher! Aber jeder Mensch hat eine andere Art sich zu trösten.«[81] Trotzdem besprach sie im selben Brief die Möglichkeit, die Weihnachtstage 1946 zu viert zu verbringen.

»Habt ihr 3 Verbündeten wieder die gute Absicht zusammen einen Teil der Weihnachtsferien zu verbringen[,] so nehmt mich auf in Euren Bunde. Ich verpflichte mich Essen und ›gutes Benehmen‹ mitzubringen. So aus dem Gleichgewicht bringen, wie letztes Weihnachten kann mich nichts und niemand mehr. Fährst Du aber nicht mit, so will ich nicht weiter stören.«[82]

Im März 1947 bat Therese Erwin und Hilde erneut, ihr in Wien eine Wohnung zu besorgen. Doch

»[d]ie Moral in Wien scheint aber irgendwie gestiegen zu sein, jedenfalls hielten unsere Nationalräte es für unmöglich für mich eine besondere Wohnung anzufordern. [...] Kurz und gut wir einigten uns, daß er (bez. Hilde) sich bemühen wird[,] eine Wohnung für mich in Baden, Mödling, Klosterneuburg oder so wo in der Nähe [...] Wiens anzufordern. [...] [D]ie gereizte und vorwurfsvolle Stimmung zwischen Erwin und mir ist Gott sei Dank einem beiderseitigen freundlichen Entgegenkommen gewichen und darüber bin ich unendlich froh. Ich hatte diesmal das 1. Mal nicht das Gefühl, daß ich den beiden verhaßt bin bzw. daß sie mich als weit unter sich stehend betrachten.«[83]

Unerfüllte Bedürfnisse
In den – vermutlich teilweise nicht abgeschickten – Briefentwürfen von Hilde Krones an Erwin Scharf weist diese den Geliebten auf ihre Bedürfnisse als Frau hin, versucht, dem »robusten und harten« Ex-Partisanen ihre Gefühlslagen zu erklären und ihn schonend auf emotionale Defizite und solche als Liebhaber hinzuweisen.

Bei der Lektüre dieser Texte beeindruckt die Formulierung expliziter, selbstbewusster weiblicher Sexualität. Von ihr gebrauchte biologische Erklärungsmuster, die eine spezifisch weibliche Psyche postulieren, offenbaren auf der anderen Seite eine Differenz zur feministischen Sprache nach 1968. Hilde Krones hatte keine anderen Begriffe zur Hand, um ihre Empfindungen und Wünsche in Worte zu fassen. Das Unbehagen, das die biologischen Argumente heute umgibt, speist sich aus der von der Neuen Frauenbewegung formulierten Forderung nach Äquivalenz und Gleichheit in Gefühlsfragen, die Liebesbeziehungen in dieser Hinsicht in »Objekte der Prüfung und Kontrolle« verwandelt hat (Illouz 2011: 318). Dieses Unbehagen lässt sich jedoch auch als Erkenntnishilfe dafür nutzen, dass die Neuformulierung einer auf Gleichheit aufbauenden Liebe bis in die Gegenwart nach einer »Neudefinition von Erotik und romantischen Sehnsüchten« verlangt, dass die Suche nach »neue[n] Formen leidenschaftlicher Liebe« bis heute andauert (ebd.: 347, 441f.).

So schrieb sie im Hinblick auf ihre Tendenz, »Glück in Leid und

Bedrücktheit zu verwandeln«, in einem der ersten Briefentwürfe im Sommer 1945:

»Weißt Du, mein Lieber, ich glaube fast, daß dies sicher naturgebundene Ursachen hat, daß dies auf tiefe biologische Unterschiede zwischen Mann und Frau zurückgeht. Der Mann lebt seine Freude, seine Sehnsucht, seine Liebe biologisch und damit wohl auch physiologisch aus sich heraus – bei der Frau ist das umgekehrt – die Freude und das Glück fallen wie schwere Tropfen in sie hinein. Auch dort[,] wo es biologisch nicht so zugeht[,] wie die Natur es eigentlich vorsieht, ist das physiologische Erleben darauf gerichtet, dieses Glück zu hüten – behutsam zu bewahren. [...] Aber ich will immer an eines denken – als ich an jenem Sonntag nach dem Franzl kam – voller Ahnung schon aller kommenden Schwierigkeiten neben Dir am Donauufer saß – Da hab ich mir eines fest vorgenommen – wie immer alles ausgehen möge – ich will die Zeit unseres Beisammenseins so gestalten, daß sie für dich, wenn irgend erreichbar, zur schönsten Zeit deines Lebens werde.«[84]

In einem späteren Briefentwurf notierte sie bezüglich des Versuchs, zu einem Ausgleich der Temperamente zu kommen:

»Du bist in manchen Liebesbezeugungen nicht sparsam – in manchen recht sehr. Und ich würde davon ein bisserl mehr brauchen. Nicht weil ich an Worten hänge[,] sondern weil ich innerlich doch noch unsicher, labil bin. In dem Maße[,] als sich das festigt[,] werde ich weniger daran hängen. Es wird schon werden! Ich glaube fest daran, ich bin voll Zuversicht und ich habe das Gefühl[,] daß wir uns in den inneren, persönlichen Kämpfen der letzten Wochen innerlich recht viel näher gekommen sind. Die gemeinsamen Versuche Thercsis und Franzls – eine Entscheidung in ihrem Sinne herbeizuführen[,] haben uns noch enger aneinander geschweißt. Du bist robust und hart – das ist eine gute Wehr und Waffe im politischen Kampf[,] den wir führen – Du bist es auch im Persönlichen, daran stoße ich mich oft verzweifelt. Ich bin unsentimental und sachlich in allen Dingen der Welt – und ich bin [es] wenig – wahrscheinlich zu wenig im Persönlichen. Das ist die Divergenz. Wir werden uns noch aufeinander einspielen müssen – wenn wir beide wollen[,] geht es sicher. Denn die Voraussetzungen – eine starke[,] fast einmalige Anziehungskraft, sind vorhanden: Ich müsste Dich ein bisserl härter, konsequenter und sachlicher behandeln, Du hättest dann mehr Achtung vor mir. Du müsstest mich rücksichtsvoller behandeln – einen etwas größeren Beitrag zur Gemeinsamkeit leisten – das würde meine Zuversicht und Kraft vervielfachen.«[85]

Im Hinblick auf sexuelle Schwierigkeiten in der Beziehung vermerkte sie zur selben Zeit, dass mangelnde Zärtlichkeit des Partners ihr eigenes Liebeserlebnis manchmal trübe:

»[I]ch glaube der größte Teil der Frauen wird soetwas hinnehmen ohne, daß der andere es vielleicht auch nur merkt […].«[86] Doch »[t]rotzdem ich manchmal ›mit dir unzufrieden bin‹ – wie du sagst – hab ich zutiefst das Gefühl, daß Du mich erst gelehrt hast[,] was lieben heißt.«[87]

Dass Hilde Krones Erwin Scharf trotz allem also zu einem Lehrmeister in Liebesdingen erklärte, dass sie in der Beziehung offenbar Aufgaben der Sorgearbeit übernahm und ihm die Socken stopfte – wie Therese Scharf schrieb –, dass sie eigene Schwäche und Unsicherheit in der Beziehung betonte, erscheint aus heutiger Sicht ebenfalls als Moment, das der Forderung nach Äquivalenz in der Liebesbeziehung widerspricht.

Aus dem Frühjahr 1947 stammt der letzte erhaltene Briefentwurf Hilde Krones' an Erwin Scharf, in dem sie erstmals die Beziehung mit ihm infrage stellte. Grund dafür war offenbar das Problem, wie sich die beiden verheirateten Politiker:innen in der Öffentlichkeit verhalten sollten. Aus den vorhandenen Korrespondenzen mit Familie, Bekannten und Genoss:innen geht hervor, dass die Beziehung von Erwin und Hilde zwar wohl ein offenes Geheimnis war, diese jedoch weder in ihrem politischen Umfeld noch der medialen

Öffentlichkeit zum Thema gemacht wurde. Hilde Krones' Versuch eines ›revolutionären‹ Neubeginns 1945 zumindest in der Liebe wurde durch Erwins offenbar vorhandene »Bedenken«, sich mit ihr »in der Öffentlichkeit zu zeigen«, infrage gestellt. Es sei

> »nicht nützlich für uns – Das heißt nicht nützlich für Dich – denn mir kann es naturgemäß weder schaden noch nützen[,] abgesehen davon, daß ich jeden Schaden mit Bewußtsein in Kauf nehme[,] in der tiefen Überzeugung, daß man nichts im Leben geschenkt bekommt – alles hat seinen Preis!«[88]

Sie fragte sich:

> »Wie weit ist der Weg[,] bis Du mir sagen wirst – es sei nicht nützlich für uns – überhaupt beisammen zu sein? [...] Ich bin kein Liebchen, das man verstecken kann – das man heimlich[,] wenn man eben das Bedürfnis danach hat[,] in der Eile liebkost und in der Öffentlichkeit verleugnet. Ich weiß, wir haben politische Rücksichten zu nehmen – aber sowenig mir in der Politik der heimliche Weg der Intrige, des Erschleichens und Erkaufens von Sympathien und Erfolgen liegt – sowenig bin ich auch im Privaten für so ein Versteckenspielen geeignet. Ich halte recht wenig von Taktik in der Politik und im Privatleben – Bekennerkraft – Ertragen der Konsequenzen und klarer offener Kampf haben mich in der Politik und im Privaten immer besser geführt[,] weil sie aus meinem tiefsten Wesen kommen und weil auch der Feind diese Äußerungen meines Wesens nicht vollkommen mißachten konnte, auch wenn er sie bekämpfte. Ich leide als Weib – als weit stärker [g]efühlsgebundener Mensch als Du – viel mehr als Du unter der Schwere der einmal bestehenden Situation – und vielmehr als ich Dir normalerweise ahnen lasse – [...] Für mich gibt es jetzt 2 Möglichkeiten a) Gleich die Konsequenzen aus der Tatsache, daß Du anfängst über die Nützlichkeit unserer Beziehung nachzudenken (ein gefährlicher Punkt!)[,] zu ziehen und still zu gehen. [...] b) Zu bleiben[,] so lange Du willst[,] glücklich zu sein[,] so lange ich

darf[,] und darauf zu warten[,] bis Du mich wegschickst. Ein freud und leidvoller – und demütigender Weg. Der erste ist der Weg des Stolzes – des Selbstbewußtseins[,] das zweite der Weg der bedingungslosen Liebe, die eine Gefahr für die Persönlichkeit sein kann. Es gäbe noch einen dritten Weg – der könnte Aufrechterhaltung der Beziehung und Schonung meiner Persönlichkeit – Beweis Deines Bedürfnisses nach Fortsetzung unserer Freundschaft sein – Zu dem müßtest Du natürlich beitragen. Ich habe keine oder recht wenig Hoffnung, auf Deine freiwillige Hilfe rechnen zu können. Ich müßte dazu die Kraft haben, Dich vor Alternativen zu stellen – und das wäre schon der halbe erste Weg. Erwin – ich bitte Dich um Deine Hilfe – ich will nicht Mitleid schinden – aber es geht mir nicht gut – Und ich bitte Dich um eines [–] sei barmherzig und anständig – wenn Du ernsthaft glaubst, daß eine Fortführung unserer Beziehung aus politischer Erwägung nicht nützlich ist – ich bin zu jedem Opfer für Dich bereit – oder wenn Du sonst irgendwelche privaten Gründe heute oder später hast – dann sag es mir – laß es mich nicht nochmal noch an Kleinigkeiten merken. Fürchte Dich nicht – ich werde vielleicht ein paar Tränen nicht zurückhalten können, aber ich werde still und unbemerkt aus Deinem persönlichen Leben gehen und dennoch immer bleiben«[89].

Mehr als 40 Jahre später wird Erwin Scharf in einer Stellungnahme zum Aufsatz von Doris Ingrisch, in dem dieser Brief erstmals zitiert wurde (Ingrisch 1989: 325), davon schreiben, dass er einen solchen nie erhalten habe. Die Lektüre des mutmaßlichen Entwurfs, den er nicht kannte, habe ihn bestürzt. Der Inhalt entspreche nicht den Tatsachen und er vermutete, dass es sich bei den Briefen um Aufzeichnungen handle, »mit denen Hilde über ihre eigene Situation Klarheit zu bekommen suchte«[90]:

»Mit wenigen Ausnahmen waren Hilde und ich täglich beisammen, daher gab es kaum Briefe zwischen uns. Zweitens zeigten wir uns täglich in der Öffentlichkeit. Das Thema stand bei uns nie zur Diskussion. [...] Etwas anderes war es, als der übervorsichtige Taktiker Franz Krones in der Zeit der massivsten Konfrontation mit dem Parteivorstand der SPÖ empfahl, uns seltener gemeinsam in der Öffentlichkeit zu zeigen. Hilde sollte nach Möglichkeit bei ihrer innerparteilichen Argumentation nicht belastet sein.«[91]

Quellen zum letzten Jahr der Beziehung von Hilde Krones und Erwin Scharf finden sich im Nachlass kaum. In einem Brief von Therese Scharf an Franz Krones aus dem Herbst 1948, in dem diese die im selben Sommer gemeinsam verbrachten Tage mit Franz und Liesl, Hilde und Erwin in Kärnten rekapituliert, schreibt sie bitter und durchaus spöttisch von einem »Sommerintermezzo« Erwins mit einer anderen Frau, das die Stimmung Hildes getrübt habe.

»Ich wollte[,] Erwin hätte sie [*das Intermezzo, Anm. G. S.*] am Tage nach seiner Abreise engumschlungen mit so einem Jimmy[92] gesehen, dann hätte er einmal den Beweis gehabt, daß seine Frau in punkto Menschenkenntnis doch schlauer ist, als er. Hilde äußerte […], daß sie 10 Jahre nicht mehr nach Kärnten fährt, die Luft ist ihr nicht bekommen. Das tut mir ausgesprochen leid. Vielleicht wird sie bei längerem Zusammensein mit Erwin doch auch in diesen kleinen Dingen großzügiger. Erwin ist und bleibt nach außen hin ein Gefühlsathlet.«[93]

Bei der Auseinandersetzung mit dem Nachlass von Hilde Krones zeigt sich die politologische Relevanz der hier dargestellten ›privaten‹ Beziehungsnöte von Hilde Krones und ihrer Gefährt:innen – des frühen Versuchs, eine politische »Lebenstheorie«[94] und -praxis der Liebe zu entwickeln – nicht zuletzt durch die Aktualität, die die Suche nach neuen »Formen leidenschaftlicher Liebe« (Illouz 2011: 441f.) und solidarischen, auf Gleichheit beruhenden Beziehungsweisen nach wie vor hat. In der Gegenwart werden unterschiedliche kritische Gefühlspädagogiken der Liebe formuliert, die sich zwar durch ihre explizite Kritik an heteronormativen Liebes- und Beziehungskonzepten romantischer Liebe oder durch die dezidierte Propagierung von Polyamorie (vgl. dazu z. B. Easton/Hardy 2009) von den in dieser Arbeit rekonstruierten Beziehungsmodellen der »Generation der Vollendung« unterscheiden. Gemeinsam haben sie jedoch mit diesen ihren stark normativen und politisierten Charakter, den Versuch, persönliches Liebesleben und emanzipative politische Transformation zu verbinden.

Dass solche Gefühlspädagogiken in der Praxis auf die Probe gestellt werden, dass sie durch politische Rahmenbedingungen stark erschwert werden können, zeigen die Briefe in diesem Kapitel. Ihre Lektüre deutet auf die Widersprüche und Leerstellen normativer Liebeskonzepte hin, darauf, dass auch progressive Liebespraxen Machtverhältnisse beinhalten, dass *feelings* wie Schmerz und Eifersucht zur Liebe gehören, die sich manchmal ihrer Bearbeitung entziehen – so schreibt Hilde Krones von ihrer Liebeserfahrung als »reines Gefühl«[95]. Sie zeigt aber auch, dass Liebe – wie Revolution – ein Perspektivbegriff ist, zu dem Zeitlichkeit, Erinnerung und Zukunftserwartung gehört, dass sie, gerade im Verständnis der Gegenwart, auch *endet* (Illouz 2018) – oder neu beginnt und somit, wie Sozialismus und Emanzipation, mit Gefühlen wie Trauer, Melancholie und Hoffnung verbunden ist.

Schwelle der Hoffnung und des Todes

Allgemeine Gefühle und Stimmungen im zerstörten Wien des Jahres 1945 beschrieb Hilde Krones in mehreren Rededispositionen aus dieser Zeit. Der Krieg sei aus, aber die Menschen hätten »noch kein wirkliches Gefühl für den Frieden«[96]. Zu finden seien »Betäubung, Lähmung, Hoffnungslosigkeit, Ziellosigkeit, kein Glaube an einen Ausweg, Arbeitsmüdigkeit, Politische Müdigkeit«[97]. In einem von ihr aufbewahrten Vortrag des Ökonomen Josef Dobretsberger heißt es, die Bevölkerung sei, »wie immer nach langem, übergroßem Leiden, apathisch«[98]. Auch Gegner:innen des Nationalsozialismus wie Hilde Krones, die den April 1945 als Befreiung erlebt hatten, waren von solchen Gefühlen betroffen. Mit Ausnahme der politisch »ganz Erfaßten«, so Hilde Krones, seien alle psychisch »unten durch. […] Jetzt lassen die Nerven, die zum Zerreißen gespannt waren, nach«, schrieb sie Anfang Juni 1945 in ihr Tagebuch.[99]

Solche gefühlspolitischen Überlegungen wurden zur gleichen Zeit auch von anderen Intellektuellen angestellt. In der ersten Ausgabe des 1946 gegründeten Theorieorgans der SPÖ, *Die Zukunft*, reflektierte Oscar Pollak, der aus der Londoner Emigration zurückgekehrte Chefredakteur der *Arbeiter-Zeitung*, über die politische Stimmung in Österreich. Auch er konstatierte Ungewissheit, Ärger und Apathie im Angesicht der Lebensbedingungen, daneben *Enttäuschung*, die sich aus dem Verhältnis zu den alliierten Befreiern ergebe – und sich bei Pollak, der in der *Arbeiter-Zeitung* eine strikte anti-sowjetische Linie verfolgen sollte, in erster Linie auf die ungeliebten russischen »Besatzer« bezog. Auch Pollak sinnierte über die ausgebliebene Revolution – eine »flammende Revolution, als die wir in unseren Hoffnungen während des Krieges die Befreiung vom Faschismus und von fremder Okkupation gesehen haben«, habe in Österreich nicht stattgefunden. Pollak sah stattdessen »eine verhüllte und sehr gemäßigte Konterrevolution« im Gang – »gegen eine Revolution, die bloß Hoffnung blieb. Eine Antwort auf etwas, das niemals Wirklichkeit wurde; eine fortschreitende Realität als Folge einer niemals real gewordenen Möglichkeit« (ebd.: 2).

Der ebenfalls aus dem Exil zurückgekehrte Autor Ernst Lothar (2019 [1949]: 373, 379) platzierte in seinem Roman *Die Rückkehr*, in dem die Ernüchterung eines Remigranten in Wien geschildert wird, zweimal die Einschätzung, wonach Hoffnung im Nachkriegswien »ein Wort aus einem fremden Wörterbuch« sei. Hilde Krones formulierte in dieser Hinsicht, die Menschen in Österreich stünden an der

»Schwelle des Todes, [der] Schwelle der Zukunft – Aber wir leben noch. Und wenn wir weiterleben wollen[,] dann müssen wir die uns hemmenden Trümmer wegräumen, dann müssen wir einen Ausweg suchen. Es bleibt uns keine Wahl, wir müssen hinauf und hinaus mit allen unseren Kräften und Fähigkeiten oder wir müssen verkommen.«[100]

Sie selbst warf sich mit enormem persönlichen Engagement und in zahlreichen politischen Funktionen in das politische Wiederaufbauprojekt, als Abgeordnete im Parlament, als Rednerin und Autorin, im Frauenzentralkomitee, im politischen Schulungswesen, in ihrem Bezirk, in der Wiener Landesorganisation, und auf Reisen durch ganz Österreich. Sie wurde nach der Wahl in den Nationalrat im November 1945 zur Berufspolitikerin, eine Entscheidung, mit der sie im Mai 1945 noch haderte. Denn

> »[d]as politisieren, organisieren, vereinsmeiern etc. liegt mir gar nicht recht – ich möchte in Wirklichkeit in irgendeiner Form helfen können – das wäre so eine Sache[,] bei der ich mit Leib und Seele wäre und gerne Tag und Nacht arbeiten wollte – etwas Fürsorgerisches – meinetwegen, beim Roten Kreuz oder in der Kriegsgefangenensuche oder sowas – das gäbe mir Befriedigung.«[101]

Ihre Tätigkeit bei der Austrochem setzte sie zunächst fort – dass dies über kurz oder lang zu Schwierigkeiten führen musste, blieb auch ihrem Umfeld nicht verborgen. So schrieb ihr ein ehemaliger Genosse aus Jugendtagen, nun in New York:

> »Du schreibst, dass Du bei aller politischen Arbeit Deinen Posten im Buero beibehalten hast. Ich verstehe Dein Gefühl sehr gut, warum Du Deine oekonomische Unabhängigkeit behalten willst. Ich glaube aber nicht, dass Du auf die Dauer imstande sein wirst, beide Funktionen zu erfuellen. Auf einer gewissen Stufe der Entwicklung gibt es nur einen Ausweg: Berufspolitiker zu werden. Ich sehe hier in Amerika, dass viele Leute gar nichts anderes als Berufspolitiker sind.«[102]

Im kurzlebigen Publikationsorgan der Sozialistischen Freiheitskämpfer *der kämpfer*, das im Frühjahr 1948 erschien, verfasste Hilde Krones die Kolumne *hinter der Pallas Athene*, in der sie sich der verborgenen parlamentarischen Tätigkeit in der repräsentativen Demokratie widmete, die »wahre Arbeit und die wahren Kämpfe«, die sich nicht auf offener Bühne, sondern »oft in den Ausschüssen und Unterausschüssen« abspiele. In ihrer Kolumne wolle sie »den Kampf aufzeigen, Erfolge aufzeigen und aufzeigen, wer Schuld daran trägt, wenn Gesetze oder Gesetzesteile nicht für, sondern gegen das Volk gemacht werden« (Krones 1948: 4). Die umfangreiche politische Alltagsarbeit, die sie von früh bis spät beschäftigte – neben ihrer Tätigkeit bei der Austrochem –, die Atmosphäre des Misstrauens in der Partei im entstehenden Kalten Krieg zehrten jedoch an ihren Kräften.

Fritz Löwy, der enge Freund, der nach seiner Rückkehr aus dem KZ Angestellter der Partei wurde, versuchte den Enttäuschungen des politischen Alltags mit Ironie zu begegnen. In seinen Briefen an Hilde Krones karikierte er »Krähwinkler Possen«[103] in der SPÖ, in einer – vermutlich – von ihm verfassten Satire beschrieb er die Verwandlung des stolzen sozialistischen Feuervogels Phönix in ein furchtsames »Pippihendi«, den Wandel ehemaliger Mitstreiter:innen aus den Reihen der Revolutionären Sozialist:innen – dem linken Flügel des Vogels – in fügsame Parteigänger:innen, verführt durch die Verlockungen des »guten Onkels« Adolf Schärf nach einem politischen Mandat:

»Der Oberste der alten Pharisäer« habe einen Zaubertrunk gebraut

> »und ersann einen Zauberspruch, um alle Federiche und Federinnen des linken Flügels auf den rechten [*Flügel*] zu bringen. [...] Der Trunk bestand aus der für solche Zwecke seit Jahrtausenden bewährten Milch der frommen Denkungsart, einigen Tropfen Mandelöl und Dattelsaft und einen Schuß Plakatkleister. Wenn die Leute diese ›Mandattelmilli‹ verlangten, klang es wie ›Mandatel will i!‹ Und wenn der Mundschenk beim Kredenzen den Zauberspruch murmelte: ›Feuerfeder, sauf und stirb!‹, so verstanden die gierigen Gäste ›Neuer Redner, lauf und wirb!‹ und bildeten sich ein, nun bald in aller Welt weit berühmt zu werden. Die Wirkung des Zaubertrunks aber war diese: die Feuerfedern, welche davon genossen, verloren sofort Feuer und Glanz und wurden ganz gewöhnliche Niemande und Adabeis. Das Mandelöl wurde ranzig, setzte sich im Wamst an und bildete den Grundstock zu einem richtigen Bonzenbauch. Der Dattelsaft – verdickte zu Sirup, machte das Blut träge und erzeugte den

südlichen [sic] Schleim der Speichellecker. Die Milch gerann zu Topfen, verpappte das Hirn und ließ keinen eigenen Gedanken mehr passieren. Und der Kleister wurde durch den Hosenboden ausgeschwitzt und kittete den Träger lebenslänglich mit seinem Mandatel zusammen.«[104]

So wie Fritz Löwy verfasste auch Hilde Krones satirische Texte zur Parteiarbeit, um die Konflikte innerhalb der SPÖ zu verarbeiten, etwa das humoristische Protokoll einer Klausurtagung im Herbst 1947.[105] Sie blieb dabei, an der Schwelle von Hoffnung und Tod, aber an die Partei gebunden. Ihr Festhalten an den politischen Schwüren der Illegalität, trotz der Verletzungen, die sie dafür einstecken musste, erscheint im Rückblick wie eine Form jenes *grausamen Optimismus*, den Lauren Berlant (2024: 9) als Begriff für gegenwärtige Gefühlsregime geprägt hat, »wenn etwas, das man begehrt, in Wirklichkeit ein Hindernis für das eigene Wohlergehen ist«.

Die Mühlen der Parteipolitik, die psychischen Belastungen der innerparteilichen Kämpfe nahm Hilde Krones zunächst in Kauf, denn ihr Hoffnungs- und Revolutionsbegriff war an die Autorität der Partei gebunden. Eine solche »säkulare politische Glaubenshaltung« (Kroll 2007: 9, zu Österreich vgl. 243–357) verband sie mit jenen kommunistischen Intellektuellen in der stalinistischen Sowjetunion und der (Re-)Migration, in deren »Zweck/Mittel-Logik« erst die versprochene Zukunft »für die Entbehrungen, Lügen und Mühen« der Gegenwart entschädigen würde – und nur wer bis zum Ende treu bliebe, dürfe mit der Auszahlung rechnen (Adamczak 2011: 76f.).

Phantombilder eines anderen Wiederaufbaus

Trotz dieser schwierigen (gefühls-)politischen Rahmenbedingungen finden sich im Nachlass von Hilde Krones auch Materialien aus den Nachkriegsjahren, die hauntologische Anziehungskraft ausüben: Im Juli 1945 berichtet Hilde Krones im Parteiausschuss der Wiener SPÖ, dass der Fotograf Franz Blaha eine sozialistische Bildstelle errichtet habe und »Bilder von den prominenten Genossen« mache.[106] Blaha, zu dieser Zeit ein bekannter Pressefotograf, ist es auch, der – vermutlich wenige Wochen später – eine

Serie von Fotos schießt, die Hilde Krones gemeinsam mit Franz Krones, Erwin Scharf und anderen Genoss:innen bei Aufräumarbeiten in den Straßen von Ottakring zeigt. Die Bilder besitzen jenes *punctum*, von dem Roland Barthes (1989) in seiner berühmten Abhandlung über *Die helle Kammer* schreibt. Es sind Fotografien, die eine affektive Reaktion beim hauntologischen Betrachtenden hervorrufen, Phantombilder eines *anderen Wiederaufbaus*. Die Bilderserie zeigt Mitglieder der SPÖ Ottakring, die zur Arbeit antreten, um ihren Bezirk vom Bombenschutt zu befreien (Abb. 11–16). Vorne marschieren die Frauen, in der ersten Reihe Hilde Krones mit geschultertem Spaten (2. v. r.), später sieht man sie gemeinsam mit Franz Krones, Erwin Scharf und einer vierten Person – einer jungen Frau im Dirndl-Kleid, die auch auf allen anderen Bildern zu sehen ist –, wie sie einen Handkarren schieben, mit dem sie gemeinsam Schutt wegfahren.

Eine Reihe von Fragen lässt sich zu diesen Bildern im Zusammenhang mit ihrem Auffinden im Archiv stellen (vgl. dazu allgemein aus diskursanalytischer Sicht Doßmann/Regener 2018: 235): Für welchen Zweck wurden sie aufgenommen, mit welcher Intention des Fotografen? Welche Rolle spielte Hilde Krones selbst für die Produktion der Serie? Wie wurden die Bilder in der Folge verwendet, »wozu wurden sie benutzt, welche (neue) Funktion erlangten sie in jeweils neuen Kontexten?« (ebd.)

Der Fotograf Franz Blaha hatte seit seinem Berufseintritt als Pressefotograf 1937 bereits in mehreren politischen Regimen gearbeitet: Er betrieb seit 1926 ein Geschäft für Foto- und Kinogebrauchsartikel, war 1934 als Werbemitarbeiter in den bis zu den Februarkämpfen sozialdemokratischen Vorwärts-Verlag eingetreten und hatte sich nach dem »Anschluss« 1938 unter anderem mit einem eigenen »Photodienst« selbstständig gemacht (Holzer 2014: 330, 424, 466f.). Von Hilde Krones als »Genosse« bezeichnet,[107] hatte Blaha vermutlich tatsächlich ein Naheverhältnis zur Sozialdemokratie, so wurde sein Verhalten in den Anschlusstagen 1938 von seinem ehemaligen Redaktionskollegen im Vorwärts-Verlag Maximilian Reich, der als Jude nach den Nürnberger Gesetzen sofort entlassen wurde, als freundschaftlich beschrieben (Reich/Reich 2007: 45). In einer NS-Beurteilung anlässlich von Blahas Antrag um Aufnahme in den Reichsverband der Deutschen Presse heißt es kritisch, Blaha sei »rot eingestellt« gewesen und zeige für die nationalsozialistische Bewegung »kein großes Interesse«.[108] Dennoch war er 1938 durch die Vertreibung und Verfolgung jüdischer Berufskollegen auch Profiteur des neuen Regimes (Holzer 2014: 330) und als Fotograf »führender Marktvertreter« im nationalsozialistischen Wien gewesen (Krammer 2022: 273). Nach 1945 konnte Blaha nahtlos an seine Pressekarriere anknüpfen; er dürfte umgehend seine Kontakte zur Sozialdemokratie erneuert haben, baute eine Bildstelle – das heißt ein Archiv für fotografische Werbemittel – der Partei auf und gehörte außerdem zu den Gründungsmitgliedern des Syndikats der Pressephotographen und Pressebildagenturen Österreichs.

Seine Bilderserie lässt sich so einerseits als Versuch der Rehabilitierung sehen: als Inszenierung eines sozialdemokratischen Wiederaufbaus, als Fotoserie, die auch als Material für die Sozialistische Bildstelle und als Sujet für den Nationalratswahlkampf 1945 dienen konnte; gleichzeitig aber auch als Freundschaftsdienst für Hilde Krones, die die Bilder als Mitglied des Parteivorstandes möglicherweise in Auftrag gegeben hatte.

Im Nachlass von Hilde Krones finden sich neben dieser Serie zahlreiche private Fotos, die auf ihre Mitautor:innenschaft hindeuten, auch wenn sie selbst auf ihnen abgebildet ist. Das trifft vor allem auf Bilder zu, die sie Feldpostbriefen an Franz Krones beigelegt hatte. Diese vermutlich von ihrer Schwägerin aufgenommenen Bilder zeigen sie beim Lesen, Arbeiten oder in der Freizeit und sind mit Mottos und erklärenden Bildtexten versehen, wie etwa ihrer oft gebrauchten Parole »Arbeiten und nicht verzweifeln« auf einem Abzug, der sie am Wohnzimmertisch beim Verfassen eines Textes zeigt (Abb. 17). In den Feldpostbriefen finden sich auch mehrere Passagen, in denen Hilde und Franz Krones für die Zeit nach der Befreiung Situationen imaginieren, die jener auf den Bildern von den Aufräumarbeiten in Ottakring stark ähneln. So schrieb Hilde Krones im Sommer 1943:

Abb. 11–16: SPÖ Ottakring bei Schuttarbeiten, 1945 (VGA/Franz Blaha)

Abb. 17: »Arbeiten und nicht verzweifeln«, Hilde Krones um 1942 (VGA)

»Erinnerst du dich an deine zwei mir in diesem Brief beschriebenen Träume? Die Erzählung hat mich gestern beglückt [...] – mit dem Arbeiten auf der Straße – wir gemeinsam zupacken können bei sinnvoller Arbeit – das ist eigentlich alles[,] was ich mir für mein Leben noch wünsche. Nein, der Regen würde uns dabei wahrlich nicht stören, gelt.«[109]

Ein Jahr später, zum zehnten Jahrestag ihrer Beziehung, hieß es: »Miteinander ziehen dürfen am Wagerl der Geschichte die nächsten zehn Jahre – ist das zu unbescheiden? Das soll mein Wunsch sein zum heutigen Tag«[110].

In diesem Sinn erscheint die fröhliche Inszenierung in den Straßen Ottakrings als bildliche Metapher für Hildes Vorstellung von einer gelungenen, aktivistischen Beziehungsweise, als (Wieder-)Aufbauarbeit für eine bessere Zukunft.

Die Fotoserie war ganz offensichtlich im Hinblick auf einen politischen Verwendungszweck entstanden. Tatsächlich findet sich eine der Aufnahmen (Abb. 14) in dem von der SPÖ publizierten *Arbeiterkalender* 1946 (Kohlich 1946: 105), redaktionell betreut von der Sozialistischen Bildungszentrale, der Erwin Scharf als Parteisekretär vorstand.[111] Die Bildunterschrift der »Schuttaktion« (ebd.) stützt meine Interpretation, denn sie lautet, Vergangenheit und Zukunft verbindend: »Das Rote Wien wird wiedererstehen!«

Aufmarsch der Trümmerfrauen

Die Serie fügt sich in einen intertextuellen Raum ähnlicher bildlicher Motive ein: So existiert ein Wahlplakat der SPÖ für die Nationalratswahl im Herbst 1945, das ein ›rotes Paar‹, einen Mann und eine Frau, beim Ziehen eines Karrens zeigt, heraus aus dem Schlamm von »Krieg«, »Korruption«, »Massenmord«, »Arbeiterversklavung« und »Terror«, der Hakenkreuz und das Symbol der Deutschen Arbeitsfront hinter sich lässt (Abb. 18). In dem Wagen liegt eine stilisierte Landkarte Österreichs – in Rot –, davor ein Gesetzbuch, eine Lyra und die Allegorie der Justitia. Der Schriftzug »Wie 1918. Wählt sozialistisch!« setzt eine Analogie zwischen dem republikanischen Umbruchsjahr 1918/1919, in dem die SDAP zur staatsgründenden Partei der Ersten Republik wurde, und dem Wiederbeginn des Jahres 1945.

Eine ganz ähnliche, vermutlich vom gleichen Grafiker stammende Abbildung (Abb. 19) findet sich am 2. September 1945 in der *Arbeiter-Zeitung*, kurz nach Inkrafttreten des Verfassungsgesetzes über die Durchführung von Notstandsarbeiten im Gebiete der Stadt Wien, durch das bestimmte Gruppen der Bevölkerung zur Aufräumarbeit verpflichtet werden konnten (vgl. dazu Berg 2006, Tschiggerl/Walach 2022: 312). Ein Mann und eine Frau posieren lachend neben einem Handkarren, mit Schaufeln bereit zur Arbeit, zwischen ihnen liegt der Kriegsschutt, nationalsozialistische Publikationen (»Völkischer Beobachter«, »Mein Kampf«), eine Hitlerbüste, ein »Ahnenpass«, Stahlhelm, Säbel. »Ab morgen: Weg mit dem Dreck!«, heißt es darüber appellativ. Die beiden Grafiken ähneln drei Fotos aus der Bildserie von Franz Blaha bis hin zu Einzelheiten: So trägt Hilde Krones, wie die Frau auf dem Plakat und auf der Zeichnung, ein geknotetes Kopftuch – ein Detail, das in der Ikonografie der Nachkriegsjahre »zu einem Symbol zupackender Kompetenz« werden sollte (Kos 1994: 124). Die Rolle von Erwin Scharf als Parteisekretär und Hilde Krones als Vorstandsmitglied der Partei, die beide im Sommer und Herbst 1945 in die Konzeption und Produktion von Wahlplakaten involviert waren,[112] lässt die Frage aufkommen, ob die Fotos der Bilderserie eventuell sogar als Vorlage für die beiden Grafiken dienten. Es zeigen sich aber auch Unterschiede: Während weibliche Schuttarbeiterinnen – oft mit Kopftuch – auf vielen Fotos des Jahres 1945 zu sehen sind, und die Frauen der SPÖ Ottakring dem Zug der Parteimitglieder voranschreiten, ist die Frau auf den beiden Mediensujets hinter ihrem Partner platziert – eine Parallele zu vielen anderen Plakaten des Wiederaufbaus, in denen die heroische Männerfigur dominiert (Bandhauer-Schöffmann/Hornung 2006: 79f.). Die handelnden Personen in den beiden Grafiken werden außerdem auf zwei Menschen – ein heterosexuelles Paar – reduziert, während in der Bilderserie aus Ottakring sowohl das Kollektiv der Parteimitglieder als auch, in den Bildern mit dem Handkarren, eine Beziehungsweise aus vier Menschen, zwei Männern und zwei Frauen, zu sehen ist. Zumindest drei dieser Personen, Hilde Krones, Erwin

Abb. 18: Wahlplakat der SPÖ, 1945 (VGA)

Abb. 19: »Ab morgen: Weg mit dem Dreck!«, Arbeiter-Zeitung, 2. 9. 1945 (VGA)

Scharf und Franz Krones, waren, wie wir wissen, im realen Leben sowohl politisch als auch privat in einem komplexen Beziehungsverhältnis verbunden. In manchen sozialdemokratischen Medien war dafür offenbar kein Platz, die Gruppe verwandelte sich in eine idealisierte Zweier-Partnerschaft, die auf dem Plakat im parallelisierten Rhythmus der beiden Körper den Wagen zieht.

Die in der Bilderserie dokumentierte Marschkolonne der zur Arbeit antretenden Frauen und Männer eröffnet auf den ersten Blick einen breiten Assoziationsraum: Die paradierenden Parteimitglieder der Abbildungen 11 bis 13 ähneln einer militärischen Formation, wie die Soldaten der Roten Armee, die im April 1945 in Ottakring eingezogen waren. Kurz davor waren durch die Straßen des Bezirks noch uniformierte Soldaten von Wehrmacht und SS gezogen sowie Zwangsarbeiter:innen, die im nationalsozialistischen Wien gezwungen worden waren, den Schutt der Luftangriffe zu beseitigen (Tschiggerl/Walach 2022: 311). Auch damals waren vermutlich Passant:innen am Straßenrand gestanden, wie auf Abbildung 11, gleichgültig, ablehnend, oder zustimmend anfeuernd. Das Kollektiv der geordneten Kolonne ähnelt aber auch den politischen Aufmärschen der Zwischenkriegszeit, zitiert die Propaganda- und Festveranstaltungen des Roten Wien. Trotz dieser widersprüchlichen Assoziationen ist es im Blick zurück durch die Geschichte heute schwierig, die Fotos nicht in den geschichtspolitisch vertrauten Rahmen der »Trümmerfrauen« zu stellen – bildlicher Ikonen des Wiederaufbaus zwischen weiblicher Selbstermächtigung und nationaler und konservativer Restauration, die seit den 1980er Jahren von der feministischen Forschung kritisch in den Blick genommen, in den 2000er Jahren von der ersten rechtspopulistisch-konservativen Regierung aus bürgerlicher Österreichischer Volkspartei (ÖVP) und Freiheitlicher Partei (FPÖ) aber als alternative Opfergruppe des Zweiten Weltkriegs wiederentdeckt wurden (Bandhauer-Schöffmann/Hornung 2006, Pohn-Weidinger 2014, Tschiggerl/Walach 2022). Anders als es die populäre Erinnerung tradierte und die Bilderserie uns vermittelt, handelte es sich bei den meisten der realen Trümmerfrauen nicht um Personen, die, »vom Faschismus befreit – freiwillig –, für den demokratischen Wiederbeginn ihre Aufbauleistung erbr[achten]« (Thurner

1988: 408), sondern vor allem um ehemalige Nationalsozialistinnen, die etwa durch das Verfassungsgesetz über die Durchführung von Notstandsarbeiten zwangsverpflichtet wurden.[113] Als die geplante Arbeitspflicht zur Beseitigung der Trümmer im August 1945 im SPÖ-Parteivorstand behandelt wurde, zu diesem Zeitpunkt noch für »alle Männer und Frauen, die arbeitsfähig sind«[114], stellte Hilde Krones fest, dass diese Maßnahme »so manchen Widerspruch erregen wird. Darauf können wir aber nicht Rücksicht nehmen [...]. Die Freude über die eigene Tat wird bei Weitem darüber hinaus gehen und das Selbstbewusstsein unter der Bevölkerung und das Vertrauen in die eigene Kraft heben. Und das haben wir nötig«[115]. Zwar sind neben der hier abgebildeten Fotoserie, auf der die Genoss:innen aus Ottakring gleichsam mit gutem Beispiel vorangehen, auch andere Einsätze von sozialdemokratischen Aktivist:innen bei Aufräumarbeiten dokumentiert, die als Ausdruck von »civic pride« verstanden werden können (Berg 2006: 191), doch spielten solche freiwilligen Aktivitäten offenbar »zu keinem Zeitpunkt eine wesentliche Rolle« (Tschiggerl/Walach 2022: 306). Führte Hilde Krones hier also nun selbst einen ›Walzer auf der Bastille‹ für die Kamera des Bildjournalisten auf?

Spukender Ausdruck der Hoffnung
Auch wenn der Großteil der Fotoserie zunächst wahrscheinlich unveröffentlicht blieb, sollten einige der Bilder nach dem Tod von Hilde Krones im Lauf der Jahrzehnte in unterschiedlichen Medien erscheinen: Eine der Aufnahmen, die Hilde Krones im Gleichschritt mit ihren Genossinnen über das Pflaster schreiten lässt (Abb. 12), illustrierte einen Gedenkartikel zu ihrem fünften Todestag in Erwin Scharfs Zeitschrift *Der Neue Vorwärts*.[116] Das gleiche Bild erschien auch in Fritz Webers kritischer Geschichte zum Kalten Krieg in der SPÖ (2011 [1986]: 207). »Weg mit dem Schutt!« untertitelte Erwin Scharf in seiner Autobiografie (1988: 97) jene bereits 1946 publizierte Aufnahme, die ihn gemeinsam mit Hilde, Franz und »eine[r] Unbekannten« am Schuttkarren abbildet (Abb. 14). Doris Ingrisch (1989) wählte für ihren biografischen Aufsatz zu Hilde Krones ebenfalls dieses Bild sowie jenes, das Hilde singend in der ersten Reihe der marschierenden Frauen zeigt (Abb. 13).

Die sechs heute im Verein für Geschichte der ArbeiterInnenbewegung erhaltenen Abzüge waren nicht immer in diesem Archiv vereint: Ihre ursprüngliche Nutzung – als Medium zwischen privater Erinnerung und politischer Instrumentalisierung – und die politischen Antagonismen, die mit dieser Nutzung verbunden waren, erschließen sich im Archiv, wie in den meisten Bildarchiven (Sekula 2003: 445), nicht auf den ersten Blick, lassen sich aber doch rekonstruieren: Es ist zu vermuten, dass die Abzüge ursprünglich von Franz Blaha an Hilde Krones übergeben wurden. Zwei von ihnen gelangten gemeinsam mit ihrem Nachlass – vermutlich nach dem Tod von Franz Krones 1987 – in den VGA. Nach dem Erscheinen des Aufsatzes von Doris Ingrisch (1989) kamen mindestens zwei weitere Bilder aus dem Besitz der Witwe von Franz Krones in das Archiv. Diese waren bereits in Ingrischs Aufsatz verwendet worden. Ein Abzug des von Fritz Weber verwendeten Bildes (Abb. 12), der vermutlich aus dem Besitz von Erwin Scharf stammte, wurde von Weber an den VGA übergeben.

Welche Rolle als Medien spielen diese sechs Fotos nun für meine forschende Séance mit dem Archiv von Hilde Krones? In ihrer Beschäftigung mit utopischen Archiven und dem Zusammenhang von Spuk und soziologischer Erkenntnis hat sich Avery F. Gordon (2008, 2018) auch mit den geisterhaften Effekten der Fotografie beschäftigt. Sie bezog sich dabei auf Roland Barthes Unterscheidung von *studium* und *punctum*, von vernünftigem Interesse und gelehrter Bildinterpretation auf der einen Seite und der affektiven Anziehungskraft einzelner Fotografien auf der anderen Seite. Eine Anziehungskraft, die die individuellen Betrachter:innen »besticht […], verwundet, trifft« (Barthes 1989: 36). Barthes begründete den unheimlichen, magischen Charakter der Fotografie durch dessen »paradoxe Eigenschaft, das zu zeigen, was abwesend ist, womöglich verloren oder tot« (Gordon 2018: 243, Ü: G. S.) – das Abgebildete steht somit für die »Wiederkehr der Toten« (Barthes 1989: 17), beinhaltet aber auch die Evidenz des »Es-ist-so-gewesen«, verlagert das Reale in die Vergangenheit und nimmt so melancholischen Charakter an (ebd.: 89). Dies macht einen Aspekt des *punctum* aus: »[D]ie Photographie des verschwundenen Wesens berührt mich wie das Licht eines Sterns.

Eine Art Nabelschnur verbindet den Körper des photographierten Gegenstandes mit meinem Blick« (ebd.: 91). Unter anderem anhand von Fotografien seiner Mutter versuchte Barthes zu ergründen, welche Aufnahmen für ihn die affektiven Qualitäten des *punctum* aufwiesen, und brachte diese mit der Existenz eines »blinden Felds« (Barthes 1989: 66) in Verbindung. Anders als bei den auf das *studium* beschränkten Fotos, deren Personal nicht aus dem Rahmen tritt, sondern »betäubt und aufgespießt wie Schmetterlinge« betrachtet werden kann, »entsteht (erahnt man)« beim *punctum* ein solches Feld (ebd.). Barthes' Blick heftete sich auf überraschende Details des Bildes oder aber auf den spezifischen *Ausdruck* einer Person – seiner Mutter –, jenen seltenen Moment, in dem wir auf Fotos eine Person in ihrem Wesen wiederzufinden glauben, als Augenblick, der »das Subjekt zum Vorschein bringt« (ebd.: 118f.) – als geisterhafte Erscheinung.

»The punctum«, so Avery Gordon (2008: 108), »is what haunts«:

»Das blinde Feld ist das, was die Ankunft des Geistes anzeigt«; es wird »auf dem Foto nie als solches benannt. Wie sollte es auch? Es ist genau das, was von der anderen Seite der Fülle des im Rahmen zur Schau gestellten Bildes eindringt; das punctum beschwört es immer nur herauf, so wie die Notwendigkeit, es zu finden« (ebd.: 107, *Ü: G. S.*).

Aus der Bilderserie aus Ottakring vermitteln mir zumindest vier Aufnahmen das Moment des spukenden *punctum*, sie werden zu *Phantombildern*[117]: So entwickelt Abbildung 13, auf der Hilde Krones neben ihrer Schwägerin Hilda (2. v. l.) in der ersten Reihe der Ottakringer Frauen schreitet, hohe Anziehungskraft: Es scheint mir das unbeschwerte, fast tanzende Schreiten von Hilde Krones zu sein, die Sonne im Gesicht, der Gesichtsausdruck, bei dem sie zu singen scheint, das Lächeln ihrer drei Genossinnen, das sie vielleicht durch ihr Lied hervorgerufen hat, das den *Ausdruck* für ihr bewusst zur Schau gestelltes Gefühl der *Hoffnung* ausmacht. Melancholisch wird meine Betrachtung des Bildes durch das Wissen, dass sich diese Hoffnungen nicht erfüllten, dass wir hier Zeug:innen eines Wiederaufbaus werden, *den es so nie gab*, obwohl die Szene in jenem Sommer 1945 genau so auf einer Straße in Ottakring stattgefunden hat.

»Wer immer hofft, stirbt singend«, lautet eine mehrdeutige Passage in Alexander Kluges *Chronik der Gefühle* (2004: 1014) – und wir wissen um den Selbstmord von Hilde Krones, nur wenige Jahre nach diesem fröhlichen Bild. Und dennoch: Hilde Krones' Ausdruck vermittelt auch jene »Freude über die eigene Tat«, die sie im Hinblick auf die Aufräumarbeiten im Parteivorstand der SPÖ eingefordert hatte.[118] Die Freude wird zum Beleg dafür, dass ihr Leben bereits beglückende Momente revolutionärer Praxis enthielt, an die wir heute, herausgelöst aus dem Kontinuum linearer Geschichte, durch Erinnerungsarbeit anschließen können. Als Ereignisse, »die an sich denkwürdig sind und nicht wegen dem, was später kam« (Rigney 2018: 375, *Ü: G. S.*).

Ein zweites Moment des *punctum* vermittelt mir das ungewöhnliche Quartett – nicht Paar – der Protagonist:innen, das auf den Abbildungen 14 bis 16 den Handkarren schiebt. Drei von ihnen erkenne ich wieder, Hilde und Franz Krones sowie Erwin Scharf – zu ihnen gesellt sich erneut die fröhliche junge Frau im Dirndlkleid, die bereits auf den Abbildungen 11 bis 13 in derselben Reihe wie Hilde Krones marschiert – auch dort mit blendendem Lachen. Sie bleibt unidentifiziert, in Erwin Scharfs Autobiografie nur »eine Unbekannte« genannt, obwohl sie vermutlich dem Freund:innen-, Verwandten- oder Bekanntenkreis von Hilde Krones angehörte. Hilde Krones' Gesicht ist auf zwei der drei Bilder nur unvollständig zu sehen, auf Abbildung 14 blickt sie, so wie Erwin Scharf neben ihr, eher ernst drein. Es scheint, als ob sich die komplizierten Beziehungsweisen von Hilde Krones, Erwin Scharf und Franz Krones in der Szene auch abbilden. Aber ebenso wird die auf den Bildern festgehaltene gemeinsame Arbeit an diesem Tag zum Beleg für das »Es-ist-so-gewesen«, zur Evidenz ihres politischen und privaten Bündnisses, das über die enge Norm der Wiederaufbauikonografie hinausging und eine andere Zukunft zur Schau stellte. Das unbeschwerte Lachen der fröhlichen jungen Frau im Dirndl wirkt ansteckend. Diese Trümmerfrau, die es nicht gab, lädt zur Identifikation ein.

Die »Befreiung von Angst«

Zum versuchten Neubeginn von Hilde Krones nach der Befreiung 1945 gehörte ihr frauenpolitisches Engagement. Als Mitglied des Frauen-Zentralkomitees der SPÖ setzte sie sich innerparteilich stark für Frauenrechte ein. Gerade im geschlechterpolitischen Bereich hatten die emanzipativen Zukunftsversprechen des Roten Wien aber auch in den Gremien der Partei nun nur mehr schwache Geltung. Obwohl die Zahl weiblicher Parteimitglieder zu dieser Zeit bei gut einem Drittel lag, blieben diese als Delegierte auf den Parteitagen stark unterrepräsentiert (1946: 14 Prozent), ebenso im politischen Verwaltungsapparat, so war zum Beispiel die Anzahl bei den bezahlten Bezirkssekretär:innen verschwindend gering – sie lag 1945 bei 0,9 Prozent (Karlsson 1998: 18ff.).

Im Frauen-Zentralkomitee schlug Hilde Krones im Herbst 1945 vor, beim Wiener Parteivorstand eine Resolution zur weiblichen Parteitagsdelegierung »ihrer Mitgliedschaft entsprechend« einzubringen[119] – was im Wiener Parteivorstand glatt abgelehnt wurde.[120] Auch im Hinblick auf die »Vertretung der Frau durch die Frau« im Parlament[121] – der Prozentsatz weiblicher Wählerinnen betrug bei den Nationalratswahlen 1945 in Wien 61 Prozent (Krones 1946: 45) – forderte sie eine Resolution zur »wirksame[n] Kandidatur« auf den Wahllisten der SPÖ – scheiterte dabei bereits an ihren Genossinnen im Zentralkomitee.[122]

Dennoch gibt es Begriffe und Gefühle, die bei einer hauntologischen Befragung der frauenpolitischen Materialien aus dem Nachlass von Hilde Krones gegenwärtig erscheinen – sowohl was ausstehende Geschlechtergleichheit als auch ihre Durchsetzung betrifft:

So diskutierte im Dezember 1947 das erweiterte Frauen-Zentralkomitee der SPÖ das Motto für den Frauentag 1948.[123] Unterschiedliche Slogans wurden besprochen, die nicht zuletzt darauf abzielten, Frauen jenseits der bereits überzeugten Parteifunktionärinnen anzusprechen. Um den Vorschlag »Das Recht auf Arbeit« – gemeinsam mit »gleichem Lohn für gleiche Leistung«, eine Forderung der Frauenzentralkonferenz im Oktober 1947 (Frauenzentralkomitee 1947: 62)[124] – entspann sich eine Diskussion, an der sich auch Hilde Krones beteiligte.[125] Marianne Pollak, Journalistin und Redakteurin der sozialistischen Frauenzeitschrift *Die Frau*, brachte als Gegenvorschlag »Eine glückliche Welt unseren Kindern, Frauen, kämpft mit!« ins Spiel – als »zukunftsgläubiges« Motto, das einer breiteren Öffentlichkeit entgegenkomme.[126] Auch Rosa Jochmann, prominente Widerstandskämpferin und sozialistische KZ-Überlebende, sprach sich gegen das Motto »Recht auf Arbeit« aus, mit der Begründung, »doch alle Frauen zu unserem Frauentag heranziehen [zu wollen], aber die Frauen selbst neiden doch einander die Arbeit.«[127]

Bezeichnend im Lichte eines beschäftigungspolitischen Backlash von Frauen nach dem Krieg war die Wortmeldung der Gewerkschafterin Wilhelmine Moik:

> »[W]ir können das Recht der Frau auf Arbeit nicht zur Parole machen in einer Zeit, da so viele Frauen auf der Post und Bahn abgebaut werden müssen, weil sie sonst zu uns um Hilfe kommen, die wir ihnen nicht leisten können. Auch die Frauen der Heimkehrer, die wegen der Frauenarbeit nicht an ihre alte Stelle zurückkönnen, würden gegen uns sein.«[128]

Ihre Genossin Ferdinanda Flossmann ergänzte, sie hoffe,

> »dass in dem Motto zum Ausdruck kommt, dass die Frauen um ihre Selbständigkeit und nicht einen Kampf gegen die Männer führen wollen. Vielleicht wird man ein Motto finden, in dem auch vom Frieden gesprochen wird.«[129]

Dieser Bezug auf den Frieden war zeittypisch – schon ab 1945 wurden Frauen von der SPÖ »als Vertreterinnen einer besseren und friedlicheren Zukunft […] und daher in besonderer Weise als Verfechterinnen des Friedens adressiert« (Niederkofler 2009: 121f.) – das Thema des Frauentags 1946 hieß »Für den Weltfrieden« – und sollte sich auch 1948 wieder durchsetzen: Das Motto lautete schließlich »Frauen zweier Weltkriege kämpft für den Weltfrieden« (Frauenzentralkomitee 1948).

In der Sitzung formulierte Hilde Krones jedoch einen anderen Vorschlag: Sie sei gegen das von Marianne Pollak eingebrachte

Kindermotiv, »man müsste eine Parole finden, die allen etwas bietet, etwa ›Die Befreiung von Angst‹ oder [›]Recht auf Arbeit, Recht auf Leben, Recht auf Frieden‹«[130].

Im Licht ihres Konzepts von weiblicher Emanzipation, das um den Arbeitsbegriff kreiste, erscheint die Bezugnahme auf das »Recht auf Arbeit« nahe liegend. Ihre Zustimmung zum Friedensmotto könnte mit dem Versuch verbunden gewesen sein, parteiübergreifende Allianzen mit der KPÖ zu schmieden: In zwei vermutlich an Kontaktpersonen in der KP gerichteten Berichten schlug sie andernorts »Weltfrieden« als verbindende Parole vor, die von den Kommunistinnen als Angebot an die SPÖ-Frauen für gemeinsame Veranstaltungen genutzt werden könne.[131] Der Begriff wurde darüber hinaus bald zu einem Schlüsselkonzept kommunistischer Kampagnen im Kalten Krieg in Europa.[132] Die Erwähnung des »Lebens« entsprach ihrer Hoffnung, dass das Leben die Schwelle des Todes nach dem Schrecken der Kriegsjahre überwinden würde. Im Hinblick auf die spukenden Begriffe und politischen Gefühle ihres Archivs entwickelt der Begriff heute Aktualität nicht zuletzt durch zeitgenössische Theoretisierungen einer *Revolution für das Leben* (Redecker 2020), als »Aufstand der Lebenden« gegen die »kapitalistische Destruktion des Lebens« (ebd.: 10, 15, vgl. auch Kap. 9).

Noch stärker ist es aber die »Befreiung von Angst«, die mit hauntologischem Interesse berührt: Hilde Krones setzte sich in ihren Briefen und öffentlichen Auftritten immer wieder mit dem Begriff der Angst auseinander. So in ihrer Rede am SPÖ-Parteitag 1946, in der sie davor warnte, wenn die Partei »von Angst erfüllt sei« und daher vor inhaltlichen Auseinandersetzungen zurückschrecke – konkret sprach sie einerseits die Angst an, zum Schauplatz von »Weltmachtkämpfen« zwischen der USA und der Sowjetunion zu werden, die in Österreich wie in Deutschland zur Schaffung des Eisernen Vorhangs führen könnten, andererseits jene »vor dem schleichenden, systematischen Zunehmen des Einflusses der Reaktion in der Regierung, dem Verwaltungsapparat und der Exekutive«.[133] In den Feldpostbriefen an Franz Krones hatte sie selbst immer wieder von der »Angst und Sorge« um den geliebten Menschen geschrieben – und Franz Krones war es vermutlich auch, der in einem Nachruf in *Der Sozialistische*

Kämpfer auch ihre Angst vor dem NS-Terror schilderte – ein Gefühl, das sie mit jenem der Tapferkeit zu kontern versucht habe:

> »In ihren geliebten Bergen hat sie einmal, als wir sie wegen ihres Zögerns bei einem heiklen Quergang verlachten, die Formel geprägt: ›Mut ist einfach und leicht, Tapferkeit aber ist Leistung. Mut tut *ohne* Bedenken, Tapferkeit hingegen *trotz* Bedenken.‹ In diesem Sinne war sie sehr tapfer« (N. N. 1949: 2, Herv. i. Orig., vgl. auch Ingrisch 1989: 301).

Für den Blick aus der Gegenwart – die in vielen Ländern geprägt ist von autoritär-populistischer Politik mit der Angst (vgl. dazu Wodak 2016) – erscheint Hilde Krones' Motto von Jetztzeit erfüllt. Bini Adamczak (2017: 78) hat daran erinnert, dass Theodor Adorno (1994 [1936]: 173) »den Zweck der Revolution« einmal als »die Abschaffung der Angst« bezeichnete – eine These, die in der Formulierung der Revolutionären Sozialistin Krones zumindest mitschwingt und die konkret auf die traumatischen Erfahrungen des Nationalsozialismus verweist, die weniger die Täter als die Opfer um ihren Schlaf brachte (Adamczak 2017: 80).

Fast zeitgleich mit Hilde Krones' Überlegungen zum Begriff der Angst hielt der kommunistische Politiker und Autor Ernst Fischer (1947)[134] eine Vorlesung zum Thema, in der er, ausgehend von internationalen intellektuellen Trends der Zeit, der psychoanalytischen und philosophischen Diagnose eines durch »Beunruhigung, Unsicherheit, Angst um die eigene Existenz« geprägten modernen Lebensgefühls zwar zustimmte (ebd.: 11), dieses jedoch als Zustandsbeschreibung der *kapitalistischen* Welt verstand (»jenseits der Grenzen der Sowjetunion«), die es zu überwinden gelte. Freuds Unbehagen in der Kultur habe sich »zu einer geradezu panischen *Angst in der kapitalistischen Zivilisation* gesteigert« (ebd.: 13, Herv. i. Orig.). »Das Grundgefühl des Menschen in dieser Welt sei *die Angst*, behaupten die Existenzial-Philosophen – aber in *welcher Welt*, in welcher Umwelt?«, so Fischer (ebd.: 15). Es ist zu vermuten, dass Hilde Krones diesen Text Fischers, ihres »Freund[es] von der Maschikseite[135]«, so Fritz Löwy,[136] kannte und den kapitalismuskritischen Sinn teilte.

Etappen der Enttäuschung
Hilde Krones war im April 1945 durch ihre Nominierung in den provisorischen Parteivorstand, als Gründungsmitglied des SPÖ-Frauenzentralkomitees und – ab Mai 1945 – als Verhandlerin im sogenannten Verbindungskomitee von SPÖ und KPÖ zu einer einflussreichen Politikerin aufgestiegen. Im Parteivorstand fungierte sie als Schriftführerin. Auch ihr Partner Erwin Scharf übte als Zentralsekretär der Partei eine organisatorische Schlüsselfunktion aus.

In der Diskussion zu einem Vortrag, den Franz Krones am 1. September 1945 zum Thema »Die neue Demokratie« hielt, finden sich Spuren jenes Optimismus, den Hilde und Franz Krones und Erwin Scharf in den ersten Monaten nach der Befreiung zumindest in der Öffentlichkeit an den Tag legten. Anders als 1918, als die Revolution unvollendet blieb, müsse die politische Demokratie im neuen Österreich durch die Demokratisierung der Verwaltung und die Sozialisierung der Wirtschaft erweitert werden. »Die Besetzung«, so Franz Krones,

> »hindert uns an manchem, sie ist jetzt eine Verstärkung der bürgerlichen Kräfte in Österreich. Wir müssen wie ein Ameisenheer alles unterminieren und auch, wenn wir nicht überall durchkommen, doch mit allen Mitteln versuchen, Machtprivilegien zum Einsturz zu bringen und Breschen zu schlagen. Wir müssen erfüllt sein von dem Streben nach der Machtergreifung. Im Gegensatz zu 1918 ist der revolutionäre Prozess vorgeschritten, auch die weltpolitische Situation ist günstiger«.[137]

Noch schien es möglich, dass SPÖ und KPÖ gemeinsam die Stimmenmehrheit bei den Parlamentswahlen im November 1945 erreichen würden. Erwin Scharf argumentierte:

> »Wenn wir […] durch die Sozialisten und Kommunisten zur Mehrheit kommen, wenn ein Grossteil der Unternehmungen sich im Besitze des Staates befindet, dann hätten wir die Macht, dann würden nur Reformen notwendig sein, um den Weg zum Sozialismus zu finden.«[138]

Abb. 20: SPÖ-Parteivorstand, v. l. n. r.: A. Korp, J. Afritsch, Schriftführerin H. Krones, Weber, O. Pollak, G. Proft, J. Enslein, K. Honay, T. Körner, Herbst 1945 (VGA/Franz Blaha)

Hilde Krones ergänzte bei derselben Veranstaltung:

> »Wir müssen energisch die Sozialisierung der Industrie betreiben. Von Seiten Russlands ist keine Einschränkung zu befürchten und auch die Westmächte wollen nur die Garantie, dass wir zurückzahlen, was sie uns borgen und die finden sie in einer sozialisierten Wirtschaft eher.«[139]

Bereits vor den Wahlen wurde das Kontaktkomitee zwischen SPÖ und KPÖ jedoch aufgelöst, nicht zuletzt auf Betreiben Adolf Schärfs (Mugrauer 2020: 571ff.). Zwei Jahre später wird Franz Krones an Hilde Krones davon schreiben, dass die einzige »Revolution«, »die ich nach dem Krieg zu erleben Gelegenheit habe«, jene verwaltungstechnische in seiner Magistratsabteilung sei, die er dort gerade vollziehe. »Relativ natürlich! […]. Ja, so schauen wir aus.«[140]

In ihrem politischen Kampf, der sich vor allem gegen die Regierungszusammenarbeit der SPÖ mit der bürgerlichen ÖVP – bis 1947 in einer Konzentrationsregierung mit der nach den Wahlen im November 1945 mandatsmäßig schwachen KPÖ – richtete, gerieten die Linkssozialist:innen um Scharf und Krones sehr rasch ins Hintertreffen. Fritz Weber (2011) hat diesen Prozess und die parteiinternen Auseinandersetzungen im entstehenden Kalten Krieg bis zum Ausschluss Erwin Scharfs aus der Partei und dem Selbstmord von Hilde Krones im Jahr 1948 ausführlich beschrieben. Die Auseinandersetzung wurde unter anderem um Fragen der parteiinternen Demokratie geführt – auf den Parteitagen 1945 und 1946 um das Stimmrecht von Regierungsmitgliedern im Parteivorstand und in der sogenannten Parteikontrolle (ein Kontrollgremium des Vorstands), das die linke Opposition zu verhindern versuchte (ebd.: 64ff.).

Auf dem Parteitag 1946 hielten Hilde und Franz Krones Reden gegen das Mittragen bürgerlicher Politik in der Konzentrationsregierung, für eine außenpolitisch neutrale Haltung und ein verbessertes Verhältnis zur Sowjetunion.[141] Eine von der Parteilinken eingebrachte Resolution zur Regierungspolitik, die »den Mißbrauch der Parteikonzentration durch die ÖVP zur Wiederherstellung einer bürgerlichen Klassenherrschaft« verurteilte und die sozialistischen Funktionär:innen, Mandatar:innen und Regierungsmitglieder zu »einer dem Willen und den Interessen des arbeitenden Volkes entsprechenden tatkräftigen Politik des wirtschaftlichen Aufbaues und des gesellschaftlichen Fortschrittes« verpflichtete, wurde vom Parteitag angenommen, blieb aber folgenlos (ebd.: 92). Nach dem Parteitag verlor Scharf als Parteisekretär sein Stimmrecht im Parteivorstand, Hilde Krones wurde aus dem Parteivorstand in die Parteikontrolle »versetzt« (ebd.: 94).

Auf dem Parteitag 1947 sorgte eine von 44 Delegierten unterzeichnete Resolution zur politischen Lage für Aufregung, die Parteisekretär Erwin Scharf – ohne Absprache mit der Parteiführung – einbrachte, und in der die »unfruchtbare Regierungspolitik« kritisiert und eine »klare sozialistische Linie« gefordert wurde (ebd.: 153–158). Bei ihrer Wiederwahl in die Parteikontrolle erreichte Hilde Krones das mit Abstand schlechteste Ergebnis,[142] offenbar aufgrund einer gezielten, von den Parteisekretären Pittermann und Kratky betriebenen Streichungsaktion.[143] Erwin Scharf wurde vorläufig nicht mehr als einer von drei Zentralsekretären bestellt und im Februar 1948 formell abgesetzt (ebd.: 168).

1947/48, als Österreich im Zuge von Marshall-Plan und der Stalinisierung Osteuropas zur Frontzone im Kalten Krieg wurde, spalteten sich auch die linkssozialistischen Gruppen anhand der Haltung zu den Volksdemokratien auf – den »orthodoxen« Linkssozialist:innen Hilde Krones, Erwin Scharf und Karl Mark standen »›sozialdemokratische‹ Linke« wie Josef Hindels gegenüber (ebd.: 106). Zunehmend verlagerten sich die Auseinandersetzungen zwischen vor allem Scharf und dem Parteivorstand auf die Frage der Publikationsmöglichkeit dissidenter Positionen, die nach und nach verloren gegangen war. 1945 und 1946 hatte die Gruppe rund um Erwin Scharf und Hilde Krones zunächst mit dem von Scharf herausgegebenen *Informations Dienst der Sozialistischen Partei Österreichs*, deren wichtigster Autor Franz Krones war, viele Funktionär:innen der Partei erreicht (ebd.: 51f.). In dem ab 1946 erscheinenden Theorieorgan der SPÖ *Die Zukunft* lieferten sich Erwin Scharf, Franz Krones und Otto Leichter – der »politische Mentor« der jungen Linken (ebd.: 108), der als ehemaliger führender Revolutionärer Sozialist zwischenzeitlich aus dem Exil zurückgekehrt und nun für die Arbeiterkammer tätig war – inhaltliche Debatten mit parteiinternen Gegnern wie Oscar Pollak, etwa im Hinblick auf das theoretische Erbe Otto Bauers oder das von Pollak formulierte Konzept der »Dritten Kraft«, wonach der demokratische Sozialismus als westeuropäische Alternative zu USA und Sowjetunion fungieren könne.

Ab Mai 1947 kooperierten Erwin Scharf, Hilde Krones und der Bund Sozialistischer Freiheitskämpfer – eine im selben Jahr gegründete Vereinigung ehemaliger sozialistischer Widerstandskämpfer:innen, deren Mitgründer und Obmann Erwin Scharf war – mit der Zeitschrift des Verbands Sozialistischer Studenten *strom*, eine Zusammenarbeit, die ab dem Parteitag intensiviert wurde, aber im Februar 1948 zerbrach (ebd.: 166). Im *strom* veröffentlichte Hilde Krones Artikel, in denen sie die ÖVP für den Zeitpunkt der Währungsreform (28. 11. 1947: 3f.) und für die Torpedierung wirtschaftspolitischer Forderungen von SPÖ und Gewerkschaft (10. 2. 1948: 4) kritisierte.

Ab April 1948 brachte Scharf als Obmann der Freiheitskämpfer für kurze Zeit die Zeitschrift *der kämpfer* heraus – dass er diesen Schritt erst nachträglich dem Parteivorstand bekannt gab, führte zu einem Parteischiedsgericht gegen ihn, das ihn im Juni 1948 mit einem einjährigen öffentlichen Redeverbot belegte (Weber 2011: 184). Schon im Mai 1948 veröffentlichten 54 prominente ehemalige Aktivist:innen der Revolutionären Sozialisten eine Erklärung in der *Arbeiter-Zeitung* (21.5.1948: 2), in der sie sich in harschen Worten von der politischen Linie des *kämpfer* distanzierten – unter den Unterzeichner:innen waren auch zahlreiche Genossinnen von Hilde Krones aus dem Frauenzentralkomitee und ehemalige Vertraute wie Heinz Hackenberg und der Jugendfunktionär Peter Strasser.

In Briefentwürfen von Hilde Krones an Erwin Scharf aus den Jahren 1945 und 1946 lassen sich die Konflikte im SPÖ-Parteivorstand über die Frage der Zusammenarbeit mit der KPÖ und die Haltung zur Sowjetunion zumindest erahnen. So schrieb Hilde Krones im November 1945 an den abwesenden Scharf über die Entscheidung des SPÖ-Parteivorstands, wenige Wochen vor den Nationalratswahlen öffentlich zu bekunden, keinen Zusammenschluss mit der KPÖ anzustreben. Es sei geplant, eine »öffentliche Erklärung« abzugeben,

> »daß ›der P. V. [*Parteivorstand, Anm. G. S.*] der S. P. Ö. nicht daran denke[,] die Selbständigkeit der Partei weder vor noch nach den Wahlen durch eine Vereinigung mit der K. P. oder eine andere Arbeitsgemeinschaft aufzugeben.‹ Die Arbeitsgemeinschaft haben wir ihnen ja Gott sei Dank herausgeschnitten. Das war ja noch ein Glück.«[144]

Im März 1946 hieß es im Hinblick auf einen Leitartikel Oscar Pollaks in der *Arbeiter-Zeitung* (24.3.1946: 1f.), in dem dieser die drohende Teilung Deutschlands und den Druck, der in der russischen Zone auf die SPD zur Bildung einer Einheitspartei ausgeübt wurde, mit der österreichischen Situation verglich – und Unterschiede im Hinblick auf Interessen der Alliierten und die Rolle der SPÖ, die nach den Wahlen im November 1945 wieder zur hegemonialen Arbeiterpartei in Österreich geworden war, festhielt:

»Die heutige A. Z. enthält einen katastrophalen Artikel von O. P. über die deutsche Einheit – es ist alles drauf und dran uns hinüberzulavieren nach Westen – ins bürgerliche Fahrwasser. Ich bin verzweifelt. Wenn morgen die Debatte losgehen sollte im P. V. [...] steh ich ganz allein auf weiter Flur – und ich glaube[,] da darf und kann ich nicht schweigen, ich muß mich jetzt noch rüsten.«¹⁴⁵

Danach schrieb sie von der Sitzung:

»Ich bin leider ein bisserl zu spät gekommen[,] weil ich noch aufgehalten worden bin. Da war, wie Heinz [*Hackenberg, Anm. G. S.*] mir berichtete, schon wieder ein großes Russenlamento [...]. Heinz [...] zündete gleich auch die A. Z. an – aber er erntete von Pollak nur Schweigen und von Seiten [*Innenminister Oskar, Anm. G. S.*] Helmer – Schärf nur ein paar blöde Witze. Dann hat Pollak über Ungarn berichtet – über den Druck der dort [*auf Sozialdemokraten, Anm. G. S.*] ausgeübt wird usw. – usw.«¹⁴⁶

Später vermerkte sie:

»Übrigens war Heinz furchtbar böse, daß du in der kritischen Situation ›nach Radstadt‹ [*auf Urlaub, Anm. G. S.*] gefahren bist – er täte das auch sehr gern! Na, ich brauch Dir doch nicht zu sagen, daß ich Dich verteidigt habe wie eine Löwin ihr junges. Aber ernsthaft – gestern Abend war ich schon wieder geschlagen. Heinz war pessimistisch und Du hast mir bitter gefehlt. Die Bagage versucht systematisch[,] unsere Partei hinüber nach Westen zu lavieren und die Hetze gegen S. U. und K. P. nimmt ekelhafte Ausmaße an.«¹⁴⁷

Scharf schrieb Hilde Krones über die »Skrupellosigkeit«, mit der »Gerüchte gegen uns ausgestreut« würden,¹⁴⁸ und Fritz Löwy befragte sie, ob der SPÖ-Parteivorstand auch im Hinblick auf die Verstaatlichungspolitik »den Schwaf einziehen und brav alles apportieren [wolle], was das stinkerte Majoritätsherrl [*ÖVP, Anm. G. S.*] anschafft?«[149]:

»Die russischen Fünfjahrespläne und auch die Erfahrungen der gelenkten Kriegswirtschaft in allen Ländern haben uns so weit geholfen, daß wir organisations- und verwaltungstechnisch kaum noch nennenswerte Schwierigkeiten bei der Durchführung einer Planwirtschaft in allen Stufen und jedem Grade finden werden, sobald wir nur über die politischen Hindernisse gehüpft sind [...]. Wie stehen die Aussichten, daß wir den Mist nicht nur verstaatlichen, sondern auch in unsere Hände kriegen, statt sie dem Kienböck[150], Joham[151], ihren weltkapitalistischen Drahtziehern und industriellen Unterläufeln [...] auch als öffentliches Gut zu überlassen. Und wie weit gehen die Absichten unserer eigenen Gottobersten in diese Richtung?«[152]

Hilde Krones' Wortmeldungen in der Parteivertretung (dem gemeinsamen Gremium von Parteivorstand und Parteikontrolle) im Frühjahr 1948 zur Absetzung Scharfs als Parteisekretär und zu seinem Schiedsgerichtsverfahren sind in ihrem Nachlass nicht dokumentiert. Einer befreundeten Genossin – im Brief »Midi« genannt – berichtete sie »von einer fast unerträglichen Ag[g]ressivität«[153]. Im Vorstand der Wiener SPÖ, dem Hilde Krones wie ihr Mitstreiter Karl Mark angehörte, kämpften sie und Mark im April und Mai 1948 jedenfalls gegen das drohende Verfahren und versuchten vergeblich, die Argumente der parteiinternen Gegner:innen bezüglich eines Vergehens gegen die Parteistatuten zu entkräften.[154]

Ab Mai 1948 berichtete der Wiener Korrespondent der *New York Times* (22. 5. 1948: 4) über die Affäre rund um den *kämpfer* und gab die Einschätzung wieder, Scharf und seine »chief associates« Hilde Krones und Karl Mark würden – als Werkzeug kommunistischer Pläne – versuchen, die Partei von innen zu zerstören. Erwin Scharf würde eine ähnliche Rolle wie der sozialdemokratische Politiker Zdeněk Fierlinger in der Tschechoslowakei spielen. Dieser habe Scharf – laut Gerüchten aus der SPÖ – auch bei der Finanzierung des *kämpfer* unterstützt (New York Times 31. 10. 1948: 6).

Im Juni 1948 erhielt Hilde Krones Besuch von einem ihr unbekannten, angeblich aus der SPÖ ausgeschlossenen Parteifunktionär, der sie für die Gründung einer neuen Partei gewinnen wollte. Laut einem von ihr verfassten Gedächtnisprotokoll antwortete sie ihm:

> »Scharfs Meinung, meine Meinung und auch die Meinung aller unserer Freunde sei, dass man in der Partei für seine Meinung kämpfen müsse. […] Ganz primitiv ausgedrückt seien mir grundsätzlich schon zwei Arbeiterparteien zuviel und eine dritte wäre falsch, ein Vergehen und sinnlos. Die Arbeit ausschliesslich in der Partei sei für uns nicht nur eine Verstandessache[,] sondern auch Gefühlssache, selbst dann[,] wenn man deshalb Schwierigkeiten hat, angefeindet wird oder mit Misstrauen betrachtet wird. […] Auf seine Bemerkung hinsichtlich der Russen und der KP bemerkte ich, dass ich dafür bekannt sei, dass ich positiv zu Russland eingestellt sei, aber es als selbstverständlich halte, dass sich kein Sozialist in ein näheres Verhältnis oder Finanzverhältnis einlasse – der KP gegenüber gäbe es eine so grosse Menge trennendes.«[155]

Hinweise auf Konfidentenberichte gegen Scharf aus dem von Oskar Helmer geführten Innenministerium, die sich im Zuge von Scharfs Schiedsgerichtsverfahren ergeben hätten, ließen Scharf an einen »Agent provocateur« denken, woraufhin Hilde Krones die Gedächtnisniederschrift verfasste.[156]

Im Sommer 1948 berichtete Hilde Krones offenbar dem politischen Vertrauten Otto Leichter, der als einst führender Revolutionärer Sozialist und prominenter Remigrant in der SPÖ langfristig nicht mehr Fuß gefasst hatte und inzwischen in die USA zurückgekehrt war, von ihrer depressiven Stimmung – er umschrieb diese in seiner Antwort als »Passivität und des In-sich-selbst-zurückziehens«[157]. Leichter redete Hilde Krones zu, »die Unbill hinzunehmen« und »keine weiteren Konsequenzen« aus den Konflikten mit der Partei zu ziehen.

»Du bist in Wirklichkeit ein so ausgeglichener und vor allem positiver und aktiver Mensch, dass Du aus jeder menschlichen und sachlichen Situation einen Ausweg weisst. Und ich bin fest überzeugt, Du wirst die Krise meistern – zumindest soweit es auf Dich persönlich ankommt. Die objektiven und allgemeinen Dinge gehen ja über unsere Kraft.«[158]

An ihren Freund und Genossen Karl Mark schrieb Hilde Krones jedoch im August 1948: »Mir ist schon alles wurscht ausser Dir natürlich!«[159] Die in dem Brief zum Ausdruck kommende Erschöpfung ist ein Marker, der für die zunehmende Hoffnungslosigkeit von Hilde Krones steht (vgl. dazu Gould 2012: 98).

Erwin Scharf beschloss im Sommer 1948, sich dem Redeverbot der SPÖ zu widersetzen – Ende Oktober veröffentlichte er die Broschüre *Ich darf nicht schweigen* (1948), in der er die Parteiführung kritisierte und seine politischen Positionen darlegte. Das führte zum offenen Bruch und dem Ausschluss aus der Partei, der unmittelbar nach der Veröffentlichung vollzogen wurde (Scharf 1988: 155ff.). Die Frage, bis zu welchem Punkt Hilde Krones die Publikation unterstützte, lässt sich auch in ihrem Nachlass nicht restlos klären. Laut Fritz Weber (2011: 186) – der sich dabei vermutlich auf Gespräche mit Karl Mark stützte – habe Scharf Hilde Krones und Karl Mark erst wenige Tage vor Drucklegung von der Broschüre berichtet, worauf ihn beide des Vertrauensbruchs bezichtigt und eine »weitere Zusammenarbeit für unmöglich« erklärt hätten. Im Nachlass von Hilde Krones findet sich ein Schreiben von Scharf, in dem er sich für die Verheimlichung der Veröffentlichung entschuldigt und behauptet, sie nicht in einen »Gewissenskonflikt« habe bringen wollen.[160] Scharf gab später an, Hilde Krones sei sehr wohl in seine Pläne eingeweiht gewesen, der Brief sei eine Absicherung für sie gewesen, um sie parteiintern durch ein »Alibi der Unwissenheit«[161] zu schützen:

»Nachdem wir innerhalb der Partei keine Möglichkeit eines publizistischen Auftretens mehr hatten, gab es nur mehr die Perspektive, außerhalb des Parteirahmens publizistisch aktiv zu werden. Meine Rolle bestand darin, die Konsequenzen einer solchen Aktivität auf mich zu nehmen, während Hilde weiterhin im Rahmen der Partei für unsere Sache tätig bleiben sollte.«[162]

In der *New York Times* (9. 11. 1948: 14) und österreichischen Medien kursierte im Herbst 1948 die Meldung über ein angebliches Sondierungstreffen von KP-Vertreter:innen mit Proponent:innen der Linkssozialist:innen am 3. November, bei dem allerdings Mark und andere Sozialist:innen das Treffen nach inhaltlichen Differenzen verlassen hätten – und auch Hilde Krones Erwin Scharf Vorwürfe über den Zeitpunkt der Broschürenveröffentlichung gemacht habe (vgl. z. B. Salzburger Volkszeitung 20. 12. 1948: 1). Fritz Weber (2011: 196) bezweifelte dieses Treffen – und tatsächlich gab es in diesen Wochen auch gezielte Desinformationsversuche; so produzierten ehemalige NS-Geheimdienstmitarbeiter, die sich nun dem amerikanischen Heeresnachrichtendienst CIC andienten, gefälschtes Material über einen angeblichen KP-Putschversuch im Herbst 1948 (Mugrauer 2021), darunter offenbar auch Dokumente, die Erwin Scharf als reinen Befehlsempfänger der KPÖ darstellten.[163]

Zwischen zwei Mühlsteinen
Im Nachlass von Hilde Krones findet sich ein Schreiben von Adolf Schärf an die Mitglieder des SPÖ-Ernährungsausschusses aus dem Oktober 1948. In diesem fragt Schärf, wie vertrauliche Informationen aus diesem Ausschuss, dessen Mitglied Hilde Krones war, an die Redaktion der kommunistischen *Volksstimme* gelangen konnten.[164] Auch im Wiener Parteiausschuss wurde Hilde Krones dafür kritisiert, in einer anderen Angelegenheit Interna aus der Parteivertretung »ausgeplaudert« zu haben[165] – was sie zurückwies.[166]

Das Misstrauen von »Onkel Adolf«, der sich vom Förderer von Hilde Krones zu ihrem erbitterten Gegner wandelte, die Stationen gegenseitiger Enttäuschung, von paternalistischen Ratschlägen und weiblichem Aufbegehren, lassen sich anhand des erhaltenen Briefwechsels der beiden rekonstruieren. In Feldpostbriefen an Franz Krones aus den Jahren 1942 bis 1944 hatte Hilde Krones Adolf Schärf als geistreich, vielfach versiert und gut informiert beschrieben,[167]

seine pragmatischen politischen Positionen aber schon damals als
»vereinsmeierisch«[168] kritisiert – er erinnere sie an eine Person, die
»logisch und formvollendet zu reden und zu schreiben« verstehe,
jedoch »dem Sinn der Dinge fern« stehe.[169] Dennoch dürfte Schärf
Hilde Krones, die er als ehemalige Partnerin seines Neffen seit ihrer
Jugend kannte, trotz inhaltlicher Differenzen zunächst persönlich ge-
schätzt und ihr politisches Talent als mächtiger und machtbewusster
Politiker gefördert haben. Hilde Krones und Adolf Schärf waren
»Zwei aus Ottakring«, wie es in einem satirischen Liedtext für eine
SPÖ-Klubfeier aus dem Jahr 1946 heißt.[170]

In den parteiinternen Konflikten ab 1945 dürfte sich das Verhältnis rasch getrübt haben, Schärf bekämpfte die politischen In-
itiativen von Hilde Krones, Erwin Scharf und ihren Verbündeten
kompromisslos. Im Mai 1946 verteidigte sich Hilde Krones gegenüber Schärf für ein Parteivorstandsprotokoll, dessen Inhalt sie laut
Schärf als Schriftführerin falsch zusammengefasst habe, und sprach
dabei ihr Leiden an der Situation an:

»Ich habe einmal zu Dir Onkel Adolf sagen dürfen und das hat
mich tief gefreut und zwar am meisten zu einer Zeit, wo Du
noch nicht Vizekanzler warst, sondern ein normal Sterblicher
wie viele andere auch. Du hast einmal einem gemeinsamen
Bekannten gegenüber eine Redewendung gebraucht, die mich
jahrelang stolzer gemacht hat, als manches grosse Lob I. G.-ge-
waltiger Wirtschaftsführer, mit denen ich zu arbeiten hatte, das
mich glücklicher gemacht hat als manches Kompliment guter
Freunde. […] Du hast einmal […] gesagt, meinen Mann möch-
test Du wohl kennen lernen, denn wenn ich ihn mir ausgesucht
habe, dann muss an ihm was dran sein. Vielleicht hast Du es
nur leicht hingesagt. Ich habe darin einen großen Vertrauens-
beweis eines Menschen, an dessen Urteil mir viel gelegen ist,
gesehen. […] Ich habe Dir vor einigen Monaten einmal gesagt,
wie mich Dein Misstrauen verletzt und es hat mich wahrlich
Überwindung gekostet[,] das zu tun. Du hast damals gesagt,
nein, von Misstrauen könne keine Rede sein. […] Inzwischen
ist aus Misstrauen manchmal beissende Missachtung, kalte,

feindselige Atmosphäre geworden. Ich weiss nicht, womit ich das verschuldet habe. Kann es sein, dass Du mir übel nimmst, dass ich offen zu allen auftauchenden Problemen meine Meinung sage? Spürst Du nicht, dass ich meine Meinung genau aus dem gleichen Grunde, der Dich leitet[,] vertrete – nämlich aus dem Grunde[,] weil ich mit allen Fasern an der Partei hänge, weil ich mich für alles[,] was geschieht[,] mitverantwortlich fühle – weil ich diese Partei und Bewegung gross und erfolgreich sehen möchte? Wir sind nicht immer einer Meinung, wie das herbeigeführt werden kann. Manchmal bin ich dabei sogar recht gegensätzlicher Meinung. Ich halte es für selbstverständlich, dass Du mit allem Gewicht Deiner Persönlichkeit, Deiner Autorität, Deiner grösseren Erfahrung, Deiner Beredsamkeit, Deiner besseren Taktik für Deine Meinung eintrittst. Aber die Tatsache, dass man das gleiche erreichen will, muss doch zur gegenseitigen Anerkennung und Achtung auch vor der Gegenmeinung führen und zur gegenseitigen Hilfe trotz alledem. Ich habe mir sagen lassen, dass es einmal in der Partei so war – vielleicht ist das nur Legende. […] Du sagst mir manchmal in einem Anflug früherer Güte, ich sehe schlecht aus. Ich habe manchmal das Gefühl von 2 Mühlsteinen zerrieben zu werden – der eine Mühlstein ist Dein Misstrauen – der andere mein Gewissen. Und ich bin nicht die Einzige, der es so geht.«[171]

Zu Weihnachten 1946 notierte sie im Hinblick auf eine Aussprache mit Schärf, diese habe sie

»nicht voll befriedigt. Einmal aus dem Grunde weil du in einer begrenzten Zeit eine Fülle von Problemen behauptet hast[,] zu denen ich manches hätte sagen wollen und müssen und weil ich praktisch kaum dazu kam. Vor allem aber deshalb, weil die Spannung, die wir vielleicht gar nicht aufgetan, die vielleicht die dynamischen Kräfte der Welt zwischen uns geworfen haben, sich eigentlich nicht entladen hat. Du hast mir neulich gesagt, daß ich deinem Herzen nahe stehe und daß du deshalb besonders kritisch gegen mich seist. Das verstehe ich zutiefst. Und ich kann

Dir nur wieder versichern, daß ich mich mit Bewußtsein jeder sachlichen, konkreten, fundierten Kritik unterwerfe und von Argumenten belehren lasse.«[172]

1947 schrieb Schärf, neben Geburtstagswünschen und Nachfragen zur Chronologie gemeinsamer Erlebnisse im April 1945, die er für sein Buch über die Tage der Befreiung benötigte (Schärf 1948), einen Dankesbrief für ein Gedicht, in dem er im Hinblick auf Krones' Allianz mit Erwin Scharf meinte:

»Genosse Pittermann hat mir Deine Widmung übergeben; es tut mir leid, dass Du meinst, ich könnte mich über einen Witz, wenn er witzig ist, kränken und Witz hast Du ja, wie Du weisst. Dass in der ersten Zeile der Vers mit Scharf beginnt und mit Hilden endet, schmerzt mich sehr. Es tut mir überhaupt in der Seele weh, dass ich Dich in der Gesellschaft seh; Heinz [*Hackenberg, Anm. G. S.*] und Mark sind ›jung‹ nur als Mitglieder einer Greisenriege, die beiden anderen Männer haben so viel jugendlichen Geist wie Haare am Kopf;[173] es glaubt ihnen schon niemand mehr ihre Einbildungen. Unter allen bist Du die begabteste und die einzige, bei der ein wirkliches Wachstum ersichtlich ist. Aber ich gerate ins Ernste und das steht mir nicht gut. Dir werde ich nie vergessen, dass Du im April 1945 aufrichtigen Herzens gekommen bist. Nochmals vielen Dank für Deine freundliche Widmung! Dein alter Schärf«[174].

Nach dem Parteiausschluss von Erwin Scharf im Herbst 1948 waren die Brücken auch in der Briefkorrespondenz abgebrochen. Im Hinblick auf eine Einladung der sowjetischen Besatzungsbehörden und den Umgang mit Erwin Scharf schrieb Hilde Krones am 5. November:

»Du hast heute im Parteivorstand durch Rundfrage ein Bild gewinnen wollen[,] welche Genossen und Genossinnen zu der Oktoberfeier der Russen eingeladen sind. Da ich zu dieser Stunde noch keine Einladung in Händen hatte, habe ich mich nicht ge-

Abb. 21: Maifeier am Wiener Rathausplatz: Hilde Krones neben Adolf Schärf und Karl Seitz, 1947 (VGA/Franz Blaha)

meldet und es aus diesem Grunde auch nicht als nötig erachtet zu Deiner Enunziation bezüglich eines eventuellen Zusammentreffens mit Genossen Scharf bei dieser Veranstaltung Stellung zu nehmen. […] Nun habe ich abends nach meiner Rückkehr zu Hause ebenfalls eine Einladung vorgefunden; dies bringe ich zunächst zu Deiner Kenntnis. Weiters muss ich nunmehr aber auch feststellen, dass ich mich Deiner Meinungsäusserung bezüglich Scharf nicht anschliessen kann. Scharf wurde aus der Partei ausgeschlossen – meine Meinung zu der ganzen Angelegenheit habe ich freimütig im Wiener-Ausschuss kundgetan;[175] sie wird Dir dadurch auch bereits bekannt sein. […] Da bei solchen Feierlichkeiten und im praktischen Leben der gesellschaftliche Umgang sogar mit politischen Vertretern des Klassengegners als durchaus normal angesehen wird, muss dies meiner Meinung nach auch für Sozialisten, die nicht unserer Partei angehören gelten. […] Vor dem Angesicht der anderen Parteien und auch Alliierter bin ich mir aber bewusst, dass man diese Fragen mit einem gewissen Takt wird versuchen müssen zu lösen […].«[176]

Adolf Schärf antwortete in einem kurzen, kühlen Schreiben, in dem er Hilde Krones' Ansichten zum Parteiausschuss von Scharf zurückwies.[177]

Eine Parteitagsrede

Otto Leichter sendet Hilde Krones am 26. November 1948 aus New York einen alarmierten Brief, in dem er von seiner Sorge um sie schreibt:[178] Da er nicht wisse, »was in Wirklichkeit geschehen ist (ausser ein paar Zeitungsausschnitten und den Berichten der NY-Times), da ich vor allem nicht weiss, wie Du persönlich zu all den Dingen gestanden bist, ist es für mich so furchtbar schwer, Dir etwas zu schreiben.«[179] Seine Meinung »über E's Aktion« formuliert er so:

> »[S]ei nicht böse, dass ich es so offen heraussage [...], dass er freiwillig alles geliefert hat, wonach sich sein Widerpart mit dem Umlaut [*Adolf Schärf, Anm. G. S.*] seit Jahren, zumindest seit einem Jahr gesehnt hat. Das ist ja die Sache gewesen, die sie sich wünschen mussten, um ihn ganz mundtot zu machen. [...] Wollte ich eine psychologische Erklärung suchen, so würde ich sagen, dass er eine Situation *gesucht* hat, in der er zu völliger Passivität verurteilt ist, denn was bleibt jetzt noch übrig? Was die K. [= Kommunisten] an politischer Betätigungsmöglichkeit in Oesterreich – und bald auch in den meisten anderen Ländern bieten, – weiss man. Selbst wenn er also diesen Weg ginge, den er bisher zu vermeiden versucht hat, was wäre der Nutzen? [...] Ich weiss, dass seine Lage nach dem Redeverbot verzweifelt war, aber jetzt ist sie noch verzweifelter – so sehe ich es wenigstens von hier und es tut mir schrecklich leid, das so offen sagen zu müssen.«[180]

Leichter schreibt, er sei »*sehr* froh«, dass Hilde »nicht mitgegangen« sei. Er sei sich »über alle persönlichen Probleme sehr klar« und habe es bedauert, ihr »in dieser schwierigen Lage« nicht beistehen zu können.

> »Ich sehe auch gar nicht, wie sich Eure persönlichen Beziehungen unter all diesen furchtbar schwierigen Umständen entwickeln – –

und ich fühle all die Sorgen und all die Pein, die Du in den letzten Wochen durchzustehen hattest.«[181]

Wäre er in Wien geblieben, hätte auch er »nichts anderes [...] tun können, als mich von E. zu distanzieren, da es offenbar unmöglich war, ihn zu stoppen«.

»Ich weiss natürlich nicht, wie es jetzt mit Deinen Betätigungsmöglichkeiten steht. Ich weiss nicht einmal, ob Du in den PV wiedergewählt wurdest. Ich habe meine Zweifel. [...] Lass Dich auf keinen Fall von der Ueberzeugung abbringen, dass es das einzig richtige war, nicht mitzugehen und sich nicht alle Betätigungsmöglichkeiten versperren zu lassen.«[182]

Ein knappes Monat zuvor wird in der Sitzung des Frauenzentralkomitees vom 2. November 1948 vorgeschlagen, dass in Hinkunft die Wahl in das Komitee per Stimmzettel statt Akklamation erfolgen solle und sich Hilde Krones – gemeinsam mit einer zweiten Genossin – auch entscheiden müsse, ob sie zukünftig im Wiener Komitee oder dem Zentralkomitee tätig sein wolle, eine Doppelfunktion solle nicht mehr möglich sein. Hilde Krones bezeichnet dies als »Ungerechtigkeit«[183]. Bei der Frauenzentralkonferenz am 8. und 9. November, bei der die Teilnehmer:innenliste ihre Anwesenheit nur für den zweiten Tag festhält, wird sie in geheimer Abstimmung aus dem Vorstand gewählt.[184]

Der SPÖ-Parteitag vom 10. bis 12. November 1948 steht im Zeichen des Ausschlusses von Erwin Scharf. Sein Berufungsantrag gegen den Parteiausschluss wird abgelehnt, wobei sich in der Debatte zu seinem »Fall« auch ehemalige Weggefährt:innen von ihm distanzieren. Am letzten Tag meldet sich jedoch Hilde Krones zu einer einsamen Verteidigungsrede für ihren Partner zu Wort.[185] Sie schickt voraus, von der Veröffentlichung der Broschüre nicht informiert gewesen zu sein. Sie konstatiert, dass die Sozialdemokratische Partei »der Eroberung der politischen Macht zum Zwecke der Verwirklichung des Sozialismus« seit 1945 nicht nähergekommen sei und die Gefahr bestehe, dieses Ziel aus den Augen zu verlieren. Sie kritisiert die Parteiführung dafür, »Staatspolitik [zu] betreiben, die immer das Bürgertum stärkt«, und aus der Zwangszusammenarbeit mit der ÖVP in der unmittelbaren Nachkriegszeit eine dauerhafte Partnerschaft gemacht zu haben. Im Hinblick auf Erwin Scharfs Broschüre sagt sie:

»Ich scheue mich nicht, obwohl ich die Wellen des Mißtrauens gespürt habe, es offen auszusprechen, daß ich es als tief tragische Situation für unsere Partei empfinde, daß es zum Ausschluß führen muß, wenn man der Auffassung ist, daß eine auf bestimmte Fragen beschränkte Aktionsgemeinschaft mit den Kommunisten unter Umständen zu einer bestimmten Zeit notwendig gewesen wäre, wobei zur gleichen Zeit der Gedanke der ›Schicksalsgemeinschaft‹ mit dem Bürgertum nicht nur ohne Weiteres vertreten, sondern sogar in die Praxis umgesetzt wird. Es kann nur verhängnisvoll für jede sozialistische Partei sein, also auch für uns, wenn sie den unversöhnlichen Klassengegensatz zwischen Kapital und Arbeit, der besteht, und den auch die vielen Marx-Töter nicht aus der Welt schaffen konnten, übersieht, verwischt, glaubt zurückstellen zu können. Wenn eine sozialistische Partei nicht von diesem Klassengegensatz ausgeht, so gibt sie faktisch den Klassenstandpunkt der Arbeiterschaft auf.«[186]

Im Hinblick auf das Verhältnis zur Sowjetunion erklärt sie:

»Ich stehe nach wie vor auf dem Standpunkt, der durch die Beschlüsse unserer Parteitage festgelegt ist, daß wir im herrschenden Kampf der Großmächte einzig und allein für ein wirklich neutrales Österreich einzutreten haben. […] Ich will dabei durchaus nicht verhehlen, sondern offen aussprechen, daß meine Sympathie, und ich glaube, die Sympathie vieler Sozialisten, trotz aller Meinungsverschiedenheiten, Gegensätze und Nachkriegsschwierigkeiten, die ich mich nie habe abhalten lassen zu kritisieren, stärker für die sozialistische Sowjetunion als für das hochkapitalistische Amerika ist. Wenn man in unserer Partei diese Auffassung nicht offen vertreten kann, wenn unsere Presse die Beschlüsse des Neutralitätsgedankens nicht in die Praxis umsetzt, [...] so ist das meiner tiefen Überzeugung nach ein verderblicher und lebensgefährlicher Weg.«[187]

Sie beendet ihre Rede mit einem emotionalen Schlusswort:

»Mit dieser Kritik will ich nur eines: Die Partei dazu bringen, ihr Gesicht den wirklich entscheidenden Gefahren zuzuwenden. Ich weiß nicht, ob meine Stimme, meine Kraft dazu ausreicht. Ich würde es mit heißem Herzen wünschen, denn es drängt mich, hier den sozialistischen Arbeitern und Funktionären zu versichern, daß ich den Idealen, für die ich, für die wir alle viele Jahre gewirkt und gekämpft haben, treu bin und treu bleibe. Wir haben gemeinsam die schwersten Zeiten der Illegalität durchlebt und haben uns durch nichts von unserem Weg abbringen lassen. Ich fühle mich zutiefst mit dem österreichischen Sozialismus, mit den Kampfgefährten in unserer, in meiner Partei verbunden. Ich kenne heute und werde auch in aller Zukunft nur eines kennen: den Kampf für die Interessen der Arbeiterschaft, Kampf für die Befreiung der Menschheit, Kampf für den Sozialismus!«[188]

In ihrer Rede wird Hilde Krones mehrmals von feindseligen Zwischenrufen unterbrochen, das Protokoll vermerkt »Unruhe im Saal«. Als einer der nachfolgenden Redner:innen davon spricht, dass sie »blind gegenüber Europa, der Welt und dem, was sich an unseren Grenzen tut«, sei, er ihr für die Rede danke – denn »Die Maske ist gefallen« –, ertönt »stürmischer Beifall«. Parteichef Adolf Schärf kommentiert ihre Rede in seiner Erwiderung mit den Worten: »Wie sich die Dinge doch im Kopf mancher Leute verkehrt malen!« (Weber 2011: 211)

In der Berichterstattung zum Parteitag in der *Arbeiter-Zeitung* wird die Rede von Hilde Krones mitsamt den kritischen Zwischenrufen wiedergegeben. An einigen Stellen weicht die verkürzte Transkription auch leicht vom Original ab und spitzt ihre Ausführungen dadurch zu, was Hilde Krones zu einem Brief an Chefredakteur Oscar Pollak veranlasst, in dem sie eine Richtigstellung verlangt, da die Änderungen ihrer Rede »das Gepräge kommunistischer Phraseologie« gegeben hätten.[189] Pollak, den sie in ihrer Rede für seine antikommunistische Blattlinie kritisiert hatte, weist dies zurück.[190]

Im Wiener Frauenkomitee vermerkt das Sitzungsprotokoll am 25. November: »Anwesend: alle Genossinnen bis auf Hilde Krones«[191]. Am 26. November ersucht Hilde Krones brieflich den Parteivorstand um Zustimmung, ein Vorstandsamt der Österreichisch-Tschechoslowakischen Gesellschaft annehmen zu dürfen.[192] Parteisekretär Otto Probst teilt ihr jedoch mit, dass der Vorstand – vermutlich da diese sensible Position Kontakte mit der kommunistischen Tschechoslowakischen Republik beinhaltete – bereits Rosa Jochmann statt ihr nominiert habe.[193] Otto Leichter hatte Hilde Krones in seinem Brief aus dem November 1948 auch vom Plan der Parteiführung berichtet, ihr Nationalratsmandat nach den nächsten Wahlen an Jochmann abzutreten.[194]

Am selben Tag diskutieren führende SPÖ-Funktionär:innen in einer Sekretariatsbesprechung die Entwicklungen im Fall Scharf. Innenminister Helmer und der Sekretär im Zentralsekretariat Josef Kratky berichten von einer Bezirkskonferenz in Ottakring, wobei Kratky

»erwähnt, dass es sich als Notwendigkeit erweist, dass die führenden Funktionäre und Mandatare der Wiener Organisation und des Parteivorstandes, sich mehr als bisher um die Bezirksorganisation Ottakring kümmern mögen, weil im Kampf gegen die Genossin Krones nur er mit der Genossin Moik allein steht und [*Bezirksparteivorsitzender, Anm. G. S.*] Genosse Kysela eine sehr zweifelhafte Haltung einnimmt.«[195]

Auf der angesprochenen Bezirkskonferenz war Hilde Krones von ihrer lokalen Parteiorganisation, in der sie stark verankert war, als Mitglied des Bezirksvorstands das Vertrauen ausgesprochen worden.[196] Nachzulesen war dies auch in der Zeitschrift *Der neue Vorwärts*, die Erwin Scharf am 5. Dezember erstmals herausbrachte. Am 6. Dezember hieß es in den *Salzburger Nachrichten*, in »sozialistischen Kreisen« habe

»das Bestreben einiger ehemaliger SPÖ-Funktionäre, die unter der Führung des aus der Partei ausgeschlossenen ehemaligen Nationalrates Erwin *Scharf* und der Nationalrätin Hilde *Krones* stehen, Aufsehen erregt, nunmehr in die Öffentlichkeit zu treten. […] Die beiden ersten Versammlungen fanden in Wien-Ottakring, dem Wahlbezirk Hilde Krones', und in Berndorf statt« (6. 12. 1948: 2, Herv. i. Orig.).

Im Dezemberheft des Theorieorgans *Die Zukunft* schrieb der Linkssozialist Josef Hindels (1948a: 353) im Hinblick auf Erwin Scharf, dieser sei »zum Überläufer, zum kommunistischen Agenten herabgesunken«. Sollte Scharf in der Partei »einige wenige Anhänger zurückgelassen haben, so würde es sich nicht um Oppositionelle, sondern um Agenten handeln« (ebd.: 355). Die politische Zukunft von Hilde Krones in der SPÖ war im Dezember 1948 – im negativen Sinn – offen.

In ihrer letzten Parteitagsrede sprach Hilde Krones davon, dass sie sich selbst und ihren Idealen treu geblieben sei und sich auch in den »schwersten Zeiten der Illegalität« nicht von ihrem Weg abbringen habe lassen. Diese Konsequenz und die erlernte sozialistische Pädagogik der Gefühle, auf der sie aufbaute, gerieten nach der Befreiung 1945 in die Krise. In der Liebe bekannte sie sich »unentrinnbar – ohne Wahl«[197] – zur neuen Beziehung mit Erwin Scharf, als versuchter Neubeginn, der trotzdem keine »Vollendung« brachte. In der Politik hielt sie am Versprechen Otto Bauers an ihre Generation des Roten Wien fest, kämpfte weiterhin für eine Welt ohne Kapitalismus und für eine Gleichberechtigung der Geschlechter. Unter den Bedingungen des entstehenden Kalten Kriegs, den parteipolitischen Machtkämpfen in der SPÖ und den geschlechterpolitischen Zwängen der Nachkriegsjahre war dies ein aussichtsloser Kampf.

In der hauntologischen Befragung aus der Gegenwart bleibt die von Hilde Krones propagierte »Befreiung von Angst« letztendlich aus. Das Gefühl der Enttäuschung, das im gefühlspolitischen Kontext der »Schwelle von Hoffnung und Tod« immer stärker aus den Medien des Nachlasses dringt, verdrängt die Hoffnung.

Und trotzdem blitzt diese immer wieder auf, so in der Beschreibung des »revolutionären Elans« bei der Befreiung des Wiener Bezirks Ottakring im April 1945 oder in der Fotoserie von den Aufräumarbeiten in den Straßen dieses Bezirks im Sommer desselben Jahres – ein *Wiederaufbau, den es nicht gab*, wobei deren *punctum* bereits beinhaltet, dass wir um den Tod von Hilde Krones wissen, und dass die Geschichte einen anderen Lauf nahm.

Im nächsten Kapitel wird anhand der Diskussion um ein Wahlplakat der SPÖ des Jahres 1945 ein ähnliches Moment sichtbar werden: ein Bruch mit der nationalsozialistischen Vergangenheit, *den es nicht gab*. Behandelt werden jedoch vor allem *Leerstellen* des Nachlasses von Hilde Krones, das weitgehende Schweigen zu Shoah und Stalinismus, als *böse Geister*, die in der forschenden Séance auftauchen.

7. Böse Geister

In ihrer Studie *Ghostly Matters. Haunting and the Sociological Imagination* beschreibt Avery F. Gordon (2008) die Heimsuchung durch den Spuk als Erfahrung, die danach verlangt, Dinge in Ordnung zu bringen, dem Gespenst Gerechtigkeit widerfahren zu lassen (ebd.: xvi, 58), um es – und uns – von einem Fluch zu befreien. Mein popularkulturelles Wissen warnt mich jedoch, dass dieser Impuls manchmal stattdessen in der Séance die Tore für böse Geister öffnet, weil wir die Zeichen des Spuks falsch gedeutet haben.[1] Dieses Kapitel widmet sich Leerstellen im Nachlass von Hilde Krones, auf die ich im hauntologischen Dialog mit seinen Medien stieß. Es behandelt Aspekte dieses Nachlasses, die aufgrund ihrer Absenz verstörend sind und eigene Projektionen auf die Figur von Hilde Krones infrage stellen. Die Leerstellen verweisen gleichzeitig aber auch auf schmerzhafte Punkte in der Geschichte des Sozialismus, die bis heute ausstrahlen. Die Geister, die aus dem blinden Feld treten, sind das Schweigen über den stalinistischen Terror und das Nicht-zur-Sprache-Bringen der Shoah in der Auseinandersetzung mit dem Nationalsozialismus.

Leerstelle Shoah

Hilde Krones war als Angestellte des Bayer-Konzerns persönlich bis 1945 in die Kriegswirtschaft eingebunden gewesen. Auch wenn der Bereich des Pflanzenschutzes, in dem sie tätig war, nicht unmittelbar mit der Kriegsindustrie – oder gar mit der technischen Beteiligung der I. G. Farben an der Shoah – verbunden war, muss der Zwiespalt der »Mitwirkung am Massenmord«[2] des Krieges für Krones selbst problematisch gewesen sein. Dies umso mehr, als in der Faschismustheorie und der Analyse von Kriegsmotiven, die sie mit ihrem Mann Franz Krones und marxistischen Theoretiker:innen der Zeit teilte, das »Monopolkapital« – und dabei explizit auch die

I. G. Farben – als eine treibende Kraft für die politische und militärische Verheerung des Kontinents galt.[3] In einem Nachruf auf Hilde Krones, vermutlich von ihrem Ehemann Franz Krones verfasst, hieß es, ihr Beruf bei der I. G. Farben habe »ihr Einblicke in die deutsche kapitalistische Monopolwirtschaft [gewährt], die sie für ihre sozialistische politische Tätigkeit ausnütjzt[e].«[4] Zum Grauen der Shoah schweigen die Medien ihres Nachlasses jedoch – nur an ganz wenigen Stellen finden sich Hinweise auf das Leiden und die Vernichtung der europäischen Jüd:innen im Nationalsozialismus. Das Fehlen einer expliziten Auseinandersetzung mit der Shoah ist ein verstörender Aspekt des Nachlasses, der auf traumatische blinde Flecken hindeutet. Hilde Krones wurde also vermutlich auch selbst von Traumata und Geistern heimgesucht.

In ihren für die Öffentlichkeit bestimmten Texten aus der Nachkriegszeit ist es einzig ein Typoskript zur Lage des »Mittelstandes« nach 1945 – von Angestellten, Freiberufler:innen und Intellektuellen – und dem Angebot, das der Sozialismus gerade den Frauen unter ihnen machen könne, in dem davon die Rede ist, dass im Nationalsozialismus »[d]urch Wegräumung der jüdischen Konkurrenz zweifellos für den Augenblick Konjunktur des arischen Mittelstandes« geherrscht habe.[5] Auch in den erhaltenen Feldpostbriefen aus den Jahren 1942 bis 1944 sind versteckte Hinweise auf die Shoah sehr selten. Der Diktion der NS-Sprache folgend, berichtete Hilde Krones im November 1942 ihrem Ehemann, dass ihr ungeliebter Kollege L. auf Schwierigkeiten stoße, eine durch Protektion erhaltene »Judenwohnung« zu mieten.[6] Im August 1944 schrieb sie, beim Anblick von in Wien eintreffenden Zügen mit Geflüchteten aus dem Osten könne man »auf den ersten Blick keinen Unterschied zu den umgekehrten Zügen mit Hebräern feststellen«[7]. Wenige Wochen später beschrieb sie die unliebsame Begegnung mit einem I. G. Farben-Mitarbeiter aus dem »Altreich«, der feixend von der Niederschlagung des Aufstands im Warschauer Ghetto gesprochen habe, was sie – wohl der Feldpostbriefform geschuldet – nur vorsichtig kritisierte.

»Erzählt der Mensch mit dem blödesten Lachen von der Welt
Szenen aus dem vorjährigen Judenaufstand in Warschau und
den Kämpfen unserer SS. Es gibt Dinge, die man für notwendig
halten kann und dann tut – aber zuschauen und blöd grinsend
weiter erzählen – das ist mir zuviel.«[8]

Vom Besuch einer Burgtheateraufführung von Shakespeares *Der
Kaufmann von Venedig* berichtete sie ebenso vieldeutig, das Stück
bringe »einem direkt auch Begründungen für die unsympat[h]ische
wucherische Gestalt des alten Juden«[9].

Wie Hilde Krones tatsächlich zum Antisemitismus stand, wird
auch in Quellen aus der Nachkriegszeit, die nicht mehr der (Selbst-)
Zensur unterworfen waren, nicht restlos geklärt.

Ein Dokument aus der NS-Zeit, das mir bei einer ersten Durchsicht des Nachlasses ins Auge sprang, war eine handschriftliche Bestätigung, ausgestellt im September 1940 von »Alice Sara Ö.« für Frau Fanny Handl – die Mutter von Hilde Krones. Auf dem Blatt eines Abrissblocks erklärte die Unterzeichnende, für einen Kasten in ihrer Wohnung einen Kaufpreis von 30 Reichsmark erhalten zu haben, »Abholung nach unserer Ausreise« (Abb. 22).[10] Alice Ö. wurde in diesem Dokument durch den in amtlichen NS-Schriftstücken vorgeschriebenen Vornamen »Sara« als Jüdin markiert – und »Ausreise« sollte für die jüdische Bevölkerung Wiens spätestens ab dem Frühjahr 1941 nicht mehr Flucht, sondern Deportation bedeuten.[11] Im Kontext der Beraubung der jüdischen Bevölkerung Wiens, wie sie sich nicht zuletzt in den »Arisierungen« jüdischen Eigentums manifestierte, erschien mir dies daher zunächst als eine beunruhigende Quelle. Die Verstrickung von Hilde Krones in solche Vorgänge schien dem hauntologischen Wunsch, eine Heldinnen- und Widerstandsgeschichte zu erzählen, entgegenzustehen. Der genauere Blick in den Nachlass klärte schließlich, dass es sich bei Alice Ö. vermutlich um eine Verwandte ihres jüdischen Schwagers Otto Winternitz handelte, die Hilde Krones in Wien während der NS-Zeit und auch nach der Befreiung[12] unterstützte (vgl. Kap. 2). Die Deportation und Ermordung ihres Schwagers werden im Nachlass jedoch nirgends angesprochen. Die spärliche Korrespondenz von Hilde Krones mit

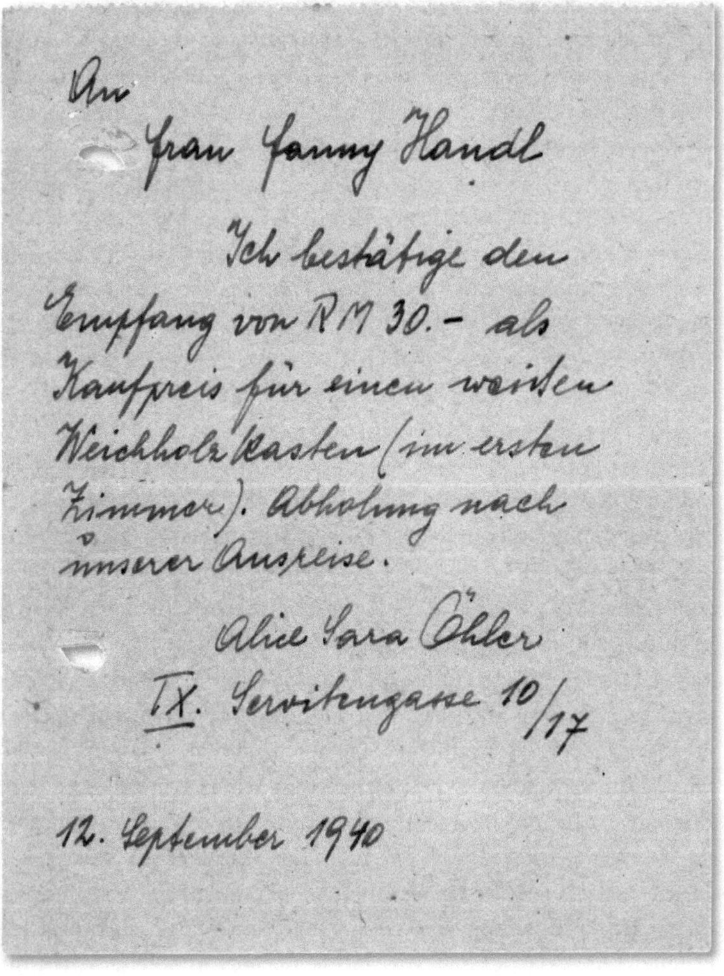

> An
> Frau Fanny Handl
>
> Ich bestätige den Empfang von RM 30.- als Kaufpreis für einen weichen Weichholzkasten (im ersten Zimmer). Abholung nach unserer Ausreise.
>
> Alice Sara Öhler
> IX. Servitengasse 10/17
>
> 12. September 1940

Abb. 22: Bestätigung von Alice Ö. über den Verkauf eines Kastens, 12. 9. 1940 (VGA)

ihrer Schwester Herma endet im Oktober 1944, wenige Wochen vor der Deportation von Otto Winternitz, und die missliche Lage der Familie wird in den Briefen nur angedeutet.[13] Noch im Mai 1943, zu einem Zeitpunkt, als auch in der Slowakei bereits Deportationen von Jüd:innen stattgefunden hatten, schrieb Hilde an Franz Krones – in einem mit Blick auf das jüdische Leiden im Nationalsozialismus heute verstörenden Brief –, dass sie ihre Schwester trotz deren materiellen Schwierigkeiten um die Möglichkeit beneide, gemeinsam mit ihrem Mann in Bratislava zu leben und nicht durch den Krieg getrennt zu sein.

»Herma hat oft wirkliche Sorgen, und doch und doch möcht ich oft mit ihr tauschen – können sie doch beisammen sein und dafür würde ich gerne täglich eine Erdäpfelsuppe essen. Ich bin froh, daß wir ihnen Geld schicken dürfen.«[14]

Aus den Nachkriegsjahren sind keine Briefe von Herma Winternitz an Hilde Krones erhalten. An einer Stelle des Nachlasses lässt sich das Schicksal von Otto Winternitz erahnen, wenn Hilde in einem Briefentwurf an Therese Scharf aus dem Dezember 1945 von ihm in Vergangenheitsform schreibt. Bezeichnenderweise ist dies eine Passage, in der Hilde Krones darüber reflektiert, dass sie in ihrer Position das Leid der verlassenen Ehefrau Therese sieht, aber nicht lindern kann, und dies mit dem Verhältnis zu ihrer Schwester Herma vergleicht.

»[I]ch spürte, daß du leidest und ich konnte dir keinen wirksamen Trost geben – das macht mich immer unsicher und über meine Absicht hinaus zurückhaltend. Als es meiner Schwester zu Beginn der Hitlerei schlechter ging als mir – ihr Mann war Jude und Tscheche – da fiel es mir unendlich schwer, ihr zu schreiben – ich dachte bei jedem Satz – was kann sie der Quatsch interessieren[,] sie hat größere Sorgen und alles was ich ihr geben kann ist außerstande ihr zu helfen.«[15]

Im Juni 1945 vermerkte Hilde Krones nach dem Wiedersehen mit ihrem Genossen Otto L., einem ehemaligen Mitglied ihrer Sektion in Ottakring, der als Häftling das KZ Mauthausen überlebte, in ihrem Tagebuch:

> »Die Nazis haben knapp vor der Eroberung von Mauthausen durch die Amerikaner noch viele, viele Menschen vergast. Otto meinte – sie wären alle noch dran gekommen[,] wenn die Gaskammern mehr hätten leisten können. Das ist doch entsetzlich. Wir haben das System gekannt – aber diese Bestialität – diese Scheußlichkeiten[,] die haben wir immer noch viel zu wenig gekannt«[16].

Doch Otto L. war politischer Häftling – und in den marxistischen Faschismustheorien, die Hilde Krones und ihre Gefährt:innen vertraten, war der antifaschistische Kampf Teil eines Kampfes für den Sozialismus; Antisemitismus und Shoah blieben dabei weitgehend ausgespart. Ein Schlaglicht darauf liefert ein anderer Fund aus dem Archiv: Ein Brief von Hildes Freund Fritz Löwy, als KZ-Überlebender gemeinsam mit Erwin Scharf 1947 Mitgründer des Bunds Sozialistischer Freiheitskämpfer[17] – der selber auch aus »rassischen« Gründen im NS-Regime bedroht gewesen war –, in dem dieser kritisierte, dass ein pensionierter jüdischer Bahnbeamter, der die NS-Zeit geschützt durch seine »arische« Ehefrau überstanden hatte, als Opfer des Faschismus gelte und daher Anspruch auf Lebensmittelhilfe habe.[18]

Die Bekämpfung des Antisemitismus stand nicht im Zentrum des politischen Hoffnungsbegriffs von Hilde Krones und ihren Genoss:innen; ihre ideologische Bearbeitung orientierte sich an den Standpunkten des Roten Wien der Zwischenkriegszeit, nach denen die sozialistische Emanzipation auch das ›partikulare‹ Problem des Antisemitismus – als Phänomen kapitalistischer Gesellschaftsordnung – beenden würde (vgl. dazu z. B. Reiter 2018: 362f.). In einem Interview für eine amerikanische Nachrichtenagentur, das – mutmaßlich – Erwin Scharf im Vorfeld des SPÖ-Parteitags 1946 gab, und in dem die Standpunkte der Gruppe rund um Scharf und Krones in ein positives Licht gerückt wurden, hieß es im Hinblick auf öffentliche Aussagen von SPÖ-Vertretern in der Nachkriegszeit, die nun an antisemitische Stimmungen in der Bevölkerung anknüpften:

»Wortführer der Revolutionären Sozialisten sind sehr bestürzt darüber, dass manche Kreise der alten Sozialdemokraten in den letzten Monaten gewisse antisemitische Tendenzen gezeigt haben.[19] Sie betonen, dass für sie selbst die Judenfrage überhaupt keine Frage ist, weisen darauf hin, dass sie selbst wirkliche Internationalisten sind und auch die leiseste Regung gegen eine Religion oder Rasse auf das schärfste verdammen.«[20]

In den ersten Wochen nach dem Krieg vertraten Hilde Krones und Erwin Scharf aber einen rigorosen Antinazismus, wie sich in der parteiinternen Diskussion rund um ein Plakat zeigte, das Parteisekretär Scharf im Sommer 1945 produzieren ließ und das ursprünglich vermutlich vom Jugendfunktionär Peter Strasser konzipiert worden war[21] –, in dem der Austausch der Nationalsozialisten mit den Kriegsgefangenen gefordert wurde:

»Zehntausende Österreicher befinden sich fern der Heimat in Kriegsgefangenenlagern und werden zum Wiederaufbau benötigt. [Zehntausende] Nazi befinden sich in der Heimat und sabotieren den Wiederaufbau Österreichs. Wir fordern den Austausch!« (Abb. 23)[22]

Im Wiener Vorstand der SPÖ wurde das Sujet offenbar genehmigt,[23] im Bundesparteivorstand kam es jedoch zu einer kontroversen Debatte,[24] die zu dem Beschluss führte, Drucksorten in Zukunft vorab dem Parteivorstand vorzulegen.[25]

Ähnlich wie jene Bilderserie, die Hilde Krones und ihre Genoss:innen bei Aufräumarbeiten in Ottakring zeigt, wird auch dieses Plakat im hauntologischen Blick zurück zum Spukbild eines anderen Wiederaufbaus und einer rigorosen Entnazifizierung, *die es nie gab*. Seine Forderung wirkt radikal und zornig, aber auch polemisch, sie lud die zeitgenössischen Betrachter:innen gleichzeitig zur Externalisierung des Nationalsozialismus ein. Denn sie legte nahe,

> **Zehntausende Österreicher** befinden sich fern der Heimat in Kriegsgefangenenlagern und werden zum Wiederaufbau Österreichs benötigt
>
> **Nazi** befinden sich in der Heimat und sabotieren den Wiederaufbau Österreichs
>
> **Wir fordern den Austausch!**
>
> SOZIALISTISCHE PARTEI ÖSTERREICHS

Abb. 23: Plakat der SPÖ, 1945 (Wienbibliothek im Rathaus)

dass unter den kriegsgefangenen österreichischen Soldaten keine oder nur wenige Nationalsozialisten zu finden seien und schwieg auch über Verbrechen der Wehrmacht.

> »Viele tausende unserer Genossen schmachten in Kriegsgefangenschaft, sie müssen dort den Schutt und den Dreck aufräumen, den die Nazi in der ganzen Welt hinterlassen haben. Sie sind die unschuldigsten, denn wer ist denn im Durchschnitt eingerückt und in Kriegsgefangenschaft geraten? Der, der keine Verbindungen gehabt hat, um sich dauernd hier u. k. gestellt[26] herumzudrücken«,

so zu lesen in einem Redeentwurf, vermutlich von Hilde Krones. »[U]nsere Nazi« stelle man der Sowjetunion »gerne und prompt zur Verfügung«, heißt es in einer gestrichenen Passage der Rede.[27] Bei den Verfasser:innen des Plakats war die Forderung nach Austausch von Kriegsgefangenen und Nationalsozialisten wohl auch mit der Hoffnung verbunden, dass gerade die in der Sowjetunion befindlichen Kriegsgefangenen, ähnlich wie 1918/19, mit revolutionären

Ideen nach Wien zurückkehren würden – »Sie könnten der Garant dafür sein, dass der Staat, den wir heute aufrichten, ein Volksstaat, ein Staat der Sozialen Demokratie wird«[28] – eine Einschätzung, die sich sehr bald als falsch erweisen würde.

Nur wenige Jahre später sollte sich die SPÖ von dem Plakat öffentlich distanzieren. Nach dem Ausschluss aus der Partei wurde Scharf 1948 als angeblicher Urheber des – im Wettbewerb um die Stimmen der ehemaligen Nationalsozialist:innen nunmehr skandalisierten – Plakats denunziert (Czernetz 1948: 15). Im Wahlkampf 1949 nannte die SPÖ in einer Wandzeitung das Plakat eine Schöpfung des »kommunistische[n] Agent[en]« Scharf und betonte, dass dieser inzwischen aus der Partei ausgeschlossen sei, während in der ÖVP noch immer Politiker, die 1945 ähnliche Forderungen aufgestellt hätten, aktiv seien (Abb. 24).[29] Die ÖVP stand dagegen vermutlich hinter dem Nachdruck des ursprünglichen Plakats, das textlich ident, aber in anderem Layout, zu dieser Zeit ebenfalls wieder affichiert wurde – mutmaßlich um damit der SPÖ zu schaden.[30]

In der Parteivorstandssitzung vom 13. August 1945, in der das provokative Plakat zum Naziaustausch diskutiert wurde, nahm Hilde Krones auch allgemeiner zur »Nazifrage« Stellung und stellte fest,

»dass jeder Oesterreicher eigentlich den wahren Inhalt des Nationalsozialismus hätte kennen müssen, da wir von 1933–34 noch eine legale Presse, die den in Deutschland zur Macht kommenden Nationalsozialismus entlarvte, gehabt haben und dass überdies in den Jahren 1934–38 illegal doch breiten Massen die Wahrheit über die NS-Interessen und Politik gesagt worden ist. Gerade die Oesterreicher haben somit keine Ausrede.«[31]

Im Spektrum der internen Debatte befand sich Hilde Krones damit – wie auch sonst – am linken Flügel der Partei (Mesner 2005: 64ff.). In der Sozialistischen Partei gab es im Hinblick auf den Umgang mit Nationalsozialist:innen außerdem ein Gefälle zwischen Wien und den Bundesländern. Gerade in der Wiener Partei waren viele Vorstandsmitglieder ehemalige Verfolgte des Nationalsozialismus und forderten im Gegensatz zu manchen Landesparteien eine kon-

Abb. 24: Plakat der SPÖ, 1949 (Wienbibliothek im Rathaus)

sequente antinazistische Haltung (Sottopietra/Wirth 2005: 80). In einer Parteivorstandsdebatte im September 1945 behauptete dagegen der sozialistische Staatskanzler Karl Renner, dass »9/10 der NS-Mitglieder keine politische Schuld auf sich genommen« hätten; die Nazis seien auch nicht schuld am Krieg, »wogegen wir doch als Marxisten wissen müssen, dass kapitalistische, imperialistische Spannungen daran schuld sind«[32]. Parteisekretär Erwin Scharf konterte, es gebe »etwas wie eine Massenverantwortung«[33]. Er erinnerte daran, »wie sich alle diese kleinen und einfachen Parteimitglieder und Anwärter 1938 benommen haben und wie es wohl sein würde, wenn Deutschland den Krieg gewonnen hätte. Jeder der sich zur Partei bekannt hat, muss jetzt in irgend einer Form die Verantwortung tragen.«[34] Auch Hilde Krones stellte sich gegen Renner: Als Marxistin wisse sie

»selbstverständlich […], dass der hinter uns liegende Krieg aus dem Widerstreit der Imperialisten entstanden ist. Dies trifft für den Weltkrieg 1934–45[35] allerdings nur zum Teil zu. Es war ein heterogener Krieg – neben dem kapitalistischen Konkurrenzkampf war in dem Krieg ein Machtkampf der zwei gegensätzlichen Wirtschaftssysteme Kapitalismus und Sozialismus beschlossen. In beiden Sparten aber hat sich das deutsche Monopol-Kapital als Angreifer, Führer und brutalster Antreiber erwiesen. Der politische Ausdruck dieses deutschen Monopol-Kapitals aber war der Nationalsozialismus. Er ist daher in tiefsten Sinne kriegsschuldig geworden und muss zur Verantwortung gezogen werden.«[36]

Das Thema der Entnazifizierung taucht im Nachlass von Hilde Krones auch danach immer wieder auf. So argumentierte sie 1946 im Parteivorstand gegen eine Ausweitung von Ausnahmen von der Registrierungspflicht für Nationalsozialist:innen,[37] plädierte jedoch für die individuelle Prüfung der Fälle.[38] Auch im Frauenzentralkomitee und dem Wiener Parteivorstand berichtete sie als Nationalratsabgeordnete immer wieder über den Stand der Verhandlungen zu den zahlreichen Novellen der NS-Gesetzgebung. Im April 1947 sprach sie sich gegen die Wiederaufnahme von minderbelasteten Nationalsozialist:innen bei der Gemeinde Wien aus.[39] Bis zum Auslaufen der Tätigkeit im Juni 1948 war sie Mitglied in der Kommission nach § 19 Abs. 2 des Verbotsgesetzes 1947, die sich mit der Wiederzulassung von Anwälten zu ihrem Beruf beschäftigte.[40]

In öffentlichen Wortmeldungen zur Entnazifizierung war sie – im Vergleich zu 1945 – zu diesem Zeitpunkt deutlich vorsichtiger geworden. In einem Beitrag zur sozialistischen Frauentagsbroschüre 1947 mit dem Titel *Ausrottung des Nazifaschismus* (Krones 1947a) nannte sie unter den Opfergruppen, die berufen seien, ein Urteil über den NS-Terror zu sprechen, auch

»die Masse der kleinen Nazis – die vielfach nur aus erbärmlicher aber menschlich nur zu begreiflicher Angst um die Existenzsicherung dem Druck und dem Treten nachgegeben haben und niemals klassenmässig und ideologisch Faschisten waren, die Masse der kleinen Betrogenen, die auf das Schlagwort ›Arbeitsbeschaffung‹ hereinfielen – nur wer sieben Jahre arbeitslos war und eine hungernde Familie besass und dennoch stark blieb[,] werfe den ersten Stein.«[41]

In dem Text zählte Hilde Krones eine lange Liste von Opfergruppen auf, beginnend mit den »Gemarterten in Konzentrationslagern und Gefängnissen«, doch Jüd:innen wurden dabei nicht explizit genannt, ebenso wenig Antisemitismus als ideologische Klammer des Nationalsozialismus, die auch von »kleinen« Nazis geteilt wurde.[42] Der Beitrag stand im Zusammenhang mit jener Novelle des Nationalsozialistengesetzes, in dem die Unterscheidung zwischen »Belasteten« und »Minderbelasteten« gezogen wurde (Niederacher 2005: 23), wobei auf Druck der Alliierten zunächst nicht alle von den österreichischen Parteien gewünschten Entschärfungen der Sühnefolgen für Minderbelastete umgesetzt wurden. Hilde Krones schrieb:

> »Wir Sozialisten betrachten dieses Gesetz als Etappe auf dem Wege zur festen Verankerung der Demokratie mit dem klaren Blick, dass es zwar notwendig ist[,] gesetzliche Massnahmen dieser Art zu schaffen, dass aber nur die energische Beseitigung der Wurzeln des Faschismus – die Vernichtung des kapitalistischen Systems [–] imstande ist[,] die Aufgabe[,] die unserer Generation gestellt ist, zu erfüllen: Ausrottung des Faschismus – Selbstschutz der Demokratie.«[43]

Ähnliches formulierte sie in einem – hier im Anschluss ausführlich zitierten – Beitrag für die sozialistische Zeitschrift *Die Frau*, in der sie ebenfalls die Novelle der Entnazifizierungsgesetzgebung kommentierte und anhand einer Pädagogik des Schmerzes deutlich machte, dass der Faschismus in der Sicht der Revolutionären Sozialist:innen bereits 1933/34 in Österreich begonnen hatte:

> »[…] ›[E]s gibt Schmerz, der das Leben überdauert. Wir werden das, was wir erlebt haben, nicht vergessen, und darin liegt die Bürgschaft für den Frieden. Er hält Wache, er bewacht die Zukunft!‹ – ‹ So las ich vor kurzem in einem Novellenband. Ich möchte sagen, er, der Soldat der Menschlichkeit, steht in Stalingrad und in Coventry, er steht an der Atlantikküste Frankreichs und er steht auch in dem durch zweifache faschistische Greuel [sic] zu Boden gedrückten Österreich. Ich sage Soldat der

Menschlichkeit, weil es nicht einfach genügt, Mensch zu sein. Wir haben qualvoll erlebt, daß man gegen Kanonen nicht mit geistigen Argumenten kämpfen, daß man mit Bestien nicht diskutieren kann. Man muß bewußter Kämpfer für die Menschlichkeit sein und muß Wache halten. Dies sind auch die Probleme der Faschistensäuberung in Österreich. […] [W]ir brauchen die Reinigung von *jeder* Form des Faschismus, aber die Welt erwartet von uns ausschließlich die Entnazifizierung. Wir brauchen ein Faschistengesetz und haben ein Nationalsozialistengesetz. Das kann für uns Sozialisten jedoch kein Grund sein, den Nazifaschismus zu schonen. Die Reinigung vom Nationalsozialismus ist nur eine Etappe zu unserem Ziel. Der Grundgedanke des neuen Nationalsozialistengesetzes […] ist die Trennung der Schuldigen, der Belasteten von den bloßen Mitläufern, die ihre Zugehörigkeit zur NSDAP weder zu menschlichen Gemeinheiten noch zur persönlichen Bereicherung ausgenützt haben. […] Ob es dem Sinn des Gesetzes förderlich war, daß die Alliierten durch ihre mehr als fünfzig zusätzlichen Abänderungswünsche den Kreis der Registrierungspflichtigen und den Kreis der Belasteten in einem ganz erheblichen Umfang erweitert und die Sühnefolgen für die Mitläufer über einen doppelt so langen Zeitpunkt, als vorgesehen war, erstreckt haben, wird sich noch erweisen müssen. […] Das Gesetz wird in Kraft treten. Es darf kein Racheakt werden, sondern hat politische Aufgaben, die von allen Parteien erkannt und respektiert werden müssen. Aber als Sozialisten müssen wir wissen, daß Faschismus die Herrschaftsform der Besitzenden[44] in einer bestimmten Entwicklungsperiode des Kapitalismus ist, daß die Gefahr der Wiederkehr von Faschismus und Barbarei, vielleicht unter einem anderen Firmenschild, solange nicht gebannt ist, als das Prinzip des Kapitalismus, der privaten Profitgier besteht. Und daß den Faschismus zerstören, vernichten, für ewige Zeiten verhüten bedeutet: Wurzel, das kapitalistische System, zu beseitigen. Wir, die Generation, die mit Schlägen und Härte erzogen wurde, hat die Pflicht, Wache zu halten, mit aller Härte gegen das Prinzip zu kämpfen. Dann wird es möglich[,] gegen die menschlichen Überreste dieses Prinzips, gegen die kleinen betrogenen Betrüger im weitesten Sinne menschlich zu sein« (Krones 1947b, Herv. i. Orig.).

»[D]ie Demokratie ist großzügig«, wird Hilde Krones 1948 in ihrer Kolumne in der Zeitschrift *der kämpfer* schreiben, als sie unter diesem Motto über das nun geplante Ende der Sühnefolgen für Minderbelastete und die Novellierung des Verbotsgesetzes berichtet: »Der Mitläufer, der keine persönliche Schuld auf sich geladen hat, ist damit wieder voll gleichberechtigter Staatsbürger und das ist gut so« (Krones 1948b: 4).
Wenn ich dem Geist von Hilde Krones mit hauntologischem Interesse Gerechtigkeit widerfahren lassen will, ihn respektvoll behandeln, ihm eine Stimme geben möchte, auch wenn das, was hörbar wird, wegen seiner Leerstellen Probleme bereitet, so ließen sich die hier von Hilde Krones formulierten Argumente und Beschreibungen als Narrativ verstehen, das – gerichtet an die Genoss:innen der Partei – eine Militanz des Antifaschismus, der Antikapitalismus sein muss, vertritt, formuliert von »Soldaten der Menschlichkeit« und als Generation, die den Kampf gegen den Faschismus 1934 aufgenommen hatte, der erst nach der Revolution gewonnen sein würde. In diesem Konflikt konnten die alliierten Befreier:innen – vor allem die USA – trotz ihrer antinazistischen Haltung auch auf der Gegenseite stehen, ihre kompromisslose Haltung gegenüber den ehemaligen Nationalsozialist:innen als *ungerecht* beschrieben werden – »der Unterschied zwischen dem ›Du bist schuldig‹ des Gesetzes und der Schuldfrage im Bewußtsein der breiten Volksmassen ist größer geworden«, schrieb Krones (1947b) im Hinblick auf die alliierten Forderungen –, wohingegen die »betrogenen« kleinen Leute und jungen Arbeiter:innen durch Erziehung und gutes Vorbild für die Demokratie – und noch besser: als Subjekt der Revolution – gewonnen werden mussten. 1948 wird Hilde Krones sich im Parlament gegen die Verlängerung der Todesstrafe aussprechen, die 1945 als Ausnahmegesetz eingeführt worden war.

»Nicht Vergeltung, nicht Rache soll der Grundsatz unserer Rechtspflege sein, sondern Verhütung, Ausschaltung des verbrecherischen Individuums, Erziehung zur Gemeinschaft. Niemals darf sich eine fortschrittliche Rechtspflege zu der Formel Mord um Mord bekennen. Und wir müssen überdies um die soziale Wurzel von Verbrechen wissen – müssen den Kampf gegen soziale Uebel und die größte Quelle von Demoralisation und Verbrechen, gegen den staatlich organisierten Massenmord, den Krieg, führen« (Krones 1948c: 4).

Im Wissen um die Entwicklung der österreichischen Vergangenheitspolitik nach 1945 bleibt Skepsis bestehen: Deuten die Reden an, dass Hilde Krones als Abgeordnete aus Parteiräson zunehmend gezwungen war, Regierungspolitik zu verteidigen, die – auch aus wahltaktischen Gründen – bereits auf die Integration der nationalsozialistischen Wähler:innen abzielte? Bei der Erwähnung des »staatlich organisierten Massenmord[s]« fehlt ein Hinweis auf die Shoah, für den diese Formel heute steht. Ähnliche Fragen lassen sich im Hinblick auf eine Rede stellen, die Hilde Krones im Juli 1948 im Nationalrat als Berichterstatterin des Verfassungsausschusses über eine Regierungsvorlage zum Bundesgesetz über die Fürsorge für – alliierte – Kriegsgräber und Kriegerdenkmäler hielt: Der Verfassungsausschuss habe das Gesetz, das eine »bescheidene Dankesabstattung« für die Befreiung Österreichs sei, begrüßt und gleichzeitig eine ähnliche Regelung für die Gräber »österreichischer Antifaschisten […], die als Opfer der politischen und Rassenverfolgung im Konzentrationslager und im Zwangsarbeitslager gestorben sind«, gefordert. Darüber hinaus wünschte der Ausschuss aber auch ein gesondertes Gesetz für die Pflege der »eigentlichen Kriegsgräber aus dem ersten und dem zweiten Weltkrieg«[45]:

»In zwei völkermordenden Kriegen sind Verhetzte und Gegeneinandergetriebene, Mensch gegen Mensch einander gegenübergestanden. Jetzt aber liegt in Österreichs Erde der russische Kriegsgefangene aus dem ersten Weltkrieg neben dem Soldaten der ehemaligen österreichisch-ungarischen Monarchie, liegt der französische Soldat des zweiten Weltkrieges neben dem österreichischen, ja auch neben dem deutschen Soldaten des zweiten

Weltkrieges, Männer, die ihren Irrglauben mit dem Leben bezahlt haben, aber vor allem jene viel größere Anzahl von Männern, denen man gegen ihren Willen Spaten und Gewehr in die Hand gedrückt hat und die unter Todesbedrohung zum Völkermord gezwungen wurden, alles Menschen, die damit Opfer zweier völkermordender Kriege geworden sind. Mit der Befürsorgung dieser Gräber erfüllen nach der Meinung des Verfassungsausschusses das Hohe Haus und Österreich nur eine Pflicht der Menschlichkeit. Nicht eine Verherrlichung des Krieges soll die Ehrung und die dauernde Erhaltung dieser Kriegsgräber sein, sondern eine Mahnung für die kommenden Generationen, sich mit allen Kräften gegen den Krieg einzusetzen und niemals diese sinnlosen Opfer zu vergessen. […]« (Stenographisches Protokoll 7. 7. 1948: 2470ff.).

Als Berichterstatterin fasste Hilde Krones die gemeinsame Position der drei Parlamentsparteien ÖVP, SPÖ und KPÖ zusammen. In der Verknüpfung der erinnerungspolitischen Verpflichtung gegenüber alliierten Opfern der Befreiung, Opfern des Widerstands und von »rassischer« Verfolgung – die abermals nur im Nebensatz zur Sprache kamen[46] – und den toten Soldaten der NS-Armeen öffnete sich eine Büchse der Pandora, ein diskursiver Raum, in dem sich in den Jahrzehnten nach dem Tod von Hilde Krones die Lautstärken der einzelnen Töne stark verändern werden: Während der Widerstand, den Hilde Krones betonte, aus dem österreichischen Gedächtnis schwand, wurde die Erinnerung an die toten Krieger der Wehrmacht zum jährlichen, ritualisierten Alltag in den Städten und Dörfern; wo Hilde Krones vom »Irrglauben« der Soldaten spricht, von der Mahnung der zwangsverpflichteten Opfer, würden in Österreich bald die *Helden* des Krieges geehrt werden (Heer u. a. 2003, Perz/Uhl 2004).

Die Einordnung der Jahre 1933/34 bis 1938 in Österreich hingegen, deren Bedeutung Hilde Krones für die Entwicklungen der Jahre 1938 bis 1945 immer unterstrich, wird in geschichtspolitischen Debatten des Landes bis in die Gegenwart umstritten bleiben (vgl. dazu z. B. Moos 2021). In dem 1945 bestehenden Kontaktkomitee zwischen SPÖ und KPÖ nahm Hilde Krones im September 1945 in der Diskussion über die begriffliche Einordnung des Austrofaschismus Stellung:[47] Während die KP-Vertreter aus taktischen Gründen den Kampfbegriff »Heimwehr-Faschismus« vorschlugen, um damit Spannungen in der neu gegründeten ÖVP zwischen einem »Heimwehr-Flügel« und »konservativ-demokratischen« Kräften zu erhöhen, plädierte Hilde Krones für einen breiteren Begriff, sonst bliebe »beispielsweise der Kleriko-Faschismus unberücksichtigt. Die SPOe legt sich nicht unbedingt auf ›Austro-Faschismus‹ fest[,] wünscht jedoch eine umfassendere Bezeichnung«[48].

In späteren Redeentwürfen zu Gedenkveranstaltungen des Februar 1934 benannte sie die Christlichsozialen und ihre Verbündeten als »Zerstörer der Demokratie«, als »Handlanger des machttrunkenen Monopolkapitals«, schrieb von 11 Jahren Faschismus und vom »Gift des schleichenden Austrofaschismus«.[49] Für die politische Gegenwart der Nachkriegsjahre bedeutete dies, eine klare Abgrenzung von der ÖVP zu fordern. So schrieb Fritz Löwy, der Hilde Krones bei der Konzipierung einer Gedenkrede zum 12. Februar 1946 unterstützte, die Rede müsse den »ewigen Brückenbauer[n] mit ihrem Gesinde(l)« entgegentreten.

»Wegen der Forderung ›Volksgericht für alle Februarverbrechen‹ erkundige Dich noch bei vernünftigen Rechtsgelehrten ([*Karl, Anm. G. S.*] Mark?) nach den betreffenden Paragraphen der [19]29er-Verfassung, damit wir uns nicht unnötig blamieren«[50].

Die klare Haltung im Hinblick auf die autoritäre Diktatur der Jahre 1933/34 bis 1938 in Österreich manifestierte sich auch in Hilde Krones' Beiträgen zur Debatte um die »antifaschistische Ausstellung« *Niemals Vergessen*, die 1946 im Wiener Künstlerhaus gezeigt wurde (Kos 1994: 7–58). Im Parteivorstand der Wiener SPÖ berichtete sie im September 1946, dass die Jahre 1934 bis 1938 in der Ausstellung nicht behandelt würden, weil die ÖVP sonst darauf beharrt hätte, Kanzler Dollfuß als Märtyrer gegen den Nationalsozialismus zu würdigen.[51] Dass die SPÖ dies akzeptierte, wird rückblickend als »eine von vielen Niederlagen« der »Linkssozialisten in der SPÖ […]

in ihrer Opposition zum erfolgreichen Versöhnungskurs der Partei« interpretiert (ebd.: 37).

Am folgenden Tag erschien ein Kommentar von Hilde Krones in der *Arbeiter-Zeitung*, in dem sie die Ausstellung aus diesem Grund – und die ÖVP für deren Schweigen über die eigene Täterschaft in den Jahren 1933 bis 1938 – kritisierte. Die vertriebenen Sozialist:innen des Februar 1934 hätten schon damals

> »gewußt, daß die Machthaber von heute gleich ihnen zu den Unterdrückten von morgen zählen werden, daß der Mohr[52], der mit der Niederwerfung der organisierten österreichischen Arbeiterschaft seine Schuldigkeit getan hat, gleichfalls wird gehen müssen. Aber hat das seine Verantwortlichkeit gemildert? Nur heraus mit einer Antifaschistischen Ausstellung 1934 bis 1938 – wir Sozialisten werden unseren Beitrag dazu leisten!«

Gleichzeitig kritisierte Krones die kommunistische *Volksstimme* dafür, in einem Artikel über die historischen Kämpfe der Arbeiterschaft den Februar 1934 nicht erwähnt zu haben.

> »Ist es wirklich möglich, daß Vertreter der österreichischen Arbeiterschaft bei einer solchen Aufzählung diesen ruhmreichsten Kampftag des österreichischen Proletariats verschweigen oder bloß umschreiben?« (Krones 1946b: 2)

Andere Hoffnungsbegriffe: Ilse Aichinger, Ruth Klüger

Dennoch: So kämpferisch der Antifaschismus von Hilde Krones war, bleibt doch die jüdische Erfahrung in ihrem Nachlass eine Leerstelle, ein weitgehend blinder Fleck, im Schatten von sozialistischer Geschichtsinterpretation und Zukunftshoffnung, die wiederum im (vergangenheits-)politischen Diskursraum der Nachkriegszeit erstickt wird.

Wir wissen heute, dass es in den Jahren nach der Befreiung 1945 durchaus Gegenstimmen gab, die versuchten, die Traumata der Shoah in Worte zu fassen, bezeichnenderweise nicht zuletzt im Feld der Kunst. Zwar unterwarf sich auch der österreichische

Literaturbetrieb in den Jahren des Wiederaufbaus bald den politischen Vergangenheits- und Zukunftsnarrativen, etwa österreichischer Opferrolle und Habsburgmythos, und kultivierte nach einer kurzen Phase des Aufbruchs eine »sozialpartnerschaftliche Ästhetik« (Menasse 1990), doch es sind Texte wie Ilse Aichingers autobiografischer Roman *Die größere Hoffnung* (1991 [1948]), die alternative Konzeptionen von politischen Gefühlen in der Nachkriegszeit formulieren. In diesem erstmals 1948 erschienenen Buch schildert die Autorin in teils phantastischen und traumartigen Passagen aus der Perspektive eines jungen Mädchens die Erfahrungen jüdischer Jugendlicher und »Mischlinge« – so die NS-Diktion für Kinder mit jüdischen und nichtjüdischen Elternteilen – im nationalsozialistischen Wien. Die Zeitungen, in denen Aichingers Texte ab 1948 in Wien erschienen, finden sich ebenfalls im Archiv des Vereins für Geschichte der ArbeiterInnenbewegung, allerdings bezeichnenderweise im Keller, da die junge Autorin Aichinger nicht in sozialistischen Medien, sondern in jenen der westlichen Alliierten (*Wiener Kurier*) oder – was uns heute überraschen mag – der ÖVP (*Wiener Tageszeitung*) die Möglichkeit zur Publikation erhielt.

In meine forschende Séance mischt sich nun also eine zweite Stimme, antwortet auf Fragen, zu denen der Nachlass von Hilde Krones schweigt, und weist uns auf diese Weise auf dessen Leerstellen hin. Bei einer gleichzeitigen Lektüre des Romans und der im Nachlass von Hilde Krones erhaltenen Texte – nicht zuletzt den Feldpostbriefen an Franz Krones, die einen ähnlichen Zeitraum im nationalsozialistischen Wien abdecken wie die Handlung des Buches –, offenbaren sich aber auch verwandte Beobachtungen, Motive, Begriffe und Gefühle:[53] In beiden Fällen ist es das politische Gefühl der Hoffnung, um das die Texte kreisen. Doch wenn bei Hilde Krones der Hoffnungsbegriff neben dem Liebesglück auf das Ziel der politischen Revolution ausgerichtet ist, ist es bei Ilse Aichingers Protagonistin die schlichte Hoffnung auf das Überleben in einer mörderischen und feindlichen Umgebung. Hilde Krones lernt während des Krieges Russisch, als Sprache des erhofften politischen Neubeginns, die Kinder in Aichingers Roman lernen Englisch, als Sprache des Fluchtlandes, das sie nicht erreichen werden. »Weshalb lernt man Englisch, wenn man sterben muß?«, heißt es daher dort (Aichinger 1991: 83).

In einer 1988 gehaltenen Rede sprach Aichinger (1988: 279) über die autobiografischen Aspekte ihres Romans, über die Schwierigkeit, sich einen Hoffnungsbegriff zu bewahren, obwohl die Chance auf das Überleben immer kleiner wurde.

»[W]ir mußten auch die Hoffnung, zu fliehen und so vor dem Terror, der rasch um sich griff, gerettet zu werden, in eine Hoffnung verwandeln, die dem Tod standhielt« (ebd.).

Diese *Größere Hoffnung* materialisierte sich in der Freundschaft der Kinder und Jugendlichen, die sich in der am Stadtrand Wiens gelegenen jüdischen Abteilung des Zentralfriedhofs einen Rückzugsraum, eine »Insel der Lebendigen« schufen (Aichinger 1948: 274). Anders als der Hoffnungsbegriff der Revolutionären Sozialist:innen war jener der jüdischen Kinder nicht mehr in die Zukunft gerichtet, so Aichinger, sondern konnte sich nur an die Gegenwart halten.

»Und als der Krieg immer offenkundiger seinem Ende zuging, bekamen wir Angst vor diesem Ende, Angst vor der Befreiung. Davor, daß wir dann vielleicht nicht mehr im Stand sein würden, jeden Tag als den ersten und letzten zu nehmen, davor, daß wir wieder in den Irrtum verfielen, es wäre möglich, jede verweigerte Begegnung, jeden unterlassenen Freundesbeweis doppelt und dreifach nachzuholen, aber später, morgen, übermorgen. In der Zeit der Verfolgung gab es kein Später« (Aichinger 1988: 280).

Aichingers Protagonistin wird das Ende des Krieges nicht überleben, sie springt in den Tod. Ihr Rückzugsort, das Vierte Tor des Wiener Zentralfriedhofs, verschwand aus den Opfererzählungen des Nachkriegsösterreichs. Während des Krieges hielt dort nicht einmal die Straßenbahn – »Die Tramway fährt so schnell daran vorbei, als hätte sie ein schlechtes Gewissen«, so Aichinger in einem frühen Prosatext (Aichinger 1948: 272).

Lassen wir eine weitere Wiener weibliche jüdische Stimme in den

Kreis der Séance eintreten: Eine der bekanntesten literarischen Auseinandersetzungen mit dem Hoffnungsbegriff und der Shoah stammt von Ruth Klüger, die diese in ihrem autobiografischen Essayband *weiter leben. Eine Jugend* (1994 [1992]) formulierte. In ihrer Reflexion über die eigene Überlebensgeschichte im Nationalsozialismus, den Neubeginn in den USA und den Umgang mit den Traumata nach 1945 verwendet sie ebenfalls Metaphern des Spuks und der Geister, und zwar vor allem im Hinblick auf die Erinnerung an die Ermordeten (ebd.: 79). Klüger erinnert daran, dass das politische Gefühl der Hoffnung in die Irre führen kann, ähnlich wie der später von Lauren Berlant (2024) diagnostizierte *grausame Optimismus*. Klüger meint damit die vergebliche Hoffnung der Verfolgten, dass die offenkundige Bedrohung doch an ihnen vorüber gehen würde, dass das Leben sich zum Besseren wenden werde, wenn sie nur die Hoffnung nicht verlören. Doch »[w]enn man lange genug wartet, dann kommt der Tod. Man muß[te] fliehen lernen«, so Klüger (1994: 23). Sie zitiert die Formel des polnischen Schriftstellers Tadeusz Borowski, wonach »nur Verzweiflung mutig macht, die Hoffnung aber feig« (ebd.: 106). Gleichzeitig beschreibt sie unterschiedliche Aspekte des Hoffnungsbegriffs, die sie während ihrer Leidenszeit als KZ-Häftling selbst durchlebte: Ein politischer Hoffnungsbegriff des Zionismus – ähnlich jenem der Revolutionären Sozialist:innen –, den sie als Kind in Theresienstadt von ihren Lehrer:innen vermittelt bekam; später ein Hoffnungsbegriff der Zeug:innenschaft – »aus dem Erlebnis abgründigen Verachtetseins eine Zukunft [zu erfinden] [...]. Nicht in diesem unmöglichen Jetzt befangen bleiben. Zeuge sein wollen [...] Ich würde nicht hier umkommen, ich bestimmt nicht« (ebd.: 117).

Klügers schonungsloser Text beharrt aber darauf, dass das Überleben und seine Literarisierung keine moralischen Botschaften bereithält, sondern Statistik die moralischen Gesetzmäßigkeiten des Trauerspiels ersetzt habe.

»Ich habe die Hoffnung nie aufgegeben und meine heute, daß es aus keinem besseren Antrieb als kindischer Verblendung und Todesangst so war. Daß sich die Hoffnung gerade bei mir bewährt hat, ist zwar ein für mich persönlich erfreulicher Ausgang gewesen, widerlegt aber ebensowenig die Unwahrscheinlichkeit eines solchen Ausgangs wie der Hinweis auf einen Lottogewinn die Tatsache widerlegt, daß die meisten Spieler verlieren müssen« (ebd.: 107f.).

Leser:innen dürften sich »das Happy-End meiner Kindheitsirrfahrten [...] nicht auf ein Hoffnungskonto, nicht auf meines und schon gar nicht auf [...] [ihr] eigenes, setzen« (ebd.: 108). »[I]hr macht so, als meintet ihr mich, doch meint ihr eben nichts als das eigene Gefühl« (ebd.: 201). Das ist ein Vorwurf, den auch Hilde Krones in einer Antwort auf meine Fragen in der forschenden Séance formulieren könnte.

Ruth Klüger diskutiert neben dem Hoffnungsbegriff auch das Schuldgefühl der Überlebenden sowie Zustände der Depression, die sie nach der Befreiung überkamen und legt damit eine weitere Spur, die zum Nachlass von Hilde Krones führt. In New York habe sie – Klüger – die Todesangst des »Käfiggefühls« durch sein »Gegenteil, die Todesversuchung der Depression«, ersetzt. »Denn hier lebte die Vergangenheit erst richtig auf und streckte sich in Öde hinter mir.« Sie kam sich wertlos vor,

> »und es gab Stunden, da hatte ich das Gefühl, ich sei nicht befreit worden, sondern ich sei davongekrochen, wie eine Wanze [...]. Zu einer Zeit, die die Frauen abwertete, war es naheliegend, mich selbst abzuwerten« (ebd.: 239).

Doch Depressionen hätten auch »ihr Gutes«, sie seien »ein sicheres Mittel gegen die Todesangst. Entweder fürchtet man sich vor der Auflösung, oder man wünscht sie herbei. Beides zusammen geht nicht« (ebd.: 246).

Diese Einsichten helfen, der Frage näher zu kommen, wie sich das Register der *feelings* und politischen Gefühle von Hilde Krones nach 1945 zueinander verhielt, ihr Hoffnungsbegriff – der nach der Befreiung zunehmend die Zuversicht auf das ›Vielleicht‹ der Verwirklichung verlor –, Schuldgefühle, im Vergleich zu ermordeten Genoss:innen nicht aktiv genug Widerstand geleistet zu haben, weibliche Nachkriegserfahrungen, ihre Enttäuschungen und Depressionen.

Wenn ich heute den Hoffnungsbegriff von Hilde Krones heraufbeschwöre, dann nicht, um über sie »hinweg« zu reden (Klüger 1994: 201) und nur unsere gegenwärtigen Gefühle zu meinen. Viel eher soll mein Dialog in einer Form stattfinden, wie ihn Ilse Aichinger (1988) jugendlichen Zuhörer:innen nahelegte – in einem Echo auf Ernst Blochs Überlegungen (1985a), wonach Hoffnung auch enttäuscht werden könne (vgl. dazu Kap. 9):

> »[D]ie Träume aus dem Schlaf zu holen, sie der Ernüchterung auszusetzen und sich ihnen doch anzuvertrauen. [...] Das heißt, auf der geduldigen, aber niemals einzuschläfernden Suche bleiben, die Freude immer erhoffen, aber diese Hoffnung nie bestechlich werden zu lassen« (Aichinger 1988: 281).

Stalinismus

Zu den Lücken im Nachlass von Hilde Krones gehört auch eine explizite Beschäftigung mit dem stalinistischen Terror. Dieser blinde Fleck wurde schon zeitgenössisch, in den Jahren nach 1945, von der rechten Parteimehrheit, aber auch von anderen Linkssozialist:innen (z. B. Hindels 1948: 267) gegen die Gruppe um Scharf und Krones ins Treffen geführt. Die Sicht von Hilde Krones auf die Sowjetunion, die Rolle, die die UdSSR für ihre politischen Hoffnungen und die ihres Freund:innenkreises spielte, lässt sich in ihrem Nachlass zwar teilweise rekonstruieren, doch bleiben viele offene Fragen, zu denen das Medium schweigt – oder mich mit mehrdeutigen Antworten bedient, die auf Unterschiede zwischen Geschichtsbildern der Gegenwart und historischen Positionen der Revolutionären Sozialist:innen hinweisen. Diese Mehrdeutigkeit ist teilweise auch den jeweiligen Quellen geschuldet – den unter den Bedingungen von militärischer Zensur und der Gefahr von politischer Verfolgung verfassten Feldpostbriefen der Jahre 1942 bis 1944 sowie den Briefen und politischen Materialien der Nachkriegszeit, in denen die Bedingungen des entstehenden Kalten Krieges ebenfalls bald zu Vertraulichkeit und Vorsicht Anlass gaben.

In den Feldpostbriefen tauschten sich Hilde und Franz Krones immer wieder über politische und militärische Ziele der Sowjetunion aus. Hilde Krones bezieht sich dabei nicht zuletzt auf Berichte aus NS-Medien und gibt die dort verwendete Propagandadiktion – um ihre tatsächliche Haltung zu verschleiern – zustimmend wieder. So schreibt sie von der »Farce der russischen Verfassungsänderung«[54], nennt einen Goebbels-Artikel zum Kampf gegen den Bolschewismus »zu Herzen gehend«.[55] Die auf Andeutungen, auf einer subversiven Verwendung der Sprache des »Dritten Reichs« aufbauende Kommunikation basiert auf unausgesprochenen, geteilten politischen Grundannahmen von Hilde und Franz Krones gegenüber der Sowjetunion, die sich zwischen den Zeilen erahnen und teilweise entschlüsseln lassen.

Als etwa bei der Moskauer Außenministerkonferenz der Alliierten im Herbst 1943 Fragen der politischen Nachkriegsordnung diskutiert werden und unter anderem die Moskauer Deklaration über die Wiedererstehung eines unabhängigen Österreichs verabschiedet wird, liest Hilde Krones die Nachrichten im Licht des Kampfes zwischen Sozialismus und kapitalistischem Westen und sieht bereits den Kalten Krieg heraufdämmern.

> »Der Gegensatz zwischen England und den Sowjets ist akut geworden und wird mit jedem km, den die Front nach Westen rücken sollte[,] brennender werden. Die Konferenz von Moskau ist ein riesiges Tauziehen – und ich sagte schon in dieser Woche der Strobeline, daß wenn unsere Generation Glück hat, sie von dem zweiten Weltkrieg gleich unmittelbar in den dritten Weltkrieg marschieren kann – damit sie gleich von allem was gehabt hat. Jedenfalls sind jetzt bereits alle Keime dazu im Wachsen[,] auch wenn uns dazwischen einige, wenige Jährchen Ruhepause gegönnt sein sollten.«[56]

Hilde Krones überlegt, welche Trümpfe die Sowjetunion in der Hand habe, um »England-Amerika zur Fortführung des Krieges in ihrem Sinne zu zwingen« – »[d]ie eigene militärische Kraft[,] soweit noch vorhanden[,] und als Verbündeten die furchtbare Kraft[,] die in einem kürzlichen treffenden Artikel das Magma in den Völkern genannt wurde.« Doch die Westalliierten würden über größeren Handlungsspielraum verfügen, »Rußland kann z. B. heute niemals drohen, daß es im Fall der Nichterfüllung seiner Forderungen – abspringt – Sonderabkommen schließt usw.«[57] Den Hitler-Stalin Pakt des Jahres 1939, der die antifaschistische Linke in große Gewissensnot gebracht hatte, nennt sie rückblickend aussichtslos, da sich Nazideutschland und die Sowjetunion antagonistisch gegenüberstünden:

>»England wußte vor Jahren und weiß heute genau, daß es eine haltbare Übereinkunft beispielsw. zwischen Deutschland und Rußland nicht geben kann[,] da sich die beiden wie Feuer und Wasser zueinander verhalten. [...] Wie richtig ist es doch[,] wenn Goebbels nachweist, daß England billiger weggekommen wäre[,] Hitlers Angebot von 1939 anzunehmen als die Forderungen Stalins zu erfüllen! Wie wird sich England aus der Riesenverlegenheit helfen? Und was macht Deutschland – ist es derzeit in der Lage[,] den offener werdenden Gegensatz der Beiden auszunützen.«[58]

Die Moskauer Deklaration erscheint ihr – zu Recht – als Etappe in einem Kampf um zukünftige ökonomische und politische Einflusssphären, in deren Schnittpunkt sich Österreich wiederfinden würde.

>»Hilda hat vor allem auch die Frage interessiert[,] warum wohl diese Obergauner auf der Moskauer Konferenz als einziges Land[,] das wieder verselbständigt werden soll, Österreich genannt worden ist [sic]. Ich meinte[,] das kann ich mir eigentlich nur so erklären, daß die beiden ›guten Freunde‹ ausgehend von dem Gedanken[,] sie hätten uns bereits in der Tasche[,] nun anfingen sich Punkt für Punkt zu ›einigen‹. Über die Länder[,] die ganz eindeutig in der künftigen Interessenssphäre des einen oder anderen liegen, wurde gar nichts über eine künftige Selbständigkeit oder Unselbständigkeit gesagt. Das sind die Balkan-

länder – Polen und Tschechien auf der einen Seite und die westeuropäischen Randstaaten auf der anderen. Deutschland scheidet aus diesen Betrachtungen aus[,] es soll ja Strafobjekt werden und bei uns hier prallen offenbar die Interessen aufeinander. Das kann keiner dem anderen als Einflußgebiet zusagen und zugeben – deshalb soll unser schönes engeres Heimatland eine scheinbare Selbständigkeit bekommen[,] damit auf seinem Rücken die beiden Tauziehen können. Und zugleich wäre es ein Auftakt zur Zerstückelung Deutschlands[,] das man Länderweise auch als Einflußgebiete gewinnen könnte.«[59]

Mehrmals diskutierten Hilde und Franz Krones eine »Dammtheorie« – deren genauer Inhalt nie schriftlich festgehalten wird, die sich jedoch dahingehend erschließt, dass damit die Rolle Nazideutschlands im geopolitischen Kampf zwischen kapitalistischem Westen und der expansiven Kraft der sozialistischen Sowjetunion angesprochen war. Die Rolle als »Bollwerk« gegen den Osten, die von NS-Ideologen wie Joseph Goebbels zu dieser Zeit vergeblich beschworen wurde, vermuteten die Revolutionären Sozialist:innen Hilde und Franz Krones offenbar auch bei den Kriegszielen und militärischen Strategien der Westalliierten, auch wenn sich der Kriegsverlauf nicht immer mit ihren Überlegungen in Einklang bringen ließ.

So schrieb Hilde in einem Brief an Franz Krones:

»Deine Damm-Betrachtungen sind sehr richtig[,] aber ganz merkwürdigerweise scheint der eine Damm dies nicht zu Kenntnis zu nehmen – und der andere ist nicht imstande, sich selbst so auszurichten, daß beide Dammkapazitäten sich addieren können.«[60] Zunächst subtrahieren sie sich noch[,] wenn auch in bescheidenem Maße. Ja, obwohl das von ihrem Standpunkt aus ein Wahnsinn, ein Selbstmord ist. Wissen sies nicht – können sies nicht – kommts noch?«[61]

Goebbels selbst ließ Hilde Krones als Zeugen dafür auftreten, dass ein Sieg der Sowjetunion die Voraussetzungen für den erhofften revolutionären Neubeginn schaffen könnte. In einer Radiorede habe dieser

»die Gefahr aus dem Osten ganz deutlich aus[gemalt] – betonte, daß Deutschland als bedeutendste Kraft Europas das einzige Bollwerk dagegen sei, ließ aber keinen Zweifel daran, daß Deutschland um das Werk auf alle Fälle zu vollbringen[,] die Unterstützung ganz Europas brauchen würde, die leider noch immer nicht gegeben sei. Er verglich Stalin mit Tschingiskhan und betonte, daß die Gelegenheit für das Grundstreben des Bolschewismus – die Weltrevolution [–] noch nie so günstig gewesen sei wie jetzt. Es war ein ernster mahnender Ap[p]ell an alle die europäischen Länder, die entweder abseits stehen oder nicht alles tun[,] was sie tun könnten. Leider konnte ich ihn nicht zu Ende hören[,] da mitten hinein eine Luftwarnung kam und der Wiener Sender abgeschaltet werden mußte.«[62]

Dass ein Sieg der Roten Armee aber in Wien auch Vergeltung für die Zerstörung und den Terror, den die deutsche Armee in der Sowjetunion hinterlassen hatte, bringen würde, war Hilde Krones sicher bewusst. Im November 1943 berichtete sie vom Gespräch mit einem Soldaten einer »Volksdeutschen-SS Division«, der, befragt nach seinen Erfahrungen in der Ukraine, meinte: »Wenn die Russen bis ins Reich kämen[,] würde die Rache nach dem[,] was er gesehen hat dort, eine furchtbare werden«[63]. Dass die sowjetische Politik auch Gewalt und Vertreibung für die jeweilige Bevölkerung bedeuten konnte, musste ihr ebenfalls klar sein. Einen jungen deutschpolnischen Geflüchteten, der nach dem Hitler-Stalin Pakt ab 1939 in Ostpolen zwei Jahre unter sowjetischer Verwaltung gelebt hatte, fragte sie in dieser Hinsicht aus:

»Das hat uns natürlich auch interessiert. Ihnen ist nichts geschehn – sein Vater[,] der früher Leiter des E Werkes war, ist wohl weggekommen, wurde aber Leiter der Schmiede bei der Ostbahn. Auf die Frage[,] wer da am ärgsten drangekommen ist, meinte er die Intelligenz, aber auch nicht gleichmäßig – so sei beisp. Ärzten, Technikern usw. nicht viel geschehen – hingegen Regierungsbeamten[,] Richtern – was haben sie denen denn gemacht[,] fragte ich und er meinte ganz treuherzig – na so ein bissel gemordet – verschickt usw.«[64]

Wie Hilde und Franz Krones in persönlichen Diskussionen und im konspirativen Austausch mit Genoss:innen während des Krieges die Lage in der Sowjetunion, den Terror und die Verfolgung von Feinden und ehemaligen Verbündeten diskutierten, und wie sie dennoch revolutionäre Hoffnungen in die Befreiung durch die Rote Armee setzten, lässt sich heute nicht mehr restlos klären. Im Nachlass existieren allerdings Positionspapiere der Revolutionären Sozialisten (RS) aus den Jahren nach 1934, in denen diese ihre jeweilige Haltung zur KP und Sowjetunion formuliert hatten. Allgemein stand diese Diskussion ab 1935 unter dem Eindruck des Richtungswechsels in der Kommunistischen Internationalen (Komintern), die vom taktischen Kampf gegen die sozialdemokratischen »Sozialfaschisten« zur Propagierung von Einheits- und Volksfrontpolitik umgeschwenkt war (Marschalek 1990: 159f., Pelinka 1981: 168ff.). Die jungen, radikalen Aktivist:innen der Revolutionären Sozialisten, zu denen Hilde und Franz Krones gehörten, begrüßten in ihrem Kampf gegen die Diktatur in Österreich – trotz inhaltlicher Konflikte und organisatorischer Rivalität – prinzipiell die »Aktionseinheit« mit den Kommunist:innen, beharrten aber auf einer eigenständigen Position. So heißt es in einer undatierten Erklärung der Revolutionären Sozialistischen Studenten (RSS), die sich in den Papieren von Hilde Krones findet, als »entschiedene Vorkämpfer der proletarischen Einheitsfront« unterschieden sich die RSS von den Kommunist:innen

»vor allem durch ihre Kritik an der zwischen Sektierertum und Opportunismus schwankenden Katastrophenpolitik der Komintern, durch ihre grundsätzliche Ablehnung der Theorie des Sozialfaschismus in jeder Form, durch ihre Kritik an der blinden Unterwerfung der kommunistischen Parteien unter die russische Bürokratie und an der mangelnden Demokratie innerhalb der KP.«[65]

1935 hatten die Revolutionären Sozialisten in ihren Richtlinien zur Einheitsfrontpolitik festgehalten:

> »Wir wissen aus der geschichtlichen Erfahrung, daß die Politik der III. [= Kommunistischen] Internationale sich *nach den Bedürfnissen der Sowjetunion* richtet. Die RS. stehen auf dem Standpunkt, daß sich die internationale Politik des Proletariats nicht bloß nach den Bedürfnissen des russischen Staates, sondern ebensosehr *nach den Kampfbedingungen und Bedürfnissen der Arbeiterklasse der ganzen Welt* richten muß. *Die völlige Abhängigkeit der KP. von der Komintern ist daher ein starkes Hindernis unserer Einheitsfrontarbeit.* […] Wir wissen, daß rein theoretische und taktische Fragen in der III. Internationale gewaltsam gelöst werden: Außerhalb Sowjetrußlands werden Abweichungen durch Parteiausschluß und Ächtung, *in Rußland selbst sogar durch Verbannung und Erschießen oppositioneller Bolschewiken gelöst.* Wir wollen in solche Auseinandersetzungen nicht hineingezogen werden«[66].

Diese Kritik an der politischen Gewalt in Russland ging jedoch mit einer »prinzipiellen Unterstützung der Sowjetunion gegen alle bürgerlichen Angriffe« (Pelinka 1981: 220) einher. Auch Otto Bauer, der für die »Generation der Vollendung« eine wichtige Autorität darstellte, blieb in seinen Einschätzungen der Sowjetunion, die er 1936 in dem Buch *Zwischen zwei Weltkriegen?* verarbeitete, prinzipiell optimistisch, hoffte auf eine sozialistische Demokratisierung des Landes – »verzweifelt in einer hoffnungslosen Zeit nach Hoffnung suchend« (Marschalek 1990: 161). Er propagierte in dem Buch einen *integralen Sozialismus*, der die unterschiedlichen Methoden und Entwicklungsstufen des demokratischen und des revolutionären Sozialismus als Erscheinungsformen ein und desselben Klassenkampfs verstand, als These und Antithese, die zu einer Synthese geführt werden müßten.

Nach den Moskauer Schauprozessen und im Hinblick auf den stalinistischen Kampf gegen die Trotzkisten hieß es 1937 in einer Zeitschrift der RS:

»Wir werden uns nicht im geringsten in unserer Einstellung zur Sowjetunion beirren lassen; wir werden nicht zweifeln an der Aktionsgemeinschaft mit den kommunistischen Parteien; wir werden uns in unserem Glauben an die Notwendigkeit der Diktatur des Proletariats nicht beirren lassen, aber wir werden um einen Grad deutlicher machen, was wir für einen Unterschied machen zwischen der Diktatur des Proletariats, wie wir sie verstehen, und der heutigen Stalinschen Diktatur, und daß unser Glaube an den Sieg des Sozialismus und an die Unerschütterlichkeit des Bestandes der Sowjetunion nicht aufgebaut ist auf den Glauben an den Stalinismus.«[67]

Auch im *Roten Stachel*, der illegalen Zeitschrift des Ottakringer Widerstandskreises rund um Fritz Löwy, Hilde und Franz Krones, hielten die jungen Aktivist:innen 1935 an ihrer prinzipiellen Verteidigung der Sowjetunion fest:

»Wir geben uns keiner Täuschung hin, den russischen Arbeitern und Bauern geht es auch heute noch nicht sehr gut. Aber in Russland geschieht etwas, was sonst nirgends in der Welt geschehen kann, solange die Nutzniesser der kapitalistischen Ordnung die Kommandohöhen der Wirtschaft nicht geräumt haben. [...] Zum Sozialismus fehlt noch manches, aber der Weg zu ihm und damit zum Massenwohlstand und Massenglück sind freigelegt. [...] Wenn die Menschheit nicht in einer ausweglosen Kriegs- und Nachkriegsbarbarei versinken und zugrunde gehen soll, dann bleibt nur diese Lösung: Die Arbeiterklasse, als die Leidtragende des Kapitalismus, ist von der Geschichte zur Trägerin der einzig wirksamen Lösung, des Sozialismus, berufen.«[68]

Erwin Scharf, zu dieser Zeit Aktivist der Revolutionären Sozialistischen Studenten, wird Jahrzehnte später in einem Interview sagen:

»Für mich bedeutete die Sowjetunion das erste sozialistische Land, genau auf der Linie wie das Otto Bauer und die Sozialdemokratie damals vertreten haben. Nur, im Rückblick denke ich mir, das[s] halt [für] viele dieses Bekenntnis zur Freundschaft mit der Sowjetunion Phrase war, während ich diese Dinge immer sehr ernst genommen habe.«[69]

Im Hinblick auf die Moskauer Prozesse erinnerte er sich: »Wir haben ja die offizielle Rechtfertigung in der kommunistischen Agitation nicht akzeptiert«; doch in der NS-Zeit habe man später das politische Empfinden (um-)formuliert: »[N]ach den Opfern, die die Sowjetunion in diesem Kampf gegen die Nazi bringt und ihre Rolle, die es in dieser weltpolitischen Auseinandersetzung spielt, muß man ihr vieles verzeihen.«[70] In der Illegalität sei die Sowjetunion und die Rote Armee als »ungeheuer positives Element« gesehen worden.

»Und obwohl wir natürlich politische Vorbehalte und kritische Auffassungen im Hinblick auf manches, was in der Sowjetunion geschah, hatten – wir sind ja aus der Sozialdemokratie gekommen – haben wir uns doch in den Jahren des Faschismus klargemacht, daß die Sowjetunion und die Rote Armee der entscheidende Machtfaktor im Kampf gegen den Faschismus sind. Als ich [*Heinz, Anm. G. S.*] Hackenberg in der NS-Zeit einmal besuchte, sagte er: Bei allem, was ich den sowjetischen Kommunisten anlasten muß, wenn es ihnen gelingt, die Nazi zurückzuwerfen, dann spielt daneben all das, was ich kritisch anzumerken habe, keine Rolle mehr. Aus der historischen Situation heraus ist zu verstehen, daß wir als RS-ler die historische Rolle der Sowjetunion damals akzeptiert haben und ich daher diese kleinliche Kritik und diese kleinlichen Mäckereien am Verhalten der Sowjetsoldaten, das natürlich für uns Österreicher nicht immer angenehm war, politisch abgelehnt habe.«[71]

In den Tagebucheinträgen aus dem April 1945 beschrieb Hilde Krones die Enttäuschung darüber, dass die Befreiung durch die Rote Armee nicht zum erhofften revolutionären Neubeginn führte (vgl. Kap. 6). An der Einschätzung, dass die Sowjetunion, die als neue Weltmacht aus dem Krieg hervorgegangen war,[72] als sozialistischer Staat ein genuiner Verbündeter im revolutionären Kampf gegen die kapitalistische Welt war, hielt sie aber gemeinsam mit ihren Vertrauten fest. Eine Abkehr von dieser Position hätte zu diesem Zeitpunkt bedeutet, die Hoffnung auf revolutionäre Veränderung zu begraben, sich von der eigenen »säkularen politische[n] Glaubenshaltung« (Kroll 2007: 9) zu lösen.

In diese Richtung wird zum Beispiel in der im Nachlass von Hilde Krones liegenden Disposition eines Schulungskurses zur weltpolitischen Situation 1945 argumentiert, möglicherweise von ihrem Ehemann Franz verfasst. Darin werden das von der Labour-Party regierte England und Russland – als einflussreichste sozialistische Länder – gegenübergestellt. Der Labourismus stehe für Demokratie und Umgestaltung, die Sowjetunion für »[a]ndere Methoden«, aber ebenfalls für Umgestaltung.[73] Eine Passage des Referats deutet an, dass politische Analyse, emotionale Pädagogik und breitere Gefühlslage gegenüber den russischen Besatzer:innen in Österreich nicht mehr einfach in Einklang zu bringen waren. So wurde den Zuhörer:innen empfohlen, im Hinblick auf die Sowjetunion »nicht nur das Gefühl sprechen [zu] lassen – auch Verstand«. Sehr viel an Russland gefalle nicht, »[wir] haben das Recht auf Kritik – aber eines müssen wir anerkennen – Wirtschaft ohne Privateigentum – Plan.« Nicht anerkennen müsse man »tieferes Niveau und Zwang. Aber klagen hat keinen Sinn.« Die Sowjetunion befinde sich im »Prozess einer sozialen Rev. [= Revolution]«, Sozialist:innen dürften sich »nicht untreu werden«, müssten im eigenen Land »sozialistische Politik treiben[,] unbekümmert von Ost oder West auf die Umgestaltung der Wirtschaft, Verwaltung – hinwirken […].«[74]

Ein Jahr später wird Hilde Krones im SPÖ-Parteivorstand im Hinblick auf das schwierige Verhältnis zur sowjetischen Besatzungsmacht mit der Aussage zitiert, »dass es eine elementarische Voraussetzung unseres Lebens ist, mit den Russen ins Gespräch zu kommen«, dies sei eine Position, die »sie seit Monaten fühlt und vertritt«.[75] In derselben Sitzung beklagte Erwin Scharf, dass eine von ihm verfasste Passage aus dem Maiaufruf der SPÖ 1945, wonach die Sozialisten »stolz darauf« seien, »dass der erste Arbeiterstaat der Welt entscheidend zur Befreiung Österreichs beitragen konnte«, aus dem Aufruf gestrichen worden sei, da man dies »bei dem Auftreten der

Russen hier im Land der Bevölkerung gegenüber aus propagandistischen Gründen nicht sagen könne«.[76]

»Lieber 5 Russen«
Zu den Narrativen, die in der kollektiven Erinnerung an die sowjetische Besatzung in der Zweiten Republik in Österreich dominant sind, gehören Plünderungen und Vergewaltigungen durch Soldaten der Roten Armee. Dieses Bild, das sich sowohl aus der NS-Propaganda der letzten Kriegsjahre über russische Soldaten als auch aus realen Erfahrungen speiste, stellte gerade für sozialistische und kommunistische Frauen ein Problem dar – sie mussten »diese Tatsachen mit ihrem positiven ›Russenbild‹ in Einklang bringen« (Bandhauer-Schöffmann/Hornung 1992: 37). Es ist anzunehmen, dass Hilde Krones in ihrer politischen Arbeit immer wieder mit solchen Erfahrungen konfrontiert wurde, sie diese vielleicht auch selber miterlebt hatte. In ihrem Tagebuch der ersten Nachkriegswochen taucht der Begriff der Vergewaltigung zunächst auf überraschende und gegenteilige Weise auf – so heißt es im Hinblick auf die ersten russischen Soldaten, die sie bei der Befreiung Ottakrings erblickte:

> »Auf der Thaliastraße gehen 2 Russen spazieren, dazu reitet noch einer mit einem Pferd von der Menge umringt – ich hatte Angst, daß sie vergewaltigt werden könnten.«[77]

In einem im Nachlass vorhandenen Redeentwurf an sozialistische Frauen, vermutlich aus dem Sommer 1945, findet sich jedoch eine Passage über das »Frauenleid« des letzten Kriegsjahres, in dem das Thema der Vergewaltigungen implizit angesprochen ist. Diese, so die schonungslose Ansicht, seien als ›Ende mit Schrecken‹ der Fortführung des (Bomben-)Krieges vorzuziehen gewesen. Bezeichnenderweise ist der Großteil des Absatzes aus dem Typoskript gestrichen.

> »~~Der Krieg ist niemals schön, er greift uns nicht mit Glacehandschuhen an. Es sind Dinge geschehen, die uns alle mit Schrecken und Trauer erfüllt haben. [...] Aber ehrlicherweise müssen wir~~

~~sagen, wir Wiener sind in der Beziehung halt auch ein bisserl verwöhnt – Wir haben durch Generationen keinen Krieg im Lande gehabt – in Polen und im französisch-deutschen Grenzgebiet nimmt man alle diese Dinge wahrscheinlich mit mehr Selbstverständlichkeit hin. Und vergessen wir keinen – keinen einzigen Augenblick wer schuld daran trägt, dass der Krieg überhaupt gekommen ist, dass er sinnlos solange weitergeführt wurde, bis er in unsere Stadt, in unsere Strasse, in unser Haus gekommen ist. Und sehen Sie Genossinnen, Frauen, gerade das T[h]ema Krieg zeigt wie vergesslich der Mensch im Grunde ist. Ich will gerade nicht davon reden, dass erst jede fesche Wienerin gesagt hat, lieber 5 Russen wie ein dreistöckiges Haus~~ [*das über den Menschen im Luftschutzkeller zusammenstürzt, Anm. G. S.*] ~~und dass wir dann alle miteinander Hilfe geschrien haben, wenn sich nur einer beim Haustor blicken liess. Aber Spass beiseite,~~ haben wir nicht alle miteinander ernsthaft jeden Tag gesagt, wenn nur erst dieser Bombenkrieg, diese furchtbare, nervenzerrüttende stündliche Bedrohung zuende wäre, dann wollen wir gerne ein Jahr lang Wassersuppe ohne Murren essen – und haben wir nicht alle miteinander täglich geschworen, wenn nur erst das Morden an den Fronten einmal aufhört, dann wollen wir alles schwere bewusst und willig auf uns nehmen.«[78]

Im Juli 1945 wird Hilde Krones im Wiener Parteivorstand in einer Diskussion über die in Wien angekommenen US-amerikanischen Besatzungsbehörden sagen: »Die Russen haben uns viel angetan, aber sie haben uns politische Freiheit gegeben.«[79]

Schon im April 1945 hatte Hilde Krones erste Kontakte mit der sowjetischen Militärverwaltung, als sie gemeinsam mit Adolf Schärf im Zuge der Wiedergründung der sozialdemokratischen Partei bei der russischen Kommandantur vorsprach (vgl. Kap. 6). In den Monaten darauf dürfte sie als Mitglied im Kontaktkomitee zwischen SPÖ und KPÖ in den Blick der sowjetischen Verwaltung gekommen sein, denn im November 1945 erhielten Hilde und Franz Krones sowie Erwin Scharf Einladungen des sowjetischen Militärkommissars Ivan Konev zur 28. Jahresfeier der Oktoberrevolution, eine eindeutige Geste der Wertschätzung. In einem Briefentwurf an Erwin Scharf notierte Hilde Krones:

»Persönliche Einladungen – von einem hohen Offizier der Roten Armee persönlich überbracht – Namensliste so zusammengestellt wie wenn sie der Fischer[80] gemacht hätte. Die Leute, die nicht zu umgehen sind – Schärf und Popp[81] und dann Proft[82] – Franz, Du und ich.«[83]

Auch im Jahr darauf waren Scharf und Hilde Krones wieder auf der exklusiven Einladungsliste, was zu Irritationen in der SPÖ-Parteivertretung führte. Parteichef Schärf erklärte, »dass die Einladung angenommen werden müsse, dass man sich über gewisse Dinge jedoch vorher einigen müsse.« So seien »Erörterungen, Hinweise, Anspielungen auf die Verhältnisse innerhalb der Partei zu unterlassen.« Schärf war der Meinung, dass die Parteiverantwortlichen,

»wenn es sich um eine geschäftliche Besprechung und nicht um eine gesellschaftliche Einladung handelt, ihnen sagen müssten, das[s] wir die Teilnehmer selbst zu bestellen wünschen.«[84]

Im Nachlass von Hilde Krones findet sich ihre Mitgliedskarte der Gesellschaft zur Pflege der kulturellen und wirtschaftlichen Beziehungen zur Sowjetunion (als förderndes Mitglied),[85] und sie vermittelte dem Verein auch prominente neue Mitglieder aus der SPÖ.[86]

Hilde Krones war zweifellos eine Mittlerin zwischen SPÖ und KPÖ und galt den sowjetischen Behörden als Person, die um ein gutes Verhältnis zur Besatzungsmacht bemüht war. Von ihren politischen Gegner:innen in der SPÖ wurde Krones der Verrat von Parteiinterna an die KPÖ und die Sowjetunion unterstellt (Scharf 1988: 168). Im Nachlass finden sich tatsächlich einige vertrauliche Berichte über das Frauenzentralkomitee und die SPÖ-Parteivertretung, die dem Inhalt nach für befreundete Personen in der KPÖ oder für andere die »Aktionseinheit« befürwortende Adressat:innen bestimmt gewesen sein könnten. So heißt es in einem solchen, vermutlich von Hilde Krones verfassten Bericht aus dem Herbst 1946:

> »Die Frauenorganisation steht im Parteiganzen auf der aktivistischen [...] ›Linken‹ von ehemals in ihrer Führung. [...] Mit Ausnahme Flossmann,[87] die erklärte Rechte und Anhängerin der Gruppe Renner, Schärf, Helmer ist, besteht das Frauenzentralkom. durchwegs aus Revolutionären Sozialistinnen. Achtung! Das heisst, es handelt sich um Parteiaktivistinnen – die innerhalb der Partei kritisch sind und den Rechts- und Westkurs der Partei nicht widerspruchslos mitmachen – das heisst aber nicht, dass die alte RS (Rev. Sozialisten) eine einheitliche Linkspolitik vertritt und in der Frage der SU [Sowjetunion] durchwegs positiv ist. So gehört auch Marianne Pollak zur alten RS (übrigens auch Oskar [sic] Pollak).[88] Im Gegensatz zur Führung der Frauenorganisation[,] die im Vergleich zur Gesamtpartei also im Altersdurchschnitt besser und in der Linie weiter links steht, ist der mittlere Funktionärekader der Frauen mehr überalte[r]t und konservativ als der mittlere männliche Funktionärekader. Hingegen ist im Rahmen der Frauenbewegung ein guter, erfolgversprechender Nachwuchs zu beobachten.«[89]

In einem ähnlichen Protokoll über eine Sitzung der SPÖ-Parteivertretung im Juli 1947, in der Adolf Schärf über die Verhandlungen zum Marshall-Plan und angebliche sowjetische Umsturzversuche referierte, heißt es,

> »Schärf erging sich in vielen dunklen Andeutungen[,] dass man also ernsthaft im Monat August mit Putschversuchen der KP rechnen müsse. [...] Durch diese Ausführungen wurde in den Kreisen der Ländervertretung meiner Wahrnehmung nach grosse Angst erzeugt – eine Stimmung[,] als sei die Zerreisung [sic] Österreichs bereits Tatsache.«[90]

Aufschluss über die Art des Kontaktes und der Zusammenarbeit zwischen Hilde Krones und den sowjetischen Behörden in Österreich könnten Akten in den Moskauer Archiven liefern. Doch meine Hoffnung auf Klarheit erfüllte sich nicht. Funde, die über bisher in Akteneditionen publizierte Dokumente hinausgehen, sind bislang nicht aufgetaucht.⁹¹ Bezeichnenderweise ist es meist Hildes Partner Erwin Scharf, der darin als Proponent der linkssozialistischen Opposition in der SPÖ Erwähnung findet – und nicht die weibliche Politikerin Krones. Scharf, der seine Zeit bei den jugoslawischen Partisan:innen gemeinsam mit KP-Funktionären wie dem späteren Parteisekretär Friedl Fürnberg verbracht hatte, war auch nach seiner Rückkehr 1945 in engem Kontakt mit dem Freund und ehemaligen Kampfgefährten Fürnberg (Mugrauer 2020: 631). Direkte Gespräche zwischen Scharf, Hilde Krones und sowjetischen Vertretern im Hinblick auf eine Unterstützung der Linkssozialist:innen sind ab 1946 in den Akten dokumentiert (vgl. Mueller 2005: 198–208). Im Mai dieses Jahres berichtete ein leitender Beamter der sowjetischen Militärverwaltung an das ZK der Partei in Moskau, dass in der SPÖ der »Einfluss des linken Flügels […] (Scharf, Hackenberg, Krones), die auf dem Standpunkt der Durchführung demokratischer Reformen und der Herstellung korrekter Beziehungen zur UdSSR stehen«, zugenommen habe. »Ein Anzeichen der Aktivierung der Linkssozialisten ist der Beschluss, eine eigene Zeitung herauszugeben.«⁹²

Die sowjetischen Beamten versuchten diese Bestrebungen, etwa im Hinblick auf ein Publikationsorgan, zu unterstützen, auch wenn Vertreter der KPÖ gegenüber Militärkommissar Kurasov festhielten, dass die Gruppe zu schwach sei, um einen Machtkampf in der SPÖ zu gewinnen. Scharf stehe

> »der KP sehr nahe, unterhält mit ihr stetigen Kontakt und strebt aufrichtig nach der Einheit mit den Kommunisten. Seine schwachen Seiten sind Sektierertum, Unerfahrenheit und politische Unreife. Scharf hat keine Ausdauer, um mit Kraft den Widerstand des rechten Teils der Sozialistischen Partei zu überwinden und seine Beschlüsse zu verwirklichen.«⁹³

Die Linke habe sich »organisatorisch nicht formiert, de facto bildet sie eine abgeschlossene Sekte« (ebd.: 323). Kurasovs Stellvertreter Željtov schloss sich dieser Meinung an:

»Der linke Flügel der Sozialistischen Partei ist zu unbedeutend, um eine ernsthafte Opposition zu der derzeitigen Führung der Sozialisten zu bilden, es wäre nötig, ihm zu helfen, sich organisatorisch zu formieren, und ihn zu entschlossenerem Auftreten [...] anzuspornen. Eine wichtige Rolle in der Stärkung der Linken könnte ihre Zeitung spielen. Sie würde als organisatorisches Zentrum für die Sammlung von linken Elementen in der Sozialistischen Partei dienen« (ebd.: 329).

In einem Bericht über den SPÖ-Parteitag 1947 hieß es ein Jahr später, die linken Kräfte in der SPÖ rund um Scharf und Krones seien nach wie vor schwach, doch »von der Stärkung und Aktivierung dieser Kräfte« hänge »in vielem der weitere Weg der Entwicklung der österreichischen Demokratie ab.«[94]

Nach dem Ausschluss von Erwin Scharf aus der SPÖ, dem Tod von Hilde Krones und der Gründung einer linkssozialistischen Wahlvereinigung durch Scharf, die 1949 eine Liste mit der KPÖ bilden wird, resümierte ein sowjetischer Beamter, auch im Hinblick auf die Rolle der Besatzungsmacht für die Tätigkeit der Gruppe:

»Die Tätigkeit der Gruppe Scharf-Krones äußerte sich bis Oktober 1948 hauptsächlich in seltenen kritischen Auftritten in der Parteipresse gegen die SPÖ-Führer, in der Vorlage oppositioneller Resolutionen an SPÖ-Parteitagen und in Auftritten zu deren Verteidigung, in seltenen Auftritten in Parteiversammlungen und Konferenzen mit der Propagierung ihrer Ansichten und in Versuchen, ein oppositionelles Druckorgan der linken Sozialisten zu schaffen. Dabei wurde fast jede der aufgezählten u. a. Maßnahmen von ihnen mit großen Bedenken und oft nur nach beharrlichen Ratschlägen seitens des ZK der KPÖ, aber auch von unserer Seite her, gesetzt. [...] Im Juni 1947 fand ein Gespräch des Kommandos mit den Führern der linken Sozialisten Scharf und H. Krones statt. [...] Ihnen wurde der Rat gegeben [...], ihre Arbeit von unten her zu aktivieren, in den Betrieben, unter den Arbeitern und einfachen SPÖ-Mitgliedern, zur Schaffung einer organisierten linken Opposition innerhalb der SPÖ zu schreiten, ihre Ansichten öffentlich darzulegen, nachdem die Herausgabe einer Zeitung organisiert ist, die zum Sammelpunkt oppositioneller Kräfte werden würde. Erst daraufhin wurden von Scharf Versuche unternommen, ein eigenes oppositionelles Presseorgan zu schaffen.«[95]

Gemeint war damit die Kooperation mit der Redaktion der Zeitschrift der Sozialistischen Studenten (VSStÖ) *strom* sowie die Gründung von *der kämpfer*. Diese Darstellung der sowjetischen Seite muss jedoch nicht völlig für bare Münze genommen werden – unterschlägt sie doch den wahrscheinlichen Versuch der handelnden Personen, mit Hilfe der logistischen und finanziellen Unterstützung der Sowjets auch eigene Ziele zu verfolgen, etwa was die Blattlinie der linkssozialistischen Publikationen betrifft. Dies würde zumindest ähnlichen Praktiken von Intellektuellen auf der anderen Seite der ideologischen Auseinandersetzung des Kalten Krieges entsprechen – zum Beispiel den publizistischen Tätigkeiten des Autors Friedrich Torberg im Rahmen der Unterstützung der CIA für sein Zeitschriftenprojekt *Forum* wenige Jahre später (Hacohen 2019: 546–557).

Bereits im Frühjahr 1947 hatte Hilde Krones versucht, ihren Genossen Karl Mark bei der Gründung eines eigenen Verlags zu unterstützen; dieser *Pfeil-Verlag* sollte unter anderem die Exilwerke Otto Bauers herausbringen (Weber 2011: 174f.). Im Nachlass findet sich eine Empfangsbestätigung des *Pfeil-Verlags* an Hilde Krones über den Erhalt von 10 000 Schilling.[96] Im April[97] und Juni 1947 kam es darüber zu einer Diskussion im SPÖ-Parteivorstand, wobei Hilde Krones mitgeteilt wurde, dass die Beteiligung an einem selbstständigen Erwerbsunternehmen für Parteifunktionär:innen und Mandatar:innen der Genehmigung der Partei bedürfe.[98] Hilde Krones rechtfertigte sich mit der Auffassung, dass »es sich dabei weder um den Begriff des Eintrittes als Mitbesitzer noch Geldgeber handelte – sondern darin, daß ich <u>privat</u> Gen. Mark für seine Geschäftsgründung einen bestimmten Geldbetrag geborgt habe.«[99] Sie verfügte durch ihre Tätigkeit bei der Austrochem über regelmäßige Einkünfte neben ihrem Abgeordnetengehalt,[100] und es ist möglich, dass sich das Darlehen aus diesen Quellen speiste. In der Partei wurde jedoch auch verbreitet, dass sie »finanzielle Zuwendungen aus den Volksdemokratien« bezogen habe (Weber 2011: 178). Wie Hilde Krones im Sommer 1945 die Stammeinlagen und ein Darlehenskonto für die Gründung der Austrochem finanzierte – laut Franz Krones insgesamt 28 000 Schilling[101] – sowie weitere hohe Einlagen 1947,[102] ist mit den Dokumenten des Nachlasses nicht zu klären.

Zeitgleich mit der Affäre rund um den *Pfeil-Verlag* tagte auch der Unvereinbarkeitsausschuss des Parlaments und beschäftigte sich unter anderem mit der Tätigkeit von Hilde Krones als Geschäftsführerin der Austrochem. Zwar wurde die Vereinbarkeit der Tätigkeit mit Stimmenmehrheit festgestellt, da jedoch die Sozialistischen Abgeordneten *gegen* die Vereinbarkeit stimmten,[103] wurde Hilde Krones zur Zurücklegung der Geschäftsführung aufgefordert,[104] eine Anweisung, der sie auch nachkam.[105]

Böses Echo

Kritik an der Sowjetunion, die sich in Hilde Krones' Texten nicht findet, hallt in ihrem Nachlass aber in wütenden Stimmen von Parteikollegen und Briefschreibern wie ein böses Echo nach. Anders als im Fall des Schweigens über die Shoah, das in der forschenden Séance nur mit alternativen Stimmen gebrochen werden kann, handelte es sich bei ersteren nicht um vereinzelte dissidente Positionen, sondern um dominante Standpunkte in der öffentlichen Diskussion.

In ihren Briefentwürfen an Erwin Scharf berichtete Hilde Krones im Frühjahr 1946 zum Beispiel von Auseinandersetzungen in der Ottakringer Bezirkspartei, wo sich Funktionäre über einen Vortrag von Erwin Scharf beschwert hätten.

> »Der G., ein Trottel wie er im Büchel steht, […] zitierte eine Menge Sachen aus Deinem Referat – die Geschichte mit den demokratischen und den fortschrittlichen Staaten – Deine Darstellung Jugoslawiens, Deinen Aufruf, den Russen nicht jede Lappalie übelzunehmen (?) und knüpfte daran[,] daß man den absoluten Eindruck einer kommunistischen Propagandarede hatte. Ein Funktionär der K. P. hätte nicht anders reden können – und das ist der Sekretär der Partei – usw. usf.«[106]

Nach ihrer Verteidigungsrede für Erwin Scharf am Parteitag 1948 erhielt Hilde Krones unter anderem ein Schreiben eines sozialistischen Funktionärs aus Niederösterreich:

»Schade, daß Sie als Ottakringerin so reden! Denken Sie an die Anzahl unserer geschändeten Schwestern, an unsere Kriegsgefangenen! Sie sitzen hier und wissen nicht was unsere russ. Brüder mitmachen und reden! Pfui, schämen Sie sich! Schicken Sie Ihren Mann dorthin, dann reden Sie! Was bekommen wir vom Osten? Wo sind unsere gestohlenen Sachen? Wo unsere Entführten? Wo die versprochene Hilfe? Nennen Sie das Sozialismus? Wer gibt uns zu essen? Der veruchte Kapitalismus oder der soziale Osten? Traurig, daß Sie so reden! Aber Sie kennen keinen Terror, Sie kennen keine Not! Sie kennen Rußland vielleicht von der Landkarte her, Ihnen sind die Peiniger lieber als unsere Brüder, die unterdrückt sind. Es wird Ihnen nichts nützen, die Fahne der Freiheit wird wehen trotz des volksdemokratischen Terrors!«[107]

Im Nachlass von Hilde Krones' Gegenspieler Adolf Schärf findet sich ein ähnliches Dokument, die Beschwerde eines Wiener Funktionärs über eine Schulungsrede von Erwin Scharf aus dem Jahr 1947, die »viel besser in eine KP-Versammlung« gepasst hätte.[108] So habe Scharf dort referiert, dass

»[d]ie Reaktion in Österreich […] gute Beziehungen zum Osten und Südosten [verhindere], weil sie genau weiß, dass dort die Arbeiterklasse an der Macht ist. Die Russen weigern sich berechtigterweise, das Deutsche Eigentum herauszugeben, weil sie kein Vertrauen zur Österreichischen Staatsführung haben und bei der derzeitigen Zusammensetzung auch nicht haben können. […] Und so ging es weiter, kein Wort von den Eingriffen der Sowjetmacht in unsere Souveränität, kein Wort vom schmutzigen Kampf der KPÖ sowohl in der Wahlpropaganda für die Betriebsratswahlen, als auch in ihrem Bestreben, Österreich dem Osten hörig zu machen und damit unsere Demokratie zu vernichten.«[109]

Der Briefschreiber betonte:

»Ich war selber rev. Sozialist, war 5 Jahre im KZ und 2 ½ Jahre in russ. Gefangenschaft. Ich lernte Verschiedenes kennen, nur eines ist mir nicht gelungen, einen Unterschied zwischen den Praktiken der deutschen Faschisten und denen der Bolschewiki in Russland festzustellen. Das sage ich immer offen und bei vielen Vorträgen, die ich selbst zu halten habe, betone ich auch die Gefahr, die unserer Demokratie von dieser Seite droht.«[110]

In diesem Kapitel habe ich Aspekte des Nachlasses von Hilde Krones behandelt, deren Auffinden – oder Fehlen – im hauntologischen Blick auf die Geschichte, im Spiel von Identifikation und Projektion, als *unheimlich* (Hemmings 2018: 28) oder *shattering* (Love 2007: 45) – verstörend – erscheinen. Die Leerstelle der Shoah, die in den Faschismustheorien der Revolutionären Sozialisten sowie in sozialistischen Geschichtsbildern nach 1945 zunächst keine zentrale Rolle einnahm, verweist auf die bis heute akute Frage nach einer adäquaten Verknüpfung von marxistischer Theorie und Antisemitismustheorien nach Auschwitz. Solche Positionen wurden nach 1945 von unterschiedlichen Autor:innen formuliert, nicht zuletzt von Vertreter:innen der Kritischen Theorie (vgl. dazu z. B. Traverso 1995: 184–203, Traverso 2000, Claussen 2005, Salzborn 2010). In der Gegenwart verschärft sich die Dringlichkeit dieser Frage durch die Herausforderungen postkolonialer Kritik[III] – dies ist eine Debatte, die zum Zeitpunkt der Fertigstellung dieses Buchs rund um den Nahostkonflikt tobt.

In meiner forschenden Séance bearbeite ich die Leerstelle durch eine Erweiterung der Stimmen, durch die ›Beschwörung‹ alternativer Hoffnungsbegriffe von jüdischen Verfolgten. Der Nachlass von Hilde Krones lässt sich aber auch zum Anlass nehmen, die Sicherheiten des eigenen Blicks auf die Geschichte zu hinterfragen, sie zunächst zu »verlernen«, Mehrstimmigkeiten zuzulassen und zum Ausgangspunkt der Traumata, »die sich vor uns auftürmen«, zurückzukehren (Castro Varela 2021: 122): In Gesprächen mit Kolleg:innen und Freund:innen über das vorliegende Projekt berichtete ich über dessen Protagonistin, Hilde Krones, und beschrieb ihren biografischen und politischen Werdegang. Oft wurde mir die Frage gestellt, ob Krones aus einer jüdischen Familie stammte; dieser Impuls erscheint heute nahe liegend, denn anders als zu Lebzeiten von Hilde Krones ist die Zentralität der Shoah in einer kritischen historischen und politologischen Einordnung des Nationalsozialismus inzwischen weitgehend selbstverständlich. Die Faschismustheorien der Revolutionären Sozialist:innen liegen heute hingegen weit entfernt, müssen erst rekonstruiert und wieder lesbar gemacht werden. Im Zuge dieser Rekonstruktion können dann aber auch Argumente für gegenwärtige Debatten erneut formuliert werden, etwa wenn sich im Vergleich der Verfolgungsgeschichten und Hoffnungsbegriffe der nichtjüdischen sozialistischen Widerstandskämpferin Hilde Krones und der jüdischen NS-Verfolgten Ruth Klüger und Ilse Aichinger zeigt, dass letztere über weit weniger Handlungsspielraum verfügten und sich, anders als Hilde Krones, dem »aufgezwungenen Kampf«[112] gegen den Nationalsozialismus im besetzten Europa nicht hätten entziehen können. Emigration oder das Leben im Verborgenen wurden für sie zur lebensrettenden Notwendigkeit. Gleichzeitig gelangt damit die bewusste Entscheidung politischer NS-Gegner:innen in den Blick, sich der Gefahr der Verfolgung auszusetzen – Tapferkeit, die bis heute beeindruckt.

So enthalten die vergangenheitspolitischen Positionen, die Hilde Krones und ihre Gefährt:innen nach 1945 vertraten, auch Momente, die zur Gegenwart sprechen: Das »Nazi-Austausch«-Plakat von 1945, der Konflikt von Hilde Krones und Erwin Scharf mit Staatskanzler Renner im SPÖ-Parteivorstand über die Verantwortung österreichischer NSDAP-Mitglieder standen für einen konsequenten Bruch mit dem Nationalsozialismus, für eine Entnazifizierung, *die es nie gab*. Die Erinnerung von Hilde Krones an den »Austro-Faschismus« der Jahre 1933/34 bis 1938 und die Ablehnung des »Brückenbauens« zu den damaligen Täter:innen verweigerte sich jener konsensorientierten politischen Kultur, die die Zweite Republik nach 1945 bald prägen (Nick/Pelinka 1983), eine Aufarbeitung des österreichischen Faschismus aber lange erschweren sollte.

Der zweite blinde Fleck betrifft das Schweigen des Nachlasses zum stalinistischen Terror, den Zwiespalt für linke Intellektuelle der 1930er und 1940er Jahre, dass der »proletarische Traum« (Hake 2017), die eigene »säkulare Glaubenshaltung« (Kroll 2007: 9), trotz allem mit der Hoffnung auf die Sowjetunion verbunden blieb. Die Rote Armee hatte Wien vom NS-Regime befreit. Im Kontext der österreichischen Nachkriegszeit wurde die sowjetunionfreundliche Haltung von Hilde Krones dennoch zu einer Blöße, die von den antikommunistischen Gegner:innen gegen sie verwendet wurde. Deren Angriffe schallen als »böses Echo« aus den Medien des Nachlasses – und wir müssen uns mit ihnen auseinandersetzen, wenn wir uns mit hauntologischem Interesse der Geschichte und den verschütteten politischen Gefühlen des Sozialismus nähern.

Das folgende Kapitel behandelt den Tod von Hilde Krones und befragt die Medien ihres Nachlasses nach Erklärungen für diese Tat. Die Stimme von Hildes Krones ist dabei nur schwach zu vernehmen – in einem letzten Willen und einer letzten Rede im Parlament –, immer dominierender wurden die Interpretationen ihres Umfelds und der Nachwelt.

8. Am Grab

Am 13. Dezember 1948 nimmt Hilde Krones an einer Klubsitzung der SPÖ teil und hält anschließend im Parlament ihre letzte Rede. Danach begibt sie sich in ihre Wohnung im 1. Bezirk, wo sie eine Überdosis Schlafmittel nimmt. Als sie zwei Tage später gefunden wird, ist der Tod nicht mehr zu verhindern (Ingrisch 1989: 332). Die in den vorangegangenen Kapiteln geschilderten Etappen politischer Enttäuschung geben Hinweise auf Gründe ihres Suizids. Im entstehenden Kalten Krieg verengte sich ihr – 1945 nur kurz erweiterter – politischer Handlungsspielraum, ihre Fähigkeit, Schmerz in Energie zu verwandeln, »zu arbeiten und nicht zu verzweifeln« schwand, ihr Modell der Beziehungsweisen brach auseinander. Dennoch bleiben Leerstellen der Tat.

In den Materialien des Archivs lassen sich Begründungen des Selbstmords durch Hilde Krones zumindest leise vernehmen: Im Oktober 1948 verfasste sie einen letzten Willen, der im Nachlass nur als unvollständige Abschrift erhalten ist. Laut Erwin Scharf war das Original als Abschiedsbrief an »Franzl und Erwin« von ihr hinterlassen worden.[1] Das Schreiben begann mit der Formulierung: »Merkwürdig – ohne jeden äusseren Anlass, habe ich das Gefühl, ich sei eine Uhr, die abläuft – unaufhörlich abläuft. Da kommt man auf ganz sonderbare Ideen –«[2]. In dem Testament regelte sie alle materiellen Fragen ihres Nachlasses und bedachte Erwin Scharf mit ihren Anteilen an der Austrochem. Sie sei in großer Sorge um ihn, da er »ungesichert im Leben« stehe »und einen schweren, inneren, vielleicht auch einmal äusseren Kampf kämpft«.[3] Im Nachlass fehlend, aber sowohl von Erwin Scharf (1988: 167) als auch Doris Ingrisch (1989: 328) noch zitiert, ist eine Passage, in der Hilde Krones ihren zukünftigen Tod mit den Anfeindungen in der Partei, mit dem Zwiespalt zwischen der Loyalität zur sozialdemokratischen Bewegung und der Behandlung durch die Parteiführung in Zusammenhang bringt:

> »Mißtrauen tötet – und man sät absichtlich Mißtrauen – ich werde zerrieben zwischen der tiefen Liebe und Anhänglichkeit zu den tausend[en] ehrlichen Kampfgefährten in der Partei, zwischen Mißtrauen, das eine gewissenlose[,] nicht mehr sozialistisch zu nennende Führergruppe ausstreut, um zu trennen, abzukapseln, zu spalten.«

Erwin Scharf, der viele Jahrzehnte später einräumte, in den beiden Monaten vor Krones' Tod »in der Hektik meiner zugespitzten Auseinandersetzungen mit dem Parteivorstand der SPÖ – ihre verzweifelte Situation nicht wahrgenommen« zu haben, betonte diese politische Interpretation: »Hildes Tod [war] ein einziger Protest gegen den Parteivorstand, eine Art ›Selbstverbrennung‹«.[4]

Der letzte Wille enthält aber einen Hinweis darauf, dass auch die Beziehungen zu ihrem engen Umfeld sie nicht aus dieser Krise holen konnten: »Meine Freuden kann ich mit tausenden, mit allen teilen – meine tiefsten Sorgen und Befürchtungen eigentlich mit keinem. Seid mir deshalb nicht böse …«

Gleichzeitig hoffte sie, dass Franz Krones, Erwin Scharf – und Scharfs ehemaliger Partisan:innenkollege Friedl Fürnberg, nun KPÖ-Parteisekretär und »anständige[r], kluge[r] Freund von der anderen Seite«, der 1948 eine wichtige Rolle beim Absprung von Erwin Scharf aus der SPÖ spielte – in Zukunft »vereint« sein würden.[5] Sollte sie, wie eine Katze, bei ihrem Fall wieder auf den Beinen landen, so hoffe sie, »daß ich noch mitten als Vierte dabei sein kann, wenn ihr drei Euch findet« (ebd.).

Hilde Krones hatte bereits als junge Frau einen Selbstmordversuch unternommen. In Briefen und Tagebucheinträgen diskutierte sie mehrmals das Thema Suizid und Depression, vom Trost des Todes, »wenn das Holzbündel allzu schwer wird«[6]. 1934 hatte sie notiert, dass sie für das »Vielleicht« der Vollendung lebe, »[w]enn ich Heute die Gewißheit habe daß dieses ›Vielleicht‹ mir verrammelt und verschüttet ist[,] dann weiß ich nicht[,] was ich tun würde«[7]

(vgl. Kap. 3 und 4). Ihr »lautloser Schrei« – so das geisterhafte Bild, das Doris Ingrisch (1989: 331) für den Hilde Krones' genommenen Atem und ihren Selbstmord findet – legt die Vermutung nahe, dass sie die Hoffnung auf das »Vielleicht« verloren hatte. Welche Rolle spielten dabei die Beziehungsweisen ihres Lebens, in denen sich Politik und Privates verknüpften und verschränkten – ihr Verhältnis zu nahen Bezugspersonen wie Erwin Scharf und Franz Krones? Im Nachlass finden sich zu ihrem letzten Lebensjahr nur wenige Briefe. Rosa Jochmann legte in Erinnerung an ein Gespräch mit Hilde Krones kurz vor deren Tod eine Spur zu dieser Beziehungsebene:

»[I]ch [habe] mit Hilde im Parlament, sie hielt damals die letzte Rede[,] sehr ausführlich gesprochen und ich habe sie getröstet, sie war sehr unglücklich[,] weil sie einen Brief erwartete von dem Genossen[,] den sie liebte (der Brief kam an dem Tag wo Hilde bereits bewusstlos aufgefunden worden ist.–).«[8]

Anders als in dieser Interpretation, die einen »privaten« Grund weiblichen Liebesleids für den Selbstmord ins Spiel bringt, vermute ich eher, dass die Liebesbeziehungen von Hilde Krones, die Beziehungsweisen der »kleinen Welt«[9], jedoch nicht zuletzt deshalb in die Krise gerieten, weil die Verwirklichung einer revolutionären Liebe unter den politischen und kulturellen Bedingungen der Nachkriegszeit für Hilde Krones schwer möglich war, weil der psychische und politische Druck, der auf ihr, aber auch auf Erwin Scharf und den übrigen Genoss:innen ihres kleinen Kreises lastete, diese Liebe gegen den Rest der – »großen« – Welt verunmöglichte.

Weniger Erklärung der Tat als Vermächtnis von Hilde Krones ist ein Abschnitt jener letzten Rede, die sie am Tag ihres Selbstmordes im Parlament hielt. In der Debatte zum Bundesfinanzgesetz 1949 hatte sie sich großteils mit der Bekämpfung des »Preiswuchers« beschäftigt, nahm aber, als Antwort auf männliche Vorredner, die sich möglichen Reformen des Eherechts und der Frage des Abtreibungsparagrafen 144 gewidmet hatten, abschließend auch darauf Bezug.

Sie adressierte die »männliche Parlamentsmehrheit, die in einem so krassen Widerspruch zur weiblichen Bevölkerungsmehrheit« stehe, zunächst als *weibliche* Abgeordnete: Die Parlamentarier hätten sich in der Debatte

> »für die große Mehrheit der Frauen und ihre Rechte ein[ge]setzt. Wir nehmen dies gerne zur Kenntnis. [...] [D]ie weibliche Bevölkerung wird diese Vertreter aller drei Parteien – wenn es sich nicht um die Budgetdebatte handelt, sondern um die Verwirklichung dieser gleichen Rechte für die Frauen – in nächster Zeit auch beim Wort nehmen« (Stenographisches Protokoll 13. 12. 1948: 2701).

Hilde Krones nahm auf den Konflikt über den § 144 Bezug – ein ÖVP-Abgeordneter hatte zuvor erklärt, dass die Volkspartei einer Änderung des Gesetzes, der von den SPÖ-Frauen und der KPÖ geforderten sozialen Indikationslösung, also der Möglichkeit des Schwangerschaftsabbruchs aus sozialen Gründen, auch in Zukunft nicht zustimmen werde. Sie antwortete darauf persönlich, unter anderem mit der Preisgabe eines prägenden biografischen Moments über ihre Mutter, zu dem ihr Nachlass ansonsten schweigt:

> »Lassen Sie mich von mir selber folgendes sagen: Ich stamme aus einer Arbeiterfamilie: mein Vater war Bäckergeselle, der schon vor dem ersten Weltkrieg Arbeitslosigkeit gekannt hat, meine Mutter hat 13 Geburten hinter sich und hat nur drei Kinder großziehen können. Das ist Mord! Da wäre soziale Indikation am Platz gewesen« (ebd.: 2702).

Nach einer Kritik an der Behinderung der Tätigkeit des renommierten Gynäkologen Hermann Knaus in Österreich schloss sie ihre Rede:

> »Sozialismus ist eine zukunftsfreudige Idee. Im Mittelpunkt unserer Sorgen, unserer Fürsorge und unseres Kampfes ist immer das Kind gestanden. Machen Sie mit uns eine Wirtschaftspolitik,

schaffen Sie eine Welt, in der die Kinder nicht die Gefährdung einer bestehenden Familie sind, dann werden wir mit Ihnen einiggehen, dann werden Kinder Glück und nur mehr Glück bedeuten« (ebd.).

Die Forderung nach Gleichstellung der Geschlechter im Familienrecht und nach Aufhebung des § 144 hatte Hilde Krones als Politikerin immer wieder erhoben. Als Mitglied im Budgetausschuss hatte sie im November 1948 zu beiden Themen gesprochen und – im Einklang mit den Beschlüssen des kurz zuvor zu Ende gegangenen SPÖ-Frauenkongresses und ihrer eigenen programmatischen Rede bei der Frauenzentralkonferenz 1947[10] – »die Ersetzung der väterlichen Gewalt [...] durch die elterliche Gewalt« und eine »Revision des ehelichen Vermögensrechtes« gefordert (Neues Österreich 10. 11. 1948: 2). Diese Rede führte zu einer – wie es die Historikerin Maria Mesner (1997: 189) nennt – »ungewöhnliche[n] Allianz«, als sich die ÖVP-Abgeordnete Nadine Paunovic am 17. Dezember, wenige Tage nach dem Tod von Hilde Krones, in einem Brief an Justizminister Josef Gerö wandte und darin die Vorschläge von Hilde Krones zum Familienrecht unterstützte – als Wunsch »der Frauenvertreterinnen aller Parteien« (ebd.). Der parteilose Gerö stellte sich gegen die Änderungen, da er »[w]eltanschauliche Auseinandersetzungen fürchtete« (ebd.: 190), doch die seltene Übereinkunft der beiden Frauen über die Parteigrenzen hinweg lässt sich als »feine Bruchlinie« gegen den patriarchalen Konsens der Nachkriegspolitik lesen (ebd.: 189). Eine Bruchlinie, eine Nabelschnur, die in unsere Gegenwart führt, und zurück bis zu Hilde Krones' Wortmeldung im Parlament an jenem 13. Dezember 1948, bis zu ihrem Selbstmord am selben Abend.

Hilde Krones' letzte Parlamentsrede erscheint mir als klassischer Moment des Politischen, als Versuch, einen »Anteil der Anteilslosen« (Rancière 2002: 24) einzurichten und weibliche politische Subjekte vernehmbar zu machen. Spätestens mit dem Moment ihres Todes hatte Hilde Krones jedoch diese Möglichkeit verloren, und auch die Kontrolle über die Auslegung ihres Selbstmordes. Ihre »Selbstverbrennung« öffnet in diesem Sinn einen Assoziationsraum zu Gayatri Spivaks berühmtem Essay über sprachlos gemachte subalterne indische Frauen, deren ritualisierter Witwen-Selbstmord, der von den Britischen Kolonialbehörden verboten wurde, im (post-)kolonialen Diskurs »zwischen Patriarchat und Imperialismus« dabei stets nur von anderen – Männern – interpretiert wurde (Spivak 2008: 74–106, Lorey 2012: 183–187). Als sozialistische Politikerin hatte Hilde Krones zwar einen anderen Status, doch zum Verstummen gebracht wurde sie dennoch, war ihre Stimme nur mehr indirekt zu hören, *unvernehmbar* wurde sie selbst zum Objekt konkurrierender Diskurse der Nachwelt.

An der Schwelle dieses Moments steht ein Text, der im Jänner 1949 im *Neuen Vorwärts* veröffentlicht wurde und laut Redaktion auf Aufzeichnungen beruhte, die Hilde Krones kurz vor ihrem Tod zu Papier gebracht hatte. »[S]tilistisch bearbeitet« ([Krones] 1949: 5), vermutlich von Erwin Scharf oder Franz Krones, wurde darin eine Verteidigung der linken Opposition in der Partei formuliert, ein Beharren darauf, dass in revolutionärer Perspektive der Feind rechts stehe, und auch im entstehenden Kalten Krieg »für die bescheidene Sympathie der Linken zur Sowjetunion in unserer Partei« Platz sein müsse (ebd.). Der Text brachte Belege dafür, dass parteiinterne Gegenspieler wie Oscar Pollak in der Zeit des Roten Wien bis 1934 eine Koalition mit bürgerlichen Parteien noch ausgeschlossen hatten, und dokumentierte positive Aussagen zur Sowjetunion, die Gegner wie Karl Czernetz[11] oder Karl Renner noch in der Nachkriegszeit öffentlich formuliert hatten. Erstmals antwortete »Hilde Krones« in/mit dem Medium explizit auf den Vorwurf, das abschreckende Beispiel der Volksdemokratien außer Acht gelassen zu haben. Doch nicht der stalinistische Terror, sondern die machtpolitische Frage, wie sich die Sozialdemokratie vor dem »Verschlingen« durch die KP wehren könne, wurde dabei angesprochen, wobei der Text darauf hinwies, dass die KPÖ in Österreich schwach, »unsere Sozialistische Partei aber […] eine starke Massenpartei« sei. »Bei einer richtigen Politik könnten wir bestimmen und die Kommunisten mit uns zum gemeinsamen Ziel führen« (ebd.).

In der SPÖ-Presse wurde der Tod von Hilde Krones im Dezember 1948 als tragisches Ende einer talentierten Jungpolitikerin dargestellt. *Die Frau* (52/1948: 2) bezeichnete sie als einen »Frauentypus unserer Zeit [...]: unsentimental, mit starkem Wirklichkeitssinn«. Sie habe nie durch ihre Leistung enttäuscht, »und [sei] dennoch [...] etwas schuldig« geblieben, »wofür wir nicht sie, sondern unsere verwirrte Zeit verantwortlich machen wollen«. Die *Arbeiter-Zeitung* (17.12.1948: 2) nannte sie »eine große, enttäuschte Hoffnung«, womit indirekt der tatsächliche gefühlspolitische Kontext des Selbstmordes angesprochen wurde.

»Vielleicht hatte sie den scharfen Intellekt überanstrengt, der das hervorstechendste, das beherrschende Merkmal ihres Wesens war; vielleicht gab es neben dem immer heiteren Wesen, das sie nach außen hin zur Schau trug, auch andere Seiten des Gefühls, des persönlichen Erlebnisses – ihre schlaflosen Nächte sind Hilde Krones' ureigenstes Geheimnis« (ebd.).

Ausgerechnet der dem rechten Parteiflügel angehörende Innenminister Helmer sprach im Sozialistischen Klub den Nachruf, in dem er »[t]rotz aller Gegensätzlichkeiten [...] das Dahinscheiden einer eigenwilligen und begabten Frau und Funktionärin« bedauerte (Neues Österreich 17.12.1948: 4). Im Parlament hielt Nationalratspräsident Kunschak (ÖVP) eine Trauerrede.

Die Medien der KPÖ schrieben vom »Kesseltreiben der rechtssozialistischen Parteiführung und gehässige[n] Angriffe[n] der kapitalistischen Presse« gegen Hilde Krones (Neue Zeit 17.12.1948: 2), und auch sowjetische Beobachter meldeten rückblickend, »ungezügelte Hetze« habe sie zum Selbstmord getrieben – »der Tod ereignete sich unter rätselhaften Umständen, angeblich als Folge der Einnahme einer Überdosis von Schlafmittel. Allerdings spricht eine Reihe von Aussagen von Selbstmord, wenn nicht direktem Mord. Die Untersuchungen führten rechte Sozialisten, weshalb ihre Ergebnisse von diesen geheim gehalten wurden«.[12]

Am Friedhof in Ottakring hielt Karl Mark die Grabrede im Namen der engen Freund:innen, er übernahm Mitverantwortung für den Tod von Hilde Krones, erwähnte aber vor allem auch die parteiinternen Feind:innen:

»Wir alle, ihre Freunde und ihre Gegner im Meinungsstreit innerhalb der Bewegung, sind mit schuld daran, daß sie den seelischen Druck, der auf ihr lastete, nur mit Hilfe von Schlafmitteln beseitigen zu können glaubte, die ihr letzten Endes den Tod brachten. Ihr heißes Herz, das ihr die Liebe der Arbeitermassen erworben hatte, konnte den eisigen Hauch des Mißtrauens, das da oft entstand, nicht ertragen.«[13] Die »zarte Frau, die uns oft erzählte, daß sie vor jeder Rede, die sie zu halten hatte, von Angst erfüllt und von Lampenfieber gepackt wurde, so daß sie oft zu Beruhigungsmitteln greifen mußte, diese selbe Frau war dann imstande einem ganzen Saal voll lautem Widerspruch mutig entgegenzutreten wie etwa am letzten Parteitag.«[14]

In Erwin Scharfs *Neuem Vorwärts* (25.12.1948: 1) hieß es ähnlich, es sei nicht leicht gewesen,

> »einer Uebermacht gegenüber standhaft durchzuhalten. Wieviel Zurücksetzungen, wieviel Maßregelungen und wieviel persönliche Angriffe waren damit verbunden! Aber tapfer und unentwegt trat sie für das ein, was sie für ihre Pflicht hielt«.

Hilde Krones sei »trotz ihrer scheinbar so unerschütterlichen Lebenskraft, mit der sie gezwungen war, die Auseinandersetzungen innerhalb der Partei auszufechten, doch ein empfindsamer, feinfühlender Mensch« gewesen. »Sie fühlte die Schmerzen ihrer Mitmenschen, noch bevor sie ihr geklagt wurden. Sie hatte ein weites Herz für das Leid des Volkes, dem sie sich zutiefst verbunden fühlte« (ebd.). In einem ein Jahr nach dem Tod veröffentlichten Erinnerungsartikel, vermutlich von Franz Krones verfasst, hieß es, Hilde Krones habe während des Faschismus

> »oft und oft gesagt: ›Nach Hitler müssen wir alles daransetzen – alle Annehmlichkeiten unseres persönlichen Privatlebens, die dann noch übrig sein werden – um die einmalige geschichtliche Gelegenheit zur grundlegenden und endgültigen Umgestaltung der Gesellschaft auszunützen‹« (N. N. 1949: 2).

Sie sei davon überzeugt gewesen »daß nicht nur ›der, der Wunden schlägt, sondern auch der, der sie erträgt‹[,] eine untilgbare Schuld auf sich lädt« – ein Verweis auf Ernst Fischers *Rotes Requiem* (1927) und somit die Tradition sozialistischen Märtyrertums, in die Hilde Krones hier gestellt wurde – »Sie vermochte die klaffende Wunde unserer Zeit, die sie mit aller Energie, mit Selbstaufopferung zu heilen bestrebt war, nicht zu ertragen.« (N. N. 1949: 3)

In der Führung der SPÖ war man bestrebt, die Erinnerung an die Dissidentin Hilde Krones bald verblassen zu lassen. Nur Krones' Ottakringer Parteiorganisation, die sie bis zum Schluss unterstützt hatte, gedachte ihr in ihrem Jahresbericht (Sozialistische Partei Österreichs Bezirksorganisation Ottakring 1949) und veranstaltete 1949 gemeinsam mit dem Frauen-Zentralkomitee[15] – und auch 1968 – Gedenkfeiern an ihrem Grab. Der Abdruck der posthum veröffentlichen letzten Aufzeichnungen von Hilde Krones im *Neuen Vorwärts* ließ Parteichef Adolf Schärf im Jänner 1949 Erhebungen zum Ursprung des Textes einleiten.[16]

Als in der wiedergegründeten und auf Parteilinie gebrachten Zeitschrift der Sozialistischen Freiheitskämpfer Ende 1950 die Abschiedsrede von Karl Mark am Ottakringer Friedhof abgedruckt wurde, führte dies zu harscher Kritik von Schärf und anderen SPÖ-Spitzenpolitikern (Duma 2019: 361). Dabei wurde von den Genossen auch der Status von Hilde Krones als antifaschistische Freiheitskämpferin angezweifelt – anders als viele andere sei sie nie in Haft oder »politisch verfolgt« gewesen.[17] Der daran beteiligte Parteisekretär Otto Probst wird viele Jahre später davon sprechen, dass Hilde Krones den Freitod gewählt habe, weil die von ihr angeblich vorgenommene Weitergabe von Parteivorstandsprotokollen an die Sowjets aufgeflogen wäre (Die Presse 29. 12. 1976: 3) – eine Behauptung, mit der er Hilde Krones die Verantwortung für ihren Tod zuschob und die von Erwin Scharf (1988: 168ff.) vehement beeinsprucht wurde.

Ebenfalls viele Jahre später wird Hilde Krones gar von Rosa Jochmann, die 1948 als Vorsitzende der Freiheitskämpfer die erinnerungspolitische Ächtung von Hilde Krones bekämpft hatte, sogar ihre Rolle als Vertreterin der Arbeiter:innenschaft abgesprochen werden –

wohl, weil Krones selbst, anders als Jochmann, als Angestellte keine Erfahrung in Fabriksarbeit gemacht hatte. Als Karl Mark Jochmann bat, als Zeitzeugin für die Recherchen von Doris Ingrisch (1989) über Hilde Krones zur Verfügung zu stehen, lehnte sie dies aus Zeitgründen ab. Sie habe Krones sehr geschätzt und

> »den Verkehr mit Jenen[,] die sie in den Tod getrieben hatten[,] auf das Notwendigste beschränkt. […] Aber DIE VERTRETERIN DER ARBEITENDEN FRAUEN WAR SIE NICHT, konnte sie auch nicht sein, sie hatte ein Herz für Alle[,] am meisten für das Proletariat, also für die arbeitenden Frauen, aber eine Vertreterin war sie nicht[,] konnte sie auch niemals sein.«[18]

Für Fritz Weber (2011 [1986]), Historiker aus der Neuen Linken, war dagegen mit Hilde Krones »der linkssozialistische Geist in der Sozialistischen Partei zu Grabe getragen« worden (ebd.: 214) – ein Geist, den er in seiner Forschungsarbeit ab den 1970er Jahren wieder beleben wollte. In seinem Buch schrieb er, es sei »nicht die Aufgabe des Historikers, das Intimleben geschichtlicher Personen öffentlich auszubreiten«, »die persönlichen Schwierigkeiten und Konflikte von Hilde Krones, die ihren Selbstmord mitverursachten«, seien ihm jedoch bekannt;

> »Sie allein bilden jedoch keine zureichende Erklärung für den Suizid. Wie bei allen emotionellen Kurzschlußhandlungen war es ein ganzes Bündel von Motiven, das Hilde Krones ihrem Leben ein Ende setzen ließ. Unter ihnen standen die politischen Schwierigkeiten gewiß nicht an letzter Stelle« (ebd.: 212).

Mit ihrem Tod war die Stimme von Hilde Krones verstummt, die Interpretationen ihres Suizids wurden – auch in den Materialien ihres Nachlasses – weitgehend von anderen vorgenommen. Doch das bedeutet nicht, dass Hilde Krones für immer zum Schweigen gebracht wurde. In ihrer Diskussion von epistemischer Gewalt, Spivaks Essay *Can the Subaltern Speak* (2008) und Avery F. Gordons *Ghostly Matters* (2008) schreibt Sabine Hark (2021): »[D]ie Geister *sind* unter uns, sie drängen an die Oberfläche, ringen darum, gehört zu werden« (ebd.: 96, Herv. i. Orig.). Im abschließenden Kapitel möchte ich versuchen zu rekapitulieren, was es heißt, Hilde Krones' Geist in der Séance zuzuhören und ihre Stimme dem »Unvernehmen« (Rancière 2002) zu entreißen.

9. Conclusio:
Eine Séance mit den Geistern

Ausgangspunkt meiner forschenden Séance mit Hilde Krones war der Versuch, über die Medien ihres Nachlasses Zugang zu verschütteten politischen Gefühlen und Begriffen zu finden, deren vergangene Zukunft uns in der gegenwärtigen Suche nach nicht-dystopischen Perspektiven für Theorie und politische Praxis in Zeiten des »Kapitalistischen Realismus« (Fisher 2013) helfen kann. Dem Buch ging ein langwieriger Prozess der Transkriptions- und Rekonstruktionsarbeit voraus. Die nun hörbare Stimme, der Geist von Hilde Krones und ihren Gefährt:innen, lässt ein politisches Imaginäres wieder erstehen, das, im Sinn Walter Benjamins (2010: 102), in vielerlei Hinsicht Jetztzeit vermittelt, Tigersprünge in die Vergangenheit ermöglicht, hohe Anziehungskraft entwickelt, gleichzeitig aber auch deutlich macht, wie weit uns die Geschichte von den enttäuschten Hoffnungen des 20. Jahrhunderts entfernt hat. Dort, wo ich bei meinen Fragen in der Séance auf Schweigen stieß, auf Antworten, die mir nicht gefielen, verwiesen mich diese auf Leerstellen und blinde Flecken jener sozialistischen Gefühlspädagogik, der sich die politische Generation von Hilde Krones verschrieben hatte, auf Enttäuschungen und historische Traumata. Sie verwiesen mich aber auch auf ›verstörende‹, unabgeschlossene Problemstellungen, die sich bis in unsere eigene Gegenwart erstrecken. Dies betrifft etwa die Rolle der *Partei*, die für Hilde Krones Revolutionsbegriff zentral war, gleichzeitig aber zu ihrer politischen Enttäuschung und letztlich zu ihrem Tod beitrug. Es gilt aber auch für das Verhältnis von Sozialismus und Feminismus, das bei Hilde Krones zumindest rhetorisch unter das Primat des Sozialismus gestellt wurde. Im Hinblick auf dieses Verhältnis bearbeiten intersektionale Zugänge inzwischen explizit die Überschneidungen von sozialen Kategorien wie Klasse, Geschlecht und *race* (vgl. dazu Crenshaw 1989, Biele Mefebue/Bührmann/Grenz

2022). Auch in dieser Hinsicht kann es aber produktiv sein, sich in einem Prozess des »Verlernens« theoretischer Sicherheiten auf die »Mehrstimmigkeit« von geisterhaften Stimmen aus der Vergangenheit einzulassen (Castro Varela 2021: 123).

Was bedeutet dies nun abschließend für den Umgang mit dem spukenden Archiv von Hilde Krones?

Sie sah sich als Teil jener »Generation der Vollendung«, der vom austromarxistischen Theoretiker und SDAP-Politiker Otto Bauer (1924: 872) in den 1920er Jahren versprochen worden war, das Ende des Kapitalismus zu erleben. »Vollendung« wurde ihr zu einem Begriff, der für ein breiteres Verständnis von kollektiven Beziehungsweisen (Adamczak 2017) stand, von Liebe und Politik, »kleiner und großer Welt« – eine Vorstellung, die sie mit einem starken Hoffnungsbegriff, mit *Sehnsucht* über die Zeit von Austrofaschismus und Nationalsozialismus rettete. Zu den Leerstellen ihres Hoffnungsbegriffs gehört das Schweigen über den Stalinismus und die Shoah.

Rotes Requiem?

So anziehend dieses politische Gefühl der Hoffnung heute ist, so stark ist doch ein Gefühl der Differenz, das die Gegenwart vom Pathos der Generation der Vollendung, ihrer fast zivilreligiösen Heilserwartung, trennt. Schon in den 1980er Jahren, als die Sozialdemokratie in Österreich an das Ende der kurzen Hegemonie der Kreisky-Ära, der Jahre der absoluten Mehrheit der SPÖ 1971 bis 1983, gelangt war, als die Zukunftserzählung des Sozialismus in Zeiten der Postmoderne, des Zusammenbruchs des Staatssozialismus und des Siegeszugs des Neoliberalismus auf vielen Ebenen infrage gestellt wurde, wurde diese Distanz explizit hervorgehoben:

Ein Jahr vor dem Epochenbruch von 1989 feierte die österreichische Sozialdemokratie ihr hundertjähriges Jubiläum. In einer der Begleitpublikationen erschien ein bitterer Nachruf auf die »Generation der Vollendung«, formuliert von dem aus einer prominenten sozialdemokratischen Familie stammenden Zeitzeugen Robert Rauscher, der im Hinblick auf seine Tante, eine Zeitgenossin von Hilde Krones, die Angehörigen dieser Generation als Nachfahr:innen der Romantik angriff: Sie hätten im Bewusstsein gelebt, Besonderes zu verwirklichen und hätten sich bemüht, »gewisse Wertmaßstäbe zu setzen«. In ihren moralischen Vorstellungen seien sie aber »außerordentlich starr« – also *dogmatisch* – gewesen (Maimann 1988: 93). Was der politische Philosoph Max Adler (1926), die sozialistische Publizistin und Aktivistin Angelica Balabanoff (1927) und Otto Bauer »fälschlicherweise als ›Neuen Menschen‹, als ›neue Gesellschaft‹ bezeichnet« hätten, »das alles war in Wirklichkeit ein riesiger ideologischer Selbstbetrug. Man fragt sich heute, wie das überhaupt möglich ist, daß Marxisten einem solchen Selbstbetrug zum Opfer fallen.« Die Generation habe geglaubt, »etwas ganz Neues zu tun«, doch ihre Lebensmodelle seien »nichts anderes als ein Nachziehverfahren der bürgerlichen Romantik« gewesen, »[s]icher in einer sehr guten Form mit einigen neuen Elementen, aber im Grunde waren sie, betrachtet man ihren Habitus, Kleinbürger, mit einer Ersatzreligion, die sie ebenso fanatisch vertreten haben wie andere Leute ihre Religion« (ebd.).

Der *proletarische Traum* von der Revolution (Hake 2017), die sozialistische Pädagogik der Hoffnung und des Schmerzes, wurden nun als »Selbstbetrug« und »Illusion« bezeichnet, denen sich Intellektuelle im Lauf des 20. Jahrhunderts hingegeben hätten. Auf diesen Vorwurf musste auch die prominente, einst selbst am Roten Wien beteiligte Soziologin Marie Jahoda in einem Interview antworten. In ihrer Replik nahm sie den Begriff der »Illusion« auf, verteidigte allerdings die Ideale der eigenen Jugend:

»Wir haben in Wien mit der großen Illusion gelebt, daß wir die Generation der Vollendung sein werden, daß unsere Generation den demokratischen Sozialismus nach Österreich bringen wird. Unser ganzes Leben ging von diesem Grundgedanken aus. Daß das eine Illusion war, ist heute keine Frage mehr, aber daß diese Illusion konstruktiv und lebensbereichernd war, ist auch keine Frage« (Kreuzer 1983: 7f.).

Noch 2011 wird der Historiker Ernst Hanisch seine Biografie über Otto Bauer, den Wortschöpfer der Generation der Vollendung, mit *Der große Illusionist* betiteln, dessen Glaube an den Sozialismus zum

Zeitpunkt des Erscheinens von Hanischs Buch »schwer zu verstehen« sei (Hanisch 2011: 12).

Mir erscheint die Selbstgewissheit und Bitterkeit, mit der die Hoffnungen der Zwischenkriegszeit in den *New Times* der 1980er Jahre (Hall 2000 [1989]) beerdigt wurden, heute jedoch selbst schon wieder historisch. Der in diesem Buch angewendete hauntologische Blick hält stattdessen nach spukenden Phantomen Ausschau, die zu dieser Zeit gerade tief vergraben wurden.

Hoffnung

Zum Register der politischen Gefühle im Nachlass von Hilde Krones gehörten ab 1945 die Enttäuschung über das Ausbleiben von Revolution und gelingenden Beziehungsweisen sowie die Enttäuschung über den verletzenden politischen Parteialltag und die neuerliche Verengung von Handlungsfähigkeit. Dieses Gefühl der Enttäuschung teilte Hilde Krones mit einer ganzen Generation linker Intellektueller ihrer Zeit, wie es Bini Adamczak (2011: 22) beschreibt, die sich dabei auf die postrevolutionäre Enttäuschung in der Sowjetunion bezieht, und ergänzt, dass »wir«, die Linke der Gegenwart, die Kinder dieser Enttäuschung seien (ebd.).

Hilde Krones hielt lange an dem »Vielleicht« der Vollendung fest, das sie erst mit ihrem Selbstmord aufgab. Mit enormer Konsequenz folgte sie Otto Bauers Versprechen, genauso konsequent, wie sie nach 1945 versuchte, die im Roten Wien erlernte politische Weltsicht und Gefühlspädagogik weiterzuführen. Diese waren aber in der neuen Republik bereits *aus der Zeit gefallen*, entsprachen bald nicht mehr dem Geist in der SPÖ. Auch ihre Liebes- und Beziehungsvorstellungen setzte Hilde Krones gegen alle Widerstände in die Praxis um. Sie führte in diesem Sinn ein Leben »ohne Kompromiss« (Ingrisch 1989).

Die Gefühlspädagogik der Hoffnung und des Schmerzes hatte ihr geholfen, die Jahre von Austrofaschismus und Nationalsozialismus zu überstehen und sich als Teil einer revolutionären Bewegung zu verstehen. Für ihre Vereinzelung und zunehmende Hoffnungslosigkeit bot die erlernte Pädagogik jedoch letztlich nicht die benötigte Hilfe, sie wurde teilweise gar zum selbstzerstörerischen *grausamen*

Optimismus (Berlant 2024). Wie emotionale Pädagogiken sozialer Bewegungen an sich (Gould 2009: 28, Chmilewski 2022: 234f.), hob die emotionale Gemeinschaft des Sozialismus bestimmte *feelings* hervor – etwa die Bindung an Bewegung und Partei – und delegitimierte andere, etwa Hoffnungslosigkeit und Enttäuschung (Gould 2012).

In kritischen Theoriedebatten nach 1945 wurde der Hoffnungsbegriff trotz aller Enttäuschungen jedoch nicht aufgegeben. Für Ernst Bloch, einen zentralen Theoretiker der Hoffnung, bedingte die Erfahrung von Faschismus, Exil und Remigration in das stalinisierte Ostdeutschland keine Abkehr von diesem Begriff, jedoch die Einsicht, dass diese, auch in ihrer konkret utopischen Fundierung, enttäuscht werden könne. »[A]uch die umsichblickende, echt orthodoxe Enttäuschung am rückfälligen, bis zur Unkenntlichkeit oder gar bis zur Kenntlichkeit veränderten Produkt gehört zur Hoffnung [...] gemäß dem Zielinhalt, der Reich der Freiheit heißt«, formulierte er 1961 in Tübingen, am Beginn seines zweiten Exils, diesmal aus der DDR (Bloch 1985a: 390). Als »Methodikum« des *Noch-Nicht* könne Hoffnung die »schlechte Tatsächlichkeit« von Faschismus und Stalinismus in den Blick nehmen (ebd.: 387, 389).

Anders als der Begriff der *Zuversicht* habe sie

»das Prekäre der Vereitelung in sich: [...]. Dafür steht sie zu dicht an der Unentschiedenheit des Geschichts- und Weltprozesses, als eines zwar noch nirgends vereitelten, doch ebenso noch nirgends gewonnenen« (ebd.: 387).

Geschichte wird in diesem Sinn als

»Dokument zerschlagener Hoffnung gelesen, in der zwar manchmal Befreiung aufscheint, viel häufiger aber Hoffnungen enttäuscht werden. Ob etwas der Vergessenheit anheimgegeben wird oder zum Grund für Erinnerung wird, ist begründet im Verhältnis zur Zukunft. Erinnerung bedarf der Erwartung des Zukünftigen, deshalb verweist sie auf das Unabgegoltene, dessen Erfüllung noch aussteht« (Vidal 2012: 200).

Schon 1978, im Angesicht der Atomgefahr, fragte aber Günther Anders (1980: 278), ob sich die Menschheit statt in Blochs *Noch nicht* bereits im *Gerade-noch* befinde und daher statt Hoffnung *Befürchtung* nottue (Vidal 2012: 210). Dies wiederum führt uns in die Gegenwart, weg von der Generation der Vollendung hin zu den Aktivist:innen der »Letzten Generation«, die ihre historische Mission in der drastischen Bewusstseinsarbeit gegen eine apokalyptische Gefahr der Klimakrise sehen.[1]

Wenn keine Zeit mehr für das Aufschieben bleibt, gewinnt die Idee an Relevanz, dass sich Hoffnung nicht mehr auf die Zukunft, sondern nur auf die Kämpfe der Gegenwart ausrichten sollte. In ihrem Konzept der präsentischen – sich dem Prinzip der Repräsentation verweigernden – Demokratie bezieht sich etwa Isabel Lorey (2020) auf Benjamins Begriff der Jetztzeit, liest dessen Ablehnung eines linearen Fortschrittsbegriffs aber als generelle Absage von »allen in die Zukunft gerichteten Fortschritts- und Entwicklungsnarrativen« (ebd.: 84). Dem ließe sich mit Eva von Redecker (2018) entgegnen, dass sich Benjamins Unterscheidung von leerer Zeit und Jetztzeit, seine »Polemik gegen den Fortschritt […] nicht gegen die Hoffnung, dass es in der Zukunft besser werden könnte«, richtet, »sondern gegen das Vertrauen, dass die Vergangenheit, so wie wir sie jetzt in der Hand haben, uns bereits auf den richtigen Weg geschickt hätte« (ebd.: 216).

Dass Hoffnung auf Veränderung in Zeiten des Faschismus – wie in den Texten von Hilde Krones – nur in die Zukunft verlegt werden konnte, erscheint verständlich. In einem solchen Sinn ist auch Antonio Gramscis vielzitierte Formulierung vom »Pessimismus des Verstandes, Optimismus des Willens« zu verstehen, die er, vom französischen Autor und Pazifisten Romain Rolland übernommen, in den 1920er Jahren immer wieder verwendete (Gramsci 1973: 158ff., Antonioni 2019: 42), und die unter den lebensbedrohenden Bedingungen des Faschismus bedeutete, trotz allem eine Perspektive der Veränderung weiterzuverfolgen. Sie wurde zu einem Motiv, auf das sich auch spätere kritische Intellektuelle immer wieder bezogen. Stuart Hall (1992) verwendete es, um seinen Zugang zur Rolle als organischer Intellektueller »ohne jeden organischen Bezugspunkt«

(ebd.: 281), bzw. allgemeiner, die politische und theoretische Haltung der britischen Cultural Studies seit den 1960er Jahren zu beschreiben, als »political act of being in the world« (Grossberg zit. n. Roman 2015: 185). Der Optimismus des Willens scheint heute im Angesicht des kapitalistischen Realismus getrübt, »unser kollektiver Wille [wirkt] besiegt« (Grossberg 2019: 26). In ihrem Bezug auf Gramsci und Hall sprechen sowohl Phil Cohen (2015) als auch Lawrence Grossberg (2019) von einem *Pessimismus* des Willens, dem Grossberg jedoch einen neuen »Optimismus des Verstands« gegenüberstellt, der vor diesem Pessimismus gerettet werden müsse: Optimismus sei

»die Bereitschaft […] weiterzumachen, den nächsten – taktischen – Schritt zu tun, einen nach dem anderen, im ›Wissen‹, dass das, was man tut, eine Wirkung haben wird, weswegen man den nächsten macht, dann den nächsten, und so weiter. Das bedeutet aber, dass Optimismus nicht von Wissen zu trennen ist. Optimismus des Verstands ist die Möglichkeitsbedingung von Handlungsfähigkeit und Veränderung« (ebd.: 26f.).

Ein ungebrochener Hoffnungsbegriff ist heute jedenfalls nicht mehr zu haben. Deborah B. Gould (2012: 108) weist darauf hin, dass Gramscis Formulierung für ein Nebeneinander von Hoffnung und *despair* steht. Hoffnungslosigkeit kann darüber hinaus auch den Ausgangspunkt dafür bieten, den bestehenden politischen Horizont infrage zu stellen und nach neuen Formen des politischen Aktivismus zu suchen (ebd.: 107f.). Verzweiflung mache beizeiten mutig, »die Hoffnung aber feig«, wie Ruth Klüger (1994: 106) schrieb.

In ihrer Interpretation von Sylvia Townsend Warners Roman *Summer Will Show* (2020 [1936]) argumentiert Heather Love (2007), dass Hoffnung in queer-feministischer Erfahrung an sich an Enttäuschung gebunden sei, dass es notwendig ist, »mixed feelings« und Enttäuschung zur Ressource für Veränderung zu machen. Townsends Buch, das die Geschichte von Sophia, einer Frau aus dem englischen Landadel, erzählt, die sich im Paris der Revolution von 1848 in Minna, eine russisch-jüdische Revolutionärin, verliebt, ist für

Love getragen von zwei »impossible desires« – von »queer desire« und der Sehnsucht nach der Revolution (ebd.: 130). Wie später die Pariser Kommune, scheiterte der Aufstand von 1848 als revolutionäres Projekt, doch er eröffnete ein politisches Imaginäres, das bis heute durch die Geschichte geistert. »Die Revolution im Roman ist sowohl das, was geschehen muss, als auch das, was nicht geschehen kann«; der Roman beschreibe »die Mischung aus Hoffnung und Verzweiflung, die durch die Bindung an ein solch unmögliches Objekt entsteht« (ebd.: 142f., *Ü: G. S.*). Die intime Erfahrung queerer Gefühle hilft in dieser Sicht, eine »Hoffnung ohne Grund«, »ohne Erwartung« zu erlernen.

»Eine solche Form des politischen Affekts ist vielleicht die Art von Empfindung, mit der wir in der heutigen Politik umzugehen lernen müssen, wenn die Hoffnung in ihrer alten idealisierenden und utopischen Form – als Optimismus – bei vielen von uns ihren Halt verloren zu haben scheint« (ebd.: 143, *Ü: G. S.*).

Wie hätte Hilde Krones Townsend Warners Roman gelesen? Vermutlich hätte sie die Geschichte der beiden weiblichen Revolutionärinnen gefesselt. Sie hätte die psychologische Zeichnung des Entwicklungsprozesses von Sophia, die den Habitus und die Ansichten einer englischen Adeligen im Sinn postkolonialer Theorie erst *verlernen* muss (Landry/MacLean [Spivak] 1996: 4f., Castro Varela 2021), die durch die Liebe zu Minna lernt, die Welt mit anderen Augen zu sehen, gelobt. Vielleicht hätte sie über den Begriff der Sehnsucht nachgedacht, den sie auch als zentral für ihr eigenes Fühlen und Handeln ansah, nicht nur in der Liebe, sondern ebenso als Sehnsucht »nach der vollendeten Tat«[2]. Sie wäre in Wut geraten über das im Buch geschilderte patriarchale Eherecht, das Sophia in finanzieller Hinsicht in die Abhängigkeit ihres untreuen Ehemanns geraten lässt. Dass Minna zunächst die Geliebte dieses Ehemanns war, hätte sie vermutlich an eigene komplexe Liebes- und Beziehungsverhältnisse denken lassen. Wie Hilde Krones die Liebe von zwei Frauen zueinander sah? Dazu schweigt das Archiv wie der theoretische und literarische Kanon ihres zeitgenössischen politischen Umfelds. Ebenso zu der Frage, wie sie das in *Summer Will Show* beschriebene Leid der jüdischen Diaspora, die Verbindung von jüdischer Erfahrung und sozialistischer Emanzipation wahrgenommen hat. Mit ihren Genoss:innen hätte sie gewiss darüber diskutiert, welche politischen Schlüsse aus dem Scheitern der Revolution von 1848 zu ziehen waren, hätte die Klassiker der marxistischen Literatur dazu befragt.

In dem 1936 veröffentlichten Roman lässt Sylvia Townsend Warner ihre Figuren vermuten, dass die Revolution im Jahr 1948 – hundert Jahre nach 1848 – sicher gefestigt sein würde. Die Differenz zu ihrer eigenen politischen Wirklichkeit hätte Hilde Krones trauern lassen – 1948 wird zu ihrem Todesjahr werden. Trotzdem hätte sie vermutlich das Ende des Buchs geschätzt – als Sophia nach der Ermordung ihrer Geliebten das frisch verfasste *Kommunistische Manifest* zu lesen beginnt und dort von jenem Gespenst des Kommunismus liest, das in Europa umgeht, »mit hartnäckiger Aufmerksamkeit und zunehmend versunken« (Townsend Warner 2020 [1936]: 310, Ü: G. S.). Dass Hoffnung, Schmerz und Enttäuschung verbunden sind, wusste Hilde Krones aus eigener Erfahrung. Mit ihrer Pädagogik der Gefühle hätte sie vielleicht auf ihr Lieblingsgedicht über die schwarzen Marmorstufen verwiesen, auf den Versuch, Schmerzerfahrungen trotz allem produktiv zu verarbeiten. Sie hätte vermutlich aber auch ergänzt: Es ist schwer, immer stark zu sein, wir brauchen dazu die Liebe, kollektive Resonanz und den Schimmer der Hoffnung.

Ann Cvetkovich (2012: 108f.) hebt in ihrer Diskussion von Wendy Browns (1999) Theoretisierung linker Melancholie hervor, dass negative Gefühle, anders als von Brown beschrieben, notwendigerweise zum Politischen gehören und zu einer möglichen Ressource werden können – als Erfahrung und Erkenntnisinstrument, das andeutet, dass etwas verloren wurde, un(ein)gelöst ist – aber wert, die Bindung an diese Objekte nicht aufzugeben. Auch ein positives, aber fragwürdig gewordenes Gefühl wie jene Hoffnung, die im Nachlass von Hilde Krones spukt, lügt in diesem Sinn nicht, sie ist keine »Illusion« – wie die angesprochenen Debatten um 1989 nahelegten –, ebenso wenig wie die melancholische Reaktion, die sie auslöst.

Hoffnung kann heute nicht unbefangen aus dem Hut gezaubert werden und sie scheint in Zeiten des kapitalistischen Realismus fast nur noch in »atomisierter, entsozialisierter und privatisierter Form« vorstellbar (Thompson 2013: 5, *Ü: G. S.*). Wir können aber versuchen, sie zum Ausgangspunkt einer neuen Gefühlspädagogik zu machen, die Melancholie und Trauer zu gegenwärtigen Verhältnissen in Beziehung setzt und in der Hoffnung – durch Erinnerung und ›Beschwörung‹ in der hauntologischen Séance – zur Ressource für aktuelle Kämpfe wird, als verbindende, kollektive Praxis, die an anderen historischen Medien, vergessenen Erinnerungsorten und Möglichkeitsräumen weiter erprobt wird.

Ein solcher Zugang kann sein Augenmerk im Umgang mit dem Archiv gerade auch auf jene Momente des *punctum* (Barthes 1989) legen, in denen uns die Präsenz vergangener politischer Praxis berührt – ihre *pleasures* affizieren, so wie Hilde Krones' Schilderung von der Befreiung Ottakrings im April 1945 oder ihr unbeschwerter, tänzelnder Schritt, als sie im Sommer 1945 den ›Trümmerfrauen‹ dieses Bezirks voranschreitet (vgl. Kap. 6). Eine solche Erinnerungsarbeit findet sich etwa in der Art und Weise, in der die französischen Situationist:innen in den 1960er Jahren proklamierten, die Pariser Kommune von 1871 nicht als Ort des Scheiterns zu betrauern, sondern sie für ihre gelebte Praxis zu feiern:

> »Theoretiker, die die Geschichte dieser Bewegung aus einem göttlichen, allwissenden Blickwinkel betrachten, wie es die klassischen Romanautoren tun, können leicht nachweisen, dass die Kommune objektiv zum Scheitern verurteilt war und ihre Widersprüche nicht überwinden konnte. Sie vergessen, dass für diejenigen, die sie erlebt haben, die Überwindung *bereits da war*« (zit. n. Rigney 2018: 375, Herv. i. Orig., *Ü: G. S.*[3]).

Ähnliche Erinnerungsarbeit lässt sich in ungewöhnlichen Archiven finden, etwa jenen lustvollen Bildern von queerem Sex in den historischen Praxen US-amerikanischer Subkultur, von *juissance*, die José Esteban Muñoz (2019) mit einem dezidiert hauntologischen Interesse als »ghosts« in *Cruising Utopia* evoziert (ebd.: 33, 42).

In ihrer Trauer um die »Verlorenen«, die im Stalinismus als Revolutionär:innen zum Opfer des kommunistischen Projekts wurden – »die, die fehlen« –, schlägt Bini Adamczak (2011) vor, sich dieses Fehlen »schmerzlich […] bewusst [zu] machen, […] anhand der Frage, welches Erbe wir hätten antreten können, von wo aus wir hätten fortfahren können, hätten diese Kommunist:innen überlebt, etwas länger nur, etwas erfolgreicher« (ebd.: 108). Hilde Krones war im vordergründigen Sinn kein Opfer des Stalinismus, doch Adamczaks Vorschlag, »[u]ns langsam vor[zu]tasten an die Momente der Hoffnung, die ohne Lüge nur durch die Geschichte hindurch, nicht an ihr vorbei zu bergen sind« (ebd.: 114f.), erscheint mir in diesem Zusammenhang dennoch anwendbar. Ein hauntologischer Zugang zum spukenden Hoffnungsbegriff von Hilde Krones hieße so, diesen durch die Medien ihres Archivs betrauernd wiederzubeleben, jedoch nicht im Sinne spezifischer einbalsamierter linker Melancholie – wie sie Wendy Brown (1999) zu Recht kritisiert – oder der Feier eines Märtyreropfers, als blutiges *Rotes Requiem*, sondern im Hinblick auf die ebenfalls melancholische Erinnerung an eine Perspektive emanzipativer Veränderung in Zeiten, die eigentlich zu begründetem Pessimismus Anlass gaben, und die auch in gegenwärtigen dystopischen Krisenzeiten aufrechterhalten wird.

Wo hätten wir fortfahren können, hätte Hilde Krones länger gelebt? Sie selbst hatte ihr Weiterleben in ihrem Abschiedsbrief selbst imaginiert, als versöhnte Beziehungsweise, in der Erwin Scharf, Franz Krones, sie selbst und der kommunistische Parteisekretär Friedl Fürnberg zu viert vereint sein würden (vgl. Kap. 8). Doch weder privat noch politisch sollte es zu dieser Verbindung kommen. Erwin Scharf gründete im Frühjahr 1949 eine linkssozialistische Wahlvereinigung, die bei den Parlamentswahlen 1949 auf einer gemeinsamen Liste mit der KPÖ kandidierte – er errang ein Nationalratsmandat. Nach der zwischenzeitlichen Gründung der Sozialistischen Arbeiter-Partei (SAP), einer wiederum mit der KPÖ in einer Wahlgemeinschaft liierten Partei, deren Vorsitzender Scharf war, trat er 1956 der KPÖ bei, der er in den folgenden Jahrzehnten als führender Funktionär über alle politischen Brüche hinweg angehören sollte. Am 14. Juli 1954, dem Jahrestag der Französischen Revolution, des Sturms auf die Bastille, hatte er neuerlich geheiratet, eine sozialdemokratische Jugendfunktionärin, die 1949 zu den Linkssozialisten stieß (Scharf 1988: 212). Franz Krones hingegen blieb Mitglied der SPÖ, er stieg als Obersenatsrat im Wiener Rathaus in eine leitende Position auf, zog sich abseits seiner Familie aber politisch und privat zunehmend zurück. Sein enger Freund Fritz Löwy und seine Schwester Hilda wurden ein Paar. Statt kollektiver Resonanz bildeten sie einen vereinsamten Kreis.[4] Welchen Weg wäre Hilde Krones gegangen? Für eine dritte Option »ohne Kompromiss« war zwischen diesen beiden grauen Alternativen im Nachkriegsösterreich des Kalten Kriegs offensichtlich kein Raum.

Revolution
Ähnlich fern wie das Versprechen, das Ende des Kapitalismus zu erleben, erscheint uns heute die Revolution, die Hilde Krones als Revolutionäre Sozialistin anstrebte. Im Roten Wien der Jahre 1919 bis 1934 war diese Revolution – als Bruch mit dem Kapitalismus und Sieg des Sozialismus – zwar für die Zukunft versprochen, in der Gegenwart des Roten Wien aber nicht verwirklicht worden (McFarland/Spitaler/Zechner 2020a: 4f.). Statt auf das bolschewistische Rätemodell hatte die Sozialdemokratische Arbeiterpartei 1918/19 letztlich auf den Parlamentarismus gesetzt, um das »Gleichgewicht der Klassenkräfte« (Otto Bauer) über Wahlen zugunsten des Proletariats zu verschieben. Sozialisierungskonzepte in der Wirtschaft konnten bis 1920 – gegen starken bürgerlichen Widerstand – nur in Ansätzen verwirklicht werden. Erst nach der Zerstörung der Demokratie in Österreich 1933/34 durch die Regierung Dollfuß und dem Verbot der SDAP 1934 wurde der Revolutionsbegriff ins Zentrum des aktiven politischen Kampfes gestellt, was sich im Namen der neuen illegalisierten Kaderorganisation, der Revolutionären Sozialisten, manifestierte. Anders als Moskau erlebte Wien zu Lebzeiten von Hilde Krones jedoch keine sozialistische Revolution, die politische »Vollendung« wurde nie erreicht.

Die Praxis des gewaltsamen Bruchs, wie sie in der Historiografie der russischen Oktoberrevolution im Zentrum stand, ist weit entfernt von heutigen Konzepten radikaler Demokratie (vgl.

z. B. Laclau/Mouffe 1991, Flügel-Martinsen 2017, Flügel-Martinsen 2020, Marchart 2018, Marchart 2019). Es ist kein Zufall, dass solche zeitgenössischen kritischen Theoretisierungen andere Konzepte des Übergangs formulieren, in denen etwa das »Begehren nach Revolution« als Begehren nach anderen Beziehungsweisen reformuliert wird (Adamczak 2017). Sowohl im feministischen Blick zurück auf die Russische Revolution und die europäische Rätebewegung ab 1917 (Helfert 2021) als auch mit Bezug auf die Gegenwart wird dabei ein »gedehnter« Revolutionsbegriff ins Spiel gebracht, der Revolution als »Form radikalen Wandels« versteht, »der aus den Zwischenräumen einer sozialen Ordnung angestoßen wird und in langwierigen Übertragungsprozessen zu einer neuen Konstellation führt« (Redecker 2018: 15). Auch in den Medien des Nachlasses von Hilde Krones werden ab 1945, im Kontext des demokratischen Neubeginns, Konzepte des friedlichen und demokratischen Übergangs, der Erlangung der Macht durch Wahlen, formuliert – die einem solchen gegenwärtigen Verständnis entgegenkommen. Dass der Sozialismus in der Auseinandersetzung mit den radikalen politischen Gegner:innen ihrer Zeit jedoch nicht auf Gewaltfreiheit setzen könne, erschien Hilde Krones im Kontext von Krieg und Verfolgung als erwiesen – nicht noch einmal dürfe man einen »Schwanengesang« zum eigenen Untergang produzieren (vgl. Kap. 5).

Kollektive Beziehungsweisen

Eines der Überraschungsmomente in meiner Beschäftigung mit Hilde Krones lag in der Konsequenz, mit der ihre Generation das revolutionäre Begehren und Fragen von Liebe und privaten Beziehungen – von Beziehungsweisen *avant la lettre* – in ihrer Pädagogik der Gefühle zusammendachte. Es schmerzt dabei zu sehen, wie schwierig es in Zeiten verengter Handlungsfähigkeit war, diesen Ansprüchen gerecht zu werden. Das »kollektivistische Moment«, wie es Hilde Krones nannte, war nach 1934 – jenseits mörderischer NS-»Volksgemeinschaft« – schwer zu verwirklichen, de facto waren Hilde Krones und ihr Kreis auf eine sehr kleine Gruppe von Menschen zurückgeworfen. Das gilt auch für die kurze Phase ihres Lebens im Wiederaufbau ab 1945, als sie sowohl in politischer Hinsicht als auch im Kontext patriarchal-bürokratischer Parteistrukturen rasch wieder in einem erstickenden Umfeld agierte. Neue Liebe und kameradschaftliche Partner:innenschaft waren für sie in den politischen Umbruchphasen von 1934, 1938/1939 und 1945 einerseits ein Rettungsanker, in Zeiten der Verfolgung ein wichtiger Antrieb des Weiterlebens. Andererseits wurden die Hoffnungen auf neue Beziehungsweisen – wie in der »großen Welt« der Politik – durch die prekären Rahmenbedingungen stark gedämpft. Der Versuch der »Vollendung« in der Liebe stieß so an Grenzen, die Gefühlspädagogik des richtigen Lebens aber auch auf den Schmerz, die Verletzungen und Kränkungen, die sich Menschen in der Liebe zufügen. Das Reale des Affekts lässt sich auch durch »Planwirtschaft«, die Hilde Krones in der Liebe einmal forderte (vgl. Kap. 4), nicht ausschalten, dies ist eine Erkenntnis und Warnung, die mir für aktuelle Theoretisierungen einer »Revolution der Liebe« (Roig 2023), für Vorstellungen »radikaler Zärtlichkeit« (Kurt 2022) und »liebender Verbundenheit« (hooks 2021: 175–195) als relevant erscheint.

Queeres Begehren, das kritische Theorien der Beziehungsweisen heute zentral setzen und dessen getilgte Spuren Clare Hemmings (2018) in ihrer Auseinandersetzung mit der anarchistischen Aktivistin Emma Goldman in einem imaginativen Archiv selbst schreibt, lässt sich im Nachlass von Hilde Krones, abseits von weiblichen Zweckgemeinschaften im Krieg, vordergründig nicht rekonstruieren. Hier kommt Bini Adamczaks (2017: 286) Einschätzung ins Spiel, wonach dieses vor 1968 in einem sozialistischen Kontext nur schwer zu artikulieren gewesen sei. So umfangreich der Nachlass von Hilde Krones ist, stellt sich auch in ihrem Fall jedoch die Frage, was in dem von ihrem Ehemann aufbewahrten Material, das viele Jahrzehnte später an den VGA übergeben wurde, fehlt – weil es im Diskurs der Zeit nicht vorhanden war oder entfernt wurde – und was in der forschenden Séance mit den Medien des Archivs nicht beantwortet werden konnte. »Das Eigentliche des Archivs ist seine Lücke, sein durchlöchertes Wesen«, schreibt Georges Didi-Huberman (2007: 7).

Das Leiden an der – wie Hilde Krones es nennt – »Männergesellschaft«, auch Momente von »heterosexueller Melancholie« (Butler

1991: 93–104) lassen sich an einigen Stellen des Nachlasses finden, so benennt Hilde Krones etwa »Traurigkeiten«, die sie in frühen Phasen ihrer Beziehung zu Franz Krones befielen (vgl. Kap. 3). Ihren Weg zur selbstbestimmten Weiblichkeit verknüpfte sie jedoch – und das ist im Hinblick auf die Konstruktion einer idealisierten zeitgenössischen feministischen Heldinnenfigur durchaus verstörend – mit der Anleitung zur Emanzipation durch ihren »selbstgewählten Erzieher« Franz Krones, als Stimme von Vernunft und Aufklärung. Eine solche wohlmeinende männliche Autorität stellte über seine Schriften wohl auch der SDAP-Parteitheoretiker Otto Bauer dar; weit ambivalenter verhielt es sich mit »Onkel Adolf«, dem späteren SPÖ-Parteivorsitzenden Adolf Schärf, der sich vom politischen Förderer zum mächtigen und unüberwindlichen Feind von Hilde Krones wandelte.

Hilde Krones kämpfte für die Gleichberechtigung der Geschlechter, verknüpfte weibliche Emanzipation dabei stets mit der sozialen Frage. Dieser Zugang war allerdings auf Sprache und Gefühlspädagogik des Sozialismus ihrer Zeit angewiesen, die in letzter Instanz ein Primat des Sozialismus behaupteten. Die Medien ihres Nachlasses, die politischen Gefühle, die darin rund um Hilde Krones' Kämpfe um Geschlechtergerechtigkeit zu finden sind, legen aber nahe, dass sie in ihrer Praxis feministischen Widerstands deutlich weiter war als die Begriffe, die sie zur Hand hatte. Ihr für Gerechtigkeit kämpfender Geist erscheint in diesem Sinn höchst gegenwärtig.

Die Beschäftigung mit ihrem Nachlass lässt so auch Themen zum Vorschein kommen, die für aktuelle feministische Debatten Relevanz besitzen. Wenn etwa Hilde Krones von der Parteigenossin und hochgeschätzten moralischen Instanz Rosa Jochmann rückblickend ihre Rolle als Vertreterin der Arbeiterinnen abgesprochen wurde, weil sie keine Arbeiterin gewesen sei (vgl. Kap. 8), lässt sich dies im Hinblick auf die Kritik an der Unterrepräsentation proletarischer Frauen in der Politik erklären, als Vorwegnahme von identitätspolitischem Augenmerk auf persönliche Betroffenheit, Sprechposition und Anerkennung (vgl. z. B. Hark 1999, Hardmeier 2004, Susemichel/Kastner 2018). Im Wissen um die mutigen Kämpfe, die

Hilde Krones um Frauenrechte führte, erscheint mir Jochmanns Formulierung aber als verletzende Praxis, die Hilde Krones' Geist letztlich Unrecht zufügt und kollektives Handeln, wie es sich die Generation der Vollendung erträumt hatte, auch in der Gegenwart erschwert – als Warnung aus dem Archiv vor einem Vertrauen auf in die Irre führende Geister.

Generell lässt die Jetztzeit vieler Materialien aus dem Nachlass von Hilde Krones deutlich werden, was alles schon gedacht und formuliert wurde, bevor der Bruch des Faschismus diese vergangene Zukunft unterbrach. Eine humanistische Erziehung zu »Gemeinschaftsmenschen«, eine Ethik des »Warum nicht alle«, verknüpfbar mit heutigen Debatten um *caring democracy* (Hark 2021: 219–223, Tronto 2013) und *Care Revolution* (Winker 2015), eine bewusste Auseinandersetzung mit Fragen des Haushalts, als Vorläuferin späterer kritisch-feministischer Debatten zur Haus- bzw. Reproduktionsarbeit (Federici 2012, Federici 2021, Toupin 2022). Eine vorweggenommene Revolution für das Leben (Redecker 2020), die sich etwa in der Forderung von »Nie wieder Krieg« – oder, wörtlich bei Hilde Krones, »Krieg dem Kriege!« (Krones 1946: 46) – manifestierte, und die beispielsweise gegen die vergeschlechtlichte »Pädagogik der Grausamkeit« (Segato 2021) globaler Ausbeutung in Stellung gebracht werden kann. Lange vor dem *affective turn* in den Sozialwissenschaften existierten explizite Gefühlspädagogiken, die, wie im Fall von Hilde Krones und ihrem Umfeld, Erfahrungen von Schmerz als erkenntnisgenerierend verstanden, als politisches Gefühl, das in Richtung der Empathie für das Leiden anderer (Sontag 2005) zu einer Ethik des Schmerzes (Ahmed 2004: 30f.) gewendet werden müsse. Diese Konzepte gilt es neu zu entdecken – sie sind anschlussfähig an die feministische Kritik aktueller Pädagogiken weiblicher Resilienz und deren individualisierender Selbstregierung, sie sprechen zum Bedürfnis »für eine Ethik der Fürsorge und der Verwundbarkeit […], die das souveräne Selbst dezentriert und eine labile weibliche Subjektivität eröffnet, lebbar in ihrer Beziehung zu anderen« (McRobbie 2020: 8, *Ü: G. S.*).

Möglichkeitsräume für die Gegenwart
Der Nachlass von Hilde Krones öffnet außerdem Perspektiven auf gleich mehrere historische Möglichkeitsräume. Hilde Krones selbst bezog sich in ihren Texten auf die Französische Revolution, das Rote Wien, implizit auf die Revolution von 1917. Mein eigener Blick zurück fängt in den Medien des Nachlasses ebenfalls das Rote Wien ein, als seltene Ära demokratischen Aufbruchs in Österreich, ist aber auch ergriffen vom Mut bzw. der Tapferkeit[5] und der Solidarität ihres Widerstands gegen Austrofaschismus und Nationalsozialismus. Wieder erscheint es mir wichtig, die Erinnerung daran nicht als rückwärtsgewandte linke Melancholie im kritischen Sinne Browns (1999) zu zelebrieren, sondern sich vom *punctum* der Materialien, ihrer Jetztzeit berühren zu lassen. Sichtbar wird dabei etwa eine Politik des Alltags, in der Hilde Krones in ihrer Arbeitswelt mutig für Geschlechtergerechtigkeit kämpfte. Dieser Gerechtigkeitssinn – dem in diesem Buch Gerechtigkeit widerfahren soll – ließ sie auch in Zeiten totalitärer Verfolgung an unterschiedlichen Orten dieses Alltags gegen Ungerechtigkeit ankämpfen – und diese Tapferkeit erscheint mir zur Gegenwart zu sprechen.

Die Dokumente des Nachlasses lassen ein Bild des Nationalsozialismus entstehen, das sich in manchem von den retrospektiven Sicherheiten heutiger Vergangenheitspolitik unterscheidet. So erweisen sich etwa die Feldpostbriefe von Hilde Krones als Medien, die sowohl die Sprache des »Dritten Reichs« als auch die Hoffnung auf revolutionäre Veränderung gespeichert haben. Sie offenbaren, wie sich das Neue bereits in den Zwischenräumen der bestehenden Ordnung einnisten kann (Redecker 2018: 34), beleuchten Ungleichzeitigkeiten, aber auch die Ambivalenz der jeweiligen Gegenwart – der *Front* im Sinne Ernst Blochs (1985: 227f.) – und die Offenheit der Zukunft. Hingegen lassen das Rote Wien der Jahre 1919 bis 1934, aber auch der kurze Moment revolutionärer Befreiung im April 1945, wie er in Hilde Krones' Brieftagebuch geschildert wird, im Blick zurück erkennen, was an Möglichkeiten vorhanden war, als tröstender und bestärkender Moment des Wiedererkennens, der auch heute dem Optimismus – ob des Willens oder des Verstandes – über die Veränderbarkeit der Verhältnisse Nahrung gibt. Die Bilder eines anderen Wiederaufbaus – *den es so nicht gab* –, eines radikalen Bruchs mit der NS-Vergangenheit, wie er im Nachlass von Hilde Krones ebenfalls aufflackert, werden schließlich auch zum melancholischen *punctum*, zur vergangenen Zukunft, die nur als Spukbild erscheint.

Mit den Geistern leben

Die Leerstellen, die blinden Flecken des Nachlasses von Hilde Krones, das weitgehende Schweigen über den stalinistischen Terror und die Shoah, können als Warnung dienen, dass der Impuls, die Geister aus dem Archiv zu befreien, vor Täuschungen und Enttäuschungen gefeit sein sollte. Sie zeigen aber auch an, dass es sich dabei um Fragen handelt – eine kritische Theorie des Antisemitismus, der Umgang mit den Erbschaften von Staatssozialismus und Stalinismus –, die die globale Linke bis in die Gegenwart beschäftigen.

Dennoch dominierte in meiner forschenden Séance der Wunsch, dem Geist von Hilde Krones Gerechtigkeit widerfahren zu lassen, Dinge in Ordnung zu bringen (Gordon 2008: 58), den Geist reparativ von einem Fluch zu befreien. Dies führt zurück zu den Gründen ihres Todes, zur Erkenntnis, dass Parteistrukturen, die töten, ganz offensichtlich keine Beziehungsweisen für das Leben generieren, dass sie diese auch in breiteren gesellschaftlichen Zusammenhängen stark erschweren. Der Nachlass von Hilde Krones gibt Einblick in einen politischen Raum, der sich – auch in den Jahren ab 1945 – über Abhängigkeiten statt Beziehungsweisen definierte, über das Primat der Partei, als ein Feld, das patriarchal und hierarchisch statt solidarisch und demokratisch, in Zeiten des Kalten Krieges antagonistisch statt agonistisch (Mouffe 2014) verfasst war, und an das Hilde Krones durch den *grausamen Optimismus* der revolutionären Aktivistin dennoch gebunden blieb. Wenn wir in der Gegenwart Fragen nach der Verfasstheit politischer Institutionen stellen, Konzepte von radikaler Demokratie, von präsentischer Demokratie versus demokratischer Repräsentation (Lorey 2020), von *crowds* versus *party* (Dean 2016a) im Hinblick auf emanzipative Potenziale abwägen, sollten wir sicherstellen, dass dabei die Verhinderung verletzender Praxen, wie sie im Nachlass von Hilde Krones quälend zum Vorschein kommen, eine zentrale Rolle einnimmt.

Dass »Vollendung«, wie Hilde Krones sie für ihre Generation erhoffte, letztendlich immer unvollendet bleibt – und nur der Tod sie bringt –, ist eine traurige Pointe, die wohl auch Derrida (2004) in *Marx' Gespenster* setzen würde. Dass das Archiv seiner Struktur nach »gespenstig« ist, seine Spur »stets auf einen anderen zurückgeht, dessen Blick niemals gekreuzt werden kann« (Derrida 2009: 46), muss ich zur Kenntnis nehmen. Wenn wir stattdessen lernen, »mit den Gespenstern zu leben«, wie Derrida es nannte, den Dialog mit ihnen suchen, für sie verantwortlich sind, »seien sie nun Opfer oder nicht: von Kriegen, von politischer oder anderer Gewalt, von nationalistischer, rassistischer, kolonialistischer, sexistischer oder sonstiger Vernichtung, von Unterdrückungsmaßnahmen des kapitalistischen Imperialismus oder irgendeiner Form von Totalitarismus« (Derrida 2004: 11), so birgt das vielleicht dennoch »die Chance auf eine bessere Zukunft« (Aggermann u. a. 2015: 12).

Mit den Gespenstern zu leben heißt in diesem Sinn auch, die Begriffe und politischen Gefühle aus dem Nachlass von Hilde Krones in ein lebendiges Archiv zu verwandeln, ähnlich jenen Konzepten des »living archive«, die in den letzten Jahren in der bildenden und performativen Kunst in unterschiedlichen Kontexten vor allem mit postkolonialer Perspektive formuliert wurden (z. B. Almeida u. a. 2022, Castro Varela/Shure 2021: 287), als Aktualisierung und *Re-Enactment* eines Gedächtnisses emanzipativer politischer Theorie und Praxis. Das ist, so hoffe ich, ein Gedanke, der auch den Geist von Hilde Krones ein wenig trösten könnte. 1943 schrieb sie an Franz Krones:

»Das[,] was an uns Materie ist[,] wandelt sich um zu neuem Leben [–] und wenn wir Taten setzen leben sie fort – und wenn wir nur eine Idee in einen Menschen verpflanzen, der sie weiterträgt, sind wir nicht gestorben – wir leben weiter«[6].

Anmerkungen

1. Einleitung

1 Hilde Krones an Richard Paulmann, 23. 8. 1944, Verein für Geschichte der ArbeiterInnenbewegung (VGA), Nachlass Hilde Krones (im Folgenden: NL Hilde Krones), K1/M6.
2 Bei den ersten, nach allgemeinem, gleichem Männer- und Frauenwahlrecht abgehaltenen Kommunalwahlen 1919 erlangte die Sozialdemokratische Arbeiterpartei (SDAP) in Wien die absolute Mehrheit. Während die Sozialdemokratie ab 1920 auf Bundesebene in Österreich nicht mehr in der Regierung vertreten war, stellte das Rote Wien bis zu seiner gewaltsamen Auflösung 1934 eine Insel des kommunalen Sozialismus dar (vgl. dazu u. a. Schwarz/Spitaler/Wikidal 2019, McFarland/Spitaler/Zechner 2020).
3 Zu dieser im Umfeld der österreichischen Sozialdemokratie entstandenen Theorieschule, die zu Beginn des 20. Jahrhunderts zunächst akute politische, ökonomische und kulturelle Fragen der Habsburgermonarchie zu analysieren versuchte und – in der Auseinandersetzung mit den politischen Gegner:innen – v. a. nach 1918 das realpolitische Handeln der Sozialdemokratischen Arbeiterpartei in Österreich anleitete, vgl. einführend z. B. Öhner (2019, 2020), Blum/Smaldone (2016, 2017).
4 Dieser von Bini Adamczak (2017) geprägte Begriff, den die Autorin ins Zentrum ihrer Theorie »kommender« Revolutionen stellt, bezeichnet das Begehren nach solidarischen Verhältnissen jenseits der Trennung von Öffentlichem und Privatem.
5 Einzelne Passagen dieses Kapitels erschienen in einer frühen Fassung in Spitaler (2024a).
6 Der Begriff der *vergangenen Zukunft* wurde nicht zuletzt als Titel einer Aufsatzsammlung des Begriffshistorikers Reinhart Koselleck (1989) bekannt. Der Autor behandelt darin die Entstehung des neuzeitlichen Geschichtsverständnisses und analysiert sich wandelnde Semantiken politischer Grundbegriffe, u. a. von *Revolution* als Begriff, der sich nach 1789 auf die Erfahrung der Französischen Revolution bezieht und zu einem in die Zukunft gerichteten »geschichtsphilosophischen Perspektivbegriff« wird (ebd.: 78).
7 Zur besseren Lesbarkeit werden hier und im Folgenden englischsprachige

Originalzitate von mir ins Deutsche übersetzt und mit (*Ü: G. S.*) gekennzeichnet.
8   Die folgenden Ausführungen zu Mark Fisher basieren auf Passagen in Spitaler (2018, 2018a, 2024).
9   Fisher schloss hier an Überlegungen von Simon Reynolds (2011) an, der in *Retromania. Pop Culture's Addiction to Its Own Past* das Phänomen beschrieben hatte, dass Musik in den 2000er Jahren – in einer Verschärfung postmoderner Phänomene (Jameson 1986) – aus der Zeit gefallen zu sein schien, dass die steigenden Möglichkeiten des digitalen Archivs mit einem Verlust musikalischer Innovation einhergingen, dass Musiker:innen zu »Kuratoren und Archivisten« statt »Pionieren und Innovatoren« (ebd.: xx) wurden.
10 Einige Passagen des folgenden Abschnittes erschienen in Spitaler (2024).
11 Meldung Sicherheitswache-Abteilung Döbling, 12.5.1946, VGA, Personenarchiv, L21/M58.
12 Bezirksorganisation Ottakring, Jung-Sozialisten, NL Hilde Krones, K8/M63.
13 Hilde Krones an Franz Krones, Feldpostbrief [im Folgenden: FP] Nr. 611, 29.6.1944, NL Hilde Krones, K6/M49.
14 Der folgende Abschnitt beruht in Teilen auf Spitaler (2017).
15 Aus Lesbarkeitsgründen verwende ich in weiterer Folge im Fließtext den Namen Hilde Krones, den sie ab 1939 nach ihrer Eheschließung mit Franz Krones trug – und unter dem sie als Politikerin bekannt wurde.
16 Trauungsschein Pfarre Reindorf, NL Hilde Krones, K1/M1.
17 Diverse Schulzeugnisse, NL Hilde Krones, K1/M2.
18 Hilde Krones: Biografische Skizze für die Kanzlei des österreichischen Parlaments, o. D. [1945], Parlamentsarchiv [In Kopie in: NL Hilde Krones, K1/M10].
19 Interview des Autors mit Renate Obadalek, 18.1.2023.
20 So der SPÖ-Politiker Karl Holoubek in einem Brief an Joseph Buttinger, 17.3.1949, Dokumentationsarchiv des österreichischen Widerstands (DÖW), DÖW 18903/3.
21 Interview des Autors mit Renate Obadalek, 18.1.2023, vgl. auch Ingrisch (1989: 324).
22 Interview des Autors mit Doris Ingrisch, 3.11.2021.
23 Erwin Scharf: Für Susanne [Sohn] zum Aufsatz von Doris Ingrisch, o. D. [1989], Alfred Klahr Gesellschaft, NL Erwin Scharf, NL 6.
24 Rosa Jochmann an Karl Mark, 24.8.1987, VGA, NL Rosa Jochmann, K2/M17.
25 Vgl. dazu ausführlicher Kap. 8.

26 Dieses Verdienst gebührt der VGA-Mitarbeiterin Caroline Weber.
27 Die nach ihrem Leiter Fritz Todt benannte Organisation (OT), errichtete militärische Bauwerke im besetzten Europa, nicht zuletzt unter Einsatz von Zwangsarbeit. Seit 1943 war die Organisation Todt auch am Bau von Konzentrationslagern beteiligt.
28 Im Nachlass erhalten sind nur die Feldpostbriefe von Hilde an Franz Krones. Dieser sandte, wie aus der Korrespondenz hervorgeht, die Briefe während des Krieges immer wieder in Paketen gesammelt an Hilde Krones nach Wien zurück, damit sie nicht bei Kampfhandlungen, Bombardements oder der Verlegung seiner Einheit verloren gingen. Was aus seinen eigenen Briefen an Hilde Krones wurde, ist unbekannt.
29 Hilde Krones an Franz Krones, FP Nr. 2, 24. 8. 1942, NL Hilde Krones, K4/M39. Direkte Zitate aus den Archivquellen wurden wörtlich übernommen und orthografisch nicht angepasst. Allerdings wurde behutsam in die Interpunktion eingegriffen, um den Text mit Kommata zu strukturieren und so die Lesbarkeit zu verbessern. Bei Ergänzungen in eckigen Klammern handelt es sich um Zusätze und Anmerkungen des Autors. Dies betrifft sowohl Zitate als auch Quellenangaben.
30 Hilde Krones an Franz Krones, FP Nr. 46, 8. 10. 1942, NL Hilde Krones, K4/M39.
31 Hilde Krones an Franz Krones, FP Nr. 500, 9. 3. 1944, NL Hilde Krones, K6/M46.
32 John Horne spricht in diesem Zusammenhang von »force de résistance à la guerre«, zit. n. Hämmerle (2011: 215).
33 Der Nachlass besteht aus acht Archivboxen mit insgesamt 68 Mappen.
34 Im Archiv des VGA wird er in seinem Umfang einzig von jenem ihrer Genossin Rosa Jochmann (1901–1994) übertroffen, die jahrzehntelang als wichtige Funktionärin in unterschiedlichen Organisationen der Partei tätig war (vgl. dazu Duma 2019, Mayerhofer 2020).
35 Unter künstlerischer Forschung werden gemeinhin Zugänge verstanden, die künstlerische Verfahren und Praktiken - etwa »Erfahrbarmachen, Aktualisieren, Aufführen, Ausstellen, Öffentlichwerden« - nutzen, um Wissen zu produzieren und dabei Bedingungen der Wissensproduktion selbst reflektieren. Durch den Fokus auf Körperlichkeit, Materialität, Situiertheit und Performativität von Wissen, durch die Expertise von Künstler:innen »für Medialität, Subjektivität und Irritation« (Peters 2013: 15) wird dabei auch die »Medialität der Wissenschaften« selbst zum Thema (ebd.: 8). Künstlerische Forschung erstellt »Versuchsanordnungen und Experimentierräume für aktuelle gesellschaftliche Auseinandersetzungen«, sie eröffnet »alternative/utopische Perspektiven, konstelliert kulturelle und historische

36 Kontexte, ermöglicht Teilhabe für Akteur:innen, deren Stimmen andernfalls zu wenig Gehör finden würden« (ebd.: 8f.).
36 Der Begriff der *Séance* wurde zeitgleich u. a. in dem feministischen Diskursformat *Ghost Lectures* verwendet, ich danke Petra Sturm für die Anregung, ihn für meine Studie nutzbar zu machen. Vgl. https://kosmos theater.at/produktion/ghostlectures [abgerufen am 8.6.2023]. Es ist kein Zufall, dass das Vorwärts-Gebäude als *haunted house* bereits zum Schauplatz eines weiteren hauntologischen Projekts wurde: Im Rahmen künstlerischer Forschung beschäftigte sich das feministische Kollektiv SKAL (Sekretariat für Geister, Archivpolitiken und Lücken) mit der Leerstelle weiblicher Carearbeit in den fotografischen Beständen dieses Archivs der Arbeiter:innengeschichte. Vgl. Sekretariat (2023) bzw. http://www.skgal. org/hoch-die-lappen-raise-the-rags [abgerufen am 19.4.2023].
37 Die Autoren benennen hier tatsächlich keine spiritistische Sitzung, sondern die Funktion des Archivs, eine »Ordnung der Vergangenheit« zu produzieren (ebd.).
38 Intersektionale Zugänge beschäftigen sich mit den komplexen Überschneidungen von Kategorien wie Geschlecht, Klasse und *race* im Hinblick auf Macht- und Herrschaftsverhältnisse. Vgl. dazu klassisch Crenshaw (1989) bzw. Knapp/Wetterer (2003), Winker/Degele (2009), Biele Mefebue/Bührmann/Grenz (2022). Für intersektionale Fallstudien zur österreichischen Arbeiterinnengeschichte vgl. Koller (2014), Helfert (2018).
39 Mir ist bewusst, dass die theoretische Praxis des *undoing* v. a. die Dekonstruktion (post-)kolonialer Subjektivierung, von machtvollen, gewalttätigen Institutionen und Archiven meint sowie den Umgang mit den dialektischen Hinterlassenschaften der europäischen Aufklärung. Dennoch erscheint sie mir auch als mögliches allgemeineres sinnvolles Verfahren für die Reflexion theoretischer und politischer Standpunkte und von deren Leerstellen.
40 Hilde Krones an Franz Krones, FP Nr. 139, 12.1.1943, NL Hilde Krones, K4/M41.
41 Eine ausführlichere Beschreibung der Relevanz meiner Arbeit für politikwissenschaftliche Biografie-, Parteien- und Politische Kulturforschung findet sich in Spitaler (2024b: 25–31, 264ff.).

2. Ad Lucem: Politischer Aktivismus bis 1945

1 Hilde Krones an Erwin Scharf [Entwurf], 24.3.1946, NL Hilde Krones, K3/M35.
2 Geburts- und Taufschein von Hildegard Handl, NL Hilde Krones, K1/M1.

Vermutlich in der Zeit des Austrofaschismus wird Hilde Handl jedoch der alt-katholischen Kirche beitreten – eventuell in Vorbereitung ihrer späteren Eheschließung mit Franz Krones, die alt-katholische Kirche vertrat im Vergleich zum Katholizismus eine liberalere Position in der Scheidungsfrage.

3   Notizbuch mit Reiseerinnerungen (1918–1944), NL Hilde Krones, K2/M18.
4   Ich danke Steffie Klamuth und Pablo Hörtner für den Hinweis.
5   Vgl. zu dieser Lichtmetapher z. B. die aktuelle Bezugnahme Paul Masons (2019: 22) auf Leo Trotzkis »klare, lichte Zukunft der Menschheit«.
6   Hilde Krones: Biografische Skizze für die Kanzlei des österreichischen Parlaments, o. D. [1945], Parlamentsarchiv.
7   Lebenslauf Hilde Krones [Typoskript, 2 Ausfertigungen], NL Hilde Krones, K3/M30.
8   Ottakringer Jungfront, Teilnehmer:innen der Sommerschule 1933, VGA, Parteistellen, K7/M70.
9   Jungfront: Pflichtkurse für Bezirksreferenten, VGA, Parteistellen, K7/M70.
10 Ebd.
11 Vortragende für die Jungfront, VGA, Parteistellen, K7/M70.
12 Friedrich Löwy: Anklageschrift vor dem Volksgericht, 21. 11. 1940, Wiener Stadt- und Landesarchiv (WStLA), Serie 1.3.2.208.A36, Opferfürsorgeakt Löwy, Friedrich, 25. 6. 1902.
13 Der Rote Stachel. Organ der Revolutionären Sozialisten [Von der Staatsanwaltschaft Wien konfiszierte Ausgaben, 1935–1936], DÖW 4020/7.
14 Hilde Krones: Biografische Skizze für die Kanzlei des österreichischen Parlaments, o. D. [1945], Parlamentsarchiv.
15 Lebenslauf Hilde Krones [Typoskript, 2 Ausfertigungen], NL Hilde Krones, K3/M30; N. N: Hilde Krones, die sozialistische Kämpferin, in: Der Neue Vorwärts (25. 12. 1948): 1, NL Hilde Krones, K1/M11.
16 Vedepha an Hildegard Handl, 9. 1. 1930, Schreiben zur probeweisen Anstellung, NL Hilde Krones, K1/M3.
17 Vedepha an Hildegard Handl, 30. 9. 1938, Schreiben bez. Übergang des Dienstverhältnisses auf die Bayer I. G. Farbenindustrie Aktiengesellschaft, NL Hilde Krones, K1/M3.
18 Hilde Krones an Franz Krones, FP Nr. 248, 4. 6. 1943, NL Hilde Krones, K5/M42a.
19 Hilde Krones an Franz Krones, FP Nr. 5, 30. 8. 1942, NL Hilde Krones, K4/M39.
20 Hilde Krones an Franz Krones, FP Nr. 332, 8. 9. 1943, NL Hilde Krones, K5/M43.
21 Hilde Krones an Franz Krones, FP Nr. 249, 5. 6. 1943, NL Hilde Krones, K5/M42a.

22 Hilde Krones an Franz Krones, FP Nr. 599a, 17.6.1944, NL Hilde Krones, K6/M48.
23 Hilde Krones an Franz Krones, FP, 3.9.1942, NL Hilde Krones, K4/M39.
24 *Wiener Blut* ist eine auf Kompositionen von Johann Strauß (Sohn) beruhende Operette (1899).
25 Hilde Krones an Franz Krones, FP Nr. 155, 28.1.1943, NL Hilde Krones, K4/M41.
26 Hilde Krones an Franz Krones, FP Nr. 579, »Zum 28.5.1944«, NL Hilde Krones, K6/M48.
27 Hilde Krones an Franz Krones, FP Nr. 507, 17.3.1944, NL Hilde Krones, K6/M46.
28 Hilde Krones an Franz Krones, FP Nr. 366, 12.10.1943, NL Hilde Krones, K5.
29 Hilde Krones an Franz Krones, FP Nr. 462, 16.1.1944, NL Hilde Krones, K6/M45.
30 Hilde Krones an Franz Krones, FP Nr. 349, 25.9.1943, NL Hilde Krones, K5/M44.
31 Hilde Krones an Erwin Scharf [Entwurf], 17.10.1945, NL Hilde Krones, K3/M35.
32 Hilde Krones an Franz Krones, FP Nr. 646, 3.8.1944, NL Hilde Krones, K6/M49.
33 Hilde Krones an Franz Krones, FP Nr. 375, 21.10.1943, NL Hilde Krones, K5.
34 V. B. = vermutlich das NS-Parteiblatt *Völkischer Beobachter*.
35 Aufzeichnungen zu Hilde Krones, NL Hilde Krones, K3/M30; Daten von Hilde Krones, VGA, Personenarchiv, L21/M58.
36 Franz Krones an Hilde Krones, 6.12.1946, NL Hilde Krones, K3/M27.
37 Hilde Krones an Franz Krones, FP Nr. 196[a], 31.3.1943, NL Hilde Krones, K5/M42.
38 Hilde Krones an Franz Krones, FP Nr. 400, 15.11.1943, NL Hilde Krones, K5.
39 N.N.: Leben und Sterben eines stillen Mitkämpfers, in: Informations Dienst der Sozialistischen Partei Österreichs, 25 (12.12.1945): 4, VGA, Neues Parteiarchiv, PN2/79.
40 Inhaltszusammenfassungen einzelner Ausgaben der Zeitung finden sich in den Protokollen der Wiener Gestapo, vgl. DÖW 4063/24, DÖW 2063/24.
41 Hilde Krones: Biografische Skizze für die Kanzlei des österreichischen Parlaments, o. D. [1945], Parlamentsarchiv.
42 Hilde Krones an Franz Krones, FP Nr. 381, 27.10.1943, NL Hilde Krones, K5.

43 Hilde Krones an Franz Krones, FP Nr. 411, 26. 11. 1943, NL Hilde Krones, K5.
44 Hilde Krones an Franz Krones, FP Nr. 421, 6. 12. 1943, NL Hilde Krones, K5/M44.
45 Hilde Krones an Franz Krones, FP Nr. 438, 23. 12. 1943, NL Hilde Krones, K5/M44.
46 Vgl. auch Hilde Krones an Franz Krones, FP Nr. 513, 23. 3. 1944, NL Hilde Krones, K6/M46.
47 Hilde Krones an Franz Krones, FP Nr. 639, 27. 7. 1944, NL Hilde Krones, K6/M49.
48 Hilde Krones an Franz Krones, FP Nr. 576, 25. 5. 1944, NL Hilde Krones, K6/M48.
49 Ebd.
50 Friedrich Löwy: Anklageschrift vor dem Volksgericht, 21. 11. 1940, WStLA, Serie 1.3.2.208.A36, Opferfürsorgeakt Löwy, Friedrich, 25. 6. 1902 [in Auszügen in: DÖW-20.000/L342].
51 Ebd.
52 Geburtsmatriken Friedrich Löwy, Taufbuch Rudolfsheim 1902, Fol 243, https://data.matricula-online.eu/de/oesterreich/wien/15-rudolfsheim/01-04/?pg=246 [abgerufen am 26. 4. 2024].
53 Internationaler Suchdienst Arolsen, Inhaftierungsbescheinigung, in: WStLA, Serie 1.3.2.208.A36, Opferfürsorgeakt Löwy, Friedrich, 25. 6. 1902.
54 Vgl. z. B. Hilde Krones an Franz Krones, FP Nr. 536, 15. 4. 1944, NL Hilde Krones, K6/M47.
55 Paul Schärf, 1963 ein Mitgründer des DÖW, sollte 1967 eine Broschüre über Haas veröffentlichen und dessen Taten würdigen (Schärf 1967).
56 Hilde Krones an Franz Krones, FP Nr. 16, 9. 9. 1942, NL Hilde Krones, K4/M39.
57 Ein Gebiet im Wiener Bezirk Brigittenau.
58 Hilde Krones an Franz Krones, FP Nr. 419, 4. 12. 1943, NL Hilde Krones, K5.
59 Hilde Krones an Franz Krones, FP Nr. 54, 18. 10. 1942, NL Hilde Krones, K4/M40.
60 Hilde Krones an Franz Krones, FP Nr. 543, 22. 4. 1944, NL Hilde Krones, K6/M47.
61 Hilde Krones an Franz Krones, FP Nr. 96, 27. 11. 1942, NL Hilde Krones, K4/M40.
62 Hilde Krones an Franz Krones, FP Nr. 54, 18. 10. 1942, NL Hilde Krones, K4/M40.
63 DÖW, Namentliche Erfassung der österreichischen Holocaustopfer, www.

doew.at; WStLA, Serie 1.3.2.208.A36, Opferfürsorgeakt Winternitz, Hermine 16.6.1901. Als Fürsprecher beim Amt der Opferfürsorge für die in der Tschechoslowakei lebende Witwe Herma Winternitz setzte sich 1957 Paul Schärf ein, nunmehr Vizepräsident der Wiener Städtischen Versicherung. Mit seiner Unterstützung gelang es 1959, eine Amtsbescheinigung zu erhalten.

64 Hilde Krones an Franz Krones, FP Nr. 515, 25.3.1944, NL Hilde Krones, K6/M46.
65 M = vermutlich Mena Haas.
66 Hilde Krones an Franz Krones, FP Nr. 68, 1.11.1942, NL Hilde Krones, K4/M40.
67 Hilde Krones an Franz Krones, FP Nr. 69, 2.11.1942, NL Hilde Krones, K4/M40.
68 Hilde Krones: Biografische Skizze für die Kanzlei des österreichischen Parlaments, o. D. [1945], Parlamentsarchiv.
69 Namen von Personen, die nicht dem öffentlichen Leben oder engsten Umfeld von Hilde Krones angehörten, werden im Folgenden anonymisiert.
70 Hilde Krones an Franz Krones, FP Nr. 58, 21.10.1942, NL Hilde Krones, K4/M40.
71 Hilde Krones an Franz Krones, FP Nr. 521, 31.3.1944, NL Hilde Krones, K6/M46.
72 Hilde Krones an Franz Krones, FP Nr. 645, 2.8.1944, NL Hilde Krones, K6/M49.
73 Hilde Krones an Franz Krones, FP Nr. 656, 13.8.1944, NL Hilde Krones, K6/M49.
74 Hilde Krones an Franz Krones, FP Nr. 664, 21.8.1944, NL Hilde Krones, K6/M49.
75 Hilde Krones an Franz Krones, FP Nr. 662, 19.8.1944, NL Hilde Krones, K6/M49.
76 Bestätigung Hilde Krones, Nationalrat, 22.3.1947, NL Hilde Krones, K1/M15.
77 Heinrich A. an das Bundesministerium für Inneres, 29.3.1947, NL Hilde Krones, K7/M57.
78 Hilde Krones an Jovica Z., NL Hilde Krones, K8/M61.

3. Beziehungsweisen: Liebes- und Arbeitskonzepte 1928–1945

1 Hilde Krones an Richard Paulmann, 23.8.1944, NL Hilde Krones, K1/M6.
2 Susan Zimmermann (2021: 660f.) verwendet für die von ihr porträtierten

Aktivistinnen der sozialistischen Gewerkschaftsbewegung der Zwischenkriegszeit die Begriffe »Feministinnen-Sozialistinnen« bzw. »Sozialistinnen-Feministinnen«, die eine solche Position umschreiben sollen.

3   So das Ergebnis meiner Volltextrecherche zu den Schlagworten »Feminismus«, »Feministin«, »feministisch« in den sozialdemokratischen Medien *Arbeiterinnen-Zeitung* (1914–1924) und *Die Frau* (1924–1934). Eine Suche in der sozialdemokratischen Zeitschrift *Die Unzufriedene* (1923–1934) lieferte kein einziges Ergebnis.

4   Z. B. Krones (1946, 1946a); Hilde Krones: RAWG-Frauenstunde: Die arbeitende Frau [Typoskript einer Radiorede], 1. 8. 1945, VGA, Neues Parteiarchiv, PN2/38; Dies.: Die Frau im Parlament [Typoskript einer Radiorede], 17. 7. 1946, NL Hilde Krones, K2/M20; Dies.: Frauenprobleme nach dem Zweiten Weltkrieg: Im Recht [Typoskript der Rede auf der Frauenzentralkonferenz 1947], VGA, Neues Parteiarchiv, PN 18/745.

5   Hilde Krones: Die Frau im Parlament [Typoskript einer Radiorede], 17. 7. 1946, NL Hilde Krones, K2/M20.

6   N. N.: Die Frau in der sozialistischen Arbeiterbewegung. Aus der Rede der Genossin H. Krones, gehalten vor der Bezirkskonferenz, in: Mitteilungsblatt der Sozialistischen Partei Oesterreichs (Sozialdemokraten und Revolutionäre Sozialisten) Bezirk Ottakring, Folge 12 (10. 7. 1945): 1, NL Hilde Krones, K1/M12.

7   Stenographische Notizen, o. D., NL Hilde Krones, K3/M25.

8   Hilde Krones: Die Frau im Parlament [Typoskript einer Radiorede], 17. 7. 1946, NL Hilde Krones, K2/M20.

9   Das Ideal der Revolution von 1917, so Adamczak (2017: 217), bestand »in einer geschlechtslosen Welt«, die sich jedoch als maskulinistisch erwies.

10 Hilde Krones an Franz Krones, FP Nr. 346, 22. 9. 1943, NL Hilde Krones, K5/M43.

11 Hilde Krones an Franz Krones, FP Nr. 345, 21. 9. 1943, NL Hilde Krones, K5/M43.

12 Hilde Handl: Maturaarbeit [Entwurf], 1928, NL Hilde Krones, K3/M37.

13 Ebd., Herv. i. Orig.

14 Ebd.

15 Ebd.

16 Im Hinblick auf Hilde Krones' Wahl mag es auch eine Rolle gespielt haben, dass Franz Krones als *Ingenieur* eine Rolle verkörperte, die – als Planer technokratischen Fortschritts – bis in die Wiederaufbauzeit ikonischen Modellcharakter für hegemoniale Männlichkeiten im Sozialismus hatte. Vgl. dazu Kos (1994): 108ff.

17 Hilde Krones an Franz Krones, FP, 5. 9. 1942, NL Hilde Krones, K4/M39.

18 Hilde Krones an Franz Krones, FP Nr. 279, 5.7.1943, NL Hilde Krones, K5/M43.
19 Hilde Krones an Franz Krones, FP Nr. 228a, 15.5.1943, NL Hilde Krones, K5/M42.
20 Hilde Handl: Tagebuch I, »August 34«, NL Hilde Krones, K3/M37.
21 Vermutlich ist hier eine Diskussion in der Ottakringer SDAP-Sektion oder einem politischen Schulungskurs gemeint.
22 Hilde Handl an Franz Krones, 23.1.1935, NL Hilde Krones, K4/M38.
23 Hilde Krones: Ausflüge, Touren, Urlaube, Reisen, NL Hilde Krones, K2/M18.
24 Hilde Handl: Tagebuch II, »25.10.34«, »1.5.35«, NL Hilde Krones, K3/M37.
25 Hilde Handl: Tagebuch II, »20.5.35«, NL Hilde Krones, K3/M37.
26 Hilde Handl an Franz Krones [Entwurf, Fragment], o. D. [1934–1935], NL Hilde Krones, K3/M28.
27 Ebd.
28 Hilde Handl an Franz Krones, 4.5.1935, NL Hilde Krones, K4/M38.
29 Hilde Handl an Franz Krones [Entwurf, Fragment], o. D. [1934–1935], NL Hilde Krones, K3/M28.
30 Hilde Handl an Franz Krones, 4.5.1935, NL Hilde Krones, K4/M38.
31 Hilde Handl an Franz Krones, 8.3.1935, NL Hilde Krones, K4/M38.
32 Hilde Handl an Franz Krones, 16.10.1934, NL Hilde Krones, K4/M38.
33 Hilde Handl: Tagebuch II, »6.10.34«, NL Hilde Krones, K3/M37.
34 Hilde Handl an Franz Krones, 12.1.1935, NL Hilde Krones, K4/M38.
35 Eine Freundin oder Arbeitskollegin.
36 Hilde Handl: Tagebuch II, »10.1.35«, NL Hilde Krones, K3/M37.
37 Hilde Handl: Tagebuch II, »2.11.35«, NL Hilde Krones, K3/M37.
38 Gedächtnisprotokoll Realitäten-Verkehrsbüro Hermann Schaich, 20.8.1935, NL Hilde Krones, K1/M6.
39 Hilde Krones an Franz Krones, FP Nr. 19, 13.9.1942, NL Hilde Krones, K4/M39.
40 Hilde Handl: Tagebuch I, »22.9.34«, NL Hilde Krones, K3/M37.
41 Hilde Handl an Franz Krones [Entwurf], o. D. [1934], NL Hilde Krones, K3/M28.
42 Hilde Handl an Franz Krones [Entwurf], o. D. [1934], NL Hilde Krones, K3/M28.
43 Hilde Handl: Tagebuch II, »25.10.34«, NL Hilde Krones, K3/M37.
44 Ein Verweis auf die jugendliche Schwangerschaft, den Kindsmord und die Hinrichtung von Gretchen in Goethes *Faust*.
45 Hilde Handl an Franz Krones, 3.9.1934, NL Hilde Krones, K4/M38.
46 Vgl. Kap. 8 sowie z. B. Hilde Krones: Die Frau im Parlament [Typoskript

einer Radiorede], 17.7.1946, NL Hilde Krones, K2/M20; Protokolle des Frauenzentral-Komitees der Sozialistischen Partei Österreichs vom 8. Jänner 1947–22. Dezember 1947 (9.10.1947): 115, VGA, Neues Parteiarchiv, PN 18/753.
47 Hilde Handl: Tagebuch II, »10.12.36«, NL Hilde Krones, K3/M37.
48 Hilde Krones an Franz Krones, FP Nr. 26, 20.9.1942, NL Hilde Krones, K4/M39.
49 Hilde Krones an Franz Krones, FP Nr. 146, 19.1.1943, NL Hilde Krones, K4/M41.
50 Hilde Krones an Franz Krones, FP Nr. 213, 16.4.1943, NL Hilde Krones, K5/M42.
51 Hilde Krones an Franz Krones, FP Nr. 116, 16.12.1942, NL Hilde Krones, K4/M40.
52 Hilde Krones an Franz Krones, FP Nr. 451, 5.1.1944, NL Hilde Krones, K6/M45.
53 Hilde Krones an Franz Krones, FP Nr. 38, 1.10.1942, NL Hilde Krones, K4/M39.
54 Hilde Krones an Franz Krones, FP Nr. 503, 13.3.1944, NL Hilde Krones, K6/M46.
55 Hilde Krones an Franz Krones, FP Nr. 94, 25.11.1942, NL Hilde Krones, K4/M40.
56 Hilde Krones an Franz Krones, FP Nr. 177, 11.3.1943, NL Hilde Krones, K4/M41.
57 Hilde Krones an Franz Krones, FP Nr. 261, 17.6.1943, NL Hilde Krones, K5/M42a.
58 Hilde Krones an Franz Krones, FP Nr. 513, 23.3.1944, NL Hilde Krones, K6/M46.
59 Hilde Krones an Franz Krones, FP Nr. 498, 8.3.1944, NL Hilde Krones, K6/M45.
60 Hilde Krones an Franz Krones, FP Nr. 136, 9.1.1943, NL Hilde Krones, K4/M41.
61 Bei dem Zitat handelt es sich um ein abgewandeltes Schiller-Wort aus *Don Carlos*. Hilde Krones an Franz Krones, FP Nr. 593, 11.6.1944, NL Hilde Krones, K6/M48.
62 Hilde Krones an Franz Krones, FP Nr. 595, 13.6.1944, NL Hilde Krones, K6/M48.
63 Hilde Krones an Franz Krones, FP Nr. 601, 19.6.1944, NL Hilde Krones, K6/M48, Herv. i. Orig.
64 Hilde Handl an Franz Krones [Entwurf], o. D. [August 1934], NL Hilde Krones, K3/M28.

65 Hilde Krones an Franz Krones, FP Nr. 196, 30.3.1943, NL Hilde Krones, K5/M42.
66 Hilde Krones an Franz Krones, FP Nr. 211, 14.4.1943, NL Hilde Krones, K5/M42.
67 Hilde Krones an Franz Krones, FP Nr. 621, 9.[7.] 1944, NL Hilde Krones, K6/M49.
68 Hilde Krones an Franz Krones, FP Nr. 637, 24.7.1944, NL Hilde Krones, K6/M49.
69 Meine Einleitungen, Kommentare und Ergänzungen sind jeweils kursiv gesetzt.
70 Baby, Kleinkind.
71 Hilde Krones an Franz Krones, FP Nr. 120, 20.12.1942, NL Hilde Krones, K4/M40.
72 Hilde Krones an Franz Krones, FP Nr. 67, 31[sic].11.1942, NL Hilde Krones, K4/M40.
73 Hilde Krones an Franz Krones, FP Nr. 270, 26.6.1943, NL Hilde Krones, K5/M42a.
74 Hilde Krones an Franz Krones, FP Nr. 273, 29.6.1943, NL Hilde Krones, K5/M42a.
75 Das NS-»Gesetz zur Änderung des Gesetzes zur Verhütung erbkranken Nachwuchses« vom 26. Juni 1935 ermöglichte Abtreibungen im Fall von »erbkranken« Frauen bzw. ihren Partnern. Bei »erbkranken« Frauen war damit aber auch die (Zwangs-)Sterilisation verbunden, außerdem waren »Selbstanträge« schwangerer Frauen eigentlich nicht vorgesehen (vgl. Bock 1986: 94–103). Bereits 1934 hatte der »Reichsärzteführer« Wagner in einem Rundschreiben an Verwaltung und Ärzt:innenschaft die Straflosigkeit für Abtreibungen von »erbkrankem Nachwuchs« verkündet (ebd.: 97). Wie genau Hilde Krones diese Bestimmungen zum Vorteil ihrer Freundin einsetzen wollte oder konnte – oder ob ihre diesbezüglichen Ausführungen in den der Zensur unterworfenen Feldpostbriefen nur eine Verschleierung der tatsächlich erfolgten Hilfsmaßnahmen darstellten –, bleibt im Dunkeln.
76 Hilde Krones an Franz Krones, FP Nr. 562, 11.5.1944, NL Hilde Krones, K6/M47.
77 Hilde Krones an Franz Krones, FP Nr. 621, 9.7.1941, NL Hilde Krones, K6/M49.
78 Hilde Krones an Franz Krones, FP Nr. 637, 24.7.1944, NL Hilde Krones, K6/M49.
79 Hilde Krones an Franz Krones, FP Nr. 639, 27.7.1944, NL Hilde Krones, K6/M49. Es bleibt letztlich ungeklärt, ob Hilde Krones diese Meinung tatsächlich vertrat. Auch im Roten Wien waren eugenische Konzepte zur

Schaffung des »Neuen Menschen« verbreitet gewesen, wurden jedoch nicht durch Maßnahmen negativer, d. h. »die Reproduktion der als ›minderwertig‹ wahrgenommenen Menschen einschränkende[r] Eugenik« verfolgt (Nemec 2020: 344).

80 Hilde Krones an Franz Krones, FP Nr. 645, 2. 8. 1944, NL Hilde Krones, K6/M49.
81 Hilde Krones an Franz Krones, FP Nr. 646, 3. 8. 1944, NL Hilde Krones, K6/M49.
82 Hilde Krones an Franz Krones, FP Nr. 647, 4. 8. 1944, NL Hilde Krones, K6/M49.
83 Hilde Krones an Franz Krones, FP Nr. 660, 17. 8. 1944, NL Hilde Krones, K6/M49.
84 Hilde Krones an Franz Krones, FP Nr. 160, 23. 2. 1943, NL Hilde Krones, K4/M41.
85 Hilde Krones an Franz Krones, FP Nr. 376, 22. 10. 1943, NL Hilde Krones, K5.
86 Hilde Krones an Franz Krones, FP Nr. 436, 21. 12. 1943, NL Hilde Krones, K5/M44.
87 Hilde Krones an Franz Krones, FP Nr. 104, 4. 12. 1942, NL Hilde Krones, K4/M40.
88 Hilde Krones an Franz Krones, FP Nr. 482, 5. 2. 1944, NL Hilde Krones, K6/M45.
89 Hilde Krones an Franz Krones, FP Nr. 546, 25. 4. 1944, NL Hilde Krones, K6/M47.
90 Hilde Krones an Franz Krones, FP Nr. 114, 14. 12. 1942, NL Hilde Krones, K4/M40.
91 Hilde Krones an Franz Krones, FP Nr. 346, 22. 9. 1943, NL Hilde Krones, K5/M43.
92 Hilde Krones an Franz Krones, FP Nr. 345, 21. 9. 1943, NL Hilde Krones, K5/M43.
93 G. v. H. (»Garnisonsverwendungsfähig Heimat«) war ein beschränkter Tauglichkeitsgrad der Deutschen Wehrmacht, der vor dem Einsatz an der Front bewahrte.
94 Hilde Krones an Franz Krones, FP Nr. 388, 3. 11. 1943, NL Hilde Krones, K5.
95 *Michael Kramer*, Drama von Gerhart Hauptmann (1900).
96 Hilde Krones an Franz Krones, FP Nr. 90, 21. 11. 1942, NL Hilde Krones, K4/M40. Zur Diskussion von Illusionen vgl. auch Kap. 5.
97 Hilde Krones an Franz Krones, FP Nr. 100, 30. 11. 1942, NL Hilde Krones, K4/M40.

98 Hilde Krones an Franz Krones, FP Nr. 114, 14. 12. 1942, NL Hilde Krones, K4/M40.
99 Hilde Krones an Franz Krones, FP [Nr. 156], 29. 1. 1943, NL Hilde Krones, K4/M41.
100 Hilde Krones an Franz Krones, FP Nr. 284, 10. 7. 1943, NL Hilde Krones, K4/M42.
101 Gemeint: Als Zuhörerin, die sich seine Sorgen anhört.
102 Armes, hilfloses Wesen.
103 Hilde Krones an Franz Krones, FP Nr. 294, 20. 7. 1943, NL Hilde Krones, K4/M42.
104 Hilde Krones an Franz Krones, FP Nr. 94, 25. 11. 1942, NL Hilde Krones, K4/M40.
105 Hilde Krones an Franz Krones, FP Nr. 161, 24. 2. 1943, NL Hilde Krones, K4/M41.
106 Hilde Krones an Franz Krones, FP Nr. 167, 1. 3. 1943, NL Hilde Krones, K4/M41.
107 Hilde Krones an Franz Krones, FP Nr. 254, 10. 6. 1943, NL Hilde Krones, K5/M42a.
108 Frau eines Afrikakorps-Soldaten.
109 Hilde Krones an Franz Krones, FP Nr. 276, 2. 7. 1943, NL Hilde Krones, K5/M42.
110 Hilde Krones an Franz Krones, FP [Nr. 92], 22. 11. 1942, NL Hilde Krones, K4/M40.
111 Hilde Krones an Franz Krones, FP Nr. 460, 14. 1. 1944, NL Hilde Krones, K6/M45.
112 Gemeint: Die sind ein Hit, sind kaum zu fassen. Hilde Krones an Franz Krones, FP Nr. 415, 30. 11. 1943, NL Hilde Krones, K5.
113 Er hat ihr sein Leid geklagt.
114 Hilde Krones an Franz Krones, FP Nr. 655, 12. 4. [12. 8.] 1944, NL Hilde Krones, K6/M49.
115 Hilde Krones an Franz Krones, FP Nr. 415, 30. 11. 1943, NL Hilde Krones, K5.
116 Hilde Krones an Franz Krones, FP Nr. 353, 29. 9. 1943, NL Hilde Krones, K5/M44.
117 Rationierte Waren und Lebensmittel, die unter dem Ladentisch ohne Marken verkauft wurden.
118 Hilde Krones an Franz Krones, FP Nr. 415, 30. 11. 1943, NL Hilde Krones, K5.
119 Hilde Krones an Richard Paulmann, 23. 8. 1944, NL Hilde Krones, K1/M6.
120 Hilde Krones an Richard Paulmann, 26. 9. 1939, NL Hilde Krones, K1/M6.
121 Ebd.

122 Hilde Krones an Franz Krones, FP Nr. 311, 6.8.1943, NL Hilde Krones, K5/M43.
123 Hilde Krones an Franz Krones, FP Nr. 356, 2.10.1943, NL Hilde Krones, K5/M44.
124 Hilde Krones an Hans Staudinger, 13.7.1943, NL Hilde Krones, K3/M31. Trotz seiner Führungsposition in einem NS-Unternehmen charakterisierte ihn Hilde Krones nicht explizit als überzeugten Nationalsozialisten.
125 Hilde Krones an Franz Krones, FP Nr. 493, 16.2.1944, Nr. 494, 17.2.1944, NL Hilde Krones, K6/M45; FP Nr. 603, 21.6.1944, NL Hilde Krones, K6/M49.
126 Hilde Krones an Franz Krones, FP Nr. 20, 14.9.1942, NL Hilde Krones, K4/M39.
127 Hilde Krones an Franz Krones, FP Nr. 32, 26./27.9.1942, NL Hilde Krones, K4/M39.
128 Hilde Krones an Franz Krones, FP Nr. 42, 5.10.1942, NL Hilde Krones, K4/M39.
129 Hilde Krones an Franz Krones, FP Nr. 43, 6.10.1942, NL Hilde Krones, K4/M39.
130 Hilde Krones an Franz Krones, FP Nr. 59, 22.10.1942, NL Hilde Krones, K4/M40.
131 Hilde Krones an Franz Krones, FP Nr. 118, 18.12.1942, NL Hilde Krones, K4/M40.
132 Hilde Krones an Richard Paulmann, 17.2.1943, NL Hilde Krones, K1/M6.
133 Hilde Krones an Franz Krones, FP Nr. 161, 24.2.1943, NL Hilde Krones, K4/M41.
134 Hilde Krones an Franz Krones, FP Nr. 171, 5.3.1943, NL Hilde Krones, K4/M41.
135 Hilde Krones an Franz Krones, FP Nr. 176, 10.3.1943, NL Hilde Krones, K4/M41.
136 Hilde Krones an Franz Krones, FP Nr. 494, 17.2.1944, NL Hilde Krones, K6/M45.
137 Hilde Krones an Richard Paulmann, 23.8.1944, NL Hilde Krones, K1/M6.
138 Ebd.
139 Ebd.
140 Hilde Krones an Franz Krones, FP Nr. 665, 22.8.1944, NL Hilde Krones, K6/M49.
141 Hilde Krones an Franz Krones, FP Nr. 666, 23.8.1944, NL Hilde Krones, K6/M49.
142 Hilde Krones an Franz Krones, FP Nr. 669, 26.8.1944, NL Hilde Krones, K6/M49.

143 Deutsches Reich, Arbeitsbuch Hilde Krones, geb. Handl, NL Hilde Krones, K1/M9.
144 Eine berühmte Formulierung von Olympe de Gouges; für eine ausführliche Darstellung der Französischen Revolution als Bezugspunkt der deutschen und österreichischen Sozialdemokratie bis 1934 (z. B. Adler 1906) vgl. Ducange (2019).
145 Hilde Krones: Die Frau im Parlament [Typoskript einer Radiorede], 17. 7. 1946, VGA, Neues Parteiarchiv, PN18/211.
146 Ebd.
147 Haben wir wirklich die Wahl? [Typoskript], o. D., NL Hilde Krones, K2/M20.
148 Ebd., Herv. i. Orig.
149 Hilde Krones an Franz Krones, FP Nr. 196[a], 31. 3. 1943, NL Hilde Krones, K4/M42.
150 Hilde Krones an Franz Krones, FP Nr. 199, 2. 4. 1943, NL Hilde Krones, K4/M42.

4. Die Generation der Vollendung: Pädagogik der Gefühle 1934–1945

1 Besuchskarte The Berlitz School of Languages, 1943, NL Hilde Krones, K1/M4.
2 Hilde Handl: Tagebuch I, »14. 6. 34«, NL Hilde Krones, K3/M37.
3 Ebd.
4 Hilde Handl an Franz Krones, 12. 1. 1935, NL Hilde Krones, K4/M37.
5 Hilde Handl: Tagebuch I, »14. 6. 34«, NL Hilde Krones, K3/M37.
6 Hilde Handl an Franz Krones, 16. 10. 1934, NL Hilde Krones, K4/M38.
7 Hilde Handl an Franz Krones, 8. 12. 1934, NL Hilde Krones, K4/M38.
8 Ebd.
9 Hilde Krones an Franz Krones, FP Nr. 262, 18. 6. 1943, NL Hilde Krones, K5/M42a.
10 Abwandlung einer Zeile aus einem Gedicht der neuromantischen Dichterin Lulu von Strauß und Torney (1935: 251), 1873–1956, die ab 1933 ein Naheverhältnis zum Nationalsozialismus eingehen sollte.
11 Hilde Handl: Tagebuch II, »11. 12. 34«, NL Hilde Krones, K3/M37.
12 Ebd.
13 Ebenfalls ein Gedicht Lulu von Strauß und Torneys (1935: 209).
14 Hilde Handl an Franz Krones, 23. 1. 1935, NL Hilde Krones, K4/M38.
15 Hilde Krones an Franz Krones, FP Nr. 262, 18. 6. 1943, NL Hilde Krones, K5/M42a.

16　Hilde Krones an Franz Krones, FP Nr. 267, 23. 6. 1943, NL Hilde Krones, K5/M42a.
17　Hilde Handl an Franz Krones, 31. 12. 1938, NL Hilde Krones, K4/M38.
18　Ebd.
19　Ebd.
20　Hilde Krones an Franz Krones, 24. 12. 1939, NL Hilde Krones, K4/M38.
21　Hilde Krones an Franz Krones, FP Nr. 59, 22. 10. 1942, NL Hilde Krones, K4/M40.
22　Hilde Krones schrieb vom »Zwangszusammenleben« in der Organisation Todt, Hilde Krones an Franz Krones, FP Nr. 256, NL Hilde Krones, K5/M42a.
23　Zu einem vergleichbaren Feldpost-Briefwechsel des Ehepaars Valerie und Anton Kittel, beide wie Hilde und Franz Krones Wiener Revolutionäre Sozialisten, vgl. Linhart (1987).
24　Hilde Krones an Franz Krones, FP Nr. 444, 29. 12. 1943, NL Hilde Krones, K5/M44.
25　Z. B. Hilde Krones an Franz Krones, Feldpostbriefe Nr. 327, 3. 9. 1943, K5/M43, Nr. 473, 27. 1. 1944, K6/M45, Nr. 557, 6. 5. 1944, NL Hilde Krones, K6/M47.
26　So schreibt Hilde Krones z. B. im Juni 1944 nach der Landung der Alliierten in der Normandie: »Der letzte Akt des Dramas hat begonnen und ich weiß Dich auf der Bühne – oder sind wir alle auf der Bühne? […] [O]h scheußlicher Zwiespalt zwischen dem[,] was man als notwendig und unvermeidlich fürs Große ansehen und dabei nur bejahen muß und dem[,] was man als Individuum fürchtet. Der Vorhang ist aufgegangen – wie wird die Szene sein? – ich fürchte scheußlich.« Hilde Krones an Franz Krones, FP Nr. 588, 6. 6. 1944, NL Hilde Krones, K6/M48.
27　Hilde Krones an Franz Krones, FP Nr. 107, 7. 12. 1942, NL Hilde Krones, K4/M40.
28　Hilde Krones an Franz Krones, FP Nr. 327, 3. 9. 1943, NL Hilde Krones, K5/M43.
29　Die Volkshochschule Ottakring – ein zentraler Ort der Wiener Volksbildung, in dem bis 1934 zahlreiche Protagonist:innen des Roten Wien als Referent:innen auftraten.
30　Möglicherweise bezieht sich Hilde Krones hier auf das sozialistische Festspiel *Der Tag der Republik*, das, 1928 uraufgeführt, im selben Jahr als kleinformatiges Buch erschien und die Zeile »Eine Welt wird erstehen[.] Der Heiligkeit des Lebens« enthält.
31　Hilde Krones an Franz Krones, FP Nr. 327, 3. 9. 1943, NL Hilde Krones, K5/M43.

32 Hilde Krones an Franz Krones, FP Nr. 186, 20. 3. 1943, NL Hilde Krones, K4/M41.
33 Hilde Krones' Genosse Fritz Löwy.
34 Hilde Krones an Franz Krones, FP Nr. 472, 26. 1. 1944, NL Hilde Krones, K6/M45.
35 Vgl. auch Hilde Krones an Franz Krones, FP Nr. 262, 18. 6. 1943, NL Hilde Krones, K5/M42a.
36 Eine Textzeile von Theodor Storm; Hilde Krones an Franz Krones, FP Nr. 443, 28. 12. 1943, NL Hilde Krones, K5/M44.
37 Hilde Krones an Franz Krones, FP Nr. 229, 16. 5. 1943, NL Hilde Krones, K5/M42.
38 Hilde Krones an Franz Krones, FP Nr. 77, 9. 11. 1942, NL Hilde Krones, K4/M40.
39 Wie Franz Krones ihn einmal genannt hatte, Hilde Krones an Franz Krones, FP Nr. 216, 3. 5. 1943, NL Hilde Krones, K5/M42.
40 Der Holzsammler in La Fontaines Fabel ruft den Tod zunächst herbei, bittet ihn jedoch nur, ihm beim Schultern des Bündels zu helfen – zu sterben eilt es ihn doch nicht. Hilde Krones an Franz Krones, FP Nr. 77, 9. 11. 1942, NL Hilde Krones, K4/M40.
41 Zeile des norddeutschen Dichters Matthias Claudius (1740–1815) aus seinem Brief *An meinen Sohn Johannes* (1799), »Es ist leicht zu verachten, Sohn, und verstehen ist viel besser«.
42 Hilde Krones an Franz Krones, FP Nr. 423, 8. 12. 1943, NL Hilde Krones, K5/M44.
43 Hilde Krones an Franz Krones, FP Nr. 426a, 11. 12. 1943, NL Hilde Krones, K5/M44.
44 Hilde Krones an Franz Krones, FP Nr. 510, 20. 3. 1944, NL Hilde Krones, K6/M46.
45 Hilde Krones an Franz Krones, FP Nr. 343, 19. 9. 1943, NL Hilde Krones, K5/M43.
46 Hilde Krones an Franz Krones, FP Nr. 667, 24. 8. 1944, NL Hilde Krones, K6/M49.
47 Hilde Krones an Franz Krones, FP Nr. 379, 25. 10. 1943, NL Hilde Krones, K5.
48 Hilde Krones an Franz Krones, FP Nr. 445, 30. 12. 1943, NL Hilde Krones, K5/M44.
49 Hilde Krones an Franz Krones, FP Nr. 550a, 29. 4. 1944, NL Hilde Krones, K6/M47.
50 Hilde Krones an Franz Krones, FP Nr. 571a, 20. 5. 1944, NL Hilde Krones, K6/M48.

51 Möglicherweise entnahm Hilde Krones diesen Titel, den eine deutsche Buchausgabe von Thomas Carlyle (1902) trägt, einer Sammlung von Gedichten und Texten, die sozialdemokratische Pädagog:innen im Roten Wien als Unterrichtsmaterial für die österreichische Republikfeier zusammengestellt hatten (Lehrerarbeitsgemeinschaft 1924: 40).
52 Hilde Krones an Franz Krones, FP Nr. 660, 17. 8. 1944, NL Hilde Krones, K6/M49.
53 Ebd.
54 Hilde Krones an Franz Krones, FP Nr. 171, 5. 3. 1943, NL Hilde Krones, K4/M41.
55 Hilde Krones an Franz Krones, FP Nr. 91, 22. 11. 1942, NL Hilde Krones, K4/M40.
56 Hilde Krones an Franz Krones, FP Nr. 128, 28. 12. 1942, NL Hilde Krones, K4/M40.
57 Hilde Krones an Franz Krones, FP Nr. 107, 7. 12. 1942, NL Hilde Krones, K4/M40.
58 Wie erwähnt, handelt sich dabei um die Zeile aus einem Gedicht Lulu von Strauß und Torneys.
59 Hilde Krones an Franz Krones, FP Nr. 124, 24. 12. 1942, NL Hilde Krones, K4/M40.
60 Hilde Krones an Franz Krones, FP Nr. 552, 1. 5. 1944, NL Hilde Krones, K6/M47.
61 Hilde Krones an Franz Krones, FP Nr. 505, 15. 3. 1944, NL Hilde Krones, K6/M46.
62 Hilde Krones an Franz Krones, FP Nr. 547, 26. 4. 1944, NL Hilde Krones, K6/M47.
63 Hilde Krones an Franz Krones, FP Nr. 507, 17. 3. 1944, NL Hilde Krones, K6/M46.
64 Hilde Krones an Franz Krones, FP Nr. 110, 10. 10. 1942, NL Hilde Krones, K4/M40.
65 Hilde Krones an Franz Krones, FP Nr. 389, 3. 11. 1943, NL Hilde Krones, K5.
66 Hilde Krones an Franz Krones, FP Nr. 324, 31. 8. 1943, NL Hilde Krones, K5/M43.
67 Ebd.
68 Hilde Krones an Franz Krones, FP Nr. 191, 25. 3. 1943, NL Hilde Krones, K5/M42.
69 Hilde Krones an Franz Krones, FP Nr. 560, 9. 3.[5.]1944, NL Hilde Krones, K6/M47, Herv. i. Orig.
70 Hilde Krones an Franz Krones, FP Nr. 193, 27. 3. 1943, NL Hilde Krones, K5/M42.

71 Hilde Krones an Franz Krones, FP Nr. 402, NL Hilde Krones, K5.
72 Zu Träumen als Quelle von Zeiterfahrung im Nationalsozialismus, als Zugang zu »manifest gewordene[n] Erscheinungsweisen des Terrors«, die die Menschen in die »Nischen des Alltags«, bis in den Schlaf verfolgen, vgl. Koselleck (1989: 278–299, hier: 286).
73 Hilde Krones an Franz Krones, FP Nr. 629, 17.7.1944, NL Hilde Krones, K6/M49.
74 Hilde Krones an Franz Krones, FP Nr. 429, 14.12.1943, NL Hilde Krones, K5/M44.
75 Hilde Krones an Franz Krones, FP Nr. 549, 28.4.1944, NL Hilde Krones, K6/M47.
76 Hilde Krones an Franz Krones, FP Nr. 110, 12.12.1942, NL Hilde Krones, K4/M40.
77 Hilde Krones an Franz Krones, FP Nr. 549, 28.4.1944, NL Hilde Krones, K6/M47.
78 Hilde Krones an Franz Krones, FP Nr. 151, 24.1.1943, NL Hilde Krones, K4/M41.
79 Der Sprechchor, der den Fall der anarchistischen Märtyrer Sacco und Vanzetti behandelt, wurde im Roten Wien zur Republikfeier 1927 uraufgeführt.
80 Hilde Krones an Franz Krones, FP [Nr. 329a], 5.9.1943, NL Hilde Krones, K5/M43.
81 Hilde Krones an Franz Krones, FP Nr. 475, 29.1.1944, NL Hilde Krones, K6/M45.
82 Hilde Krones an Franz Krones, FP Nr. 514, 24.3.1944, NL Hilde Krones, K6/M46.
83 Ebd.
84 Hilde Krones an Franz Krones, FP Nr. 216, 3.5.1943, NL Hilde Krones, K5/M42.
85 Hilde Krones an Franz Krones, FP Nr. 239, 26.5.1943, NL Hilde Krones, K5/M42.
86 Hilde Krones an Franz Krones, FP Nr. 2, 24.–27.8.1942, NL Hilde Krones, K4/M39.
87 Ebd.
88 Hilde Krones an Franz Krones, FP Nr. 502, 12.3.1944, NL Hilde Krones, K6/M46.
89 Hilde Krones an Franz Krones, FP Nr. 266, 22.6.1943, NL Hilde Krones, K5/M42a.
90 Hilde Krones an Franz Krones, FP Nr. 283, 9.7.1943, NL Hilde Krones, K5/M42.

91 Hilde Krones an Franz Krones, FP Nr. 208, 11. 4. 1943, NL Hilde Krones, K5/M42.
92 Hilde Krones an Franz Krones, FP Nr. 445, 30. 12. 1943, NL Hilde Krones, K5/M44.
93 Hilde Krones an Franz Krones, FP Nr. 444, 29. 12. 1943, NL Hilde Krones, K5/M44.
94 Hilde Krones an Franz Krones, FP Nr. 641a, 29./30. 7. 1944, NL Hilde Krones, K6/M49.
95 Ebd.
96 Hilde Krones an Franz Krones, FP Nr. 543a, 22. 4. 1944, NL Hilde Krones, K6/M47.
97 Hilde Krones an Franz Krones, FP Nr. 613a, 1. 7. 1944, NL Hilde Krones, K6/M49.
98 Hilde Krones an Franz Krones, FP Nr. 485, 8. 2. 1944, NL Hilde Krones, K6/M45.
99 Hilde Krones an Franz Krones, FP [Nr. 170a], 4. 3. 1943, NL Hilde Krones, K4/M41.
100 Hilde Krones an Franz Krones, FP Nr. 205, 8. 4. 1943, NL Hilde Krones, K5/M42.
101 Hilde Krones an Franz Krones, FP Nr. 632, 20. 7. 1944, NL Hilde Krones, K6/M49.
102 Hilde Krones an Franz Krones, FP Nr. 640, 28. 7. 1944, NL Hilde Krones, K6/M49.
103 Ebd.
104 Hilde Krones an Franz Krones, FP Nr. 461, 15. 1. 1944, NL Hilde Krones, K6/M45.
105 Hilde Krones an Franz Krones, FP Nr. 514, 24. 3. 1944, NL Hilde Krones, K6/M46.
106 Ebd.
107 Hilde Krones an Franz Krones, FP Nr. 452, 6. 1. 1944, NL Hilde Krones, K5.
108 Hilde Krones an Franz Krones, FP Nr. 443, 28. 12. 1943, NL Hilde Krones, K5/M44.

5. Romanze in Moll: Kunstlektüren als Resonanzraum der Gefühle 1942–1945

1 *Reise in die Vergangenheit* (R.: Hans H. Zerlett, 1943), Hilde Krones an Franz Krones, FP Nr. 534, 13. 4. 1944, NL Hilde Krones, K6/M47.

2   Anton Wildgans (1881–1932), in der Zwischenkriegszeit populärer österreichischer Dichter und Burgtheaterdirektor.
3   Hilde Krones an Franz Krones, FP Nr. 672, 29. 8. 1944, NL Hilde Krones, K6/M49.
4   Tatsächlich wurden in den betreffenden Filmen fast ausschließlich männliche Künstlerbiografien behandelt.
5   Hilde Krones an Franz Krones, FP Nr. 371, 17. 10. 1943, NL Hilde Krones, K5.
6   Einen Überblick dazu bieten z. B. Kastner (2019), Misik (2022).
7   Hilde Krones an Franz Krones, FP Nr. 4, 29. 8. 1942, NL Hilde Krones, K4/M39.
8   Hilde Krones an Franz Krones, FP [Nr. 47a], 10. 10. 1942, NL Hilde Krones, K4/M39.
9   Hilde Krones an Franz Krones, FP Nr. 259, 15. 6. 1943, NL Hilde Krones, K5/M42a.
10 Ebd.
11 Hilde Krones an Franz Krones, FP Nr. 452, 6. 1. 1944, NL Hilde Krones, K5.
12 Ebd.
13 Hilde Krones an Franz Krones, FP Nr. 482a, 5. 2. 1944, NL Hilde Krones, K6/M45.
14 Ebd.
15 Hilde Krones an Franz Krones, FP Nr. 413, 28. 11. 1943, NL Hilde Krones, K5.
16 *Kohlhiesels Töchter*, ein mehrfach verfilmter Bauernschwank, u. a. 1920 (R.: Ernst Lubitsch) und 1943 (R.: Kurt Hoffmann); *Das Ferienkind*, ein zwischen Komödie und Rührstück schwankender Film mit Hans Moser (R.: Karl Leiter, 1943).
17 Hilde Krones an Franz Krones, FP Nr. 377, 23. 10. 1943, NL Hilde Krones, K5.
18 Hilde Krones an Franz Krones, FP Nr. 30, 24. 9. 1942, NL Hilde Krones, K4/M39.
19 Hilde Krones an Franz Krones, FP [Nr. 446a], 31. 12. 1943, NL Hilde Krones, K5/M44.
20 Hilde Krones an Franz Krones, FP Nr. 450, 4. 1. 1944, NL Hilde Krones, K6/M45.
21 Hilde Krones an Franz Krones, FP Nr. 598, 16. 6. 1944, NL Hilde Krones, K6/M48.
22 Hilde Krones an Franz Krones, FP Nr. 610, 28. 6. 1944, NL Hilde Krones, K6/M49.

23 Hilde Krones an Franz Krones, 17. 3. 1945, NL Hilde Krones, K6/M49.
24 Hilde Krones an Franz Krones, FP Nr. 607, 25. 6. 1944, NL Hilde Krones, K6/M49.
25 Hilde Krones an Franz Krones, FP [Nr. 446a], 31. 12. 1943, NL Hilde Krones, K5/M44.
26 Hilde Krones an Franz Krones, FP Nr. 398a, 13. 11. 1943, NL Hilde Krones, K5.
27 Hilde Krones an Franz Krones, FP Nr. 28, 22. 9. 1942, NL Hilde Krones, K4/M39, Herv. i. Orig.
28 Hilde Krones an Franz Krones, FP Nr. 480, 3. 2. 1944, NL Hilde Krones, K6/M45. Der zweite Teil des Stücks gefiel Hilde Krones dann besser: »[E]s gab eine gute Szene zwischen Brunhild und Siegfried – hier kam der wirklich dramatische Konflikt[,] der in dem Stoff liegt[,] doch hervor. Aber alles in allem bin ich mit der Sache doch nicht ganz einverstanden.« Hilde Krones an Franz Krones, FP Nr. 486, 9. 2. 1944, NL Hilde Krones, K6/M45.
29 Hilde Krones an Franz Krones, FP Nr. 412a, 27. 11. 1943, NL Hilde Krones, K5.
30 Hilde Krones an Franz Krones, FP Nr. 430, 15. 12. 1943, NL Hilde Krones, K5/M44.
31 Hilde Krones an Franz Krones, FP Nr. 452, 6. 1. 1944, NL Hilde Krones, K6/M45.
32 Hilde Krones an Franz Krones, FP [Nr. 515a], 25. 3. 1944, NL Hilde Krones, K6/M46.
33 Hilde Krones an Franz Krones, FP Nr. 221, 8. 5. 1943, NL Hilde Krones, K5/M42.
34 Ebd.
35 Hilde Krones an Franz Krones, FP Nr. 233, 20. 5. 1943, NL Hilde Krones, K5/M42.
36 Hilde Krones an Franz Krones, FP [Nr. 499], 9. 3. 1944, NL Hilde Krones, K6/M46.
37 Hilde Krones an Franz Krones, FP Nr. 207, 10. 4. 1943, NL Hilde Krones, K5/M42.
38 *Das Apostelspiel* (1925), alpines Theaterstück von Max Mell (1882–1971), das die Bekehrung zweier Gauner durch die naive Reinheit und den religiösen Glauben eines Kindes schildert. Die Uraufführung im Theater in der Josefstadt wurde von der sozialdemokratischen *Arbeiter-Zeitung* (8. 10. 1925: 10) trotz »etwas altertümelndem Gewand[es]« der Dichtung gelobt.
39 Hilde Krones an Franz Krones, FP Nr. 486, 9. 2. 1944, NL Hilde Krones, K6/M45.

40 Hilde Krones an Franz Krones, FP Nr. 28, 22. 9. 1942, NL Hilde Krones, K4/M39.
41 Hilde Krones an Franz Krones, FP Nr. 663, 20. 8. 1944, NL Hilde Krones, K6/M49.
42 Burgschauspieler Paul Hörbiger, gemeinsam mit Bruder Attila und dessen Ehefrau Paula Wessely einer der prominentesten Wiener Bühnen- und Filmdarsteller in der Zeit des NS und des Wiederaufbaus.
43 Hilde Krones an Franz Krones, FP Nr. 67, 30. 10. 1942, K4/M40.
44 Hilde Krones an Franz Krones, FP Nr. 90, 21. 11. 1942, NL Hilde Krones, K4/M40.
45 Hilde Krones an Franz Krones, FP Nr. 103, 3. 12. 1942, NL Hilde Krones, K4/M40.
46 Hilde Krones an Franz Krones, FP Nr. 151, 24. 1. 1943, NL Hilde Krones, K4/M41.
47 Hilde Krones an Franz Krones, FP Nr. 525, 4. 4. 1944, NL Hilde Krones, K6/M46.
48 Zeitgenössische Verwendung des N-Worts.
49 Hilde Krones an Franz Krones, FP Nr. 528, 7. 4. 1944, NL Hilde Krones, K6/M46.
50 Hilde Krones an Franz Krones, FP Nr. 77, 9. 11. 1942, NL Hilde Krones, K4/M40.
51 Hilde Krones an Franz Krones, FP Nr. 61, 24. 10. 1942, NL Hilde Krones, K4/M40.
52 Hilde Krones an Franz Krones, FP Nr. 59, 22. 10. 1942, NL Hilde Krones, K4/M40.
53 Hilde Krones an Franz Krones, FP Nr. 63, 26. 10. 1942, NL Hilde Krones, K4/M40.
54 Hilde Krones an Franz Krones, FP [Nr. 213], 22. 8. 1943, NL Hilde Krones, K5/M43.
55 Hilde Krones an Franz Krones, FP Nr. 320, 28. 8. 1943, NL Hilde Krones, K5/M43.
56 Hilde Krones an Franz Krones, FP Nr. 540, 19. 4. 1944, NL Hilde Krones, K6/M47.
57 Hilde Krones an Franz Krones, FP Nr. 349a, 25. 9. 1943, NL Hilde Krones, K5/M44.
58 Hilde Krones an Franz Krones, Nr. 288, 14. 7. 1943, NL Hilde Krones, K5/M42.
59 Hilde Krones an Franz Krones, FP Nr. 287, 13. 7. 1943, NL Hilde Krones, K5/M42.
60 Hilde Krones an Franz Krones, FP Nr. 277, 3. 7. 1943, NL Hilde Krones, K5/M42.

61 Hilde Krones an Franz Krones, FP Nr. 464, 18. 1. 1944, NL Hilde Krones, K6/M45.
62 Hilde Krones an Franz Krones, FP Nr. 465, 19. 1. 1944, NL Hilde Krones, K6/M45.

6. Schwelle von Hoffnung und Tod 1945–1948

1 Eine frühe Fassung der folgenden Passage erschien in Spitaler (2024a).
2 Der 1924 bis 1928 errichtete Sandleitenhof, eine ausgedehnte, als eigenes Stadtviertel konzipierte Gemeindebauanlage, war der größte kommunale Wohnbau des Roten Wien.
3 Hilde Krones: »Wien, 12. April 1945« [Brieftagebuch], NL Hilde Krones, K6/M49.
4 Einer der Tarnnamen ihres Genossen Karl Kysela in den Feldpostbriefen an Franz Krones.
5 D. h. er verließ seine Arbeit und tauchte unter.
6 Hilde Krones: 13. 4. 1945 [Brieftagebuch], NL Hilde Krones, K6/M49.
7 Die Datierung der Ereignisse variiert in den Zeitzeug:innenberichten. Laut Felix Slavik (1974: 8) war Hilde Krones bereits an ersten Gesprächen am 12. 4. 1945 beteiligt, ganz sicher jedoch beim definitiven Gründungstreffen am 14. 4. 1945. Vgl. Parteivorstandsprotokoll 14. 4. 1945, VGA, Neues Parteiarchiv, PN19/122.
8 Hilde Krones: 13. 4. 1945 [Brieftagebuch], NL Hilde Krones, K6/M49.
9 Hilde Krones: 23. 4. 1945 [Brieftagebuch], NL Hilde Krones, K6/M49.
10 Heinrich »Heinz« Hackenberg (1898–1951), Revolutionärer Sozialist, Buchenwald-Überlebender und ab 1945 SPÖ-Politiker, der bis 1946 zu den engen politischen Vertrauten von Hilde Krones und Erwin Scharf in der Partei zählte, danach distanzierte er sich von ihnen.
11 Hilde Krones: »Wien, 12. April 1945« [Brieftagebuch], NL Hilde Krones, K6/M49.
12 Hilde Krones: 27. 4. 1945 [Brieftagebuch], NL Hilde Krones, K6/M49.
13 Hilde Krones: 29. 4. 1945 [Brieftagebuch], NL Hilde Krones, K6/M49.
14 Hilde Krones: 20. 5. 1945 [Fragment, Brieftagebuch], NL Hilde Krones, K6/M49. Hier bezog sich Hilde Krones auch auf die Richtlinien der Einheitsfrontpolitik der Revolutionären Sozialisten aus dem Jahr 1934, in denen es heißt, »die internationale Politik des Proletariats« müsse sich »nicht bloß nach den Bedürfnissen des russischen Staates, sondern ebensosehr nach den Kampfbedingungen und Bedürfnissen der Arbeiterklasse der ganzen Welt« richten. VGA, Neues Parteiarchiv, PN2/104. Vgl. Kap. 7.

15 Hilde Krones: 26.5.1945 [Brieftagebuch], NL Hilde Krones, K6/M49.
16 Hilde Krones: 28.5.1945 [Brieftagebuch], NL Hilde Krones, K6/M49.
17 Josef »Beppo« Afritsch (1901–1964), Revolutionärer Sozialist und ab 1945 SPÖ-Politiker, gemeinsam mit Hilde Krones im Verbindungskomitee von SPÖ und KPÖ, im selben Jahr zum Wiener Stadtrat für Verwaltungsangelegenheiten ernannt.
18 Hilde Krones: 7.6.1945 [Brieftagebuch], NL Hilde Krones, K6/M49.
19 Hilde Krones: 26.5.1945 [Brieftagebuch], NL Hilde Krones, K6/M49.
20 Hilde Krones: 28.5.1945 [Brieftagebuch], NL Hilde Krones, K6/M49.
21 Hilde Krones: 13.6.1945 [Brieftagebuch], NL Hilde Krones, K6/M49.
22 Hilde Krones: 8.6.1945 [Brieftagebuch], NL Hilde Krones, K6/M49.
23 Hilde Krones: 1.6.1945 [Brieftagebuch], NL Hilde Krones, K6/M49.
24 Hilde Krones: 27.6.1945 [Brieftagebuch], NL Hilde Krones, K6/M49.
25 Hilde Krones an Franz Krones, o.D., NL Hilde Krones, K3/M28.
26 Erwin Scharf an Franz Krones, o.D., NL Hilde Krones, K4/M34.
27 Hilde Krones an Franz Krones, o.D. [1945], NL Hilde Krones, K3/M28.
28 Hilde Krones an Franz Krones, FP Nr. 412a, 27.11.1943, NL Hilde Krones, K5.
29 O.V. [Franz Krones an Hilde Krones], 17.9.1945, NL Hilde Krones, K6/M49.
30 Hilde Krones an Erwin Scharf, Briefentwurf, o.D. [1945], NL Hilde Krones, K3/M35, Tasche [im Folgenden: T.] 1.
31 Hilde Krones an Erwin Scharf, Briefentwurf, 17.10.1945, NL Hilde Krones, K3/M35.
32 Hilde Krones an Erwin Scharf, Briefentwurf, o.D. [1945], NL Hilde Krones, K3/M35, T. 3.
33 Hilde Krones an Erwin Scharf, 18.7.1945, NL Hilde Krones, K3/M35.
34 Ebd.
35 Hilde Krones an Franz Krones, FP Nr. 93, 24.11.1942, NL Hilde Krones, K4/M40.
36 Hilde Krones an Franz Krones, FP Nr. 610, 28.6.1944, NL Hilde Krones, K6/M49.
37 Hilde Handl: Tagebuch I+II, NL Hilde Krones, K3/M37.
38 Hilde Krones an Erwin Scharf, Briefentwurf, 8.7.1946, NL Hilde Krones, K3/M35.
39 Der Revolutionäre Sozialist, SPÖ-Politiker und spätere Wiener Bürgermeister Felix Slavik (1912–1980), den Hilde Krones vermutlich bereits aus der Zeit der Illegalität kannte, war zu diesem Zeitpunkt Wiens Stadtrat für Wohnungswesen.
40 Hilde Krones an Erwin Scharf, Briefentwurf, 15.7.1945, NL Hilde Krones, K3/M35.

41 Hilde Krones an Erwin Scharf, Briefentwurf, o. D. [1945], NL Hilde Krones, K3/M35, T. 14.
42 NL Hilde Krones, K3/M34.
43 Hilde Krones an Erwin Scharf, Briefentwurf, o. D. [1945], NL Hilde Krones, K3/M35, T. 4.
44 Hilde Krones an Erwin Scharf, Briefentwurf, 5. 11. 1945, NL Hilde Krones, K3/M35.
45 Hilde Krones an Erwin Scharf, Briefentwurf, o. D. [»1946?«], NL Hilde Krones, K3/M35.
46 Hilde Krones an Erwin Scharf, Briefentwurf, o. D. [3/1946], NL Hilde Krones, K3/M35, T. 22.
47 Hilde Krones an Erwin Scharf, Briefentwurf, o. D. [1945], NL Hilde Krones, K3/M35, T. 6.
48 Hilde Krones an Erwin Scharf, Briefentwurf, o. D. [1945], NL Hilde Krones, K3/M35, T. 4.
49 O. V. [verm. Franz Krones]: Erbarmungslose Welt [Gedicht], 10. 2. 1946, NL Hilde Krones, K3/M37.
50 Franz Krones an Hilde Krones, 30. 4. 1946, NL Hilde Krones, K3/M27.
51 Franz Krones an Hilde Krones, 24. 12. 1946, NL Hilde Krones, K3/M27.
52 Franz Krones an Hilde Krones, 3. 11. 1946, NL Hilde Krones, K3/M27.
53 Franz Krones an Hilde Krones, 20. 1. 1946, NL Hilde Krones, K3/M27.
54 Franz Krones an Hilde Krones, 28. 2. 1947, NL Hilde Krones, K3/M27.
55 Franz Krones an Hilde Krones, 6. 12. 1946, NL Hilde Krones, K3/M27.
56 Hilde Krones an Erwin Scharf, Briefentwurf, 12. 8. 1945, NL Hilde Krones, K3/M35.
57 Hilde Krones an Franz Krones, Telegramm, 1. 4. 1945, NL Hilde Krones, K6/M49.
58 Hilde Krones: 30. 5. 1945 [Brieftagebuch], NL Hilde Krones, K6/M49.
59 Ebd.
60 Ebd.
61 Mietbelege, NL Hilde Krones, K8/M59.
62 Fritzl [Löwy] an Hilde Krones, 2. 2. 1946, NL Hilde Krones, K3/M36.
63 Franz Krones an Hilde Krones, 6. 6. 1946, NL Hilde Krones, K3/M27.
64 Franz Krones an Hilde Krones, 28. 6. 1946, NL Hilde Krones, K3/M27.
65 Interview des Autors mit Felix Krones, Sohn von Franz Krones, 13. 7. 2022.
66 Franz Krones an Hilde Krones, 29. 6. 1947, NL Hilde Krones, K3/M27.
67 Franz Krones an Hilde Krones, 29. 6. 1948, NL Hilde Krones, K3/M27.
68 Therese Scharf an Hilde Krones, 29. 9. 1945, NL Hilde Krones, K3/M32.
69 Therese Scharf an Hilde Krones, 22. 11. 1945, NL Hilde Krones, K3/M32.
70 Therese Scharf an Hilde Krones, 12. 12. 1945, NL Hilde Krones, K3/M32

71 Therese Scharf an Hilde Krones, 22.11.1945, NL Hilde Krones, K3/M32.
72 Hilde Krones an Therese Scharf, Briefentwurf, 13.12.1945, NL Hilde Krones, K3/M26.
73 Hilde Krones an Erwin Scharf, Briefentwurf, o. D. [»1946?«], NL Hilde Krones, K3/M35.
74 Therese Scharf an Franz Krones, 2.4.1946, NL Hilde Krones, K3/M33.
75 Ebd.
76 Ebd.
77 Ebd.
78 Therese Scharf an Franz Krones, 29.4.1946, NL Hilde Krones, K3/M33.
79 Ebd.
80 Ebd.
81 Therese Scharf an Franz Krones, 7.12.1946, NL Hilde Krones, K3/M33.
82 Ebd., Herv. i. Orig.
83 Therese Scharf an Franz Krones, 28.3.1947, NL Hilde Krones, K3/M33.
84 Hilde Krones an Erwin Scharf, Briefentwurf, o. D. [1945], NL Hilde Krones, K3/M35, T. 3.
85 Hilde Krones an Erwin Scharf, Briefentwurf, o. D. [3/1946], NL Hilde Krones, K3/M35, T. 22.
86 Hilde Krones an Erwin Scharf, Briefentwurf, o. D. [1946?], NL Hilde Krones, K3/M35, T. 24.
87 Ebd.
88 Hilde Krones an Erwin Scharf, Briefentwurf, o. D. [»Faschingssonntag 1947«], NL Hilde Krones, K3/M35.
89 Ebd.
90 Erwin Scharf: Für Susanne [Sohn] zum Aufsatz von Doris Ingrisch, o. D. [1989], Alfred Klahr Gesellschaft, NL Erwin Scharf, NL 6.
91 Ebd., handschriftliche Durchstreichung i. Orig.
92 Vermutlich ein britischer Besatzungssoldat.
93 Therese Scharf an Franz Krones, 26.9.1948, NL Hilde Krones, K3/M33.
94 Franz Krones an Hilde Krones, 6.12.1946, NL Hilde Krones, K3/M27.
95 Hilde Krones an Erwin Scharf, Briefentwurf, o. D. [1945], NL Hilde Krones, K3/M35, T. 6.
96 Rede von Hilde Krones auf der Ottakringer Bezirkskonferenz, in: Mitteilungsblatt der Sozialistischen Partei (Sozialdemokraten und Revolutionäre Sozialisten), Folge 12 (10.7.1945), NL Hilde Krones, K1/M12.
97 Disposition für eine Wahlrede, o. D. [1945], NL Hilde Krones, K2/M20.
98 Josef Dobretsberger, Rektor der Universität Graz: Probleme des Wiederaufbaues in Österreich, Vortrag gehalten am Institut für Wissenschaft und Kunst, 17.10.1946, NL Hilde Krones, K2/M20.

99　Hilde Krones: 2.6.1945 [Brieftagebuch], NL Hilde Krones, K6/M49.
100　Schwelle des Todes, Schwelle der Zukunft [Typoskript], NL Hilde Krones, K2/M20.
101　Hilde Krones: 28.5.1945 [Brieftagebuch], NL Hilde Krones, K6/M49.
102　Sam Rothstein an Hilde Handl-Krones, 6.7.1947, NL Hilde Krones, K8/M60.
103　*Freiheit in Krähwinkel* (1848) ist eine bekannte Posse des österreichischen Dichters Johann Nestroy. Knappe Fridolin [Fritz Löwy] an Hilde Krones, 4.7.1946, NL Hilde Krones, K3/M36.
104　O. V. [Fritz Löwy]: Gell, mei Pippiheni, jetzt duckst di! Eine SPÖ-hische Legende, o. D. [ca. 1946–1948], NL Hilde Krones, K8/M59.
105　[Karl] Mark, [Erwin] Scharf, [Eduard?] Weikhart, [Hilde] Krones: »Protokoll« über die Tagung des Klubs d. N[ational-]. u. B[undes-].R[äte] in Ischl von 18.–25.9.1947, NL Krones, K2/M22.
106　Protokoll des Wiener Ausschusses, 24.7.1945, VGA, Neues Parteiarchiv, PN12/139.
107　Protokoll des Wiener Ausschusses, 24.7.1945, VGA, Neues Parteiarchiv, PN12/139.
108　Gauleitung Wien, Personalamt, 27.9.1940, Österreichisches Staatsarchiv (ÖStA), AdR ZNsZ GA, Gauakt Franz Blaha 198649. Ich danke Margarethe Szeless und Marion Krammer für die freundliche Überlassung des Akts.
109　Hilde Krones an Franz Krones, FP Nr. 318, 26.8.1943, NL Hilde Krones, K5/M43.
110　Hilde Krones an Franz Krones, FP Nr. 595, 13.6.1944, NL Hilde Krones, K6/M48.
111　Die übrigen Aufnahmen dürften zu Lebzeiten von Hilde Krones nicht in sozialdemokratischen Medien erschienen sein. Meine Recherche in der *Arbeiter-Zeitung* und der sozialdemokratischen Bildillustrierten *Wiener Bilderwoche* für das Jahr 1945 blieb ergebnislos.
112　Vgl. dazu Scharf (1988: 120); Hilde Krones an Erwin Scharf, 12.8.1945 [Entwurf], o. D. [»15«], NL Hilde Krones, K3/M35.
113　Im *Informations Dienst der Sozialistischen Partei Österreichs*, einer von Erwin Scharf herausgegebenen Publikation für Parteivertrauensleute, zu deren regelmäßigen Beiträger:innen auch Franz Krones zählte (Weber 2011: 51f.), erschien im Juni 1945 diesbezüglich ein polemischer Text, der sich dem mangelnden Arbeitseifer der zu Aufräumarbeiten verpflichteten ehemaligen Nationalsozialist:innen widmete: Die Parole »Tempo, Tempo!«, Inbegriff der NS-Verfolgungsorgane und des militärischen Drills der Deutschen Wehrmacht, habe für sie offenbar »viel von seiner ursprünglichen

Suggestivkraft« verloren – ein Missstand, der bekämpft werden müsse – so wie das »Naziproblem« an sich, vgl. Informations Dienst, 6 (27. 6. 1945): 4f.

114 Sitzung des Parteivorstandes am 13. 8. 45, VGA, Neues Parteiarchiv, PN19/122.

115 Ebd.

116 N. N.: Das sozialistische Gewissen bestimmte ihr Handeln. Zum 5. Todestag von Hilde Krones, in: Der Neue Vorwärts, 27. 12. 1953, Alfred Klahr Gesellschaft, Schnittarchiv Volksstimme, Materialien zu Hilde Krones.

117 Um einen Begriff zu entlehnen, den Georges Didi-Huberman (2010) in seiner kunstgeschichtlichen Auseinandersetzung mit Aby Warburg verwendet.

118 Sitzung des Parteivorstandes am 13. 8. 45, VGA, Neues Parteiarchiv, PN19/122.

119 Protokolle des Frauenzentral-Komitees der Sozialistischen Partei Österreichs vom 5. September 1945–11. November 1946 (27. 11. 1945): 2, VGA, Neues Parteiarchiv, PN18/753. Vgl. Karlsson (1998: 21f.), Niederkofler (2009: 98).

120 Protokoll über die Wiener Vorstandssitzung am 27. November 1945, VGA, Neues Parteiarchiv, PN12/138.

121 Hilde Krones: Die Frau im Parlament [Typoskript einer Radiorede], 17. 7. 1946, NL Hilde Krones, K2/M20.

122 Protokolle des Frauenzentral-Komitees der Sozialistischen Partei Österreichs vom 5. September 1945–11. November 1946 (10. 10. 1945): 16, VGA, Neues Parteiarchiv, PN18/753. Vgl. Karlsson (1998: 22), Niederkofler (2009: 98).

123 Teile dieses Kapitels sind erschienen in Spitaler (2024a).

124 Zu den Debatten über das »Recht auf Arbeit« auf der internationalen Gewerkschaftsebene der Zwischenkriegszeit vgl. Zimmermann (2021: 427–464); zur Diskussion der Lohngleichheitsdebatte im Kontext des entstehenden Kalten Kriegs vgl. Wolf (2024).

125 Protokolle des Frauenzentral-Komitees der Sozialistischen Partei Österreichs vom 8. Jänner 1947–22. Dezember 1947, Sitzung des erweiterten Frauenzentral-Komitees vom 8. 12. 1947: 163, VGA, Neues Parteiarchiv, PN 18/753.

126 Ebd.
127 Ebd.
128 Ebd.
129 Ebd.
130 Ebd.

131 N. N.: Wiedererrichtung der Frauenorganisation, o. D. [1946]; N. N. [Bericht über die Frauenorganisation], o. D. [1947], NL Hilde Krones, K7/M54.
132 Zu Österreich vgl. Mugrauer (2020: 705–716).
133 Hilde Krones: Zur politischen Debatte [Entwurf], SPÖ-Parteitag 1946, NL Hildes Krones, K1/M12.
134 Der schon mehrmals als Autor des *Roten Requiems* und Lehrender in SDAP-Schulungen erwähnte Ernst Fischer (1899–1972) hatte als ehemaliger Redakteur der *Arbeiter-Zeitung* und Funktionär der Jungfront auch eine Vergangenheit im Roten Wien, bevor er nach dem Arbeiteraufstand 1934 zur KPÖ wechselte und in die UdSSR flüchtete; er kehrte 1945 nach Österreich zurück.
135 Maschik- oder Maschekseite = Wiener Dialektbegriff für andere Seite, alternativer Weg – hier sinngemäß: zum Sozialismus.
136 Fritz Löwy an Hilde Krones, 2. 2. 1946, NL Hilde Krones, K3/M36.
137 Franz Krones, Vortrag im Sozialistischen Klub: »Die Neue Demokratie«, 1. 9. 1945, VGA, Neues Parteiarchiv, PN2/2813.
138 Ebd.
139 Ebd.
140 Franz Krones an Hilde Krones, 19. 9. 1947, NL Hilde Krones, K3/M27.
141 Hilde Krones: Zur politischen Debatte [Entwurf], NL Hildes Krones, K1/M12 bzw. Protokoll des Parteitages der SPÖ (1946: 153ff., 157ff.).
142 Vorschlag des Wahlkomitees für die Parteikontrolle, VGA, Neues Parteiarchiv, PN1/5.
143 N. N: [Bericht über den Parteitag 1947], o. D. [1947], NL Krones, K1/M12; N. N.: Streiflichter vom Parteitag, in: strom, 3. Jg., H. 27 (31. 10. 1947): 3f.
144 Hilde Krones an Erwin Scharf [Entwurf], 6. 11. 1945, NL Hilde Krones, K3/M35.
145 Hilde Krones an Erwin Scharf [Entwurf], o. D. [24. 3. 1946], NL Hilde Krones, K3/M35, T. 22.
146 Hilde Krones an Erwin Scharf [Entwurf], o. D. [März 1946], NL Hilde Krones, K3/M35, T. 22.
147 Ebd.
148 Erwin Scharf an Hilde Krones, 23. 12. 1947, NL Hilde Krones, K3/M34.
149 Knappe Fridolin [Fritz Löwy] an Hilde Krones, 4. 7. 1946, NL Hilde Krones, K3/M36.
150 Viktor Kienböck (1873–1956), christlichsozialer Politiker, setzte ab 1922 als Finanzminister den Sanierungs- und Sparkurs der konservativen Regierung Seipel um, ab 1932 Präsident der Nationalbank, bei der er auch nach 1945 wieder Funktionen ausübte.

151 Josef Joham (1889–1959), seit 1931 über mehrere politische Umbrüche hinweg Vorstandsmitglied bzw. Direktor der Creditanstalt.
152 Knappe Fridolin [Fritz Löwy] an Hilde Krones, 4.7.1946, NL Hilde Krones, K3/M36.
153 Hilde Krones an »Midi«, 24.3.1948, NL Hilde Krones, K8/M59.
154 Protokolle der Sitzungen des Wiener Vorstandes 19.4.1948; 3.5.1948, VGA, Neues Parteiarchiv, PN12/142.
155 Hilde Krones: Gedächtnisprotokoll, 28.6.1948, NL Hilde Krones, K1/M12.
156 Ebd.
157 Hilde Krones' Brief ist nicht erhalten. Otto Leichter an Hilde Krones, 5.9.1948, NL Hilde Krones, K2/M22.
158 Ebd.
159 Hilde Krones an Karl Mark, 23.8.1948, VGA, NL Karl Mark, K3/M12.
160 Erwin Scharf an Hilde Krones, 29.10.1948, NL Hilde Krones, K3/M34.
161 Erwin Scharf: Für Susanne [Sohn] zum Aufsatz von Doris Ingrisch, o. D. [1989], Alfred Klahr Gesellschaft, NL Erwin Scharf, NL 6.
162 Ebd.
163 Vgl. N. N. an Erwin Scharf [»Abschrift«], 16.12.1948, VGA, Neues Parteiarchiv, PN2/79.
164 Vizekanzler Schärf an Genossen, 18.10.1948, NL Hilde Krones, K1/M12.
165 Protokoll der Wiener Ausschußsitzung, 3.9.1948, VGA, Neues Parteiarchiv, PN12/141.
166 Protokoll des Wiener Parteivorstands, 6.9.1948, VGA, Neues Parteiarchiv, PN12/143.
167 Hilde Krones an Franz Krones, FP Nr. 513, 23.3.1944, NL Hilde Krones, K5/M46.
168 Hilde Krones an Franz Krones, FP Nr. 639, 27.7.1944, NL Hilde Krones, K6/M49.
169 Hilde Krones an Franz Krones, FP Nr. 576, 25.5.1944, NL Hilde Krones, K6/M48.
170 N. N.: Zwei aus Ottakring, Liedtext [Entwurf], NL Hilde Krones, K8/M67.
171 Hilde Krones an Adolf Schärf, 14.5.1946, NL Hilde Krones, K8/M60.
172 Hilde Krones an »Onkel Adolf« [Entwurf], 24.12.1946, NL Hilde Krones, K8/M60.
173 Vermutlich Erwin Scharf und Otto Leichter.
174 Adolf Schärf an Hilde Krones, 3.3.1947, NL Hilde Krones, K8/M60.
175 In den im Parteiarchiv der SPÖ erhaltenen Protokollen findet sich leider kein Eintrag aus dem November 1948 zu dieser Diskussion zum Fall Scharf, VGA, Neues Parteiarchiv, PN12/141.

176　Hilde Krones an Adolf Schärf, 5. 11. 1948, NL Hilde Krones, K8/M60.
177　Adolf Schärf an Hilde Krones, 15. 11. 1948, NL Hilde Krones, K8/M60.
178　Otto Leichter an Hilde Krones, 26. 11. 1948, DÖW 18944.
179　Ebd.
180　Ebd., Herv. i. Orig.
181　Ebd., Herv. i. Orig.
182　Ebd.
183　Protokoll des Frauenzentralkomitees, 2. 11. 1948, VGA, Neues Parteiarchiv, PN18/753.
184　Stimmenliste der Abstimmung zum Frauen-Zentralkomitee, Frauen-Zentralkonferenz 1948, VGA, Neues Parteiarchiv, PN18/775.
185　NL Hilde Krones, K1/M12 bzw. Protokoll des vierten Parteitages der SPÖ (1948: 139ff.).
186　Ebd.
187　Ebd.
188　Ebd.
189　Hilde Krones an Oscar Pollak, 13. 11. 1948, NL Hilde Krones, K1/M12.
190　Oscar Pollak an Hilde Krones, 20. 11. 1948, NL Hilde Krones, K1/M12.
191　Protokoll Wiener Frauenkomitee, 25. 11. 1948, VGA, Neues Parteiarchiv, PN18/245.
192　Hilde Krones an den Parteivorstand der SPÖ, 26. 11. 1948, VGA, Neues Parteiarchiv, PN2/154.
193　Otto Probst an Hilde Krones, 29. 11. 1948, VGA, Neues Parteiarchiv, PN2/154.
194　Otto Leichter an Hilde Krones, 26. 11. 1948, DÖW 18944. Vgl. auch Duma (2019: 354).
195　Sekretariatsbesprechung, 26. 11. 1948, VGA, Neues Parteiarchiv, PN2/134.
196　Ottakring ist links!, in: Der neue Vorwärts, 1 (5. 12. 1948): 6, Alfred Klahr Gesellschaft. Vgl. auch Scharf (1988: 165f.).
197　Hilde Krones an Erwin Scharf, Briefentwurf, o. D. [»1«, 1945], NL Hilde Krones, K3/M35.

7. Böse Geister

1　Am Beispiel der Auseinandersetzung des ungarischen Autors Péter Esterházy mit der Biografie seines Vaters, die dieser nach Funden in den Archiven des Staatssozialismus neu schreiben musste, verweist Bernhard Fetz (2022) mit Bezug auf Oskar Negt und Alexander Kluge (1993: 151) darauf, dass der Versuch, die »subjektiven Splitter« einer Biografie »wieder[zu]-

erkennen, ein[zu]sammeln und daraus eine menschlich zentrierte Welt zusammen[zu]setzen«, auch Gefahr laufen kann, »sich zu Kompliz*innen der Lüge zu machen, wenn das Idealbild mit der politischen Wirklichkeit kollidiert« (Fetz 2022: 77).

2   So Hilde Krones in dem in Kap. 3 zitierten Entwurf einer Rede an berufstätige Frauen: Haben wir wirklich die Wahl? [Typoskript], o. D., NL Hilde Krones, K2/M20.

3   Vgl. Franz Krones (1946: 12); Franz Krones: Die Neue Demokratie, 1. 9. 1945, VGA, Neues Parteiarchiv, PN2/2813. Zur zeitgenössischen Kriegs- und Faschismusdebatte vgl. Wippermann (1981), Wörsching (2020: 17–22, 29–45, 53–132).

4   Aufzeichnungen zu Hilde Krones, NL Hilde Krones, K3/M30.

5   N. N.: Mittelstand, NL Krones, K2/M20.

6   Hilde Krones an Franz Krones, FP Nr. 79, 11. 11. 1942, NL Krones, K4/M40.

7   Hilde Krones an Franz Krones, FP Nr. 651, 8. 8. 1944, NL Krones, K6/M49.

8   Hilde Krones an Franz Krones, FP Nr. 673, 30. 8. 1944, NL Krones, K6/M49.

9   Hilde Krones an Franz Krones, FP Nr. 237, 24. 5. 1943, NL Krones, K5/M42.

10 Alice Sara Ö. an Fanny Handl, 12. 9. 1940, NL Krones, K1/M5.

11 Vgl. Die Deportation der österreichischen Juden, https://ausstellung.de.doew.at/chapter6.html [abgerufen am 28. 4. 2024].

12 Definitive Zuweisung einer Wohnung für Isidor Oe., 1947, NL Hilde Krones, K8/M59.

13 Vgl. Kap. 2 bzw. NL Hilde Krones, K1/M8.

14 Hilde Krones an Franz Krones, FP Nr. 218, 5. 5. 1943, NL Hilde Krones, K5/M42.

15 Hilde Krones an Terczi [Therese Scharf], 13. 12. 1945 [Entwurf], NL Hilde Krones, K3/M26.

16 Hilde Krones: 2. 6. 1945 [Brieftagebuch], NL Hilde Krones, K6/M49.

17 Freiheitskämpfer, Proponent:innenliste, o. D., VGA, Neues Parteiarchiv, PN6/243.

18 Fritz Löwy an Otto Probst, 12. 8. 1946, VGA, Neues Parteiarchiv, PN6/233.

19 Dies bezieht sich auf öffentliche Debatten zur Aufnahme von Displaced Persons in Österreich im Jahr 1946, auf Diskussionen zur Entschädigungsfrage von jüdischem Eigentum und wohl auch auf die erschwerte Rückkehr vertriebener jüdischer Parteifunktionär:innen, an denen Funktionäre der »alten« Partei wie Karl Renner, Oskar Helmer und Adolf Schärf beteiligt waren. Vgl. Knight (1988: 60, 144–147, 158, 161), Reiter (2001: 36–40).

20 Gustav Herzog: Reformatory efforts in the Austrian Socialist Party, News Agency New York [Typoskript, deutsche Übersetzung], 8. 11. 1946, in: VGA, NL Adolf Schärf, Box 12, Mappe 4/084.
21 Laut Erwin Scharf (1988: 120) stammte der Entwurf von Peter Strasser. Vgl. auch Sporrer/Steiner (1986: 52). Auch Strasser selbst sprach im Parteivorstand der SPÖ davon, dass das Plakat von der SP-Jugendorganisation, dessen Vertreter er war, gestaltet und von Wiener Vorstandsmitgliedern »genehmigt und verbessert« worden sei. Sitzung des Parteivorstandes der SPÖ, 13. 8. 1945, VGA, Neues Parteiarchiv, PN19/122.
22 Plakat P-3851, Wienbibliothek im Rathaus.
23 Paul Speiser im Protokoll des Wiener Parteivorstands, 11. 7. 1945, VGA, Neues Parteiarchiv, PN12/138.
24 Hilde Krones an Erwin Scharf, 12. 8. 1945 [Entwurf], NL Hilde Krones, K3/M35.
25 Sitzung des Parteivorstandes der SPÖ, 13. 8. 1945, VGA, Neues Parteiarchiv, PN19/122.
26 U. k. = »unabkömmlich«, etwa wegen der Arbeit in kriegswichtigen Betrieben.
27 N. N.: Politische Müdigkeit [Typoskript, Fragment], NL Hilde Krones, K2/M20.
28 Ebd.
29 Plakat P-1274, Wienbibliothek im Rathaus.
30 VGA Plakatarchiv, 4/167. Ich danke Michael Rosecker für den Hinweis.
31 Sitzung des Parteivorstandes der SPÖ, 13. 8. 1945, VGA, Neues Parteiarchiv, PN19/122.
32 Sitzung des Parteivorstandes der SPÖ, 3. 9. 1945, VGA, Neues Parteiarchiv, PN19/122.
33 Ebd.
34 Ebd.
35 Hilde Krones lässt den Weltkrieg bereits mit dem Arbeiteraufstand 1934 in Österreich beginnen.
36 Sitzung des Parteivorstandes der SPÖ, 3. 9. 1945, VGA, Neues Parteiarchiv, PN19/122.
37 Sitzung des Parteivorstandes der SPÖ, 18. 2. 1946, VGA, Sacharchiv, L7/M12a.
38 Sitzung des Parteivorstandes der SPÖ, 4. 2. 1946, VGA, Sacharchiv, L7/M12a.
39 Protokoll Wiener Parteivorstand, 28. 4. 1947, NL Hilde Krones, K7/M50.
40 Vgl. diverse Korrespondenzen im NL Hilde Krones, K7/M58, K8/M59.
41 Hier zit. n. der leicht abweichenden Typoskriptfassung: Ausrottung des

Nazifaschismus – Selbstschutz der Demokratie, NL Hilde Krones, K7/M52.
42 Ebd.
43 Ebd.
44 Im Typoskript des Artikels lautet die Begrifflichkeit schärfer: »[A]ls *Marxisten* müssen wir wissen, dass Faschismus die Herrschaftsform des *Bürgertums* in einer bestimmten Entwicklungsperiode des Kapitalismus ist« [Herv. G. S.], Soldat der Menschlichkeit [Typoskript], NL Hilde Krones, K7/M56.
45 Das Bundesgesetz vom 7. Juli 1948 umfasste schließlich auch die Erhaltung der Gräber der um ein freies, demokratisches Österreich gefallenen Opfer. Außerdem wurde ein zweites Gesetz über die Fürsorge für Kriegsgräber aus dem Ersten und Zweiten Weltkrieg beschlossen. Vgl. Bundesgesetzblatt für die Republik Österreich, 38. Stück (7. 9. 1948), https://ris.bka.gv.at/Dokumente/BgblPdf/1948_176_0/1948_176_0.pdf [abgerufen am 5. 1. 2024].
46 Dies ist wie beschrieben kein Zufall, sondern entspricht dem politischen Diskurs im Nachkriegsösterreich, in dem die größte Opfergruppe des Nationalsozialismus »öffentlich verdrängt und höchstens als beklagenswerte Tote erwähnt« wurde (Bailer 1993: 24). Das Opferfürsorgegesetz 1945 richtete sich nur an politische Opfer des Nationalsozialismus, Opfer »rassischer« Verfolgung waren erst mit der Neufassung des Opferfürsorgegesetzes 1947 Anspruchsberechtigte für staatliche Begünstigungen (vgl. ebd.: 23–42).
47 Protokoll des Antrags-Komitees, 5. 9. 1945, VGA, Neues Parteiarchiv, PN2/79.
48 Ebd.
49 N. N.: Fragment einer Rede zum 12. Februar 1934, o. D.; N. N.: Genossinnen und Genossen!, o. D. [12. Februar 1946], NL Hilde Krones, K2/M20.
50 Fritz Löwy an Hilde Krones, 9. 2. 1946, NL Hilde Krones, K3/M36.
51 Protokoll des Wiener Parteivorstandes der SPÖ, 18. 9. 1946, VGA, Neues Parteiarchiv, PN12/138.
52 Die aus einem Schiller-Drama abgeleitete zeitgenössische rassistische Redewendung wird hier aus Lesbarkeitsgründen beibehalten.
53 Meine diesbezügliche gefühlspolitische Interpretation erhebt nicht den Anspruch versierter literaturwissenschaftlicher Methodik. Zum strukturierteren Vorgehen einer *parallelen Lektüre* von literarischen und politiktheoretischen Texten vgl. aber Löffler (2012).
54 Hilde Krones an Franz Krones, FP Nr. 489a, 12. 2. 1944, NL Hilde Krones, K6/M45.
55 Hilde Krones an Franz Krones, FP Nr. 523, 2. 4. 1944, NL Hilde Krones, K6/M46.

56 Hilde Krones an Franz Krones, FP Nr. 384a, 30. 10. 1943, NL Hilde Krones, K5.
57 Ebd.
58 Ebd.
59 Hilde Krones an Franz Krones, FP Nr. 392, 7. 11. 1943, NL Hilde Krones, K5.
60 Vermutlich gemeint: Die Kräfte der Westalliierten und NS-Deutschlands.
61 Hilde Krones an Franz Krones, FP Nr. 623, 11. 7. 1944, NL Hilde Krones, K6/M49.
62 Hilde Krones an Franz Krones, FP Nr. 523, 2. 4. 1944, NL Hilde Krones, K6/M46.
63 Hilde Krones an Franz Krones, FP Nr. 411, 26. 11. 1943, NL Hilde Krones, K5.
64 Hilde Krones an Franz Krones, FP Nr. 651, 8. 8. 1944, NL Hilde Krones, K6/M49.
65 N. N.: Prinzipienerklärung der Revolutionären Sozialistischen Studenten (RSS.), o. D., NL Hilde Krones, K1/M12.
66 Zur Einheitsfrontpolitik [Typoskript], o. D. [1935], VGA, Neues Parteiarchiv, PN2/104, Herv. i. Orig. Vgl. auch Marschalek 1990: 162f.
67 Informationsdienst der Revolutionären Sozialisten, 1. 2. 1937, zit. n. West (1978: 267).
68 N. N.: Die Sendung des Sozialismus, in: Der Rote Stachel. Organ der Revolutionären Sozialisten 1 (1935): 7–8, hier: 7, DÖW 4020/7.
69 Interview mit Erwin Scharf, geführt von Irene Etzersdorfer [Typoskript], 22. 9. 1983, VGA, Personenarchiv, L23/M43.
70 Ebd.
71 Interview mit Erwin Scharf [Typoskript], 5. 6. 1974, Alfred Klahr Gesellschaft, NL Erwin Scharf, NL 7.
72 Vgl. dazu Franz Krones: Auf gutem Wege, in: Informations Dienst der Sozialistischen Partei Oesterreichs, 14 (22. 8. 1945): 2f., VGA, Neues Parteiarchiv, PN2/79.
73 N. N.: Österreich in der Weltwirtschaft und Weltpolitik [Typoskript], o. D. [1945?], NL Hilde Krones, K2/M20.
74 Ebd.
75 SPÖ-Parteivorstand, 5. 9. 1946, VGA, Sacharchiv, L7/M12a.
76 Ebd.
77 Hilde Krones: »Wien, 12. April 1945« [Brieftagebuch], NL Hilde Krones, K6/M49.
78 N. N.: Genossinnen, Frauen, die Sozialistische Partei ruft Euch, o. D. [1945], NL Hilde Krones, K1/M13.

79 Protokoll des Wiener-Ausschusses, 24.7.1945, VGA, Neues Parteiarchiv, PN12/139.
80 Der mehrmals erwähnte damalige KPÖ-Politiker Ernst Fischer (1899–1972).
81 SPÖ-Parteisekretär Franz Popp (1891–1981).
82 Die SPÖ-Frauenpolitikerin und stellvertretende Parteivorsitzende Gabriele Proft (1879–1971).
83 Hilde Krones an Erwin Scharf [Entwurf, 15], 5.11.1945, NL Hilde Krones, K3/M35.
84 Sitzung der [SPÖ-]Parteivertretung, 23.10.1946, NL Hilde Krones, K8/M67.
85 Mitgliedsausweis 1946, NL Hilde Krones, K1/M4.
86 Hilde Krones an die Gesellschaft zur Pflege der kulturellen und wirtschaftlichen Beziehungen zur Sowjetunion, 11.7.1947, NL Hilde Krones, K8/M60.
87 Ferdinanda Flossmann (1888–1964), in der Ersten Republik oberösterreichische Landtagsabgeordnete (1925–1931) bzw. Nationalratsabgeordnete (1930–1933), nach der Befreiung erneut Nationalratsabgeordnete und Redakteurin der Zeitschrift *Die Frau*.
88 Oscar Pollak (1893–1963) vertrat als Chefredakteur der *Arbeiter-Zeitung* eine dezidiert antikommunistische Linie, auch seine Frau Marianne Pollak (1891–1963), Abgeordnete und Redakteurin der Zeitschrift *Die Frau*, zählte nicht zu den Verbündeten von Hilde Krones. Zu den Berichten über das Frauenzentralkomitee vgl. auch Kap. 6.
89 N.N.: Wiedererrichtung der Frauenorganisation, o.D. [1946], NL Hilde Krones, K7/M54.
90 N.N.: Sitzung der Parteivertretung vom 18.7.1947, NL Hilde Krones, K8/M68.
91 Mein Dank geht an Andrei Nesterov für seine diesbezüglichen Recherchen in Moskauer Archiven.
92 Bericht Generalmajor M.I. Burcev an das ZK [Zentralkomitee] der VKP(B) [Kommunistische Allunionspartei der Bolschewiken] über Veränderungen der innenpolitischen Lage in Österreich, 23.5.1946, in: Mueller u.a. (2005): 255.
93 Niederschrift der Besprechung von Generaloberst Kurasov mit der Führung des ZK der KP Österreichs, 16.9.1946, in: Mueller u.a. (2005): 321.
94 Aus dem Bericht der SČSK [Sowjetischer Teil der Alliierten Kommission für Österreich] »Die Sozialistische Partei Österreichs« [1947], in: Mueller u.a. (2005): 451.
95 Bericht der SČSK für Österreich »Über die Vereinigung fortschrittlicher Sozialisten«, 28.7.1949, in: Mueller u.a. (2005): 571–575.
96 Karl Mark-Verlagsbuchhandlung, Wilhelm Herzog an Hilde Krones, 22.3.1947, NL Hilde Krones, K8/M59.

97 SPÖ-Parteivorstand, 18.4.1947, Tagesordnung, NL Hilde Krones, K8/M65.
98 Zentralsekretariat der SPÖ an Hilde Krones, 6.6.1947, NL Hilde Krones, K8/M65.
99 Fragebogen von Hilde Krones, 7.7.1947, NL Hilde Krones, K8/M65, Herv. i. Orig.
100 Laut Franz Krones »zwischen S 500,– und S 1200,– pro Monat«, Skizze über Hildes Einkünfte bis zu ihrer Beteiligung an der Austrochem Ges.m.b.H. (für Dr. Broda), 26.5.1949, NL Hilde Krones, K3/M30.
101 Ebd. Vgl. auch die Firmenprotokollierung im Amtsblatt zur Wiener Zeitung (13.2.1946): 4.
102 Zahlungsbestätigung über 25000 Schilling, Austrochem Vertriebsgesellschaft chemischer Produkte m.b.H., NL Hilde Krones, K1/M5.
103 Nationalrat der Republik Österreich, Unvereinbarkeits-Ausschuss, Protokoll über die Sitzung am 18.6.1947, Parlamentsarchiv. Unter den sozialistischen Abgeordneten im Ausschuss war auch Hilde Krones' Vertrauter Karl Mark. Es ist daher nicht klar, ob das Abstimmungsverhalten einen feindseligen Akt ihrer Parteikolleg:innen darstellte oder mit ihrer Zustimmung erfolgte.
104 Der Präsident des Nationalrats an Hilde Krones, 19.6.1947, NL Hilde Krones, K7/M58.
105 Hilde Krones an den Parlamentsdirektor, 22.7.1947, Unvereinbarkeits-Ausschuss, Protokoll über die Sitzung am 18.6.1947, Parlamentsarchiv.
106 Hilde Krones an Erwin Scharf [Entwurf], o.D. [März 1946], NL Hilde Krones, K3/M34, T. 22.
107 Alfred W. an Hilde Krones, 15.11.1948, NL Hilde Krones, K2/M17.
108 Emerich Wenger an Adolf Schärf, 1.10.1947, VGA, NL Adolf Schärf, Box 12, 4/084.
109 Ebd.
110 Ebd.
111 Als Beispiel für eine Theoretisierung von *Widerstand*, die jüdische und afroamerikanische Erfahrung verknüpft vgl. etwa Därmann (2021, 2024).
112 Hilde Krones an Franz Krones, FP [Nr. 329a], 5.9.1943, NL Hilde Krones, K5/M43.

8. Am Grab

1 Erwin Scharf: Für Susanne [Sohn] zum Aufsatz von Doris Ingrisch, o.D. [1989], Alfred Klahr Gesellschaft, NL Erwin Scharf, NL 6.
2 Wien im Oktober 1948 [Abschrift], NL Hilde Krones, K1/M10.

3   Ebd.
4   Erwin Scharf: Für Susanne [Sohn] zum Aufsatz von Doris Ingrisch, o. D. [1989], Alfred Klahr Gesellschaft, NL Erwin Scharf, NL 6.
5   Dieser Verweis auf Friedl Fürnberg überraschte mich, da im Nachlass von Hilde Krones ansonsten nur wenige Spuren von ihm überdauert haben.
6   Hilde Krones an Franz Krones, FP Nr. 77, 9. 11. 1942, NL Hilde Krones, K4/M40.
7   Hilde Handl: Tagebuch II, 23. 10. 1934, NL Hilde Krones, K3/M37.
8   Rosa Jochmann an Karl Mark, 24. 8. 1987, VGA, NL Rosa Jochmann, K2/M17.
9   Hilde Krones an Franz Krones, FP Nr. 443, 28. 12. 1943, NL Hilde Krones, K5/M44.
10 Hilde Krones: Frauenprobleme nach dem zweiten Weltkrieg – Im Recht [Typoskript], NL Hilde Krones, K7/M55.
11 Karl Czernetz (1910–1978), ehemaliger Revolutionärer Sozialist, nach seiner Rückkehr aus dem englischen Exil leitender Funktionär der SPÖ-Parteischule, ab 1949 Nationalratsabgeordneter, später Chefredakteur des Theorieorgans *Die Zukunft* und internationaler Sekretär der Partei. Ab 1952 österreichischer Vertreter im Europarat, ab 1975 dessen Präsident. 1948 verantwortlicher Autor der von der SPÖ herausgegebenen Broschüre *Um die Reinheit der Partei (Der Fall Scharf)*, in der Scharf als kommunistischer »Agent« denunziert wurde.
12 Dokument Nr. 59, Bericht der SČSK für Österreich »Über die Vereinigung fortschrittlicher Sozialisten«, 28. 7. 1949, zit. n. Mueller u. a. (2005: 579).
13 [Karl Mark]: Hilde Krones zum Gedenken, in: Der Sozialistische Kämpfer, Nr. 11/12 (November–Dezember 1950), 4f., NL Hilde Krones, K1/M11.
14 Ebd.
15 Rosa Jochmann an die Bezirksorganisation Ottakring, 25. 11. 1949, Bezirksorganisation Ottakring an Rosa Jochmann, 29. 11. 1949, VGA, Neues Parteiarchiv, PN18/231.
16 Adolf Schärf an Otto Probst, 17. 1. 1949, VGA, Neues Parteiarchiv, PN2/79.
17 Otto Probst bzw. Felix Slavik an Rosa Jochmann, 11. 1. 1951, VGA, Neues Parteiarchiv, PN6/258; Rosa Jochmann an Felix Slavik, 15. 1. 1951, VGA, Neues Parteiarchiv, PN6/249.
18 Rosa Jochmann an Karl Mark, 24. 8. 1987, VGA, NL Rosa Jochmann, K2/M17, Herv. i. Orig.

9. Conclusio: Eine Séance mit den Geistern

1 Zur Konzeption eines Hoffnungsbegriffs im Angesicht der Klimakrise, der auf »Liebe zur Welt und zum Leben« aufbaut und die »Fähigkeit zu mutigen Handlungen erfordert« vgl. jüngst Pelluchon (2023: 105).
2 Hilde Krones an Franz Krones, FP Nr. 124, 24. 12. 1942, NL Hilde Krones, K4/M40.
3 Die Übersetzung aus dem Englischen wurde von mir anhand des französischen Originalzitats (Internationale Situationniste, 12 [Septembre 1969]: 111) leicht angepasst.
4 Interview des Autors mit Felix Krones, 30. 11. 2022.
5 Zur Unterscheidung vgl. Kap. 6: Die »Befreiung von Angst«.
6 Hilde Krones an Franz Krones, FP Nr. 379, 25. 10. 1943, NL Hilde Krones, K5.

Literatur und Quellen

Archive

Alfred Klahr Gesellschaft
Nachlass Erwin Scharf

Dokumentationsarchiv des österreichischen Widerstands (DÖW)
Einzelakten
Datenbank Namentliche Erfassung der österreichischen Holocaustopfer

Österreichisches Parlamentsarchiv
Kanzlei des österreichischen Parlaments, Biografische Skizze
    von Hilde Krones
Nationalrat der Republik Österreich, Unvereinbarkeits-Ausschuss,
    Protokoll über die Sitzung am 18.6.1947

Österreichisches Staatsarchiv (ÖStA)
AdR ZNsZ GA, Gauakten

Verein für Geschichte der ArbeiterInnenbewegung (VGA)
Nachlass Hilde Krones
Nachlass Rosa Jochmann
Nachlass Adolf Schärf
Neues Parteiarchiv
Parteistellenarchiv
Personenarchiv
Plakatarchiv
Sacharchiv

Wienbibliothek im Rathaus
Plakatsammlung

Wiener Stadt- und Landesarchiv (WStLA)
Serie 1.3.2.208.A36 – Opferfürsorgeakten – Entschädigungen

Literatur

Adamczak, Bini (2011): Gestern Morgen. Über die einsamkeit kommunistischer gespenster und die rekonstruktion der zukunft, Münster.
Adamczak, Bini (2017): Beziehungsweise Revolution. 1917, 1968 und kommende, Berlin.
Adler, Emma (1906): Die berühmten Frauen der französischen Revolution, Wien.
Adler, Max (1926): Neue Menschen. Gedanken über sozialistische Erziehung, 2. vermehrte Aufl., Berlin.
Adorno, Theodor W. (1994): Briefe und Briefwechsel, Bd. 1: Theodor W. Adorno/Walter Benjamin, Briefwechsel 1928–1940, hg. v. Henri Lonitz, Frankfurt/M.
Aggermann, Lorenz/Ralph Fischer/Eva Holling/Philipp Schulte/Gerald Siegmund (2015): Enter Ghost:, in: Dies. (Hg:innen): »Lernen, mit den Gespenstern zu leben«. Das Gespenstische als Figur, Metapher und Wahrnehmungsdispositiv in Theorie und Ästhetik, Berlin, 9–13.
Ahmed, Sara (2004): The Cultural Politics of Emotion, Edinburgh.
Aichinger, Ilse (1948): Das vierte Tor, in: Dies. (1991): Die größere Hoffnung. Roman, Frankfurt/M., 271–275.
Aichinger, Ilse: Rede an die Jugend [1988], in: Dies. (1991): Die größere Hoffnung. Roman, Frankfurt/M., 277–281.
Aichinger, Ilse (1991) [1948]: Die größere Hoffnung. Roman, Frankfurt/M.
Almeida, Ana de/Caroline Garcia/Rami George/Na Mira/Rebeca Romero/agustine zegers, kuratiert von Kathy Cho (2022): Gruppenausstellung »and so on«, https://w.dasweissehaus.at/exhibition/verlaengert-gruppenausstellung-and-so-on [abgerufen am 10.6.2023].
Anders, Günther (1980): Die Antiquiertheit des Menschen, Bd. 2: Über die Zerstörung des Lebens im Zeitalter der dritten industriellen Revolution, München.
Antonini, Francesca (2019): Pessimism of the Intellect, Optimism of the Will: Gramsci's Political Thought in the Last Miscellaneous Notebooks, in: Rethinking Marxism, 31. Jg., H. 1, 42–57.
Asen, Barbara (2017): »[…] nicht nur Gattin, sondern auch treue Kameradin«. Zur Konstruktion von Liebesbeziehungen in der Briefkommunikation von Paaren der Zwischenkriegszeit, in: Ingrid Bauer/Christa Hämmerle (Hg:innen): Liebe Schreiben. Paarkorrespondenzen im Kontext des 19. und 20. Jahrhunderts, Göttingen, 139–170.
Azoulay, Ariella Aïsha (2019): Potential History. Unlearning Imperialism, London.
Badiou, Alain (2011): Lob der Liebe. Ein Gespräch mit Nicolas Truong, Wien.

Bailer, Brigitte (1993): Wiedergutmachung kein Thema. Österreich und die Opfer des Nationalsozialismus, Wien.
Balabanoff, Angelica (1927): Erziehung der Massen zum Marxismus (Schriftenreihe Neue Menschen, hg. v. Dr. Max Adler), Berlin.
Bandhauer-Schöffmann, Irene/Ela Hornung (1992): Von Mythen und Trümmern. Oral History-Interviews mit Frauen zum Alltag im Nachkriegs-Wien, in: Dies. (Hg:innen): Wiederaufbau weiblich. Dokumentation der Tagung »Frauen in der österreichischen und deutschen Nachkriegszeit«, Wien/Salzburg, 24–54.
Bandhauer-Schöffmann, Irene/Ela Hornung (2006): »Trümmerfrauen« – Deutungsmuster für eine Ikone der Nachkriegszeit, in: Martin Wassermair/Katharina Wegan (Hg:innen): rebranding images. Ein streitbares Lesebuch zu Geschichtspolitik und Erinnerungskultur in Österreich, Innsbruck, 79–91.
Bargetz, Brigitte/Birgit Sauer (2010): Politik, Emotionen und die Transformation des Politischen. Eine feministisch-machtkritische Perspektive, in: Österreichische Zeitschrift für Politikwissenschaft (ÖZP) 39. Jg., H. 2, 141–155.
Bargetz, Brigitte (2014): Jenseits emotionaler Einseitigkeiten. Überlegungen zu einer politischen Grammatik der Gefühle, in: Angelika Baier/Christa Binswanger/Jana Häberlein/Yv Eveline Nay/Andrea Zimmermann (Hg:innen): Affekt und Geschlecht. Eine einführende Anthologie, Wien, 117–136.
Bargetz, Brigitte (2019): Affective Attachments: Women's Suffrage in Austria and the Social Democratic Struggle for Women's Votes in *Die Unzufriedene*, in: Frontiers in Sociology, 28. Jg., H. 4, doi.org/10.3389/fsoc.2019.00028.
Bargetz, Brigitte (2024): Ein Archiv politischer Gefühle. Theoretische Überlegungen zu einer Sammlung des Unverfügbaren, in: Helmut Neundlinger/Fermin Suter (Hg:innen): Gespeicherte Gefühle. Über die Affekte im Archiv, Berlin/Boston, 121–138.
Barthes, Roland (1989): Die helle Kammer. Bemerkung zur Photographie, Frankfurt/M.
Baßler, Moritz/Bettina Gruber/Martina Wagner-Egelhaaf (2005): Einleitung, in: Dies. (Hg:innen): Gespenster. Erscheinungen – Medien – Theorien, Würzburg, 9–21.
Bauer, Helene (1927): Ehe und soziale Schichtung, in: Der Kampf, 20, 7 (Juli 1927), 319–324.
Bauer, Ingrid/Christa Hämmerle (2017): Liebe und Paarbeziehungen im ›Zeitalter der Briefe‹ – ein Forschungsprojekt im Kontext, in: Dies. (Hg:innen): Liebe Schreiben. Paarkorrespondenzen im Kontext des 19. und 20. Jahrhunderts, Göttingen, 9–47.
Bauer, Otto (1924): Die Arbeiterjugend und die Weltlage des Sozialismus [1924], in: Otto Bauer Werkausgabe, Bd. 2, Wien 1976, 867–883.

Bauer, Otto (1936): Zwischen zwei Weltkriegen? Die Krise der Weltwirtschaft, der Demokratie und des Sozialismus, Bratislava.
Bebel, August (1891) [1879]: Die Frau und der Sozialismus, Stuttgart.
Benjamin, Walter (2010): Über den Begriff der Geschichte, hg. v. Gérard Raulet (Walter Benjamin Werke und Nachlaß, Kritische Gesamtausgabe, Bd. 19), Berlin [Posthume Abschrift 1942].
Berg, Matthew Paul (2006): *Arbeitspflicht* in Postwar Vienna: Punishing Nazis vs. Expediting Reconstruction, 1945–48, in: Austrian History Yearbook, Vol. 37, 181–207.
Berger, Heinrich (2003): Briefe als Protokoll einer erzwungenen Trennung. Otto Leichters Pariser Brieftagebuch für Käthe Leichter, in: Christa Hämmerle/Edith Saurer (Hg:innen): Briefkulturen und ihr Geschlecht. Zur Geschichte der privaten Korrespondenz vom 16. Jahrhundert bis heute (L'Homme Schriften 7), Wien/Köln/Weimar, 203–217.
Berlant, Lauren (2024) [2011]: Grausamer Optimismus, Berlin.
Biele Mefebue, Astrid/Andrea D. Bührmann/Sabine Grenz (Hg:innen) (2022): Handbuch Intersektionalitätsforschung. Unter Mitarbeit v. Boka En u. Katharina Jäntschi, Wiesbaden.
Bloch, Ernst (1959) [1938–1947]: Das Prinzip Hoffnung. In fünf Teilen, Frankfurt/M.
Bloch, Ernst (1985) [1963]: Tübinger Einleitung in die Philosophie (Werkausgabe Bd. 13), Frankfurt/M.
Bloch, Ernst (1985a): Kann Hoffnung enttäuscht werden? Eröffnungs-Vorlesung, Tübingen 1961, in: Ders.: Literarische Aufsätze (Werkausgabe Bd. 9), Frankfurt/M., 385–392.
Blüher, Hans (1912): Wandervogel. Geschichte einer Jugendbewegung. 1. Teil: Heimat und Aufgang, Berlin.
Blüher, Hans (1913): Wandervogel. Geschichte einer Jugendbewegung. 2. Teil: Blüte und Niedergang, Berlin.
Blüher, Hans (1914): Die deutsche Wandervogelbewegung als erotisches Phänomen. Ein Beitrag zur Erkenntnis der sexuellen Inversion, 2. verb. u. vermehrte Aufl., Berlin.
Blum, Mark E./William Smaldone (Hg:innen) (2016): Austro-Marxism. The Ideology of Unity. Volume 1: Austro-Marxist Theory and Strategy, Leiden/Boston.
Blum, Mark E./William Smaldone (Hg:innen) (2017): Austro-Marxism. The Ideology of Unity. Volume II: Changing the World. The Politics of Austro-Marxism, Leiden/Boston.
Bock, Gisela (1986): Zwangssterilisation im Nationalsozialismus. Studien zur Rassenpolitik und Frauenpolitik, Opladen.

Breuss, Susanne/Karin Liebhart/Andreas Pribersky (1995): Inszenierungen. Stichwörter zu Österreich, Wien.
Brown, Wendy (1999): Resisting Left Melancholy, in: boundary 2, 26. Jg., H. 3, 19–27.
Butler, Judith (1991): Das Unbehagen der Geschlechter, Frankfurt/M.
Buttinger, Joseph (1953): Am Beispiel Österreich. Ein geschichtlicher Beitrag zur Krise der sozialistischen Bewegung, Köln.
Castro Varela, María do Mar (2021): Kontrapunktische Bildung, Critical Literacy und die Kunst des Verlernens, in: Serena O. Dankwa/Sarah-Mee Filep/Ulla Klingovsky/Georges Pfruender (Hg:innen): Bildung.Macht.Diversität. Critical Diversity Literacy im Hochschulraum, Bielefeld, 111–130.
Castro Varela, María do Mar/Saphira Shure (2021): Archiv-Fieber. Kritische Erinnerungsarbeit in den Bildungswissenschaften, in: Vierteljahresschrift für wissenschaftliche Pädagogik, 97. Jg., H. 3, 286–302.
Chmilewski, Katja (2022): Deborah B. Gould: Moving Politics. Emotion and ACT UP's Fight Against AIDS, in: Konstanze Senge/Rainer Schützeichel/Veronika Zink (Hg:innen): Schlüsselwerke der Emotionssoziologie, Wiesbaden, 231–237.
Claussen, Detlev (2005): Grenzen der Aufklärung. Die gesellschaftliche Genese des modernen Antisemitismus, erw. Neuausg., Frankfurt/M.
Cohen, Phil (2015): The Centre Will Not Hold. Changing Principles of Political Hope, in: Soundings: A Journal of Politics and Culture, Nr. 60 (Summer 2015), 42–56.
Connell, R. W. (1995): Masculinities, Cambridge/Oxford.
Crenshaw, Kimberle (1989): Demarginalizing the Intersection of Race and Sex. A Black Feminist Critique of Antidiscrimination Doctrine, Feminist Theory and Antiracist Politics, in: University of Chicago Legal Forum, 5. Jg., H. 1, 139–167.
Cvetkovich, Ann (2003): An Archive of Feelings. Trauma, Sexuality, and Lesbian Public Cultures, Durham/London.
Cvetkovich, Ann (2012): Depression. A Public Feeling, Durham/London.
Czernetz, Karl (1948): Um die Reinheit der Partei (Der Fall Scharf). Für den Organisationsgebrauch (November 1948), Sozialistische Partei Österreichs, Zentralsekretariat, Wien.
Därmann, Iris (2021): Widerstände. Gewaltenteilung in *statu nascendi*, Berlin.
Därmann, Iris (2024): Kraft desperaten Widerstands. Eine Spurenlese mit W. E. B. Dubois, Herbert Aptheker, Melville J. Herskovits, Alice H. Bauer und Raymond A. Bauer, Vortrag auf der Tagung Widerstände. Impulse für die Widerstandsforschung zum Nationalsozialismus. 60 Jahre Dokumentationsarchiv des österreichischen Widerstandes, Wien, 11. 1. 2024.

Dean, Jodi (2016): Der kommunistische Horizont, Hamburg.
Dean, Jodi (2016a): Crowds and Party, London/Brooklyn.
Derrida, Jacques (2004) [1993]: Marx' Gespenster. Der Staat der Schuld, die Trauerarbeit und die neue Internationale, Frankfurt/M.
Derrida, Jacques (2009) [1994]: Dem Archiv verschrieben, in: Knut Ebeling/Stephan Günzel (Hg:innen): Archivologie. Theorien des Archivs in Philosophie, Medien und Künsten, Berlin, 29–60.
Dewald, Christian (2019): Politiken des Aushandelns. Wiener Schulreform, Demokratisierung und der Schulneubau in der Freihofsiedlung, 1930, in: Werner Michael Schwarz/Georg Spitaler/Elke Wikidal (Hg:innen): Das Rote Wien 1919–1934. Ideen, Debatten, Praxis, Basel, 104–111.
Didi-Huberman, Georges (2007): Das Archiv brennt, in: Georges Didi-Huberman/Knut Ebeling: Das Archiv brennt, Berlin, 7–32.
Didi-Huberman, Georges (2010): Das Nachleben der Bilder. Kunstgeschichte und Phantomzeit nach Aby Warburg, Berlin.
Diekmannshenke, Hajo (2011): Feldpostbriefe als linguistischer Forschungsgegenstand, in: Veit Didczuneit/Jens Ebert/Thomas Jander (Hg:innen): Schreiben im Krieg. Schreiben vom Krieg. Feldpost im Zeitalter der Weltkriege, Essen, 47–59.
Dokumentationsarchiv des österreichischen Widerstandes (DÖW) (Hg:in) (1984): Widerstand und Verfolgung in Wien 1934–1945. Eine Dokumentation, Bd. 2, Wien.
Doll, Jürgen (1997): Theater im Roten Wien. Vom sozialdemokratischen Agitprop zum dialektischen Theater Jura Soyfers, Wien/Köln/Weimar.
Doßmann, Axel/Susanne Regener (2018): Fabrikation eines Verbrechers. Der Kriminalfall Bruno Lüdke als Mediengeschichte, Leipzig.
Ducange, Jean-Numa (2019): The French Revolution and Social Democracy. The Transmission of History and Its Political Uses in Germany and Austria 1889–1934, Chicago.
Duma, Veronika (2019): Rosa Jochmann. Politische Akteurin und Zeitzeugin, Wien.
Duma, Veronika (2023): Rotes Wien. Inspiration für feministische Utopien?, in: Kitchen Politics (Hg:innen): Die Neuordnung der Küchen. Materialistisch-feministische Entwürfe eines besseren Zusammenlebens. Alexandra Kollontai, Felicita Ruschling, Michael Raab, Veronica Duma, Münster, 139–173.
Easton, Dossie/Janet W. Hardy (2009): The Ethical Slut. A Practical Guide to Polyamory, Open Relationships & Other Adventures, 2nd ed., New York.
Ebeling, Knut/Stephan Günzel (2009): Einleitung, in: Dies. (Hg:innen): Archivologie. Theorien des Archivs in Philosophie, Medien und Künsten, Berlin, 7–28.

Farge, Arlette (2011) [1989]: Der Geschmack des Archivs, Göttingen.
Federici, Silvia (2012): Aufstand aus der Küche. Reproduktionsarbeit im globalen Kapitalismus und die unvollendete feministische Revolution, Münster.
Federici, Silvia (2021): Revolution at Point Zero. Hausarbeit, Reproduktion und feministischer Kampf, Münster.
Fischer, Ernst (1947): Freiheit und Persönlichkeit. Drei Vorlesungen über Probleme der modernen Philosophie (Schriftenreihe »Neues Österreich« 5.–6. Heft), Wien.
Fisher, Mark (2013): Kapitalistischer Realismus ohne Alternative? Eine Flugschrift, Hamburg.
Fisher, Mark (2015): Gespenster meines Lebens. Depression, Hauntology und die verlorene Zukunft, Berlin.
Fisher, Philip (2002): The Vehement Passions, Princeton/Woodstock.
Flügel-Martinsen, Oliver (2017): Befragungen des Politischen. Subjektkonstitution – Gesellschaftsordnung – Radikale Demokratie, Wiesbaden.
Flügel-Martinsen, Oliver (2020): Radikale Demokratietheorien zur Einführung, Hamburg.
Foucault, Michel (1981) [1973]: Archäologie des Wissens, Frankfurt/M.
Foucault, Michel (2001) [1977]: Das Leben der infamen Menschen, Berlin.
Franz, Yvonne/Raphael Kiczka/Robert Misik/Georg Spitaler/Irina Vana/Paul Werner (2019): Debatte. Hoffnung auf die egalitäre Stadt, in: Werner Michael Schwarz/Georg Spitaler/Elke Wikidal (Hg:innen): Das Rote Wien 1919–1934. Ideen, Debatten, Praxis, Basel, 412–419.
Frauenzentralkomitee der Sozialistischen Partei Österreichs (1947): Frauenzentralkonferenz 22. und 23. Oktober 1947, Wien.
Frauenzentralkomitee der Sozialistischen Partei Österreichs (1948): Frauen zweier Weltkriege kämpft für den Weltfrieden! Internationaler Sozialistischer Frauentag 1948, Wien.
Freundlich, Emmy (1928): Wege zur Gemeinwirtschaft, Jena.
Frevert, Ute (2020): Mächtige Gefühle. Von A wie Angst bis Z wie Zuneigung. Deutsche Geschichte seit 1900, Frankfurt/M.
Fromm, Erich (1945): Die Furcht vor der Freiheit, Zürich.
Fromm, Erich (1995) [1956]: Die Kunst des Liebens, München.
Gerhalter, Li (2021): Tagebücher als Quellen. Forschungsfelder und Sammlungen seit 1800, Göttingen.
Gordon, Avery F. (2008) [1997]: Ghostly Matters. Haunting and the Sociological Imagination, Minneapolis/London.
Gordon, Avery F. (2018): The Hawthorn Archive. Letters from the Utopian Margins, New York.
Göttlicher, Wilfried (2019): Das Rote Wien – eine Musterschulstadt, in: Werner

Michael Schwarz/Georg Spitaler/Elke Wikidal (Hg:innen): Das Rote Wien 1919–1934. Ideen, Debatten, Praxis, Basel, 96–103.
Gould, Deborah B. (2009): Moving Politics. Emotion and ACT UP's Fight against AIDS, Chicago/London.
Gouges, Olympe de (2018) [1791]: Die Rechte der Frau/Déclaration des droits de la femme, hg., übers. u. mit einer Einf. v. Gisela Bock, München.
Gramsci, Antonio (1973): Letters From Prison. Selected, Transl. From the Italian and Introd. by Lynne Lawner, London/Melbourne/New York.
Gramsci, Antonio (1993): Gefängnisheft 9, § (53), in: Gefängnishefte, Bd. 5, hg. v. Klaus Bochmann u. Wolfgang Fritz Haug unter Mitwirkung v. Peter Jehle, Heft 8–9, Hamburg, 1114–1115.
Grossberg, Lawrence (1992): We Gotta Get out of This Place. Popular Conservatism and Postmodern Culture, New York/London.
Grossberg, Lawrence (2019): Pessimismus des Willens, Optimismus des Verstands. Schlussstriche und Neuanfänge, hg. v. Roman Horak, Wien/Berlin.
Gruber, Helmut (1991): Red Vienna. Experiment in Working-Class Culture 1919–1934, New York/Oxford u. a.
Hacohen, Malachi (2019): Jacob & Esau. Jewish European History Between Nation and Empire, New York u. a.
Hake, Sabine (2017): The Proletarian Dream. Socialism, Culture, and Emotion in Germany, 1863–1933, Berlin/Boston.
Halberstam, Judith (2005): In a Queer Time and Place. Transgender Bodies, Subcultural Lives, New York/London.
Halberstam, Judith (2011): The Queer Art of Failure, Durham/London.
Hall, Stuart (1981): Notes on Deconstructing ›the Popular‹, in: Raphael Samuel (Hg:in): People's History and Socialist Theory, London/Boston/Henley, 227–240.
Hall, Stuart (1986): Popular-demokratischer oder autoritärer Populismus, in: Helmut Dubiel (Hg:in): Populismus und Aufklärung, Frankfurt/M., 84–105.
Hall, Stuart (1988): The Hard Road to Renewal. Thatcherism and the Crisis of the Left, London/New York.
Hall, Stuart (1992): Cultural Studies and Its Theoretical Legacies, in: Lawrence Grossberg/Cara Nelson/Paula A. Treichler (Hg:innen): Cultural Studies, London, 277–294.
Hall, Stuart (2000) [1989]: Die Bedeutung der *Neuen Zeiten*, in: Ders.: Cultural Studies. Ein politisches Theorieprojekt (Ausgew. Schriften 3), Hamburg, 78–97.
Hämmerle, Christa (2011): Entzweite Beziehungen? Zur Feldpost der beiden Weltkriege aus frauen- und geschlechtergeschichtlicher Perspektive, in: Veit Didczuneit/Jens Ebert/Thomas Jander (Hg:innen): Schreiben im

Krieg. Schreiben vom Krieg. Feldpost im Zeitalter der Weltkriege, Essen, 241–252.

Hämmerle, Christa (2013): Between Instrumentalisation and Self-Governing: (Female) Ego-Documents in the Age of Total War, in: François-Joseph Ruggiu (Hg:in): Les usages des ècrits du for privé. Afrique, Amérique, Asie, Europe, Oxford u. a., 263–284.

Hämmerle, Christa (2017): Gewalt und Liebe – ineinander verschränkt. Paarkorrespondenzen aus zwei Weltkriegen: 1914/18 und 1939/45, in: Ingrid Bauer/Christa Hämmerle (Hg:innen): Liebe Schreiben. Paarkorrespondenzen im Kontext des 19. und 20. Jahrhunderts, Göttingen, 171–230.

Hämmerle, Christa/Li Gerhalter (2015): Tagebuch – Geschlecht – Genre im 19. und 20. Jahrhundert, in: Li Gerhalter/Christa Hämmerle (Hg:innen): Krieg – Politik – Schreiben. Tagebücher von Frauen (1918–1950), Wien/Köln/Weimar, 7–31.

Hanisch, Ernst (2011): Der große Illusionist. Otto Bauer (1881–1938), Wien/Köln/Weimar.

Hardmeier, Sibylle (2004): Repräsentation, in: Sieglinde K. Rosenberger/Birgit Sauer (Hg:innen): Politikwissenschaft und Geschlecht. Konzepte, Verknüpfungen, Perspektiven, Wien, 149–169.

Hark, Sabine (1999): Deviante Subjekte. Die paradoxe Politik der Identität, 2. überarb. Aufl., Wiesbaden.

Hark, Sabine (2021): Gemeinschaft der Ungewählten. Umrisse eines politischen Ethos der Kohabitation, Berlin.

Hartman, Saidiya (2022): Aufsässige Leben, schöne Experimente. Von rebellischen schwarzen Mädchen, schwierigen Frauen und radikalen Queers, Berlin.

Hartmann, Saidiya (2022a) [2008]: Venus in zwei Akten, in: Dies.: Diese bittere Erde (ist womöglich nicht, was sie scheint), Berlin, 85–116.

Hauch, Gabriella (2009): Frauen bewegen Politik. Österreich 1848–1938, Innsbruck/Wien/Bozen.

Hauch, Gabriella (2014): »Besiegt ist, wer nie den Kampf aufgenommen, wer ihn nie gewollt.« Nadja Strasser, geb. Neoma Ramm (1871–1955), in: Werner Michael Schwarz/Ingo Zechner (Hg:innen): Die helle und die dunkle Seite der Moderne. Festschrift für Siegfried Mattl zum 60. Geburtstag, Wien/Berlin, 162–171.

Hauch, Gabriella (2015): »Welcher Weg ist einzuschlagen …?« Spurensuche nach Isa Strasser, geb. von Schwartzkoppen (1891–1970), in: Lucile Dreidemy u. a. (Hg:innen): Bananen, Cola, Zeitgeschichte: Oliver Rathkolb und das lange 20. Jahrhundert, Bd. 1, Wien/Köln/Weimar, 137–149.

Hauch, Gabriella (2018): »Es ist notwendig, dass klar und offen gesprochen wird.« Josef Strasser (1870–1935), ein demokratischer Kommunist in Österreich, in: Jahrbuch für Historische Kommunismusforschung, 61–78.

Hauch, Gabriella (2020): Isa Strasser: »Land ohne Schlaf« (1970). Ein autobiografischer Roman über das Leben in Moskau in den 1920er-Jahren, in: Lisia Bürgi/Eva Keller (Hg:innen): Ausgeschlossen einflussreich. Handlungsspielräume an den Rändern etablierter Machtstrukturen, Basel, 105–120.

Haug, Frigga (2020): Die Unruhe des Lernens, Hamburg.

Heer, Hannes/Walter Manoschek/Alexander Pollak/Ruth Wodak (2003): Wie Geschichte gemacht wird. Zur Konstruktion von Erinnerungen an Wehrmacht und Zweiten Weltkrieg, Wien.

Heindl, Gabu (2020): Stadtkonflikte. Radikale Demokratie in Architektur und Stadtplanung, Wien.

Helfert, Veronika (2018): Verzweiflung, Empörung und Wut: Intersektionale Perspektiven auf Geschlecht, Politik und Gewalt in und nach dem Ersten Weltkrieg, in: Maria Mesner/Sushila Mesquita (Hg:innen): Eine emotionale Geschichte. Geschlecht im Zentrum der Politik der Affekte, Wien, 49–82.

Helfert, Veronika (2021): Frauen wacht auf! Eine Frauen- und Geschlechtergeschichte von Revolution und Rätebewegung in Österreich, 1916–1924, Göttingen.

Hemmings, Clare (2018): Considering Emma Goldman. Feminist Political Ambivalence and the Imaginative Archive, Durham/London.

Hindels, Josef (1948): Reformisten und Linkssozialisten, in: Die Zukunft, H. 9 (Mitte September 1948), 263–268.

Hindels, Josef (1948a): Das Recht auf Opposition, in: Die Zukunft, H. 12 (Mitte Dezember 1948), 353–355.

Holzer, Anton (2014): Rasende Reporter. Eine Kulturgeschichte des Fotojournalismus, Darmstadt.

Honneth, Axel (2017): Das »Rote Wien«: Vom Geist des sozialistischen Experimentalismus, in: Ders.: Die Idee des Sozialismus, erw. Ausg., Berlin, 169–180.

hooks, bell (2021): alles über liebe. Neue Sichtweisen, Hamburg.

Horak, Roman (2002): Rache für Königgrätz. Volks(tümliche) Musik von den Alpen nach Deutschland und in die Welt, in: Ders.: Die Praxis der Cultural Studies, Wien, 99–116.

Horak, Roman (2006): Raymond Williams (1921–1988). Von der literarischen Kulturkritik zum kulturellen Materialismus, in: Martin Ludwig Hofmann/Tobias F. Korta/Sibylle Niekisch (Hg:innen): Culture Club II. Klassiker der Kulturtheorie, Frankfurt/M., 204–225.

Humburg, Martin (2011): »Jedes Wort ist falsch und wahr – das ist das Wesen des Worts.« Vom Schreiben und Schweigen in der Feldpost, in: Veit Didczuneit/Jens Ebert/Thomas Jander (Hg:innen): Schreiben im Krieg. Schreiben vom Krieg. Feldpost im Zeitalter der Weltkriege, Essen, 75–85.

Illies, Florian (2021): Liebe in Zeiten des Hasses. Chronik eines Gefühls 1929–1939, Frankfurt/M.

Illouz, Eva (2011): Warum Liebe weh tut. Eine soziologische Erklärung, Berlin.

Illouz, Eva (2018): Warum Liebe endet. Eine Soziologie negativer Beziehungen, Berlin.

Ingrisch, Doris (1989): Ohne Kompromiß. Das Leben von Hilde Krones, in: Edith Prost (Hg:in): »Die Partei hat mich nie enttäuscht ...« Österreichische Sozialdemokratinnen, Wien, 289–338.

Iser, Wolfgang (1984): Der Akt des Lesens, 2. durchgesehene u. verb. Aufl., München.

Iser, Wolfgang (1993): Das Fiktive und das Imaginäre. Perspektiven literarischer Anthropologie, Frankfurt/M.

Jameson, Fredric (1986): Postmoderne – zur Logik der Kultur im Spätkapitalismus, in: Andreas Huyssen/Klaus R. Scherpe (Hg:innen): Postmoderne. Zeichen eines kulturellen Wandels, Reinbek, 45–102.

Karlsson, Irmtraut (1998): Wir geigen weiter. Die SPÖ-Frauen nach 1945, in: Irmtraut Karlsson (Hg:in): Frauen in Bewegung – Frauen in der SPÖ, Wien, 11–46.

Kastner, Jens (2019): Die Linke und die Kunst. Ein Überblick, Münster.

Klemperer, Victor (1975): LTI. Notizbuch eines Philologen, Leipzig.

Kluge, Alexander (2004): Chronik der Gefühle. Bd. 2: Lebensläufe, Frankfurt/M.

Klüger, Ruth (1994) [1992]: weiter leben. Eine Jugend, München.

Knapp, Gudrun-Axeli/Angelika Wetterer (Hg:innen) (2003): Achsen der Differenz. Gesellschaftstheorie und feministische Kritik II, Münster.

Knight, Robert (Hg:in) (1988): »Ich bin dafür, die Sache in die Länge zu ziehen«. Die Wortprotokolle der österreichischen Bundesregierung von 1945 bis 1952 über die Entschädigung der Juden, Frankfurt/M.

Köhler, Lena (2020): Die Konstruktion von Erinnerung. Geschlecht, Sozialismus und Widerstand gegen den Austrofaschismus anhand der Selbstzeugnisse Maria Emharts, Münster.

Kohlich, Herbert (Hg:in) (1946): Arbeiterkalender 1946. Hg. im Auftrage des Parteivorstandes der Sozialistischen Partei Österreichs, Wien.

Koller, Christian (2014): Weiblich, proletarisch, tschechisch: Perspektiven und Probleme intersektionaler Analyse in der Geschichtswissenschaft am Beispiel des Wiener Textilarbeiterinnenstreiks von 1893, in: Sabine Hess/Nikola Langreiter/Elisabeth Timm (Hg:innen): Intersektionalität revisited: Empirische, theoretische und methodische Erkundungen, Bielefeld, 173–195.

Konrad, Helmut/Gabriella Hauch (2019): Hundert Jahre Rotes Wien. Die Zukunft einer Geschichte (Wiener Vorlesungen, Bd. 193), Wien.

Konrad, Helmut (2021): Das Private ist politisch. Marianne und Oscar Pollak, Wien.

Kos, Wolfgang (1994): Eigenheim Österreich. Zu Politik, Kultur und Alltag nach 1945, Wien.

Koschorke, Albrecht (2012): Wahrheit und Erfindung. Grundzüge einer Allgemeinen Erzähltheorie, Frankfurt/M.

Koselleck, Reinhart (1989) [1979]: Vergangene Zukunft. Zur Semantik geschichtlicher Zeiten, Frankfurt/M.

Kosofsky Sedgwick, Eve (2014): Paranoides Lesen und reparatives Lesen oder paranoid wie Sie sind, glauben Sie wahrscheinlich, dieser Essay handle von Ihnen, in: Angelika Baier/Christa Binswanger/Jana Häberlein/Yv Eveline Nay/Andrea Zimmermann (Hg:innen): Affekt und Geschlecht. Eine einführende Anthologie. Wien, 355–399.

Krammer, Marion (2022): Rasender Stillstand oder Stunde Null? Österreichische PressefotografInnen 1945–1955, Göttingen.

Kreuzer, Franz (1983): Gespräch mit Marie Jahoda, in: Des Menschen hohe Braut. Arbeit, Freizeit, Arbeitslosigkeit. Franz Kreuzer im Gespräch mit Marie Jahoda fünfzig Jahre nach der Untersuchung Die Arbeitslosen von Marienthal, Wien, 7–33.

Kroll, Thomas (2007): Kommunistische Intellektuelle in Westeuropa. Frankreich, Österreich, Italien und Großbritannien im Vergleich (1945–1956), Köln/Weimar/Wien.

Krones, Franz (1946): Gleichgewicht der Klassenkräfte, in: Die Zukunft, H. 7 (Mitte September 1946), 10–14.

Krones, Hilde (1946): Die Aufgaben der Frau in der Partei, in: SPÖ Vertrauensmann, 1. Jg., H. 2 (Oktober 1946), 45–46.

Krones, Hilde (1946a): Hauswirtschaft – Haushalt, in: Der Vertrauensmann, 1. Jg., H. 4 (Dezember 1946), 109–111.

Krones, Hilde (1946b): Niemals Vergessen!, in: Arbeiter-Zeitung (19. 9. 1946), 2.

Krones, Hilde (1947): Währungsreform ja – wenn ..., in: strom. Kulturpolitische Wochenschrift, 3. Jg., H. 29 (28. 11. 1947), 3–4.

Hilde Krones (1947a): Ausrottung des Nazifaschismus, in: Internationaler Frauentag 1947, Wien, o. S.

Krones, Hilde (1947b): Das Nazi-Gesetz, in: Die Frau, H. 7 (15. 2. 1947), 1.

Krones, Hilde [hk] (1948): Hinter der Pallas Athene, in: der kämpfer, 1. Jg., H. 1, 4.

Krones, Hilde (1948a): 4½ Punkte sind ausständig!, in: strom. Sozialistische Halbmonatsschrift, 4. Jg. H. 3 (10. 2. 1948), 4.

Krones, Hilde [hk] (1948b): Hinter der Pallas Athene, in: der kämpfer, 1. Jg., H. 2, 4.

Krones, Hilde [hk] (1948c): Hinter der Pallas Athene, in: der kämpfer, 1. Jg., H. 3, 4.

[Krones, Hilde] (1949): Rechte und Linke, in: Der Neue Vorwärts, Nr. 2 (16. 1. 1949), 5

Kurt, Şeyda (2022): Radikale Zärtlichkeit. Warum Liebe politisch ist, Hamburg.

Laclau, Ernesto (2022): Die populistische Vernunft, Wien.

Laclau, Ernesto/Chantal Mouffe (1991): Hegemonie und radikale Demokratie. Zur Dekonstruktion des Marxismus, Wien.

Lambert, Richard (2020): Theater, in: Rob McFarland/Georg Spitaler/Ingo Zechner (Hg:innen): Das Rote Wien. Schlüsseltexte der zweiten Wiener Moderne 1919–1934, Berlin/Boston, 641–666.

Lambert, Richard/Gernot Waldner (2020): Literatur, in: Rob McFarland/Georg Spitaler/Ingo Zechner (Hg:innen): Das Rote Wien. Schlüsseltexte der zweiten Wiener Moderne 1919–1934, Berlin/Boston, 617–638.

Landry, Donna/Gerald MacLean (1996): Introduction: Reading Spivak, in: Dies. (Hg:innen): The Spivak Reader, New York/London.

Lazarsfeld, Sofie (1931): Angst vor der Frau, in: Rob McFarland/Georg Spitaler/Ingo Zechner (Hg:innen): Das Rote Wien. Schlüsseltexte der zweiten Wiener Moderne 1919–1934, Berlin/Boston, 330–331.

Lehrerarbeitsgemeinschaft des XI. Wiener Inspektionsbezirkes (Hg:innen) (1924): Gedichte, Lieder und Redestoffe für die Republikfeier (12. November), Wien/Leipzig/New York.

Leichter, Käthe (1932): So leben wir ... 1320 Industriearbeiterinnen berichten über ihr Leben, Wien.

Leichter, Otto (1968): Zwischen zwei Diktaturen. Österreichs Revolutionäre Sozialisten 1934–1938, Wien/Frankfurt/M./Zürich.

Lembcke, Oliver/Florian Weber (2010): Emotion und Revolution. Spurenlese zu einer Theorie der affektiven Grundlagen politischer Ordnungen, in: Österreichische Zeitschrift für Politikwissenschaft (ÖZP), 39. Jg., H. 2, 171–186.

Lepinski, Franz (1927): Die jungsozialistische Bewegung, ihre Geschichte und ihre Aufgaben (Jungsozialistische Schriftenreihe), Berlin.

Linhart, Ruth (Hg:in) (1987): Wenn erst Friede ist. Überleben mit Anstand in lautloser Opposition. Ein Briefwechsel 1940–1945, Wien.

Löffler, Marion (2011): Politik der Zeitschichten. Utopische Potenziale im österreichischen Staatsdenken der Zwischenkriegszeit, in: Eva Kreisky/Marion Löffler/Sabine Zelger (Hg:innen): Staatsfiktionen. Denkbilder moderner Staatlichkeit, Wien, 181–199.

Löffler, Marion (2012): Fiktionale Literatur als Beitrag zur politischen Theorie, in: Eva Kreisky/Marion Löffler/Georg Spitaler (Hg:innen): Theoriearbeit in der Politikwissenschaft, Wien, 307–320.

Lorey, Isabell (2012): Postkoloniale politische Theorie, in: Eva Kreisky/Marion Löffler/Georg Spitaler (Hg:innen): Theoriearbeit in der Politikwissenschaft, Wien, 175–187.

Lorey, Isabell (2020): Demokratie im Präsens. Eine Theorie der politischen Gegenwart, Berlin.

Lothar, Ernst (2019) [1949]: Die Rückkehr. Roman, München.

Love, Heather (2007): Feeling Backward. Loss and the Politics of Queer History, Cambridge/London.

Luitpold, Josef (1927): Die Rückkehr des Prometheus, Berlin.

Maimann, Helene (1988): Die Rauscher-Saga. Bilder einer Familie. Aufgezeichnet von Helene Maimann, in: Dies. (Hg:in): Die Ersten Hundert Jahre. Österreichische Sozialdemokratie 1888–1988, Wien/München, 80–97.

Marchart, Oliver (2008): Cultural Studies, Konstanz.

Marchart, Oliver (2018): Thinking Antagonism. Political Ontology after Laclau, Endinburgh.

Marchart, Oliver (2019): Für einen parteilichen Universalismus. Radikale Demokratie zwischen Pluralismus und Antagonismus, in: Allgemeine Zeitschrift für Philosophie (AZP), 44. Jg., H. 3, 345–370.

Markova, Ina (2019): Tilly Spiegel. Eine politische Biografie, Wien.

Markovits, Andrei S. (2021): The Passport as Home. Comfort in Rootlessness, Budapest/Vienna/New York.

Marschalek, Manfred (1990): Untergrund und Exil. Österreichs Sozialisten zwischen 1934 und 1945, Wien.

Mason, Paul (2019): Klare, lichte Zukunft. Eine radikale Verteidigung des Humanismus, Berlin.

Massumi, Brian (1995): The Autonomy of Affect, in: Cultural Critique, Nr. 31 (Fall 1995), 83–109.

Mayerhofer, Rainer (2020): Doch die Menschen liebe ich über alles. Rosa Jochmann – eine Biografie in Briefen, Wien.

McFarland, Rob/Nicole G. Burgoyne/Georg Vasold (2020): Freudomarxismus und Individualpsychologie, in: Rob McFarland/Georg Spitaler/Ingo Zechner (Hg:innen): Das Rote Wien. Schlüsseltexte der Zweiten Wiener Moderne 1919–1934, Berlin/Boston, 167–188.

McFarland, Rob/Georg Spitaler/Ingo Zechner (Hg:innen) (2020): Das Rote Wien. Schlüsseltexte der zweiten Wiener Moderne 1919–1934, Berlin/Boston.

McFarland, Rob/Georg Spitaler/Ingo Zechner (2020a): Einleitung, in: Dies. (Hg:innen): Das Rote Wien. Schlüsseltexte der zweiten Wiener Moderne 1919–1934, Berlin/Boston, 3–16.

McRobbie, Angela (2010): Top Girls: Feminismus und der Aufstieg des neoliberalen Geschlechterregimes, Wiesbaden.
McRobbie, Angela (2020): Feminism and the Politics of Resilience. Essays on Gender, Media and the End of Welfare, Cambridge/Medford.
Meißner, Hanna (2010): Jenseits des autonomen Subjekts. Zur gesellschaftlichen Konstitution von Handlungsfähigkeit im Anschluss an Butler, Foucault und Marx, Bielefeld.
Menasse, Robert (1990): Die sozialpartnerschaftliche Ästhetik. Das Österreichische an der Literatur der Zweiten Republik, in: Ders.: Die sozialpartnerschaftliche Ästhetik. Essays zum österreichischen Geist, Wien, 7–110.
Mesner, Maria (1990): »Weil ein anfänglich sehr kleiner Kreis von Freunden unbeirrt zusammen gehalten« hat ... Die Umorientierung der SPÖ unter Renner und Schärf, in: Erich Fröschl/Maria Mesner/Helge Zoitl (Hg:innen): Die Bewegung. Hundert Jahre Sozialdemokratie in Österreich, Wien, 476–486.
Mesner, Maria (1997): Die Neugestaltung des Ehe- und Familienrechts. Re-Definitionspotentiale und Geschlechterverhältnisse der Aufbau-Zeit, in: Zeitgeschichte, 24. Jg., H. 5/6 (Mai/Juni 1997), 186–203.
Mesner, Maria (2005): Die Unabwägbarkeiten der Nachkriegszeit und die Sicherheiten des Kalten Krieges. Die SPÖ-interne Diskussion der Entnazifizierung, in: Dies. (Hg:in): Entnazifizierung zwischen politischem Anspruch, Parteienkonkurrenz und Kaltem Krieg. Das Beispiel SPÖ, München, 59–76.
Misik, Robert (2022): Das große Beginnergefühl. Moderne, Zeitgeist, Revolution, Berlin.
Mohrmann, Judith (2015): Affekt und Revolution. Politisches Handeln nach Arendt und Kant, Frankfurt/M./New York.
Moos, Carlo (Hg:in) (2021): (K)ein Austrofaschismus? Studien zum Herrschaftssystem 1933–1938, Münster.
Mouffe, Chantal (2007): Über das Politische. Wider die kosmopolitische Illusion, Frankfurt/M.
Mouffe, Chantal (2014): Agonistik. Die Welt politisch denken, Berlin.
Mouffe, Chantal (2018): Für einen linken Populismus, Berlin.
Mueller, Wolfgang (2005): Die sowjetische Besatzung in Österreich 1945–1955 und ihre politische Mission, Wien/Köln/Weimar.
Mueller, Wolfgang/Arnold Suppan/Norman M. Naimark/Gennadij Bordugov (Hg:innen) (2005): Sowjetische Politik in Österreich 1945–1955. Dokumente aus russischen Archiven, Wien.
Mugrauer, Manfred (2020): Die Politik der KPÖ 1945–1955. Von der Regierungsbank in die innenpolitische Isolation, Göttingen.
Mugrauer, Manfred (2021): Angeblicher Putschplan der KPÖ: eine Fälschung

von Nazi-Agenten, in: Mitteilungen der Alfred Klahr Gesellschaft, H. 2, 7–10.

Nemec, Birgit (2020): Gesundheit und Sozialhygiene, in: Rob McFarland/ Georg Spitaler/Ingo Zechner (Hg:innen): Das Rote Wien. Schlüsseltexte der zweiten Wiener Moderne 1919–1934, Berlin/Boston, 343–366.

Neugebauer, Wolfgang (2015): Der österreichische Widerstand 1938–1945. Überarb. und erw. Fassung, Wien.

Nick, Rainer/Anton Pelinka (1983): Bürgerkrieg – Sozialpartnerschaft. Das politische System Österreichs. 1. und 2. Republik. Ein Vergleich, Wien/ München.

Niederacher, Sonja (2005): Die Entwicklung der Entnazifizierungsgesetzgebung, in: Maria Mesner (Hg:in): Entnazifizierung zwischen politischem Anspruch, Parteienkonkurrenz und Kaltem Krieg. Das Beispiel SPÖ, München, 13–36.

Niederkofler, Heidi (2009): Mehrheit verpflichtet. Frauenorganisationen der politischen Parteien in Österreich in der Nachkriegszeit, Wien.

Ngai, Sianne (2005): Ugly Feelings, Cambridge/London.

N. N. (1949): Hilde Krones, in: Der Sozialistische Kämpfer, H. 8 (Dezember 1949), 2–3.

Öhner, Vrääth (2019): Austromarxismus. Die Ideologie der Einheit der österreichischen Arbeiterbewegung, in: Werner Michael Schwarz/Georg Spitaler/Elke Wikidal (Hg:innen): Das Rote Wien 1919–1934. Ideen, Debatten, Praxis, Basel, 32–37.

Öhner, Vrääth (2020): Austromarxismus, in: Rob McFarland/Georg Spitaler/ Ingo Zechner (Hg:innen): Das Rote Wien. Schlüsseltexte der zweiten Wiener Moderne 1919–1934, Berlin/Boston, 143–165.

Pelinka, Peter (1981): Erbe und Neubeginn. Die Revolutionären Sozialisten in Österreich 1934–1938, Wien.

Pelluchon, Corine (2023): Die Durchquerung des Unmöglichen. Hoffnung in Zeiten der Klimakatastrophe, München.

Penz, Otto/Birgit Sauer (2016): Affektives Kapital. Die Ökonomisierung von Gefühlen im Arbeitsleben, Frankfurt/M./New York.

Perz, Bertrand/Heidemarie Uhl (2004): Gedächtnis-Orte im »Kampf um Erinnerung«. Gedenkstätten für die Gefallenen des Zweiten Weltkrieges und für die Opfer der nationalsozialistischen Gewaltherrschaft, in: Emil Brix/ Ernst Bruckmüller/Hannes Stekl (Hg:innen): Memoria Austriae I. Menschen, Mythen, Zeiten, Wien, 545–579.

Peters, Sibylle (2013): Das Forschen aller – ein Vorwort, in: Dies. (Hg:in): Das Forschen aller. Artistic Research als Wissensproduktion zwischen Kunst, Wissenschaft und Gesellschaft, Bielefeld, 7–21.

Pfoser, Alfred (1980): Literatur und Austromarxismus, Wien.

Pohn-Weidinger, Maria (2014): Heroisierte Opfer. Bearbeitungs- und Handlungskonstruktionen von »Trümmerfrauen« in Wien, Wiesbaden.
Pollak, Oscar (1946): Österreich heute, in: Die Zukunft, H. 1 (Mitte März 1946), 2–4.
Popp, Adelheid (1918): Die Frau im neuen Staat, in: Der Kampf. Sozialdemokratische Monatsschrift, 11. Jg., H. 11 (November 1918), 729–732.
Popp, Adelheid (1927): Traurige Jugend. Die Jugendgeschichte einer Arbeiterin, von ihr selbst erzählt, Wien.
Popp, Adelheid (2019 [1909]): Jugend einer Arbeiterin, hg. v. Sibylle Hamann, mit Essays v. Katharina Prager u. Sibylle Hamann, Wien.
Prefiguring Democratic Futures (2022): Cultural and Theoretical Responses to the Crisis of Political Imagination, https://predef.univie.ac.at/research [abgerufen am 26. 4. 2023].
Prost, Edith (Hg:in) (1989): »Die Partei hat mich nie enttäuscht ...« Österreichische Sozialdemokratinnen, Wien.
Protokoll des Parteitages der SPÖ, Wien 15. bis 17. 11. 1946, Wien.
Protokoll des vierten Parteitages der SPÖ, Wien 10. bis 12. 11. 1948, Wien.
Rancière, Jacques (2002): Das Unvernehmen. Politik und Philosophie, Frankfurt/M.
Rancière, Jacques (2004): The Politics of Aesthetics. The Distribution of the Sensible, London/New York.
Rancière, Jacques (2011): Politik der Literatur, Wien.
Ratzenböck, Gertraud (1990): Mutterliebe. Bemerkungen zur gesellschaftlich konstruierten Verknüpfung von Mutterliebe und Familie, in: Monika Bernold/Andrea Ellmeier/Ela Hornung/Johanna Gehmacher/Gertraud Ratzenböck/Beate Wirthensohn: Familie: Arbeitsplatz oder Ort des Glücks? Historische Schnitte ins Private, Wien, 19–49.
Redecker, Eva von (2018): Praxis und Revolution. Eine Sozialtheorie radikalen Wandels, Frankfurt/M./New York.
Redecker, Eva von (2020): Revolution für das Leben. Philosophie der neuen Protestformen, Frankfurt/M.
Reich, Maximilian/Emilie Reich (2007): Zweier Zeugen Mund. Verschollene Manuskripte aus 1938. Wien – Dachau – Buchenwald, hg. v. Henriette Mandl, Wien.
Reiter, Margit (2001): Unter Antisemitismus-Verdacht. Die österreichische Linke und Israel nach der Shoah, Innsbruck/Wien/München.
Reiter, Margit (2018): Die österreichische Sozialdemokratie und Antisemitismus. Politische Kampfansage mit Ambivalenzen, in: Gertrude Enderle-Burcel/Ilse Reiter Zatloukal (Hg:innen): Antisemitismus in Österreich 1933–1938, Wien/Köln/Weimar, 361–379.

Reynolds, Simon (2011): Retromania. Pop Culture's Addiction to Its Own Past, London.
Rickels, Laurence A. (2015): Einführung, in: Carolin Meister/Laurence A. Rickels (Hg:innen): Ghostarbeiter. Über technische und okkulte Medien, Berlin, 9–19.
Rigney, Ann (2018): Remembering Hope: Transnational Activism Beyond the Traumatic, in: Memory Studies 11. Jg., H. 3, 368–380.
Roig, Emilia (2023): Das Ende der Ehe. Für eine Revolution der Liebe, Berlin.
Roman, Leslie G. (2015): Conjunctural Thinking – »Pessimism of the Intellect, Optimism of the Will«: Lawrence Grossberg Remembers Stuart Hall, in: Discourse: Studies in the Cultural Politics of Education, 36. Jg., H. 2, 185–199.
Rosdolsky-Kreis (2017): Mit permanenten Grüßen. Leben und Werk von Emmy und Roman Rosdolsky, Wien.
Ross, Kristin (2021): Luxus für alle. Die politische Gedankenwelt der Pariser Kommune, Berlin.
Rühle-Gerstl, Alice (1927): Der Weg zum Wir. Versuch einer Verbindung von Marxismus und Individualpsychologie, Dresden.
Salzborn, Samuel (2010): Antisemitismus als negative Leitidee der Moderne. Sozialwissenschaftliche Theorien im Vergleich, Frankfurt/M.
Sauer, Birgit (1999): »Politik wird mit dem Kopfe gemacht.« Überlegungen zu einer geschlechtersensiblen Politologie der Gefühle, in: Ansgar Klein/Frank Nullmeier (Hg:innen): Masse – Macht – Emotionen. Zu einer politischen Soziologie der Emotionen, Opladen, 200–218.
Saurer, Edith (2003): »Aber wie unendlich weit ist diese Stimme …« Nähe und Erinnerung in Otto Leichters Brieftagebuch, geschrieben in der Pariser Emigration 1938/39, in: Christa Hämmerle/Edith Saurer (Hg:innen): Briefkulturen und ihr Geschlecht. Zur Geschichte der privaten Korrespondenz vom 16. Jahrhundert bis heute (L'Homme Schriften 7), Wien/Köln/Weimar, 219–234.
Schafranek, Hans (2015): Frauen im Widerstandsnetzwerk um Karl Hudomalj. Die »Anti-Hitler-Bewegung-Österreichs« 1942–1944, in: Jahrbuch für Historische Kommunismusforschung, 17–38.
Schärf, Adolf (1948): April 1945 in Wien, Wien.
Schärf, Adolf (1955): Österreichs Erneuerung 1945–1955. Das erste Jahrzehnt der zweiten Republik, Wien.
Schärf, Paul (1967): Otto Haas. Ein revolutionärer Sozialist gegen das Dritte Reich, Wien/Frankfurt/M./Zürich.
Scharf, Erwin (1948): Ich darf nicht schweigen. Drei Jahre Politik des Parteivorstandes der SPÖ – von innen gesehen, Wien.

Scharf, Erwin (1988): Ich hab's gewagt mit Sinnen ... Entscheidungen im antifaschistischen Widerstand – Erlebnisse in der politischen Konfrontation, Wien.

Schlesinger, Therese (1927): Zum Problem der Mutterschaft, in: Der Kampf. Sozialdemokratische Monatsschrift, 20. Jg., H. 10 (Oktober 1927), 475–479.

Schwarz, Werner Michael/Georg Spitaler/Elke Wikidal (2019): Einleitung, in: Dies. (Hg:innen): Das Rote Wien 1919–1934. Ideen, Debatten, Praxis, Basel, 12–15.

Scott, Joan (2012): The Incommensurability of Psychoanalysis and History, in: History and Theory, 51. Jg., H. 1, 63–83.

Sederberg, Kathryn (2015): »Als wäre es ein Brief an dich«. Brieftagebücher 1943–1948, in: Janosch Steuwer/Rüdiger Graf (Hg:innen): Selbstreflexionen und Weltdeutungen. Tagebücher in der Geschichte und der Geschichtsschreibung des 20. Jahrhunderts, Göttingen, 143–162.

Segato, Rita Laura (2021): Wider die Grausamkeit. Für einen feministischen und dekolonialen Weg, Wien/Berlin.

Seitz, Sergej (2022): Affirmative Refusals: Reclaiming Political Imagination With Bonnie Honig and Lola Olufemi, in: Genealogy+Critique 8. Jg., H. 1, 1–22.

Sekretariat für Geister, Archivpolitiken und Lücken (2023): Archives on a Damaged Planet: Unruly Ghosts Are Out To Roam, in: Migrazine, H. 1 (2023), https://migrazine.at/artikel/archives-damaged-planet-unruly-ghosts-are-out-roam [abgerufen am 26. 4. 2024].

Sekula, Alan (2003) [1986]: Reading the Archive. Photography Between Labour and Capital, in: Liz Wells (Hg:in): The Photography Reader, London/New York, 443–452.

Slavik, Felix (1974): Es geschah im Roten Salon, in: wien aktuell, H. 4 (4. April 1975), 5–8.

Sontag, Susan (2005): Das Leiden anderer betrachten, Frankfurt/M.

Sottopietra, Doris/Maria Wirth (2005): Die Länderebene der SPÖ, in: Maria Mesner (Hg:in): Entnazifizierung zwischen politischem Anspruch, Parteienkonkurrenz und Kaltem Krieg. Das Beispiel SPÖ, München, 77–145.

Sozialdemokratische Bezirksorganisation Ottakring (1933): Tätigkeitsbericht über die Zeit vom 1. Jänner bis 31. Dezember 1932, Wien.

Sozialistische Partei Österreichs, Bezirksorganisation Ottakring (1949): Jahresbericht 1948, Wien.

Spitaler, Georg (2005): Authentischer Sport – inszenierte Politik? Zum Verhältnis von Mediensport, Symbolischer Politik und Populismus in Österreich, Frankfurt/M.

Spitaler, Georg (2017): »Cheers!« Zur Theoretisierung von Postfeminismus, Subversion und politischer Handlungsfähigkeit in Denice Bourbons »Stories of a Fabulous Queer Femme in Action«, in: Tobias Gerber/Katharina Hausladen (Hg:innen): Compared to What? Pop zwischen Normativität und Subversion, Wien, 93–110.

Spitaler, Georg (2018): Ein Spuk-Bild des linken Sports: »Nie schiesst der Fascismus im roten Wien ein Goal!«, in: Matthias Marschik/Agnes Meisinger/Rudolf Müllner/Johann Skocek/Georg Spitaler (Hg:innen): Images des Sports in Österreich. Innensichten und Außenwahrnehmungen, Wien, 189–200.

Spitaler, Georg (2018a): Spukende Zukunft. Zur Theoretisierung von *Hauntology*, politischer Handlungsfähigkeit und (post-)demokratischen Gefühlen in den Romanen *Das Lange Echo* und *Quecksilbertage*, in: Amália Kerekes/Marion Löffler/Georg Spitaler/Sabine Zelger (Hg:innen): denken, schreiben, tun. Politische Handlungsfähigkeit in Theorie, Literatur und Medien, Frankfurt/M., 183–198.

Spitaler, Georg (2020): Erinnerungen an eine vergangene Zukunft. Rezeptionsgeschichten des Roten Wien, in: Harald R. Stühlinger unter Mitarbeit v. Gerhard Murauer (Hg:in): Rotes Wien publiziert. Architektur in Medien und Kampagnen, Wien/Berlin, 69–81.

Spitaler, Georg (2022): Wohnbau im Roten Wien. Spukende Erinnerungen an eine linke Politik aus der Krise, in: Berliner Debatte Initial, 33. Jg., H. 4, 56–66.

Spitaler, Georg (2024): Forschende Séance in einem politischen Archiv: Hilde Krones und die spukende »Generation der Vollendung«, in: Helmut Neundlinger/Fermin Suter (Hg:innen): Gespeicherte Gefühle. Über die Affekte im Archiv, Berlin/Boston, 139–155.

Spitaler, Georg (2024a): Hilde Krones and the »Generation of Fulfillment«, in: Selin Çağatay/Alexandra Ghit/Olga Gnydiuk/Veronika Helfert/Ivelina Masheva/Zhanna Popova/Jelena Tešija/Eszter Varsa/Susan Zimmermann (Hg:innen): Through the Prism of Gender and Work: Women's Labour Struggles in Central and Eastern Europe and Beyond, 19th to 20th Centuries, Leiden/Boston, 543–569.

Spitaler, Georg (2024b): Hilde Krones und die »Generation der Vollendung«. Eine hauntologische Séance. Habilitationsschrift an der Universität Wien [2024 im Begutachtungsprozess].

Spivak, Gayatri Chakravorty (2008): Can the Subaltern Speak? Postkolonialität und subalterne Artikulation. Mit einer Einleitung von Hito Steyerl, Wien.

Sporrer, Maria/Herbert Steiner (1986): Erwin Scharf Zeitzeuge, Wien/München/Zürich.

Spranger, Eduard (1924): Psychologie des Jugendalters, Leipzig.

Steinfeld, Thomas (2017): Herr der Gespenster. Die Gedanken des Karl Marx, München.

Stenographisches Protokoll. 86. Sitzung des Nationalrates der Republik Österreich. V. Gesetzgebungsperiode (7. 7. 1948).

Stenographisches Protokoll. 96. Sitzung des Nationalrates der Republik Österreich. V. Gesetzgebungsperiode (13. 12. 1948).

Sterk, Josef (1964): SAJ: Generation der Vollendung? (1918–1934), in: Heinz Nittel: Kampf und Aufstieg. Die Geschichte der sozialistischen Jugendbewegung, Wien, 26–34.

Steuwer, Janosch/Rüdiger Graf (2015): Selbstreflexionen und Weltdeutung in Tagebüchern des 20. Jahrhunderts, in: Dies. (Hg:innen): Selbstreflexionen und Weltdeutungen. Tagebücher in der Geschichte und der Geschichtsschreibung des 20. Jahrhunderts, Göttingen, 7–36.

Strauß und Torney, Lulu von (1935): Reif steht die Saat. Gesamtausgabe der Balladen und Gedichte, Jena.

Street, John (1997): Politics and Popular Culture, Cambridge/Oxford.

Studer, Brigitte (2011): 1968 und die Formung des feministischen Subjekts, Wien.

Studer, Brigitte (2020): Reisende der Weltrevolution. Eine Globalgeschichte der Kommunistischen Internationale, Berlin.

Sturm, Margit (2003): Lebenszeichen und Liebesbeweise aus dem Ersten Weltkrieg. Eine sozialdemokratische Kriegsehe im Spiegel der Feldpost, in: Christa Hämmerle/Edith Saurer (Hg:innen): Briefkulturen und ihr Geschlecht. Zur Geschichte der privaten Korrespondenz vom 16. Jahrhundert bis heute (L'Homme Schriften 7), Wien/Köln/Weimar, 237–259.

Susemichel, Lea/Jens Kastner (2018): Identitätspolitiken: Konzepte und Kritiken in Geschichte und Gegenwart der Linken, Münster.

Thompson, Peter (2013): Introduction: The Privatization of Hope and the Crisis of Negation, in: Peter Thompson/Slavoj Žižek (Hg:innen): The Privatization of Hope. Ernst Bloch and the Future of Utopia, Durham/London, 1–20.

Thurner, Erika (1988): »Dann haben wir wieder unsere Arbeit gemacht«, in: Zeitgeschichte, 15. Jg., H. 9/10 (Juni/Juli 1988), 403–419.

Toupin, Louise (2022): Lohn für Hausarbeit. Chronik eines internationalen Frauenkampfs, Münster.

Townsend Warner, Sylvia (2020) [1936]: Summer Will Show, London.

Trausmuth, Gernot (2019): »Ich fürchte niemanden«. Adelheid Popp und der Kampf für das Frauenwahlrecht, Wien.

Traverso, Enzo (1995): Die Marxisten und die jüdische Frage. Geschichte einer Debatte (1843–1943), Mainz.

Traverso, Enzo (2000): Nach Auschwitz. Die Linke und die Aufarbeitung des NS-Völkermords, Köln.

Traverso, Enzo (2019): Linke Melancholie. Über die Stärke einer verborgenen Tradition, Münster.

Trocker, Anouschka/Marie Chartron (2020): Die Tagebücher der Olga Bergholz. Mit allem, was lebendig in dir ist ... https://www.hoerspielundfeature.de/die-tagebuecher-der-olga-bergholz-mit-allem-was-lebendig-in-100.html [abgerufen am 25. 11. 2023].

Tronto, Joan C. (2013): Caring Democracy. Markets, Equality, and Justice, New York/London.

Tschiggerl, Martin/Thomas Walach (2022): Die erfundene »Trümmerfrau«. Der Umgang mit der NS-Zeit in Österreich, in: Vierteljahreshefte für Zeitgeschichte, 70. Jg., H. 2, 299–326.

Vidal, Francesca (2012): Hoffnung, in: Beat Dietschy/Doris Zeilinger/Rainer E. Zimmermann (Hg:innen): Bloch-Wörterbuch. Leitbegriffe in der Philosophie Ernst Blochs, Berlin/Boston, 189–212.

Viehöver, Willy (2012): »Menschen lesbarer machen«: Narration, Diskurs, Referenz, in: Markus Arnold/Gert Dressel/Willy Viehöver (Hg:innen): Erzählungen im Öffentlichen. Über die Wirkung narrativer Diskurse, Wiesbaden, 65–132.

Viehöver, Willy (2014): Erzählungen im Feld der Politik, Politik durch Erzählungen. Überlegungen zur Rolle der Narrationen in den politischen Wissenschaften, in: Frank Gadinger/Sebastian Jarzebski/Taylan Yildiz (Hg:innen): Politische Narrative. Konzepte – Analysen – Forschungspraxis, Wiesbaden, 67–91.

Weber, Fritz (2011) [1986; Univ. Diss Universität Salzburg 1977]: Der kalte Krieg in der SPÖ, 2. erg. Aufl., Münster.

West, Franz (1978): Die Linke im Ständestaat in Österreich. Revolutionäre Sozialisten und Kommunisten 1934–1938, Wien/München/Zürich.

Williams, Raymond (1977): Innovationen. Über den Prozeßcharakter von Literatur und Kultur, Frankfurt/M.

Williams, Raymond (1977a): Marxism and Literature, Oxford/New York.

Williams, Raymond (1989): Walking Backwards Into the Future (1985), in: Ders.: Resources of Hope. Culture, Democracy, Socialism. Edited by Robin Gable. With an Introduction by Robin Blackburn, London/New York, 281–287.

Winker, Gabriele (2015): Care Revolution. Schritte in eine solidarische Gesellschaft, Bielefeld.

Winker, Gabriele/Nina Degele (2009): Intersektionalität: Zur Analyse sozialer Wirklichkeiten, Bielefeld.

Wippermann, Wolfgang (1981): Zur Analyse des Faschismus. Die sozialistischen und kommunistischen Faschismustheorien 1921–1945, Frankfurt/M./Berlin/München.

Wodak, Ruth (2016): Politik mit der Angst. Zur Wirkung rechtspopulistischer Diskurse, Wien/Hamburg.

Wolf, Johanna (2024): Discussions About Equal Pay in the World Federation of Trade Unions in the Late 1940s, in: Selin Çağatay/Alexandra Ghit/Olga Gnydiuk/Veronika Helfert/Ivelina Masheva/Zhanna Popova/Jelena Tešija/Eszter Varsa/Susan Zimmermann (Hg:innen): Through the Prism of Gender and Work: Women's Labour Struggles in Central and Eastern Europe and Beyond, 19th to 20th Centuries, Leiden/Boston, 202–230.

Wörsching, Mathias/unter Mitarbeit von Fabian Kunow (2020): Faschismustheorien. Überblick und Einführung, Stuttgart.

Würmann, Carsten/Ansgar Warner (2008): Im Pausenraum des »Dritten Reiches«. Zur Populärkultur im nationalsozialistischen Deutschland, in: Dies. (Hg:innen): Im Pausenraum des »Dritten Reiches«. Zur Populärkultur im nationalsozialistischen Deutschland, Bern u. a., 7–19.

Yazdanpanah, Marie Noëlle (2020): Bildung für alle, in: Rob McFarland/Georg Spitaler/Ingo Zechner (Hg:innen): Das Rote Wien. Schlüsseltexte der zweiten Wiener Moderne 1919–1934, Berlin/Boston, 395–419.

Yazdanpanah, Marie Noëlle/Veronika Duma (2020): Die ›neue Frau‹ und Frauenrechte, in: Rob McFarland/Georg Spitaler/Ingo Zechner (Hg:innen): Das Rote Wien. Schlüsseltexte der zweiten Wiener Moderne 1919–1934, Berlin/Boston, 293–315.

Zimmermann, Susan (2021): Frauenpolitik und Männergewerkschaft. Internationale Geschlechterpolitik, IGB-Gewerkschafterinnen und die Arbeiter- und Frauenbewegungen der Zwischenkriegszeit, Wien.

Danksagung

Vorab danke ich dem Mandelbaum Verlag, vor allem Martin Birkner für sein Vertrauen in das Projekt, Kathrin Wohlmuth-Konrad für die professionelle Betreuung, Kevin Mitrega für die Buchgestaltung und Monika Halbinger für das hervorragende inhaltliche und formale Lektorat.

Bei Brigitte Bargetz, Marion Löffler, Birgit Sauer, Sabine Zelger und Ilker Ataç bedanke ich mich für ihre wichtigen Hinweise und ihr Feedback zu frühen Fassungen des Textes. Ebenso bin ich den Teilnehmer:innen des Habil-Kolloquiums am Institut für Politikwissenschaft der Universität Wien für Anregungen dankbar – allen voran den Organisator:innen Ulrich Brand und Birgit Sauer, die dieses kollegiale Forum ermöglicht haben. Eva Kreisky, Betreuerin meiner Diplomarbeit und Dissertation, in deren Fachbereich ich später als Assistent am Institut für Politikwissenschaft tätig war, danke ich für ihre langjährige Förderung und Unterstützung und dafür, dass sie mich mit der Geschlechterforschung affiziert hat.

Dank für ihre Unterstützung bei der Verlagssuche geht an Robert Misik, Gerald Posselt und Günther Sandner.

Frühe Fassungen einzelner Kapitel konnte ich 2021/22 auf den Tagungen *Gespeicherte Gefühle. Affekt im Archiv* (Archiv der Zeitgenossen, Krems) und *Women's Labour Activism in Eastern Europe and Beyond, 19th and 20th Centuries* (Central European University) zur Diskussion stellen – hier gilt mein Dank den jeweiligen Veranstalter:innen und den Gutachter:innen der schriftlichen Beiträge für ihre nützlichen Hinweise.

Den Teilnehmer:innen meiner Lehrveranstaltungen an der Universität Wien zu *Spukende Vergangenheit, linke Melancholie* (WS 2020/21) und *Politikwissenschaft in der Praxis: Geister und Mythen des Roten Wiens* (SoSe 2018, WS 2018/19, WS 2022/23) danke ich für spannende Diskussionen und ihr engagiertes Interesse.

Viele Gedanken und Ideen für dieses Buch entspringen dem vorangegangen Projekt des *Red Vienna Sourcebook* (2020) und der Ausstellung *Das Rote Wien. Ideen, Debatten, Praxis* (2019, Wien Museum MUSA) – ich danke allen Kolleg:innen des beteiligten internationalen kulturwissenschaftlichen Netzwerkes *btwh* für die inspirierende Zusammenarbeit.

Für inhaltliche Tipps und Hinweise zu Quellen danke ich zudem Heimo Gruber, Veronika Helfert, Pablo Hörtner, Steffie Klamuth, Marion Krammer, Wolfgang Mueller, Manfred Mugrauer (Alfred Klahr Gesellschaft), Peter Pirker, Ursula Schwarz (DÖW), Margarethe Szeless und Emmerich Tálos. Für freundliche Unterstützung bei der Archivrecherche danke ich weiters den Mitarbeiter:innen des Parlamentsarchivs, des Wiener Stadt- und Landesarchivs und Andrei Nesterov (Archivrecherche in Moskau).

Für wichtige Einblicke in die Biografie von Hilde und Franz Krones und für die Einsichtmöglichkeit in zusätzliches Quellenmaterial bin ich Doris Ingrisch und Felix Krones zu großem Dank verpflichtet, ebenso Renate Obadalek für das spannende Interview.

Caroline Weber gebührt das Verdienst der Neuordnung des Nachlasses von Hilde Krones im Archiv des Vereins für Geschichte der ArbeiterInnenbewegung (VGA). Den Kolleg:innen im VGA, insbesondere Michaela Maier, danke ich für die Möglichkeit, die Erstellung dieses Buchs mit meiner Tätigkeit im Archiv verbinden zu können.

Nicht zuletzt danke ich Petra Sturm für ihre Inspiration, begrifflichen Anregungen und ehrliches Feedback – und dass sie dieses Projekt und seinen Autor trotz der schiefen Work-Life-Balance in den letzten Jahren ertragen hat!